ヴァーノン・ボグダナー著

英国の立憲君主政

小室輝久
笹川隆太郎　共訳
R・ハルバーシュタット

木鐸社刊

日本語版へのまえがき

私の著書 *The Monarchy and the Constitution* が日本語に訳されて出版されることをうれしく思っております。本書が、伝統的君主国から現代的立憲君主国に転換を遂げた日本で格別の興味をもって読まれることを願っております。日本の経験との類似点や比較対照すべき点が多く見つかることでしょう。日本の読者が、現代の状況のもとでは、立憲君主政は民主政を蝕むのではなく、民主政を支えるのに役立っているのだという私の結論に賛成して下さるものと期待しております。

本書は、英国で一九九五年に初版が刊行されました。従って、それ以降の展開については述べておりません。しかし、日本の読者は、二〇〇二年に英国で催されたエリザベス女王在位五十周年の祝賀行事の成功を、もちろん、ご存じのことでしょう。この祝賀行事は、英国における君主政の伝統が極めて根強いものであることを示すと同時に、本書の中心的な主張を裏付けるものであると私は確信しております。

二〇〇二年七月

オックスフォード、ブレイズノーズ・カレッジにて

オックスフォード大学統治制度論教授
ヴァーノン・ボグダナー

まえがき

本書『英国の立憲君主政』〔原題 *The Monarchy and the Constitution*〕は、「近代的民主主義国家の一つで君主政はどのように機能しているのか」という疑問に答えようとするものである。ダイシー指摘のごとく、英国の憲制は「歴史《ヒストリック》が生んだ」憲制である。構想の所産ではなく時の流れの中で生成してきたものである。英国がもつ諸制度の中でも、君主政は最も深く国の歴史に根ざした制度であると言えるかも知れない。それ故、この立憲君主政を理解するためには、まず始めに、幾世紀にもわたるその発展の歴史を説明する必要がある。

立憲君主政は諸々のルールによって規律された君主政である。そうしたルールは二つのタイプに分かれる。第一に、《個人の》資格をもった国王を規律する一群のルールがある。これは、国王の権能は《誰が》行使すべきかを定めるルールといえる。第二に、《憲政上の》資格をもった国王、つまり国家元首、を規律する一群のルールがある。国王と《執行権者》との関係――首相の任命及び国王と《立法府》との関係――議会の解散の認許ないし拒否――を規律するルールがそれである。これは、国王の権能は《いかに》行使すべきかを定めるルールといえる。この第二のタイプのルールを分析すると、国王自身がもつ親裁的《パーソナル》大権が今もなおすこぶる活発で、憲制上の危機に際しては今後も再び重要になる可能性があることが分かる。過去にあったそのような憲制上の危機三例を分析した。一九一〇年の貴族院をめぐる紛争、一九一四年のアイルランド自治問題をめぐる危機、一九三六年のエドワード八世の退位問題、の三例である。

二〇世紀の英国で国王が自らの権限を行使するよう求められることがめったになかった主たる理由の一つは、二大政党制と、通常は一方の政党を歴然たる多数派たらしめることになる選挙制度とがあいまって、国王の干渉を不必要にしてきたことにある。しかし、二大政党制は状況の所産であって、憲制に内在するものではない。絶対多数党不在議会《ハング・パーラメント》では、国王は当然もっと積極的な役割を引き受けなければならなくなるだろう。英国が比例代表制を採用することは決してあり得ないことではないが、もしもそのようなことになれば、こうした絶対多数党不在議会は頻繁に生ずる可能性がある。

首相の任命と議会の解散に加えて、国王には、憲制上重要な意義をもつ役割がもう二通りある。どちらの役割も歴史に照らして初めて理解できるものである。イングランド教会の至上支配者《シュプリーム・ガヴァナ》と、コモンウェルスの首長《ヘッド》がそれである。

結びの章では英国における立憲君主政の将来について若干の考察を行い、本書『英国の立憲君主政』の中心テーマを補強した。即ち、二〇世紀末の状況では、立憲君主政は、民主主義的統治と相容れぬどころか、それに正統性を付与することで、その安定と存続に資しているのである。

謝辞

女王陛下には、ウィンザー城の王室文書館を利用する特典を私にお与え下さり、また同文書館の記録を引用することをお認め下された。ウィンザー城の文書館長オリヴァ・エヴェレットと文書登録官のドゥ・ベレイグ卿夫人には、お二人のもつ君主政の歴史についての該博な知識から多大なる恩恵をこうむった。文書登録官代理パメラ・クラークは、ご親切にも本書の草稿に対する詳細なコメントをお送り下さった。お陰で、多くの誤謬や誤解を正すことができました。

バーミンガム大学図書館所蔵のエイヴォン文書からの引用を許されたことにつき、エイヴォン卿夫人とエイヴォン財団にも感謝申し上げます。お世話下さった同大学の特別コレクション担当の元司書ベン・ベネディクスにも感謝申し上げます。入り組んだランベス宮殿図書館を案内して下さったメラニー・バーバーにも御礼申し上げます。

公記録局のアンドルー・マクドナルドは、公記録局についてその比類なき知識で私に協力下さり、ご指摘いただかなかったならば見落としていたであろう資料に私の注意を向けて下さった。ピーター・ヘネシー教授は、王室についての見解では私とは決して一致しているとは言えないのであるが、教授特有の寛大さから、公記録局に関し幾多の大変有益な示唆を私に与えて下さった。『オブザーバー』誌のアントニー・ベヴィンズ、ジョンストン卿夫人、イアン・メイチン教授、アレックス・メイ、ヒュー・ヴィカーズの方々にも、有益な資料を惜しげもなく提供して下さったことにつき御礼申し上げます。ロンドン駐在オーストラリア高等弁務官事務所のフランシス・アダムソンは、オーストラリアにおける共和制をめぐる議論に関する資料を私のためにわざわざ用意して下さり、またコモンウェルスに関する本書第一〇章の草稿に目を通してコメントして下さった。感謝申し上げます。

ブレイズノーズのチャプリン、グレイソン・カーター博士は、本書の教会に関する章に目を通してコメントして下さったばかりか、教会史に関するご自分の膨大な蔵書を自由に使わせて下さり、この複雑な主題について私に手ほどきをして下さった。

憲制改革センター元代表のチェルトナム卿ホームは、私が同センターのために一九八六年に執筆した小冊子『絶対多数の不存在　多党制議会における政権形成』No Overall Majority: Forming a Government in a Multi-Party Parliament の一部を、本書第六章に再録することを快く許可して下さった。

ジェシカ・ダグラス＝ヒュームは、亡くなられたご主人、チャールズ・ダグラス＝ヒュームの君主政に関する未公刊の原稿を閲覧することをお認め下さった。私は、この原稿がしかるべきかたちで出版されるものと期待している。

故フランシス・ドナルドソンは、エドワード八世伝執筆のためにご自身で作成した覚書を見せて下さった。この伝記は、君主政についてこれまでに書かれた最良の書物の一つであると私は確信している。彼女の励ましに感謝します。彼女が本書の出るまで生きていてくれなかったことが残念でならない。

本書の草稿の全部ないし一部を読み、かつコメントして下さった以下の方々にも感謝申し上げます。ジョン・ブレア博士、マイケル・ブロック、デイヴィッド・バトラー博士、サー・ゼルマン・コーウェン、ピーター・ヒンチリフ教授、ハリー・ジャッジ博士、ジャネット・ルイス＝ジョーンズ、ポール・ラングフォード博士、サー・ガヴィン・ライトマン、ドン・マークウェル、ジェフリー・マーシャル博士、サー・ハンフリー・モード、ロバート・オニール教授、ランシー卿＝台下、スミス博士、マイケル・スティード、ジェイムズ・ウェザーヘッド猊下。これらの方々のお陰で本書の内容はずっとよくなったが、本書における議論についての責任は、もとより私一人のものである。誤りについては言うまでもない。

オックスフォード大学出版局のティム・バートンとヒラリ・ウォルフォードが、本書の草稿を扱うに際し示された忍耐と技量についても感謝します。また、ジェイン・シャフトとパット・スパイトには、有能な秘書として私を助けてくれたことに感謝します。

ブレイズノーズのプリンシパル及びフェローたちは、長年にわたり知的刺激と暖かい友情を与えて下さった。私は、かくもすぐれた知的集団の一員であることを幸せに思っている。

しかし、私が一番感謝しなければならないのは、妻と二人の息子たち、ポールとアダムである。彼らは、ワードプロセッサから離れない私の不在に耐えたばかりか、終始私を励まし続けてくれたのであるから。

一九九五年四月

オックスフォード、ブレイズノーズ・カレッジにて

ヴァーノン・ボグダナー

凡例

一・本書は、Vernon Bogdanor, *The Monarchy and the Constitution*, Oxford University Press, 1995 の邦訳である。底本には、ペーパーバック版（一九九七年）を使用した。一九九五年のハードカバー版と比較すると、ペーパーバック版では、第一〇章を中心に若干の字句の修正が行われている。原著刊行後、コモンウェルス構成国に若干の変更が生じているが、本文については基本的に原文のまま訳出した。なお、凡例八を参照。

二・原著では、各章の節には番号が付されているのみで、節の表題が付されていないが、訳書では、便宜を考えて、訳者の責任で、各節に表題を付した。

三・訳文中、［ ］型括弧と（ ）型括弧は、著者が付したものであり、〔 〕型括弧は、訳者が語を補って挿入したことを示している。ただし、原文の趣旨を酌んで、翻訳の限度を超えない範囲で、訳者の責任で、〔 〕型括弧を付さずに語句を補った箇所もある。

四・原著でイタリック体の活字で示されている場合は、原則として、《 》型括弧で囲んで示した。ただし、本文中にでてくる文献については、その題名を邦訳のうえ二重かぎ（『 』）で囲んだ。

五・必要に応じて、訳語にあたる原語を、ルビを付して示した。原語そのものを示す場合は、（ ）型括弧を付さずに、訳語のすぐ後ろに表記した。

六・人名と地名については、慣用として定着している若干の例を除いて、イギリス語の原発音に近くなるように表記した。

七・本文に付された注は、全て著者の付した注である。原著では脚注の形をとり、各頁末尾に掲げられているが、訳書では、本文第一一章の後ろ（三二九頁以下）に一括して置いた。

八・付録のうち、付録二（一七八二年以降の英国首相一覧表）、付録三（一八七〇年以降の国王書記翰長一覧表）、付録四（コモンウェルス構成国一覧表）については、原著刊行後に変更のあった部分を補った。

九・索引は、原著の索引をもとに、事項索引と人名索引に分けて、訳者が作成した。太字の掲載頁は、訳者の責任で、特に参照すべき頁数を示した。

目次

第一章　立憲君主政の発展

一　立憲君主政とは何か

君主国《モナーキ》とは、用語の厳密な意味では、単独の、絶対的な、世襲の支配者により支配される国家である。しかしながら、立憲君主国《コンスティテューショナル・モナーキ》とは、憲制《コンスティテューション》に従って支配する国王が首長《ヘッド》となっている国家である。このような憲制は、「成文化され」、典範化されていることが多く、現代の世界の大部分の立憲君主国においては実際にそうなっている。だが英国は、憲制が「成文化されず」典範化もされていないただ二つの立憲君主国のうちの一つ――もう一つはニュー・ジーランド――である。

立憲君主政の用語を最初に使用したと思われるのは、フランス人の著述家、W・デュプレである。彼は、一八〇一年に「立憲君主政」と「立憲国王」について叙述していた。現代の立憲君主政においては、憲制は、それが典範化されていようといまいと、国王が、国王の大臣の許可なしになし得る公的行為を、ごくわずかしか認めていない。それ故、今日では立憲君主政は《制限《リミティド》》君主政でもある。憲制は、国王が実際に統治することを許さない。マコーリは、このような「立憲君主政」の現代的な意味を指摘した最初の人物のうちの一人であり、ことによると最初の人物であった。マコーリは、一八五五年に著した『イングランド史』のなかで、「立憲王《コンスティテューショナル・ロイ》政《ヤルティ》の純粋な意味に従えば、君公は君臨するが統治しない。現在のイングランドにおける立憲王政は、外国と比較して、この純粋な意味に最も近づいている」と述べた。[1]かくして、立憲君主国は、君臨すれども統治しない国王が長となっている国家、と定義することができる。

第一次世界大戦までは、君主政は現在よりも遥かに一般的な統治形態であった。事実、一九一四年の時点でヨーロッパには共和政の政府は、フランス、ポルトガル（ポルトガル国王は一九一〇年に廃されたばかりであった）、スイスの三つしかなかった。だが全ての君主国が立憲君主国であるわけではなかった。立憲君主国であったのは英国、イタリア、スカンジナヴィアの君主国――デンマーク、ノルウェー、スウェーデン――、低地諸国――ベルギー、ルクセンブルク、オランダ――に限られていた。ヨーロッパ大陸の三つの大帝国のうち、オーストリア・ハンガリー帝国は立憲国家と呼ぶことが可能であるかもしれないが、ドイツは立憲国家であるか疑わしかったし、帝政ロシアは全く立憲国家ではなかった。更に中欧の小国家の君主政も立憲君主政ではなかった。

今日では、これとは対照的に、ヨーロッパの大多数の国家が共和国である一方で、現存している君主国は全て疑問の余地なく立憲君主国である。ヨーロッパでは、英国の他に七つの国家――スカンジナヴィア諸国、低地諸国、（フランコ将軍の死後一九七五年に君主政が復活した）スペイン――が君主国である。これらの諸国は現代の世界のなかで最も安定し、かつ最も繁栄している。しかも、スペイン以外の諸君主国の歴史は、急進的な変革の歴史と言うよりは発展の歴史である。実際のところ君主政の現存こそが、この発展的な変革の過程を象徴していると言うことができるであろう。

二　マグナ・カルタ

ヨーロッパの君主国のなかで、英国は、最も古いか、ことによるとデンマークの次に古い国である。エリザベス二世女王は、その先祖を九世紀のウェセクス王エグベルトにまで遡ることができる。その上、一六四九年から一六六〇年までの短期間の、クロムウェルが統治した空位期を除いて、ほぼ一二〇〇年間にわたってエグベルトの直系卑属が連続して英国を統治してきた。英国の君主政におけるこの王朝の並外れた連続性が、ヨーロッパ大陸の君主政から英国の君主政を際立たせる点であり、英国の君主政を最も印象的に特徴づける点であろう。

きわめて古い時代から、国王が自らの意思のみによって統治するのではなく、国王を法に従って統治させようとする試みがあった。王位継承には、相続を根拠とする主張だけでなく、それ以上のものが必要とされた。アングロ・サクソン時代には、新国王は王家に属する者でなければならないと考えられていたが、実際の王位継承は、王家への忠誠と敵対の複雑な結果に依存していた。王位継承は、賢人会議《ヴィータン》を構成する主だった地方豪族によって決定されることがあった。賢人会議は、国王の助言者たちの評議会であり、不適格とみなされる国王を廃位する権限を持っていた。こうした状況の中に、英国の君主政が一六八九年以後そうなるような、議会制定法により拘束される契約君主政《コントラクテュアル・モナーキ》の萌芽をことによると見てとることができるかもしれない。国王は、賢人会議が代表しているとみなされる共同体に対して責任を負っているものと考えられていた。

初期のノルマン朝の王は、賢人会議の後身である《一般評議会《コムーネ・コンキリウム》》によるある種の選挙ないし「承　認《レコグニション》」を受けた。〔臣民の〕服従は、国王による保護と引換えに提供された。ウィリアム征服王は戴冠式宣誓において、またヘンリ一世は一一〇〇年の戴冠式特許状において、共にエドワード証聖王の法を遵守することを約束し、他方で臣民はその代わりに忠誠を約束した。だが実際には、ノルマン朝の君主政は、絶対主義に傾きがちであった。[2]

立憲君主政の観念の真の始まりは、一二一五年のマグナ・カルタである。なぜなら、マグナ・カルタの用語は、戴冠式宣誓における約束よりも一層明確だからである。事実マグナ・カルタは、「憲制による統治の主だった観念のいくつかを、正確な法律用語で表現した最初の試みである」と言われている。[3] マグナ・カルタは前文と六三の条文からなるが、それらのなかで最も影響力のある条文は、教会の自由、土地に関する封建的不満の除去、新税が課される場合の事前諮問の必要、裁判の利用を万民に確保するための裁判制度の規定、及び国王の官吏の行為を統制する必要に関するものであった。ことによると最も重要な条文は、誰も法の適正な手続によらずに投獄され得ないことを宣言した第三九条かもしれない。[4]

しかしながら、マグナ・カルタの重要性は、その特定の諸条項よりも、マグナ・カルタが包含する二つの基本的な原則にある。第一の原則は、国王が法に従って支配することと、国王が支配する仕方について国王自身が責任を負うことを要求した。事実マグナ・カルタは、国王が臣民と同様に法の下に置かれることを主張した最初の公文書であった。第二の原則は、個人の諸権利が国王の個人的な意思よりも優越することであった。

　マグナ・カルタは、基本的な諸原則を包含しただけではない。マグナ・カルタはまた、これらの諸原則が確実に遵守されるための手段を、初めて考案した。マグナ・カルタはバロンたちによって起草され、内乱の危機のなか、一二一五年六月一九日にラニミードにおいてジョン王によって承認された。マグナ・カルタ第六一条は、国王にマグナ・カルタを確実に遵守させるために、二五人のバロンからなる評議会を創設し、バロンたちは、もし国王がマグナ・カルタを遵守しないならば、国王に戦争を挑む権利を得ることになった。こうしてマグナ・カルタは、臣民に対する双務的義務を王が承認することの見返りとしてのみ、王は臣民からの忠誠を捧げられるという、条約のような性質を帯びることになった。更にマグナ・カルタは、イングランドにおいて政治的に能動的な階級が発達していることを示した。その中心となるのはバロンであるが、更に騎士とジェントリにも拡大していた。このことは、代表制統治《リプリゼンタティヴ・ガヴァメント》の発展にとっては非常に重要なことであった。実際に、エドワード一世の治世（一二七二年―一三〇七年）には議会が初めて開催された。

　マグナ・カルタは、イングランド人の自己像にとって非常に重要であったので、今日ではほとんど制定法集に残存していないにもかかわらず、一九世紀の偉大な中世史家であるスタブズは、「イングランドの憲制史の全体」はマグナ・カルタの「註釈」にすぎない、と述べていた[5]。

　マグナ・カルタで表明された諸原則は、しっかりと確立されたのではなく、ただ宣言されただけであったので、後世になってしばしば否認されることになった。だがそれにもかかわらず、それらは時代を超えて繰り返し唱えられた。マグナ・カルタの諸原則は、一七世紀の重要な憲制闘争のなかで説かれ、マグナ・カルタは議会派によって、ステュアート朝の諸王の王権神授説に対抗する武器として用いられた。例えば、法律家サー・エドワード・クックは、国王大権を一層制約することを求める一六二八年の権利請願において、クック自身によれば「イングランドの基本法の主要な原則の宣言」であるマグナ・カルタが秘めている諸原則を拠りどころにした。こうしてマグナ・カルタは象徴的な重要性を持つことになった。改革派にとっては、とうの昔に確立した諸原則に沿って行動している自分たちこそが真の保守派であり、これらの諸原則を侵害しようとしているステュアート朝諸王の方が実は急進派であると主張することが可能になった。もちろんこのことは、英国の憲制史においてよく知られた主題である。

三　権利章典と王位継承法

マグナ・カルタの諸原則は、一六八九年の名誉革命のときに洗練されたが、この革命は本質的には国王と議会との関係を実用本位に調整するものであった。名誉革命は二つのことを達成した。第一に、名誉革命は王位継承の血統を変更した。それによって、王家が悪政を行う場合には、王位に対する権原《タイトル》を議会が変更できることを示した。第二に、名誉革命は権利章典を通して国王の権限を制約し、ジェイムズ二世の治世にみられた権限の濫用を防止した。

今日の用法では、権利章典《ビル・オヴ・ライツ》とは、アメリカ合衆国のそれのように、政府と議会の市民に対する権限を制約しようとする法典である。ところが一六八九年の権利章典は、これとは全く異なるものである。一六八九年の権利章典は、政府や議会の権限を制約しようとするものではなく、議会《に対抗する》国王の権限を制約しようとするものであり、議会制的君主政を確立しようとするものであった。

国から逃亡したジェイムズ二世は、庶民院と貴族院が合同して構成した仮議会《コンヴェンション・パーラメント》によって、一六八九年に「退位」を宣言された。仮議会は、国王は死ぬことなしという永続性の法理を破って、王位が空位であることを宣言し、王位を充たすためにウィリアム・オヴ・オレンジとメアリを共同統治国王として招いた。しかし、ウィリアムとメアリが王位につく権利の根拠を、世襲の権利のみにおくことはできないが、仮議会の考えでは、征服の権利のみにおくべきでもなかった。そうではなく、ウィリアムとメアリが国王になったのは、何よりも議会制定法の然らしめたものであった。もっとも、ジェイムズ二世が退位させられ、その上で実際そう主張されたように、ジェイムズ王の息が非嫡出であったならば、メアリが次順位の王位継承者であると主張できたかもしれない。それにもかかわらず、マグナ・カルタがほぼ五世紀前に示していた法の支配の下に君主政をもう一度戻すために、王位継承順位の故意の侵害が行われたのだと、多くの人々は思った。

一六八九年二月一二日に仮議会は権利宣言を起草し、ウィリアムとメアリが共同で王位を奉献された公の儀式において、ウィリアムとメアリに権利宣言を提示した。王位は、ウィリアムとメアリが権利宣言を受諾することを《条件》に奉献されたのではないが、権利宣言は、新しい共同統治国王に、彼らが統治するにあたっての根拠を銘記させる役割を果たした。ウィリアムは、一六八九年二月一三日に、祝宴会館《バンケティング・ハウス》において王位を受諾すると、権利宣言の諸条項を遂行し、「宗教と法と自由を擁護する」ことを約束した。

権利章典は、権利宣言が最終的に立法の形式をとったものであるが、一六八九年一二月一六日に国王の裁可を得た[6]。権利章典は、王位継承について規定し、ジェイムズ二世とその法定相続人たちを王位から全面的に排除し、更にカトリック教徒及びカトリック教徒と婚姻した者を王位から全て排除した。一六八九年の戴冠式宣誓法は、これに先だって、国王がプロテスタントの宗教の擁護を宣誓することを要求していた。

権利章典は、王位継承と、議会によって保障されるべき国民の権利及び自由の擁護とを結び付けた。権利章典は、国王の権限を厳格に制限して、国王が意に添わない法を停止することや、議会の同意なしに国王が法を執行したり課税したりすることを止めさせた。国王は、選挙に干渉する権限を剥奪された。また国王は、私的な裁判所を創設したり、恣意的な訴追を開始したりすることによって、法制度に干渉することも禁止された。ステュアート朝の諸王はこうした権限を政治的な目的に利用していた。例えば一六八六年のゴッデン対ヘイルズ事件では、ジェイムズ二世は、自らが望む裁定を得るために、法務次官と、少なくとも六名の裁判官を罷免した。一七〇一年の王位継承法は、裁判官が罪過なき限り職を保持すべきことを規定し、その結果、裁判官は、議会両院の建議によってしか免職され得ないことになった。これらの基本的な諸規定の結果として、議会は国王の干渉なしに職務を果すことが可能になった。

更にまた、権利章典は、ジェイムズ二世及びそれ以前のステュアート朝の王たちが非難されるもととなった、権限の濫用を防ぐための諸々の保障も規定していた。国王は、定期的に議会を召集することを要求された。一六九四年の三年議会法は、このことを一層詳細に規定し、議会が少なくとも三年に一回召集されるべきことを要求した。議会における言論及び討論の自由が保障された。国王は、平時に議会の同意なしに常備軍を保有することを禁止された。何よりも、国王は財源について大幅に議会に依存させられた。ステュアート朝後期――チャールズ二世及びジェイムズ二世の治世――の一六六〇年から一六八八年の間、国王財政の状況は、議会の同意を求めることなしに国王が活動できるほど〔良好〕であった。実際、チャールズ二世治世の最後の四年間、王は全く議会に頼る必要がなかった。しかし一六九七年のシヴィル・リスト法の規定によって、国王は、各々の治世の最初に決定される毎年の譲与金について、議会に依存させられた。ジョージ二世の治世の間に、交易の復調により、世襲収入として国王に帰属することが認められていた関税の額が増大すると、国王がチャールズ二世のように議会から独立する危険が生じた。だが、一七六〇年にジョージ三世は、世襲収入の大半を自発的に放棄した。その結果一度ならず、屈辱的な状況のもとで議会に立ち返ることを強いられた。「歳出の前に不満を除去する」ことを要求する原則のもとで、国王が庶民院議員の要望を満足させることができなかった場合には、議員たちは歳出を控えることができるという権利が、明示的に認められた。それ故権利章典は、国王を確実に議会に財政面で依存させるものだった[7]。

一七〇一年の王位継承法は、立憲君主政の概念を一層明確にした。同法は、ジェイムズ一世の孫娘であるハノーファ選帝侯妃ソフィア及びプロテスタントであるその直系卑属を王位継承者として規定した。実際一七一四年にソフィアがアン女王より約八週間早く死去したため、王位はソフィアの息であるハノーファ選帝侯即ち英国王ジョージ一世に継承された。王位継承法は、カトリック教徒やカトリック教徒と婚姻した者が王位を継承することができないことを確認した。同法はまた、国王がイングランド教会を信奉しかつ宣誓して擁護することを要求した。一七〇七年のイングランドとスコットランドの合同以後は、国王は、スコットランドの長老主義教会をも宣誓して擁護することを要求された。

王位継承法は、世襲の王位継承権を一層侵害するものとなった。世襲の王位継承権という観点からみれば、ジョージ一世よりも強力に王位を主張することができるステュアート諸王の直系卑属が五十人以上存在した。それ故王位継承法は、王位継承及び王位を保持する条件の両方について、議会が決定する権利を持つという、ウィリアムとメアリが王位に就いたときに確立した憲制の基本的なルールを補強した(8)。

マグナ・カルタから権利章典及び王位継承法までのこのような憲制の発展によって、英国において、国王は自らの地位を世襲の権利だけでなく議会の同意にも依存し、その結果、国王が誤った統治をしたならば国王を退位させることができるという原則が確立した。一六八九年の王位継承の際に、「議会において同意された制定法及び同様の法と慣習」に従って統治することを戴冠式宣誓において国王が約束したことがもつ意味は、国王は議会の同意のもとで統治を行うということであった。国王への忠誠は無条件のものではなく、国王がこの宣誓の文言を遵守することが条件であった。こうして、名誉革命は、ただ王位継承について変更しただけでなく、国王による統治の根拠を根本的に変更したのである。国王は、憲制上の議会の地位あるいは議会の独立を攻撃する能力を奪われた。事実、一六八九年以降、議会は毎年集会し、君主政はその権原を議会に依存してきた。このようにして新しい王位継承は君主政を議会制的君主政、即ち立憲君主政に変えた。一六八九年からこの方、国家の最高権能はもはや国王単独にはなく、議会における国王にあった。ある権威が一六八九年を「東欧及び西欧の政治及び憲制の歴史の分水嶺である。それは、最も効果的であったという意味で近代のヨーロッパ史に起きた革命のうちで最も偉大なものである」(9)と考えているのは、このことが理由かもしれない。一九世紀の半ばにマコーリは、「我々が一九世紀に破壊的な革命を経験しなかったのは、一七世紀に持続的な革命を経験したからである」と述べることになった(10)。

四　責任統治制

一七世紀における「持続的な革命」は議会の至上性の原則を確立した。しかし一八世紀の「混合憲制《ミックスト・コンスティテューション》」の下では、現実には、権力は国王と議会との間で共有されるようになった。「議会の究極の至上性という断定的な言明に満足して、議会は、〔国王が〕大権の文言を不賢明にも主張することから生ずるであろう何らかの憲制上の行き詰まりを回避することを、それ以降の国王の如才と自己利益にゆだねていた」[11]。現実の権力の均衡は、その時代ごとに政治的な力関係によって決まっていた。

国王は、議会の同意なしに行使し得る権限を依然として広範に保持していた。とりわけ、国王は、大臣を任免し、全般的な政策を決定する権利を保持していた。実際のところ、一七一四年にジョージ一世が即位するまでは、大臣を通じた統治が国王に対して要求されることがあっても、実際に国を統治しているのは国王であると言われていた[12]。

国王が保持する権限によって、国王は政策に対して相当の影響力、時には決定的な影響力を与えることができた。だがこれらの権限は、恣意的な統治を排除する憲制上のルールの枠組の中で行使されなければならなかった。国王の権限は、議会において国王を擁護する責任大臣を得られるか否かに左右された。この枠組の中で、国王はなお、自らの政策を実行できる政権を確保しようと試みたが、国王は、これを政治的な駆け引きを通して行わなければならなかった。国王は、もはや選挙に干渉することはできなかったが、選挙に影響力を及ぼすことは可能であった。特にジョージ三世は、自らの与党を形成しようと試みて、「選挙運動をする英国紳士の第一人者」[13]となった。同様に、国王はもはや議会を無視することはできなかったが、議会に影響力を及ぼすことは可能であった。一八世紀には国王は、官職授与権《パトロネジ》と議会内の御用議員、即ち「王の友《キングズ・フレンズ》」を通して議会と選挙を操作しようとした。実際、一七八四年には、王がいかなる大臣を任命しようとも支持することが確実な「王の友」が庶民院におよそ二百名存在していた[14]。

国王権力に都合のよいもう一つの要素は、一九世紀や二〇世紀とは異なって、政府がそれほど立法によって左右されていないことであった。一八世紀の政府は、基本的には、立法するためよりも、統治するために存在していた[15]。事実、一八三〇年代になってもまだ、メルボーン卿は、法の制定は「議会の従属的かつ付随的な義務に過ぎない」と貴族院において述べることができた[16]。ジョージ二世の治世には、後の時代と比べて、政府における立法の役割が重要でなかったために、ジョージ二世は、ジヨージ三世以上に、「頻繁に、かつしばしば咎め立てなしに、自らの大臣の助言を無視あるいは否認した。戦争と外交の遂行にあたっては、王の声が支配者の声であった」[17]。

しかしハノーファ朝の王たちは、ステュアート朝の祖先たちとは異なって、議会を通して統治しなければならなかった。王は、議会を説得しなければならず、王は、結局のところ、議会を乗り越えることはできなかった。この点が、一八世紀の英国の立憲君主政を、革命前の一八世紀フランスの親裁的君主政《パーソナル・モナーキ》と区別する点であった[18]。

ジョージ三世は時流に強く抵抗したものの、一六八九年の名誉革命から一八三二年の選挙法改正に至る間に、国王の権限は次第に縮減していった。その結果、選挙法改正のときまでには、政策を決定する国王の権限は、政策への影響力へと効果的に縮小された。一八世紀には、大臣になろうとする者は、国王の支持を得ることによって優位に立っていたが、このような支持は十分でも必要でもなくなっていた。ジョージ二世は、一七四二年にはウォルポールを職に留めることができず、一七四四年にはカートレットを職に留めることもできなかった。確かに、ジョージ二世は、大ピットを長年にわたり官職から遠ざけることに成功していた。一七五四年にピットは、「除去できない不興を国王から買った場合、その重さは、人がその下で行動するには余りに重すぎる」と不満を述べた[19]。だが一七五六年には、王は、ピットを「大臣として」受け入れることを余儀なくされた。ピットは、その職を保持するためには国王の支持が必要であると確信しており、ピットは国王の支持を勝ち得るために最善を尽くした。事実ピットは、国王の私室《クロゼット》においては彼のかぎ鼻が股の間から見えるほど深くおじぎをしていたと伝えられている[20]。一八世紀において、「最長かつ最も安定した政権――ウォルポール、ペラム、ノース、小ピット政権――は、国王の要望に応え庶民院に指示することができる大臣を、国王が見い出すことができた政権であった」が、それでも首相の地位は、次第に国王の支持よりも庶民院の支持に依拠するようになっていった[21]。

ジョージ二世は、早くも一七四四年に、「この国の王は大臣たちだ」と不満を述べていた[22]。だが一八世紀末までは、大臣たちは国王の助言者以上のものとは思われていなかった。大臣たちの仕事は助言を申し出ることであり、その助言に同意するか否かを考えるのは国王の役割であった。一度国王が決定をしたならば、大臣たちは自らの助言が拒絶されたとしても、国王の決定に従う義務があった。ジョージ三世治世の前半の一七六〇年から一七八三年の間に真正の憲制上の紛争が生じたが、それは、こうした国王と大臣たちの関係についての〔旧来の〕観念と、国王はたとえ意に添わなくても大臣の助言に同意しなければならないという現代的な観念との間で生じたものであった。この紛争が終結したのは、アメリカ独立戦争中の一七八一年のヨークタウンの戦いにおいて英国が敗退した後に、王がノース卿の辞任と後任のロッキンガム侯爵の任命とに同意することを余儀なくされたときであった。ロッキンガムは首相職を引き受ける前に、アメリカの独立を拒絶しないと述べることによって、事実上王に条件を突きつけていた。王は「自らの人格に対する侮辱」を強く感じ、退位の動きを見せたが、結局譲歩した。[23]

しかしながら、国王権力は決して終わりを迎えたわけではなかった。一七八三年にジョージ三世は、東インド会社の改革をはかって提案されたインド法案を拒絶することに成功した。この法案は、二二九対一二〇の賛成多数で楽々と庶民院で可決されたが、政府が上院の過半数を掌握していたから、通常の経過ならば貴族院でも可決されるはずであった。ところがインド法案が王自身の内閣によって提案されたものであるにもかかわらず、王は、貴族院の第二読会の少し前に、「インド法案に賛成する者は全て王の友ではなく、王の敵とみなされる」という風聞を流させた。[24] 王が法案に不同意であるという風聞は、貴族院において法案を否決させるのに十分なものであった。

一七八三年にジョージ三世は、インド法案反対運動の後でフォクス・ノース連立政権を解任して小ピットを首相に任命した。ピットは庶民院の多数派の支持を得ていなかったが、王は官職授与権を行使して、新首相に反対する多数派を切り崩していった。ピットは過半数の支持を得るに至らなかったが、三ヶ月間政権に就いている間に、多数派は〔少数派と〕一議席差まで減少していた。ここで王は議会を解散した。王の威光が、贈賄をいとわない王の影響力の行使とあいまって、ピットに有利に働いた。だが賄賂を受けていない選挙民がフォクス・ノース連合に反対してジョージ三世を圧倒的に支持したことは、バークの批判はあるものの、疑いのないことである。ピットは一七八四年の総選挙に勝利したが、このことは、王がとった手段が選挙で支持されたものと見られる。

今やピットは、前任の首相たちよりも、王に対してヨり有利な地位にあると確信することができた。ジョージ三世は、ピットの前任者たちを解任したようにピットを解任することはできなかった。なぜなら、もしピットを解任すれば、王は再度ホイッグの首相を任命することになり、結局、王が嫌悪するチャールズ・ジェイムズ・フォクスを再び任命することを余儀なくされる恐れがあったからであった。ピットが享有した独立性は、ある識者によれば、ピットが最初の近代的な首相であると見なし得るほどであった。というのは、ピットが初めて、国王の監督を受けない事実上の行政の長となったからであった。[25] だが、一七八五年にピットが議会改革を試みようとした際に、王は、後にカトリック解放を阻止したのと同様に、事実上議会改革を押しとどめた。それ故、この時期の政府は、内閣統治制という近代的な概念に類似したものと考えるのではなく、王と首相の間の協力関係と考えるのが最も妥当である。この協力関係では、首相は王により選任されるが、議会及び選挙民に対して広汎に責任を負っていて、しかれども、この両者がなお王の「影響力」にさらされている、というものであった。

一七八四年以後、国王の権力は弱体化したが、それはなお政治力学においては重要な要素であった。一八〇一年にジョージ三世は、カトリック解放法案に賛成する者は、王の敵であると宣言した。なぜなら王は、同法案がプロテスタント信仰を擁護する王の戴冠式宣誓に反すると考えたからであった。その結果、王の説得にもかかわらず、ピットは辞任を強く申し出た。一八〇七年には王は、グレンヴィルの挙国人材内閣を解任したが、それは、同内閣が、カトリック解放を再び提案しないようにとの王の要求を拒絶した故であった。

しかし、首相の地位は国王の支持だけでなく議会の同意にも依拠するという考え方が受け入れられるようになると、国王の役割は必然的に限られたものとなってきた。一八世紀末に、共通の諸理念に基づいて一致して行動する政治家の団体である「派閥《コネクション》」が発展してくると、国王の影響力は更に一層厳しく制限された。君主政が近代的な立憲君主政に移行するのに必要な要素の一つは、規律ある政党制度の存在である。一八世紀には「派閥」の結び付きは、今日の活発な政党と比較して非常に緩やかであった。野党の正統性という観念がこの頃広まりつつあった。とはいえ、「陛下の野党《ヒズ・マジェスティズ・オポジション》」という言葉が実際に初めて使われたのは一八二六年であり、しかもこの年にJ・C・ホブハウスがこの言葉を初めて庶民院で使用したときには、嘲笑の的であった[26]。一八世紀の大半の間は、王の政府の政策に反対することは党派的であると考えられた。責任ある政治家とは、王の助言者たちの足を引っ張る者ではなく、王を支持する政治家のことであった。国王の利益は国民の利益であり、国王に常に反対する者は愛国心の欠如を非難されることになった。

　しかし一八世紀の間に、君主政の作用は、法的ルールではないが拘束力のある、憲制慣例《コンベンション》の発展に深く影響を受けるようになっていた。慣例は全ての憲制において重要な役割を果たしている。だが、憲制が典範化されていない英国においては、格別といってもよいほどに重要である。実際、立憲君主政が現実のものとなったのは、一七世紀の革命及びそれに続く立法によるだけでなく、一八世紀における慣例の発展によるものであると言われている。

　一八世紀に発展した慣例のうち最も重要なものは、責任統治制の原則であった。一七一七年以後、ジョージ一世は閣議を欠席するようになり、王の場所は、次第に首相《プライム・ミニスター》として知られるようになる上級大臣によって占められるようになった。ジョージ一世の時代以後、国王が閣議に出席するのは、ごく数少ない儀式的な会合か、恩赦について討議する場合に限られるようになり、一八三七年以後は、国王は閣議に全く出席しなくなった。こうして、国王は、一般的な政策決定において次第に小さな役割しか果たさなくなっていった[27]。国家首長即ち国家元首である国王と、政府首長である首相との間に、明確な区別がなされるようになってきた。

　この結果、もし国王が政策決定に主たる責任を負わないならば、国王はその結果に責任を負うべきではないと解された。パーマストンは、一八五九年に次のように述べることになった。

　英国憲制の格言によれば、国王は過誤をなし得ない。しかしこのことは、国王の権威によっていかなる過誤もなし得ないということを意味するのではない。この格言が意味するところは、もし過誤がなされたならば、国王ではなく、その行為を助言した公僕《パブリック・サーヴァント》がその権利侵害行為に対して責任を負うべきであるということである。(28)

この原則は、立憲君主政の発展にとって、根本的な重要性をもつ原則の一つである。

一八〇七年にジョージ二世は、ホイッグが再びカトリック問題を提起しないことの誓約を、ホイッグが政権に就く前に求めたが、このときに問題になったのは、まさにこの原則であった。ホイッグは、このような要求は彼らの枢密顧問官としての宣誓に違反しており、大臣責任の原則と矛盾するとの見解をとった。ホイッグは、王が大臣を選任する権利を持つことを認めたが、王には大臣が与える助言を制約する権利はないと主張した。なぜなら、もしそのような権利が認められるならば、大臣は助言についての完全な責任を負えないことになり、そのことは王が過誤をなし得ないという格言と矛盾するからであった。こうして、国王の免責特権は、大臣責任に依拠することになった。大臣たちは、いかなる分野の政策についても、もし事前に助言を差し控えることを誓約していたならば、助言についての責任を問われることはなかった。王は一八〇七年には自らの主張を通したが、〔これ以降〕国王が再び大臣たちから誓約を要求しても、もはや成功することはなかった。こうして、政策を決定する権限が国王と首相との間で分離することはもはやなくなった。国王に助言を与える無制限の権限は、時の政府の手に委ねられ、国王にはそれを受け入れる以外に選択肢はなくなった。

五　新しい世論の形成

一八一〇年にジョージ三世が回復不能の精神障害に罹ると、翌年、後にジョージ四世となるジョージ三世の息が、摂政公となった。一八二〇年から一八三〇年までのジョージ四世の治世には、国王権力は一層弱くなった。トーリ党は、庶民院を基盤にして、ナポレオン戦争期のほとんどの期間と、その後一八三〇年まで間断なく政権に就いていたが、このような強力なトーリ党の発展は、政治生活の諸条件を変質させるとともに、国王を更に拘束する重要な要因となった。ジョージ四世は、父王と異なって、カトリック解放を阻止することができなかった。

カトリック解放法案は、一八二九年に、王の意向に反して、しかも退位するぞと王が脅したにもかかわらず、可決された。これより先、一八二四年にジョージ四世は、カニングによる南米のブエノス・アイレス、メキシコ、コロンビア各共和国の承認に反対したが、王が唯一とった手段は、王自身の痛風病みと入れ歯の紛失を理由にして、この措置を公表する国王演説の朗読を拒否したことであった[29]。

かくして、国王はもはや、政府の決定を覆すことができる立場ではなくなった。このような変化を生じさせた要因の一つは、報道と圧力団体の勢力増大であったが、そのこと自体、新しい明確な世論《パブリック・オピニオン》が形成されたことの産物であった。こうした世論は、政治的争点を形成して、この国を、改革派と保守派とに徐々に分かつようになっていった[30]。一八二九年のカトリック解放法案の可決は、国王が王国における独立の権力ではなくなったという意味で、立憲君主政の発展において重要な分水嶺となっている。

改革派と保守派との間の紛争は、一八三〇年一一月に頂点に達した。首相ウェリントン公爵は、貴族院において議会改革への反対を宣言したが、この宣言は、彼の内閣の敗北と退陣という結果をもたらした。ウェリントンが国王の支持を得ていたという事実は、敵対的な議会多数派を前にしては助けにはなり得ず、ウェリントンは、ホイッグの指導者であるグレイ伯爵に取って代わられた。一八三一年四月に、ウィリアム四世は、政府が議会改革への政治的権力を得るために、議会の解散をグレイに認許することを余儀なくされた。一八三二年には、王は、貴族院の選挙法改正法案への反対に打ち勝つための新貴族の創設を約束せざるをえなかった。王は、あまり改革には乗り気ではなかったが、法案への敵意を捨てるようにトーリ貴族に迫った。

一八三二年の選挙法改正法は、議会と王との紛争において、議会を明らかな勝者にしたように思われた。だが議会の勝利は長く続かなかった。というのは、議会そのものが、ヴィクトリア女王の治世が終わるよりも前に、選挙法改正法によって解き放たれた新しい勢力、即ち近代的に組織された政党によって力を奪われてしまったからであった。政党は、民主的な制度のもとで、誰が統治すべきか、またいかなる政策方針に政府が従うべきかについての、最終的な決定者となるのである。

六　選挙権の拡大と政党政治の発達

一八三二年の選挙法改正法は、立憲君主政の発展における いくつかの本質的な帰結を含んでいる。同法は、腐敗選挙区と指名選挙区を共に廃止し、また選挙権を拡大しかつ合理化した。同法は、新しい選挙民に手を伸ばせるような新しい選挙組織の発展を促した。同法はまた、近代的な政党制度の発達を促した。

一九世紀の間に、選挙権の拡大と組織政党の発展という二つの要因が、国王の権限ではなく（それは選挙法改正法以前にすでに完全に掘り崩されていた）、影響力を制約することになった。議会が小集団や派閥から構成されている限りは、国王は、多数の組み合わせのなかで、安んじて策略を巡らすことができた。ところが、選挙法改正法は、選挙権を拡大したことによって、政党組織と全国に向けた統一的な主張とに重きを置くようになった。事実、最初の近代的な政党綱領は、同法から二年足らずのうちに出された。一八三四年にピールは、タムワース宣言《マニフェスト》において、〔選挙法改正法への〕反対方針を放棄し、議会改革を受け入れ、保守党が慎重かつ穏健な発展をめざす政策をとることを約束した。

政党の興隆につれて、国王が策略を巡らす余地は厳しく限定されることになった。もし、政府が庶民院の過半数に支持されており、かつその多数派が統制《ディシプリン》されているならば、国王が別の政権を作り出すことは不可能となる。その結果、国王には、いかにそれが不快なものであっても、大臣たちの助言を受け入れるより他に選択肢はなかった。

更に、選挙権の拡大と選挙組織の発展は、国王が総選挙に影響を及ぼすことを一層困難にした。このことは、国王が、「王の友」の集団を通して庶民院を操縦することがもはや不可能になったことを意味した。急進派の庶民院議員であるサー・フランシス・バーデットが理解していたように、「選挙法改正法案によって、王は、事実上、王の大臣を任命することが不可能になっている。なぜなら、王が任命する者は皆、多数の選挙民に承認されなければならないからである」[31]。国王に任命された内閣が、選挙民の支持を確実に得るということはもはや無理であった。更に、国王は、選挙の結果に影響を及ぼすことができなくなったため、かつてジョージ三世が一七八四年に行ったような、国王が議会を解散することは危険を伴う行為となった。実際、一八四六年には、ヴィクトリア女王は、ジョン・ラッセル卿に対して次のように述べていた。国王の解散権は、「非常の場合かつ確実に勝利できる場合を除いては用いるべきでない」武器になっている。「この方策を用いてかつ敗北することは、国王にとって最も品位を落とす行為であり、国にとって最も傷となる行為である」、と。[32]

　国王の支援が、政府が総選挙に勝利できるための要素ではなくなったことから、選挙法改正法は、首相を任命する国王の権限を劇的に掘り崩した。というのは、首相は国民《カントリー》の支持を享有しなければその地位を保持できないからである。このことは、一八三四年にウィリアム四世が、一七八三年の先例にならって、ホイッグの首相メルボーン卿を解任して、保守党のピールを、庶民院で少数派であったにもかかわらず首相に任命したときに明らかになった。ピールはやや不承不承に職務に就いたが、それは、もし彼がそうしなかったら国王の不面目になるとの信念からであった。ピールは議会の解散を〔王から〕得た。その後、ピールは、タムワース宣言において、「王の選任した大臣たちに黙示の信任でなく公正な審判を与えるという王の大権を、この国の国民が擁護していることを確信している」と宣言した。[33]

　しかしながら、保守党は、選出議員をほぼ倍増して、議会における最大の単独政党になったにもかかわらず、なお庶民院の過半数を得ることができなかった。だが、ピールは、王の政府は新しい議会において公正な審判を経ていると信じていたので、なお政権を維持しようとした。王は、「この国の憲制が君主政である限り、国王の信任と支持と支援が、政権の存在と存続にとって不可欠である」という一八世紀の見解を抱いていた。王は次のように主張した。一八三四年の政権交代は、「王自身の直接かつ排他的な行為であった。王は、国務を十分に遂行できないと判断される大臣たちを更迭し、信任に値すると考える別の者たちを王の評議会に召集した」。かくして、「王の明示された原則、意見、意向、良心に反して、王及び王の評議会に自らの決定を押しつけると自認する党派による」、政府に対する何らかの譴責は、「王の行為に対して向けられた直接の譴責となろう」。それ故、「そのような〔王の意向に反する〕仕方で評議会に任命された者に対して王が信任を与えることは不可能」である、と結論づけた[34]。王の政府に反対することが党派的であると考えるこの見解に従って、ホイッグは、ピール政権に対する直接的な譴責の採決は差し控えた。というのは、庶民院における統制された集団の存在は、新しい現象であったので、国王の支持よりも議会において多数派を占めることのほうが、政府がその地位を保持するためにヨリ必要な必須の要素であることは、まだ知られていなかったのである。だが、ピールは、庶民院の支持のないままその地位に執着したために、辞任を除くあらゆる徳を備えているという揶揄をあびせられた。一八三五年四月には、ピールは、最近六週間のうちに六回〔議会で〕敗北し、ついに辞任を余儀なくされた。その結果、ウィリアム四世は、ホイッグ政権には信任を与えることができないと宣言していたにもかかわらず、再びホイッグを受け入れることを強いられた。この一八三四年の政権交代が、国王が内閣を解任した最後の機会となった。

七　ヴィクトリア女王・その一

ウィリアム四世の死去によって、一八三七年にヴィクトリア女王が王位についたとき、無理からぬことではあるが、女王は、国王の権限をほとんど完全に破壊してその影響力を厳しく制限した憲制上の革命の重要性を、全く理解できずにいた。女王は、国王が大臣たちを任免できる独立の政治権力をもつという、自分が生まれ育った過去の世界にあこがれていた。女王は、国王の役割が、権限というよりも憲制上制限された影響力の一つに過ぎないという新しい世界に、どうしてもなじめなかった。だが、女王がジョージ五世の先例に沿って行為しなかったと非難するのは、無駄なことである。ヴィクトリア女王が知っている先例は、ジョージ三世やジョージ四世の先例であったからである。

憲制史家の視点から見ると、ヴィクトリア女王の治世は、四つの異なる時期に分けることができる。一八三七年の王位継承から一八四〇年のプリンス・アルバート・オヴ・サクス・コーバーグ・ゴータとの結婚までの第一の時期は、経験不足に起因する、首相メルボーン卿への過度の依存に特徴づけられる。一八四〇年から一八六一年のプリンス・コンソートの死去までの第二の時期は、ほとんど共同統治の君主政であり、ヴィクトリア時代のなかで国王の影響力が最も大きかった期間であった。一八六一年から一八七六年までの第三の時期は、女王の公的生活からの引退と、君主政に反対する共和主義運動の開始によって特徴づけられる。一九〇一年の女王の死去までの第四の時期は、国王の影響力を再び行使しようとする試みと、当時の自由党政権及びその指導者であるW・E・グラッドストンに反対するあからさまな党派的行動とによって特徴づけられる。

治世の初期においては、女王は、政府を「女王の」政府と、大臣を「女王の」大臣と、なお考えていた。女王の最初の首相はホイッグのメルボーン卿であったが、女王は卿に大きな愛着を持つようになった。一八三九年にメルボーンが辞任すると、女王は保守党の指導者であるピールを招くことを余儀なくされた。ところが、女王は、保守党政権を樹立しようとした、結局は失敗に終わった交渉の間、退陣する首相の助言を求め続け、このことが「寝所事件《ベッドチェンバー・インシデント》」を生じさせた。ピールは、信任の証として、退陣するホイッグの大臣たちと縁故関係にある寝所の女官たちを排除することを要求した。女王はこれを拒絶した。その結果ピールは職務に就くことを拒絶し、ホイッグが引き続き政権を担当することになった。

「寝所事件」は、新女王個人についての著しい不人気を招いた。「一九歳の少女の気まぐれが、重要な組閣を覆すことができることは、我々の制度の非常な試練である」とグレヴィルは断言している。[35]この事件の後、トーリの祝宴では、国王への乾杯は沈黙をもって迎えられた。後年、女王は自らが誤りを犯したことを認めた。女王の治世の末期には、女王は国王書記翰長に対して、メルボーンは「有能な人物であったが、余りに党派的な人物であり、私を党派的な女王にした」と述べていた。[36]

ヴィクトリア女王が「党派的な女王」であったことは、君主政の活動を支配する先例に合致していた。一八世紀から一九世紀の間、国王の政治的意見は公表され公言されていた。例えば、ジョージ三世がトーリであることは誰も疑わなかった。他方、ヴィクトリア女王が戴冠したときに、グレヴィルは、「〔これで〕ホイッグ政権がトーリに対して有利な立場に立ったことは誰も否定できない。これまで〔ホイッグの〕政府は、自分たちに真っ向から反対する国王《クラウン》の影響力を受けていたという意味で、流れに逆らって働いてきたからである」と断言している[37]。一方、ウェリントン公爵は、「〔これまでと〕反対の党のカシラである国王によって統治されている」ことにつき不満を述べることになった[38]。ことほどさように、「寝所事件」は、政治的に対立する政権の成立を女王が阻止できた最後の機会となった。

一八四〇年に女王は、プリンス・アルバート・オヴ・サクス・コーバーグ・ゴータと婚姻した。このことは、女王のメルボーンへの感情的な依存に終止符を打った。アルバートは、一八四一年の総選挙でメルボーンが敗北した後のピール政権への移行を容易にした。ピールが政権に就いた当初、女王は前首相との文通を続けようとしたが、ピールはそれを止めるように主張し、アルバートはピールを支持した。女王は間もなく、メルボーンと同じ親しさでピールを受け入れるようになった。一八四一年から第二次ディズレイリ政権が成立する一八七四年まで、女王は諸政党の間でほぼ中立の位置を保った。国王は、政治の木目《グレイン》に反せずそれに沿って行為するようになり、政府を失望させ妨害するよりも政権に協力して支持することに注意を払った[39]。

『タイムズ』は、一八四一年の総選挙を、「宮廷の影響力に対する勝利」と表現した[40]。これは、国王の支持を享有している政権が再選に失敗した最初の選挙であった。実際、一八四一年の選挙では、国王と選挙民の関係に根本的な変化がみられた。このときまでは、総選挙は、今日のように政権の交代に先立つのではなく、政権の交代に《従う》のが常であった。総選挙の目的は、一七八四年の時がそうであったように、国王による首相の選任を是認することであった。従って、首相が解散を求めることは、自分の勢力を増大させる確実な見通しがある場合を除いては、不名誉なことであると考えられていた。解散という行為は、国王の親裁的な行為であって、政府の行為ではないと考えられていた。かくして、一八四一年にプリンス・コンソートの書記翰長はメルボーンに対して、「自分の勢力を増大させるある程度の見通しがあると判断するのでなければ」解散しないように懇願し、また、「行われた〔解散という〕行為は政府の行為ではなく、メルボーン自身及び女王の行為であって、メルボーン個人が責任を負う人物であると見なされていることを忘れないように懇願した[41]」。元大法官のブルーム卿は、一八四一年にヴィクトリア女王に対して、野党勝利の可能性がある場合に首相が解散を求めることは、「最も卓越した国王大権の行使を、単なる党派的目的のために歪めることになる」と語り、更に、「自分は、およそ他にあり得る唯一の想定を、全く注意に値しないものとして無視している。……それは即ち、国民の世論の動向が全く分からぬまま、世論がどちらの側に傾くかを確かめる目的で行う解散である」と述べた[42]。しかし、メルボーンは、一八四一年に庶民院における不信任動議に敗北すると、辞任せずに〔議会を〕解散した。その結果、続く総選挙でピールが勝利したことで、メルボーンは、ヴィクトリア女王が自分自身にとっての屈辱だと思う立場に女王をさらした。一八四六年に女王はラッセルに対してこう述べた。「一八四一年に解散を認めたことは誤りであったと強く思っている。結果的に、自分と対立する多数派が約百名多く選出されたからである」[43]。保守党が勝利していたにもかかわらず、メルボーンは議会に対抗する決意をした。しかし勅語奉答文の修正に失敗すると、メルボーンは辞任した。

このことは、国王の権力を一層弱体化させることになった。一七八二年にジョージ三世がロッキンガムを受け入れることを強いられたときには、明らかに、断固とした議会多数派が、国王の信任を欠く首相を国王に押しつけていた。一八三〇年にウィリアム四世がウェリントンを守れなかったときは、首相が庶民院の信任を欠いている場合には、国王の信任は役に立たないことが明らかになった。一八四一年には、首相が選挙民の信任を享有していない場合には、国王の信任はほとんど用をなさないことが既に明白になっていた。ピールはこの発展を理解していなかった。一八世紀の政治家の特質の多くを今なお備えている者として、ピールは自分自身を、政党や国民に対する奉仕者ではなく、国王に対する奉仕者であると考えていた。この考え方は、一八四六年に、党の大部分の意向に反してピールが穀物法の廃止を主張したときに、ピールを失脚させる原因となった。他方で、ピールの地位が国王の信任に依存するのだとしたら、ピールは首相になってはいなかったであろう。一八四一年にピールを首相にしたのは、国王ではなく選挙民であった。

しかしながら一八四一年の総選挙は、直ちに将来に向けての手本を示したわけではなかった。一八四一年から一八六八年までの政権は全て、選挙で敗北したのではなく、政権を支持するために選出された議院即ち庶民院において敗北していた。これは、国王の干渉の結果ではなく、一八四六年の穀物法廃止と、保守党のピール派と保護主義派への分裂に伴う、諸政党の集合離散の結果であった。一八四一年の萌芽的な二大政党制は崩壊し、安定多数を形成するのが困難な小集団システムにとって替わられた。このような安定多数の欠如は、国王の行為に起因するものではなかったが、国王に策略を巡らす余地を与えた。実際に、ヴィクトリア治世の中期にあたる一八四六年から一八六八年までの間、ヴィクトリア女王の影響力は、多分最も大きかった。だがこの期間においてさえ、女王の地位は、ジョージ三世時代よりも一層弱くなっていた。一七七二年にジョージ三世の不興を被ったフォクスは、彼の残りの三四年の人生のうち三二年間を野党の立場で過ごした。パーマストンは、女王の不興を被り、一八五一年に外相を辞任したにもかかわらず、翌年政権に復帰し、彼の残りの一四年の人生のうち一二年間を除いて政権の中にあり、うち九年間は首相を務めた。

八　ヴィクトリア女王・その二

ヴィクトリア女王の治世中期における非党派性は、選挙法改正法に伴う新しい政治状況の結果であった。だがそれは、非公式にはずっと以前からその称号で知られていたが、一八五七年に〔正式に〕プリンス・コンソートとなったプリンス・アルバートの影響力によるものでもあった。一八四〇年一一月に第一子が産まれた後は、アルバートは、閣議室に出入りを認められ、女王の謁見に同席するのが常となった。アルバートは、ジョン・ラッセル卿の言葉によれば、「全ての内閣の非公式であるが有力なメンバー」であった[44]。

プリンス・アルバートは、女王がメルボーンの支持者であったのと同じように、ピールの熱心な支持者であった。アルバートは、穀物法廃止についての討論が行われた最初の夜である一八四六年二月に庶民院に臨席して、ピールに対する支持を公に表明することまでしたが、保守党の保護主義派の指導者であるジョージ・ベンティンク卿に、当然ながら非難された。しかし一八四六年にピールが敗北すると、プリンス・アルバートは党派的な人物であることを止めた。実際のところ、立憲君主政の発展に対するプリンス・アルバートの本質的な貢献は、国王は政党を超越した存在であると主張したことにあると言えるかもしれない。立憲君主政の現代的な機能を特徴づける諸方式を最初に採用し始めたのは、ヴィクトリア女王とプリンス・アルバートであった。

日誌をつけていたグレヴィルは、アルバートがプリンス・コンソートとなった一八五七年一〇月一九日に、クラレンドン卿が次のように述べたと伝えている。「女王が自身の名前で、かつプリンス〔・アルバート〕の影響力のもとで自らの権限を行使する仕方は、

飛び抜けて良好であり、女王の地位を申し分ないものにし、かつ飛び抜けて有益であった。女王は、各々の大臣たちに女王に対する義務と責任を負わせ、全ての重要案件についての正確かつ詳細な情報を常に提供することと、かつ女王に対してなされた全ての報告記録を保持し常に思い返すこととを求めた。……女王は、数週間後ないし数ヶ月後に再びそれらの復命に言及し、それらに関係する全ての事柄を全ての部局において説明することを求めた。これは、女王の前任者の誰もかつてしなかったことであり、実際には、あらゆる点で事実上王であり、ただ専ら女王の名前によってのみ行為するアルバートの行為であった。アルバートの見解と意向は、全て憲制に適う国王のそれである。彼は憲制に適う国王の義務を果たしており、同時に王位を完全なものにし、当然に国王に属する機能を遂行している。[45]」

しかしながら、アルバートの「見解と意向」は、グレンヴィルの見方とは異なって、現代的な意味での「憲制に適う国王のそれ」ではなかった。アルバートは、政策に影響を与えるためのヨリ有利な立場を保つために、国王は政党から独立すべきであるとの見解をとっており、その影響力は、国王が党派的でないことによってヨリ効果的に発揮され得るというものであった。アルバートは、君主政の機能に関する見解について、かつてベルギー王の助言者であったストックマール男爵の影響を強く受けていた。だが、英国の憲制についてのストックマールの理解は、完全には正確ではなかった。それは、グラッドストンの言葉によれば、「ドイツの土にイングランドの砕石を敷いただけ」のものであった[46]。

実際、ストックマールは、アルバートを通じて、英国人の生活に君主政のあるイデオロギーを持ち込もうとしていた。ストックマールにとって君主政とは、王国の財産であった。なぜなら、不可避的に党派的である政治家とは異なって、国王はそれ自体で国家を代表するからであった。ストックマールはアルバートに対して次のように記した。国王は自らの権限を国民の善のために独立に行使する一種の審判ないし仲裁者たり得る。即ち国王は国民の案内人《ガイド》たり得る。従って国王は、諸政党の間で中立でなければならないが、だがそれは専ら、国王が立法に対してより強い影響力を行使して、君主政の影響力を増大させるためである、と。アルバートは、王国の政治的要素としての君主政を《強化》しようとした。アルバートは、国王とは、かつてそうであったように、恒久的な首相であって、内閣の一時的な首長がこれに対して懇願すべきものと信じていた。アルバートは、国王は内閣の全ての会議において主宰する権利を有すると考え、更に、賢明な国王は「与党の形成の準備作業に関与すべきである」とすら考えていた。アルバートはこう表明している。

国王の側に、政治的事件の推移に対する無関心を要求する憲制がどこにあるだろうか。……なぜ君公だけが、国民の利益とこの国の名誉と人類の福祉を案じて政治的意見を持つ名誉を否定されるのであろうか。君公は、この国家のその他の政治家以上に独立した立場に置かれているのではないのだろうか。君公の利益はこの国の利益と最も密接に結びついているのではないのだろうか。国王はこの国の名誉の天賦の擁護者ではないのだろうか。国王は当然に政治家ではないのだろうか[47]。

アルバートは、君主政の独立の役割は、特に外交分野で重要であると思っていた。外交分野では、アルバートは、当時の諸政府の自由主義的な傾向に抗して、ヨーロッパ大陸の保守的かつ正統的な君主政の擁護者であった。一八四三年にアルバートは、従兄弟であるポルトガル王フェルディナントに、ピールに知らせることなしに書簡を送り、自分は首相の遂行する諸政策に不賛成であることを表明した。アルバートはその後、新聞のインタビューに答えたり寄稿したりして、ポーランドとイタリアにおけるオーストリアの支配に賛成したが、この立場はホイッグ政権のジョン・ラッセル卿やパーマストン卿の立場とは対立していた。

アルバートの君主政の哲学は、時代の趨勢に全く反しており、その結果、女王の大臣たちと深刻な軋轢を生じさせかねなかった。この軋轢が大きくならなかった主な理由は、一八四六年以後の諸政党の離合集散であり、このことは、女王とプリンス・アルバートに、策略をめぐらす極めて例外的な機会を与えた。その結果、一八四六年以後、国王が政権の形成において重要な役割を果たすことが容認され、更に必要とすらなった。一八五二年にアバディーン卿に率いられた連立政権が成立したのは、大部分国王の影響力のためであったが、この影響力は、クリミア戦争という大災難の後に同内閣を政権にとどめるには不十分であった。国王の影響力は、一八五五年の、パーマストンに率いられた次期政権の形成においても重要な役割を果たした。パーマストンの断固とした愛国主義は、国王の不信感をある程度うち破った。国王の影響力は、一八五九年の第二次パーマストン内閣の成立においてもその役割を果たした。

一八五〇年代末には、「国王の影響力を論ずることは、プリンス・コンソートの影響力を論ずることである」と言われていた[48]。プリンス・コンソートの影響力は、通常は融和の方向に行使されていた。プリンス・コンソートが最後に政治的な主導権を握ったのは、一八六一年に、パーマストンがアメリカ内乱〔＝南北戦争〕期の北部諸国家に宛てて記した、外交関係の断絶を招きかねない調子の非礼な外交書簡を修正させたときであった。

プリンス・コンソートの存命中に、立憲君主政の機能が効果的に作用した理由は、プリンス・コンソートの君主政哲学よりも、一八四六年以降の諸政党の離合集散にあった。バジョットは、一八六五年における記述のなかで、「イングランドにおいて、憲制に適う国王の義務がこれほど良好に果たされたのは、現在の治世の間だけである」と明言していた[49]。一八五八年に、在ロンドンのザクセン大臣であるヴィツトゥム伯爵は、ヴィクトリア治世中期の憲制における国王の役割について、次のように要約していた。

英国の憲制と称されるものは、〔コントラクト・ブリッジの前身である〕ホイストの《三名の》参加者によく似ている。〔パートナーの言いなりにカードを切る〕ダミーは世論である。庶民院は長年このダミーと組み続けている。従って、国王と貴族院は、庶民院を相手にゲームをしなければならない。……貴族院は、多くのトリック〔＝勝負〕を失っている。しかしながら、国王の手札は長い間、最近のものとは異なって、良いものではなかったことを私は認めなければならない[50]。

一八六一年にプリンス・コンソートが死去すると、ディズレイリはスタンリー卿に対して、次のように述べた。

　プリンス・コンソートが、国王の個人的な権力を増大させるという確固たる決断をしていたことは疑いがない。もし彼が生存していて、その勤勉さと有能さに、年齢と長年の経験が自分と同じほどの地位の為政者との接し方に与える重みを加えたならば、彼は今日の首相とほとんど同じ力を備えることになっていたであろう[51]。

ディズレイリはまた、「もしプリンス・コンソートが、我らが『老練な者たち《オールド・ステイジャーズ》』の誰かよりも長命であったならば、彼は我々に、我が憲制上の諸保障を全て保持しつつ、絶対制《アブソリュート》的統治という恩恵を与えたであろう」と述べた[52]。ディズレイリが、デルフォイの神託のごときかかる曖昧な言葉によって意味しようとしたことは、プリンス・コンソートなら国王の憲制上の地位を上昇させたであろうということであった。というのは、国王だけがその国民の真の利益を理解することができ、公共の利益についての公平な見解を得ることができるというのがアルバートの見解であったからである。しかしながら、このような地位が政党内閣の発展といかに両立するのかは、明らかではない。また、政治が組織化された政党によって支配されつつあるヴィクトリア治世後期に、プリンス・コンソートが自分の理論を試してみなかったことは、幸運なことであったかもしれない。実際、アルバートの君主政の概念は、国王とその大臣たちとの関係について、政治的な、また憲制上の困難を生じさせかねなかった。憲制は、共同統治君主政《ジョイント・モナーキ》についての規定を設けていなかった。助言に基づいて行為することを要求され、議会に対する大臣責任の原則によって保護されるのは、国王のみであって、その配偶者は含まれていなかった。

　ヴィクトリア女王は、一八七〇年以降、国王を政治における独立した権力とするプリンス・コンソートの観念を復活させようとしたが、アルバートがかつて許容したよりも一層党派的な立場を採用した。ところが、一八六一年以降の女王の統治の主たる重要性は、王室を政治における独立の権力にする試みに失敗したことにあった。というのは、組織化された政党の発達は、国王を、いくらか女王の意思に反する形で、政党の上に押しあげてしまったからであった。

諸政党の離合集散の時代は、一八六八年に終わりを告げた。この年には、総選挙を通して首相が任命されたが、これは、一八四一年に次いで二度目の出来事であった。だが、一八六八年には、一八四一年の時とは異なって、グラッドストンに敗北したディズレイリは、わざわざ議会を招集することなしに辞任して、政権を作るのも作らないのも、庶民院ではなく世論であることを認めた。かくして、国王と議会の間の一世紀間にわたる紛争は、紛争当事者の一方の勝利によってではなく、世論という新しい力の勝利によって、最終的に解決した。世論の力は政党を通して感じられ、かつその力は国王の影響力を凌ぐものであった。たとえ庶民院の支持を得た政権であっても、有権者の支持を得なければならないことは今や明らかであり、また、国王がその影響力を有権者に対して行使して、国王の好む者を首相として選任させることができないことも明らかであった。世論は今や政権の原動力となったが、これは君主政の性格を本質的に変更することになった。つまり国王が影響力を及ぼしうる手段が変化し始めた。君主政の影響力が減少したというよりも、君主政の影響力は以前とは異なる仕方で、即ち中立的かつ私的な仕方で行使されなければならなくなった。

九　ヴィクトリア女王・その三

これらの発展は、全く当然なことであるが、古い様式の君主政が今なお存在しているかのように行為し続ける女王やその大部分の大臣たちの背後に隠されていた。女王自身は、プリンス・コンソートの死去を機に公的生活から完全に引退し、一八六〇年代には、女王は、「ウィンザーの未亡人」として知られていた。

一八六〇年代末から一八七〇年代初めに、共和主義の短い突風が吹いたが、これは英国政治にとって新しい発展であった。ハノーファ朝の国王たちは、特に敬愛されているわけではなかったが、大衆政治以前の時代においいては、君主政に反対する組織的な運動は存在しなかった。また、一八三〇年代から一八四〇年代の労働者階級のチャーチスト運動における共和主義は、比較的に控えめであった。チャーチストの指導者は、国王に対して大臣の解任を要求することはあっても、君主政の除去を求めることはしなかった。君主政は、つかの間君主政に仕える反動的な政治家とは別個の、かつそれらから超越したものであると考えられていた。

英国における共和主義の主な原因は、一八六一年以後の女王の隠遁であった。しかし共和主義は、国際的な現象となっていた。一八七〇年にフランスにおいてナポレオン三世が退位すると、トラファルガー広場において、「ラ・マルセイエーズ」が歌われ、演説者たちは「イングランド共和国」を待ち望んだ。アメリカの影響もまた、左翼に属する多くの人々の間では強力であった。一八七一年には、ロンドン共和主義者《リパブリカン》クラブの会合が一万八千名を集めて開催され、また、チャールズ・ブラドローが、「ブランズウィック〔=ハノーファ〕家弾劾」と題する共和主義の小冊子を公刊した。ブラドローは、後に、無神論者であることを公言する者として初めて庶民院議員に選出されたことで悪名をとどろかすことになる人物である。共和主義は、急進派の貴族であるサー・チャールズ・ディルクによって採り上げられた。ディルクは一八七一年にニューカッスルで行なった演説において、庶民院議員として初めて、自らを共和主義者と宣言した。ディルクは、実際に、チャールズ一世に死刑宣告した少なくとも三人の人物の子孫であった。[53]ディルクは、友人であり、バーミンガム市長であった急進派のジョゼフ・チェンバレンによって支持された。チェンバレンは一八七六年に庶民院入りすることになるが、一八七一年にディルクに対して、「共和制は必ず来る。しかも、我々の活動の早さからすると、共和制は我々の世代にやって来る」と述べていた。[54]

しかしながら、一八七一年一一月に、後のエドワード七世となるプリンス・オヴ・ウェイルズが腸チフスにかかり、一時は瀕死の重体であるように思われた。プリンス・オヴ・ウェイルズが快復すると、一八七二年二月に感謝の礼拝がセント・ポールズ大聖堂で挙行されたが、これが共和主義の気運の終わりになったと一般に理解されている。翌月、ディルクは庶民院において、王室費の調査を求める動議を提出したが、彼は他に二名の議員の支持しか得ることができなかった。最後の共和主義の会議は一八七三年にバーミンガムで開催されたが、チェンバレンは欠席した。その一方でチェンバレンは一八七四年に、市長としてプリンス・オヴ・ウェイルズとプリンセス・オヴ・ウェイルズを迎え入れた。一八八二年には、ディルクは彼自身のかつての共和主義を、「政治的に幼稚な意見」であるとして否認した。この時以後、英国においては、何らかの重要な、国民的な共和主義運動は起こっていない。英国の左翼は、急進派であれ社会主義者であれ、一般的には保守党と同じように君主政支持者であり、また、共和主義的心情を持つ左翼の人々は、君主政を攻撃することが国民の支持を離反させることになることを認識していた。一九三一年の危機におけるジョージ五世の役割を批判していた社会主義者の知識人であるハロルド・ラスキは、一九三三年に、君主政が余りに人気がある故に、労働党は君主政の廃止を望むことができなかったことを告白していた。労働党がせいぜい望みえたことは、国王が「無意識的に中立」であることを要求することであった。[55]

一八六〇年代には、共和主義運動はどの程度の強さであったのであろうか。実証主義者のフレデリック・ハリソンは次のように論じている。

> 非常に広くかつ深い共和主義的な感情が、多かれ少なかれ明確に存在し意識されていた。ロンドンやその他の大都市においては、労働者階級の大部分は、完全に無関心である場合を別として、自覚的な共和主義者であった。北部や中部には、共和主義的な感情が熱気を帯びている都市が多くあった。……我々の行為と生活の全ての外観は、本質的に共和主義的であるので、思慮深い考え方によるならば、世襲の君主政という原則は、それ自体陰謀《コンスピラシー》あるいは虚礼《マメリー》としてしか見ることができない。[56]

しかしながら、ヴィクトリア時代の世論の状況を正確に判断することは不可能であるので、ブラドローやディルクのような指導者に対して与えられた支持から、共和主義運動が強力であったと結論づけることは、誤りであろう。一八六〇年代の世論の反対は、ことによると、君主政の制度に対する反対ではなく、国王を目にすることができないことに対する反対であった。当時存在した国民の批判は、ディルクが注目したような浪費問題ではなく、君主政に伴う儀式や外観の欠如に向けられていた。ハリファックス卿は、一八七一年八月に女王の書記翰長であるヘンリ・ポンソンビに対して、「国民の多数は、王《キング》か女王《クイーン》が姿を現してその役割を果たすことを期待している。国民は、王冠と王笏と、その類のものを見たがっている。国民は自国の通貨の〔肖像となる〕装飾を求めている」[57]と述べたが、このことは多分、フレデリック・ハリソンよりも真実に近かった。逆説的なことであるが、批判は、君主政が過大であることではなく、過小であることに対して向けられていた。バジョットとディズレイリが理解していたように、君主政は、新たに選挙権を得た大衆《マス》にとって、感情の集中する点になっていた。このことは、儀礼的かつ象徴的な機能が今や君主政のまさに本質の一部分となっていることを意味した。女王が隠遁している間、女王は文書によって勤勉に職務を遂行し、女王の憲制上の機能を全て果たしていた。だがこのことは、女王の臣民にとっては関係のないことであった。臣民の多くは、そのような憲制上の職務がいかなるものであるのかについて、間違いなく全く無知であった。臣民が喪失したものは、君主政の憲制上の側面ではなく、演劇的《シアトリカル》な側面であった。バジョットはこう記している。「目に見えないものは、忘却される運命にある。……象徴であるためには、しかも、効果的な象徴であるためには、鮮明に、かつ頻繁に見られなければならない」[58]。結果として、「女王は公的生活から長期間引退することによって、極めて不品行なその前任者たちが放蕩と軽薄によってなしたのとほとんど同じ程度に、君主政の人気を傷つけた」[59]。

一〇　ヴィクトリア女王・その四

ヴィクトリア女王の治世の最後の時期は、反自由党という強力な党派性によって特徴づけられる。これによって女王は、自由党政権の基盤を弱め、保守党政権を鼓舞激励した。この党派性の理由の一部は、個人的なものであった。即ち、ディズレイリとの親交と、グラッドストンに対する激しい敵意が昂じた故であった。しかし、女王の態度に関しての個人的な要因は、おそらく強調されすぎている。女王は、グラッドストンに対して敵意を持っていたのと同じ程度に、自由党におけるグラッドストンの後継者であり一八九四年から一八九五年に女王の任命で首相となったロウズバリ卿に対しても敵意を抱いていた。また、ディズレイリに対して好意的であったのと同じ程度に、ディズレイリの後継者として保守党の指導者となったソールズバリ卿に対しても好意的であった。

サー・ヘンリ・ポンソンビが一八七〇年に女王の書記翰長に任命されると、彼は宮廷における強い反自由党的傾向に気付いた。女王の保守党に対する贔屓は、一八七六年の東方問題に対するグラッドストンの敵対的な対応によって強化された。オスマン帝国に対するディズレイリの政策を攻撃したことによって、グラッドストンは、女王の見解によれば、外交問題に関する超党派の慣例を破っており、それ故に国益を損なっていた。帝国主義に対するグラッドストンの全般的な敵意は、女王から見れば、女王による統治の拡大に対する敵意であり、かつ女王が統治する領土を放棄する意思の表れであると思われた。だが、女王は、攻撃そのものばかりでなく、グラッドストンがディズレイリ政権を攻撃する仕方にも衝撃を受けていた。グラッドストンは、自分の主張を国民に訴えることによって、国中で大衆運動を指揮した最初の政治指導者であったが、このような仕方は、かつては、公職に選ばれる人々が属するエリート支配層《マジック・サークル》の外にいる、急進派のみが行ったものであった。

一八八〇年の総選挙で自由党が勝利すると、女王は組閣のためにグラッドストンを召喚せずに、庶民院の自由党指導者であるハーティントン卿を召喚した[60]。これは、理論的には正しかったが、自由党に勝利をもたらしたのはグラッドストンであり、グラッドストンを首相にせずに自由党政権を樹立することは不可能であった。一八七九年一二月にハーティントン卿は、「在野で自由党を指導している人物が、議会において自由党を指導すべきであるという主張については、異論の余地がない。このことが直ちに理解されることが、女王と国民と党にとって最も公正なことである」と述べていた[61]。だが、当然ながら、女王は、選挙権の拡大によって、議会の外で起きた出来事がウェストミンスター宮殿の中で起きることを決定するようになったことや、政治の重心が議会から「政党の」綱領に移りつつあったことについて、なかなか理解しなかった。政党の発達は、首相を選択する権限を国王から剥奪するようになった。この権限は、今や政党自身によって行使されるようになり、一八八〇年に実際に初めて行使された。

グラッドストンの第二次政権の間、女王は政府を攻撃ないし妨害する機会がなかった。一八八五年にグラッドストンがアイルランド自治への支持を宣言すると、女王は、この政策が王国の破壊を導くと信じていたため、女王の敵意は際限ないものになった。女王は、グラッドストンの陰で、自由党の議員たちと陰謀を企て、保守党と「愛国的」連立を形成して、アイルランド自治を打倒しようとし、またグラッドストン首相との会談内容を野党指導者に知らせていた。女王は、その統治の終わりまで、疑いなく保守党支持者であった。

しかしこのことは、大多数の国民にはほとんど知られていなかった。というのは、女王の見解が公式に告知される機会は、二度しかなかったからである。最初の機会は、一八七六年に、女王にインド女帝《エンプレス・オヴ・インディア》の称号が贈られたのは女王自身の希望であることをディズレイリが明示したときであった。二度目の機会は、一八八五年に、ハルツームでゴードン大将が謀殺された後で、女王が政府に対して、その怠慢を遺憾とする電報を〔暗号文ではなく〕《普通文で《アン・クレール》》送信したときであった。グラッドストンはこの電報に対して、辞任の意向を示した。もしグラッドストンが辞任していたならば、女王の名前が政治のなかに持ち込まれ、その結果君主政が脅かされることになったであろう。だが、グラッドストンは、強力な君主政支持者であったので、女王の絶え間ない妨害に対して、おそらく超人的な冷静さをもって、思慮深く対処した。一九三〇年から一九三二年の間に、ヴィクトリア女王の書簡集の第三集《シリーズ》が刊行されるまで、一般国民が女王の党派性の程度についてほとんど知らなかったのは、ディズレイリと並んでグラッドストンのおかげでもあった。結果として、ヴィクトリア女王は、その治世の終わりまで、英臣民の大部分からは、熱狂的な政党政治家ではなく、英国の最初の立憲君主として見られていた。

二　近代的立憲君主政の成立

しかし逆説的なことに、ヴィクトリア女王が最も党派的に行動した、その治世の最後の時期は、女王の影響力が最も小さな時期でもあった。女王の最も重要な親裁的大権の一つである、首相を任命する権利は厳しく制約され、他方で、各々の閣僚たちの任命を拒否する権利は完全に消滅した。ヴィクトリア女王の治世には、外交と戦争に関して国王が特別に負うと考えられていた責任もまた消滅し、これらの政策領域も、大臣の助言と責任という一般的ルールに従うようになっていった。

　ウィリアム四世が一八三四年にメルボーンとピールを首相に任命したことは、ホイッグ党とトーリ党の指導者を任命することでもあった。これと同様に、ヴィクトリア女王は、一八八五年にソールズバリを、一八九四年にロウズバリを、各々の政党の指導者にした。だが、既に見たように、選挙権の拡大と組織政党の発展は、国王が首相を任命する余地を厳しく制限した。一八八〇年に、ヴィクトリア女王はグラッドストンの任命を回避しようとして、拒絶された。自由党がグラッドストン以外の者に仕えないことは明白であった。グラッドストンに固執したのは自由党というよりも、自由党に投票した者たちであった。

　一八九四年にロウズバリを選択したことは、一見すると逆の例であるように思える。女王は、退陣するグラッドストン首相に〔後継者について〕相談しなかった。グラッドストンは自分の後継者にスペンサー卿を望んでいたが、他方で自由党議員の大部分は、サー・ウィリアム・ハーコートを望んでいた。ところが女王は、グラッドストンに相談する義務はなかった。なぜならグラッドストンは、海軍支出削減問題で、彼の内閣に拒絶されたことを理由に辞任することになっており、かくしてグラッドストンは、〔女王から〕相談される権利の根拠となる権威《オーソリティ》を失っていたからであった。いずれにせよ、スペンサー卿は、首相指名を受けるつもりがないことをその後宣言した。ハーコートについては、自由党の閣僚たちが、彼を我慢ならない同僚《インポシブル・コリーグ》と見なしていたので、閣僚たちがハーコートに仕えるのは多分不可能であった。ハーコートの伝記作家は、「ロウズバリ卿は既に内閣に選ばれた者として登場してきた」ことを認めている[62]。もし自由党員たちが、ロウズバリ以外の者に仕えることを真剣に望んでいたならば、彼らは、一八八〇年にハーティントンが首相に任命されていたならばとったであろう行動とまちがいなく同じように行動したであろう。自由党員たちは、ロウズバリに仕えることを拒絶できたはずであった。しかし実際には、自由党の閣僚の過半数は、明確にロウズバリを支持していたように思われる。かくして、「女王がロウズバリを召集したとき、女王は政治の木目《グレイン》に沿って行為していた。女王は、純粋に個人的な選好を表明したのではなく、キャスティング・ボートを行使していた」[63]のである。

首相を任命する国王の権限は、かつてはかなり広い選択が可能であったが、今や厳しく制約されるようになった。国王は、最も閣僚に受け入れられやすく、かつ政権政党が受け入れる人物を任命することを要求されるようになったからである。このことは、世論の状況についての不正確かもしれない国王の判断を信頼することなしに、政党自身が自らの指導者を選ぶようになり、その結果首相を選択する国王大権がほとんど完全に奪われたことの、論理的な帰結に過ぎなかったのではあるまいか。

ヴィクトリア治世の後半には、国王は、固く決意した首相と一致団結した内閣の意向に反する形で、大臣を指名あるいは拒否する権限も失った。女王にできたことはせいぜい、急進派であった時期のチェンバレンや、ディルクのような、女王が嫌う大臣たちに、女王と個人的に接触するような職を与えないようにすることであった。ヴィクトリア治世の後半において、女王が大臣の任命拒否に成功した唯一の例は、一八九二年に、王室を侮辱した急進派のヘンリ・ラブシェアの任命を拒否したことであった。だが、ラブシェアには国民の支持がほとんどなかったので、ラブシェアが排除されたことについて、グラッドストンは、それほど困らなかったであろう。一九〇一年にヴィクトリア女王が死去すると、その後の国王は大臣の任命を拒否することができなくなった。

君主政についての全く新しい概念が、ヴィクトリア女王治世の後半から、徐々に生まれつつあった。権力と党派性が影を潜めて、国王は、政治的闘争から超越しているものと見られるようになり、その結果、国王の影響力は、党派的な目的ではなく、中立的かつ公平な仕方で行使されるようになった。君主政の発展におけるこの微妙な変化は、ヴィクトリア時代には一般には理解されていなかった。ある者は、国王の権力の衰退によって、君主政は無用の存在となっており、様々な国事行為を引き受ける単なる機械《マシン》に過ぎず、「大臣が望む通りに、同意のために首を縦に振り、拒否のために首を横に振らねばならない首振り宦官人形《マンダリン・フィギュア》に他ならない」と信じていた[64]。だが実際には、ヴィクトリア時代の間、君主政は、ほとんど意図することなしに、新しい形の影響力を発達させていたが、その影響力は、個人的な仕方で、かつ完全に非党派的な仕方で行使されることによって、効果を発揮していた。逆説的なことに、国王の役割に「微妙かつ暗黙の、しかしほとんど完全な転換」が生じていたことを最初に理解したのは、しばしばヴィクトリア女王の妨害の犠牲になっていたグラッドストンであった。この転換は、グラッドストンによれば、「権限から影響力への有益な変更であると考えられ」、この影響力は、「国王の助言者たちからその不可分の責任を少しも減ずることなしに、国に対して大きな利益」をもたらした[65]。

ヴィクトリア女王は、政党の発達が女王の大権を不可避的に制限することを、たとえ理解できたにしても、理解するのに時間がかかった。この後、国王が真の意味での権限を行使したのは、一八八六年や一九一六年や一九三一年のように政党の方針が流動的になったとき、一八九四年や一九二三年のように政党が指導者を選出する機構を欠き、首相の選択権が国王にもたらされたとき、あるいは一九一〇年から一九一四年まで生じた慢性の憲制危機のときであった。

君主政は、もはや党派性を帯びることはなかったが、鋭い政治的な論争の時期には、とりわけ庶民院と貴族院の対立を含む政治的な論争の時期には、政党間の調停者という新しい役割を担うことができた。ヴィクトリア女王は、この役割を真剣に引き受けた最初の国王であった。一八六七年には、女王は、自由党の選挙法改正法案に反対しないよう保守党を説得し、その上で、保守党の法案を支持するように自由党を説得した。一八六九年と一八八四—八五年には、女王は、自由党政権と、貴族院で多数を占める野党保守党を、両院の衝突を避けるために調停した。エドワード七世は、一九〇六年の教育法案と一九〇九年のロイド・ジョージの「人民予算」に対する貴族院の反対から生じた危機を調停しようと試みた。ジョージ五世は、一九一四年にアイルランド自治法案に関して、また一九一五年に徴兵制に関して、また一九一六年と一九三一年に連立政権が組織された際に、意見の対立を解決しようと試みて、バッキンガム宮殿において超党派の会議を開催した。このように国王が象徴的《シンボリック》権力を調停のために用いることは、国家元首が政治的に中立であり、かつ政党から超越していることを前提条件にしていた。

それ故、国王の新しい役割は、権限よりも影響力に依拠していた。しかし、国王が行使することができる影響力の範囲は、政府の政策を学習し理解する国王の勤勉さにかかっていた。この点において、ヴィクトリア女王は、後継者たちに対して、広範な入念さの例を示していた。女王は、「プリンス・アルバートが読み、署名したものに注釈をするまで、何にも署名しないという、プリンス・アルバートの方針に従うことが、女王の偉大な目標」であると表明していた[66]。だが、一九一六年に内閣官房が設置され、国王に閣議文書を回覧する通常の手続が設けられるまでは、国王が情報を得ることは、容易なことではなかった。一九一六年以前に国王がどれだけの情報を得るかは、特定の提案に関係する首相及び大臣たちの勤勉さに大きく依存していた。一九一六年以前には、内閣の公示された議事日程表は存在せず、首相が情報を提供し、大臣たちが関係する覚書を回覧するまで、国王は、何が議論されるか知ることができなかった。だが、各々の閣議の後には、首相が国王に書簡を送って、閣議で何が議論され、いかなる決定がなされたかを知らせるのが慣習《カスタム》であった。実際のところ、こうした書簡が内閣の決定に関して現存する唯一の記録であるが、場合によっては、この首相からの書簡はおざなりなものであった。極端な例は、自由党の首相サー・ヘンリ・カンベル＝バナマンが一九〇六年一一月にエドワード七世に送付した報告書であった。これにはただ、「本日閣議を開催し、会議の結論を要する公的問題の調整に専ら従事した」と記されているだけであった[67]。王の書記翰長のノウルズ卿は一九〇七年一一月に、カンベル＝バナマンのおざなりな閣議報告書が、「全くもって王を完全にコケにしている」と記していた[68]。だが、大臣たちがエドワード七世に情報を提供する労を惜しんだ一つの理由は、エドワード七世がヴィクトリア女王ほど内政について勤勉でなく、関心を持たなかったからであった。それ故、国王が影響力を行使できるためには、職務への、しかも委任することのできない職務への絶えまない献身がまず必要とされるようになった。

ヴィクトリア女王は、職務に献身するのと同時に、自国の徳の顕著な模範者でもあった。これによって君主政は、ヴィクトリア社会における道徳的な力となった。一八四六年一月にアルバートはストックマールに対して、「王家に対する賞賛は、国王の個人的な性格によってのみ得ることが可能である」と述べていた。[69]

君主政が、今日なお享有しているような名声を最初に獲得したのは、ヴィクトリア女王の治世においてであった。ヴィクトリアの前任者たちはほとんど尊敬されておらず、彼らの私生活は醜聞に満ちていた。女王の直近三代の前任者であるジョージ三世、ジョージ四世、ウィリアム四世は、阿呆、放蕩者、道化者と呼ばれていた。一八三〇年に『タイムズ』は、ジョージ四世の死亡記事において、「この死去した王ほど、仲間の人間に哀惜されることのない人物は、かつて存在しなかった」と公言した。また、サー・ロバート・ピールは、君主政がこれほど不人気になった以上、奇跡《ミラクル》しか君主政を救うことはできないだろうと述べた。[70]ウィリアム四世が一八三七年に死去したとき、『タイムズ』がせいぜい言い得たことは、王はいかなる害悪もなさなかったということであった。「プリンセス・ヴィクトリアの即位が国民の愛情のなかに君主政を復活させたと言うことは、誇張ではない。ジョージ四世は王位を不人気にし、ウィリアム四世は王位の人気を回復したが、その尊厳を回復していなかった」[71]。ヴィクトリアが王位を継承したとき、君主政の地位は低く、その将来は不確かであった。一九〇一年に女王が死去するときまでに君主政は尊敬の絶頂に達し、君主政の制度は、今日保持しているような基本的様式を作り出した。

それ故、権限から影響力への転換は、王位の権威を弱めるどころか、それを強化するのに資した。国王は、国家《ステイト》の長であるのと同時に、国民《ネイション》の長であるとも見られるようになってきた。[72]ソールズバリ卿は、「自分が女王の考えを知ったとき、自分は、女王の臣民がどう考えているか、特に女王の臣民の中流階級がどう考えているかを、かなり明確に知ったように、いつも感じていた」と述べていた。[73]かくして、君主政は、新しい大衆政治の時代において、広範な情緒的な重要性を獲得した。この根本的な変化は、二人の天才によって初めて認識された。一人は、当時最も才能豊かなジャーナリストであったウォルター・バジョットであり、もう一人は、当時最も想像力豊かな政治家であるベンジャミン・ディズレイリであった。政治に積極的な君主政《ポリティカリー・アクティヴ・モナーキ》、つまり、大統領的君主政《プレジデンシャル・モナーキ》というプリンス・コンソートの観念とは対照的に、彼らは、国王が、統治の欲求を完全に節制する限りにおいて有益な影響力を行使することができ、この場合にのみ、国家元首が国民の長になることができるものと理解した。

　バジョットが予見したように、君主政の不思議な魅力《マジック》、即ちその「尊厳を帯びた」要素は、大権ないし権力という「効率的な」機能を一掃した上に成り立つものであった。デイヴィッド・カナダインは、超記憶時代《タイム・インメモリアル》から尊ばれていると思われている儀式のかなりのものが、実際にはヴィクトリア時代に発展したものであることを示した。カナダインの見解によれば、それらの儀式は、国民感情を君主政に結びつけるために意識的に創設されていた。[74] しかしながら、この発展を、意識的な「伝統の創作《インヴェンション》」と考えるのは、誤りであろう。英国において発展しつつある大衆政治の制度において、君主政に対する国民の愛着は、自然な仕方で発達してきている。この愛着が、はるかに深いレヴェル、ことによると潜在意識のレヴェルに存在するからと言って、発明《コントライヴァンス》とか創作といった暗喩で説明すべきではない。ディズレイリは、一八四五年に公刊した小説『コニンズビー』*Coningsby* のなかで、主人公の哲学者に、「高度な文明においては純粋な君主政に向かう傾向がある」と述べさせている。[75] ディズレイリが理解していたように、君主政は、単なる歴史的な重要性をもつ制度ではなく、実際のところ、国民による統治に深く適合した政治様式であった。なぜなら、不完全にしか表現できず、あるいはいくらかの明確さをもって表現することすらことによると不可能であるが、確実に存在しており、根強く広がっている国民の欲求を、君主政は満たしていたからである。選良《エリート》的統治システムでは、君主政が提供するような情緒的な支柱を必要としないかもしれない。だが、民衆的統治システムでは、疑問の余地なくそれを必要とした。ディズレイリは、党の理論家であり、議会政における政党の中心的役割を最初に理解していた政治家であり、「政党なしに議会制《パーラメンタリ・コンスティテューション》を実現することは全く不可能であると申し上げる」[76] と述べていたが、そのディズレイリが、政党の発達が君主政の重要性を減ずることなしに、君主政の機能を変化させることを理解していたことは、偶然ではない。国王と政党の新しい関係、即ち「それが一度形成されたならば、英国憲制の原初的な要素とすぐさま誤解されるであろう[77]」新しい現実について認識したのは、まさにディズレイリであった。

君主政に対する情緒的な愛着は、ディズレイリが予見したように、帝国主義の発達によって強化された。ヴィクトリア治世の当初には、帝国は無秩序な状態であった。カナダでは反乱が起きており、他方インドは私企業によって統治されていた。自由貿易時代における一般的観念によれば、植民地は、本国にとって単なる望まざる出費であり、それらは、当然の成り行きとして、やがて本国から分離《ディタッチ》するものであった。フランスの経済学者テュルゴーは一八世紀に、「植民地は、熟するときまでしか樹木に付いていない果実のようなものである」と述べていた[78]。しかし、一八三九年のダラム報告書の結果、カナダ及びその後その他の植民地は、帝国の結合の保持と完全に両立する、責任自治制を獲得した。

ヴィクトリア治世の後半には、帝国主義は、大多数の支持を得た力となっており、一八七六年の国王称号法によって、女王に対して「グレート・ブリテン及びアイルランド女王」という現在の称号に加えて「インド女帝」の称号が付与されると、君主政は、この〔帝国主義という〕勃興してくる力と結びついた。ところが、憲制の発展という点では、植民地が率先していた。植民地は、植民地と「母国」との人的結合《パーソナル・リンク》としての君主政の重要性を増大させた。「グレーター・ブリテン」とは、急進派の帝国主義者であるディルクが一八六八年に公刊した書物の題名であったが、女王は、多くの人々に「グレーター・ブリテン」と考えられたものの首長であった。王冠は帝国の標章《エンブレム》となり、エドワード七世は、インド皇帝であり、かつ「海外の英国自治領《ドミニオン》の」支配者と宣せられた最初の王となった[79]。ヴィクトリア女王の死去後間もなく、一九〇一年二月にエドワード七世に送付した書簡において、庶民院の指導者A・J・バルフォアは、君主政の新しい機能について次のように強調していた。

> 王は、グレート・ブリテン及びアイルランドの、また、グレート・ブリテン及びアイルランドの富と安全に資することに全ての価値があるいくつかの保護領の王であるだけではありません。王は今や、地球の半周をもって画せられる自由人の単一の帝国共同体を統合する、最大の憲制上の紐帯となっています。このような帝国を実現する全ての愛国的感情は、

王を中心に、あるいは王を主な中心に展開しています。海外の我々の同胞に対して王の人格を強調する全ての事柄は、君主政と帝国にとって利益となるに違いありません。[80]

バルフォアは一九〇九年に次のように述べた。「ヴィクトリア女王の治世の後半においては、そして現在では前にも増して、グレート・ブリテンは大英帝国《ブリティッシュ・エンパイア》を意味している。我々の海外の国民が、アスキスや私に熱狂することはない。彼らは我々の名前をほとんど知らない。彼らにとって、帝国の象徴は王である」[81]。国王と海外の植民地との関係についての新しい概念は、帝国の終焉にもかかわらず、〔英国〕国王が、コモンウェルスの首長になっていることによって、今日まで持続している。コモンウェルスは、それが存在しなければ全く異質な、五一の国々を結びつける、唯一の絆となっている。

しかしながら、どうして英国では立憲君主政がかくも強力に根を張ることができたのであろうか。ヴィクトリアの治世の間に、英国及び植民地の双方で、選挙権が拡大し、政党と責任統治制が発展し、君主政の性格を変えたが、こうした重要な発展は、自由主義的な理念が広まったことによって生じたものである。ヴィクトリアは、自由主義の浸透には心底から懐疑的であり、民主政的支配には敵意を露わにしていた。ヴィクトリアは一八八〇年に、「私は《民主政的君主政《デモクラティック・モナーキ》》の女王であることはできないし、そうなるつもりもない」と、W・E・フォースタに対して述べていた。[82] だが皮肉なことに、女王の治世の終わりには、君主政の威信は、君主政と議会政との結合に、即ち国民の選挙によって選ばれた議会に対して執行部が責任を負うという観念に由来するようになっていた。このことが、一九世紀末の時点で、英国とその植民地を、オーストリア・ハンガリー帝国、ドイツ、ロシアといった大陸の大帝国諸国から分かつものであった。英国が自由主義的な諸制度を植民地に輸出することができたのは、既に英国がそれらの諸制度を受け入れていたからであった。英国自体が責任統治制を受け入れた後で初めて、英国以外で同じ原理に基づく統治をつくることが可能になったのであり、またこの責任統治制こそが、自治領という地位を可能にしたのであった。

君主政は、自由主義と結合することによって制度としての価値を高めた。というのは、当時、自由主義は、人間の進歩のイデオロギーと目されていたからである。だが、近代的な立憲君主政の発展が、ヴィクトリア自身がほとんど共感を覚えていなかった政治勢力によってもたらされたということは、まさに逆説的である。ヴィクトリアは、治世後半の多くを、君主政を近代化しようとしていた議会政的自由主義の抬頭を阻止することに費やしていた。かくして、近代的立憲君主政は、英国の最初の立憲君主であった女王の意思に随分と反する形で生まれた[83]。

　ヴィクトリア時代に立憲君主政は近代的な形態になった。ヴィクトリアに続く国王たちは皆、バジョットが規定した立憲君主政の根本的範則に従って統治しようと努めた。バジョットの著作が教範としての地位を獲得したからである。実際、ジョージ五世、ジョージ六世、エリザベス二世、プリンス・オヴ・ウェイルズのいずれもバジョットの『イングランドの憲制』*The English Constitution* を学んだことで知られている。ヴィクトリア以降に生じた君主政の役割の変化は、程度の変化であって質の変化ではない。ヴィクトリアの治世の終わりまでに進化を遂げた君主政の範型《モデル》には、何らの根本的な変更も生じていない。

　それ故、本書の残る諸章では、専ら、この君主政の範型そのものについてと、この範型が立憲君主政の観念を生み出した〔我が〕国において、実際にどのように作用しているかについて、叙述し分析することにする。

第二章　憲制の基本ルール・その一——王位継承

一　議会制定法上の原理

君主政は、本質的には、世襲の制度である。君主政は、選挙や任命ではなく、世襲の王位継承権に依拠しているので、何よりも重要なことは、王位継承を規定する明確な、かつ曖昧さのないルールが存在し、それによって誰が王位継承すべきかについて議論が生じ得ないようにすることである。英国では、王位継承を規定するルールは二種類ある。世襲の王位継承を規律する、議会制定法に基づかない諸ルールと、王位の保持者が満たさなければならない幾つかの条件を規定する、議会制定法に基づく諸ルールである。

世襲の王位継承は、それ自体、曖昧さのない基準ではない。実際に、世襲の王位継承には、実行可能な三つの方法が存在する。第一に、王位継承を、いわゆるサリカ法によって規定するものであり、これは女子を王位継承から完全に排除する。このルールは、フランス君主政の王位継承を支配しており、その結果、フランスには、当たり前のことであるが王妃《クイーン・コンソート》は別として、女王《クイーン》は存在しなかった。第二のルールは、王位継承権が、性別に関係なく、国王の長子に移ると定めるものであり、これによれば、女子は、男子と同様に王位継承権を享受する。このルールは、一九七九年以後、スウェーデンにおいて実施されている。

第三のルールは、英国の王位継承を規律しているものであるが、王位は、コモン・ローに基づいて、土地の法定相続と同様の基準で、無遺言相続《ディセンド》すると定めている。つまり、男子法定相続人は女子法定相続人に優先し、かつ、死亡した直系尊属の子が代襲相続し、かつ長男子相続制によって年長の息は年少の息に優先する。かくして、英国においては、通常の場合には、専ら男子が法定推定相続人《エア・アパラント》となる。もし、王位の法定相続人が女子である場合には、その女子は、法定推定相続人ではなく、推定相続人《エア・プリザンティブ》でしかない。なぜなら、彼女の権利主張は、国王の法定推定相続人となる息が誕生したならば、常に打ち負かされるからである。それ故、プリンセス・エリザベスは、ジョージ六世が男子の直系卑属を持つ可能性が常にあったために、法定推定相続人ではなかった。

しかしながら、既に見たように、無遺言相続は、現状において最も重要なものではあるが、それは王位継承の根拠の一つに過ぎない。一七世紀の大規模な憲制闘争は、一六八九年の権利章典と一七〇一年の王位継承法の成立によって頂点に達したが、このことは、王位継承を議会が規制し得ることを確認した。

一六八八年から八九年に、議会はこの権利を行使したが、その目的は第一に、悪政を理由に国王を実際に廃位し、第二に、王位継承の方法を決定し、第三に、新しい国王がどのように行為することを期待されているかについての提案を、権利宣言の中で述べるためであった。

他方で、戴冠式の儀式は、選挙制という、王位継承の第三の要素を思い起こさせる。選挙制はアングロ・サクソン時代には非常に重要なものであった。戴冠式の儀式は、カンタベリ大主教が参列者に対して国王を推挙する承認《レコグニション》に始まるが、これは、国民が新しい国王を公式に受諾したことを象徴しており、「王権の古来の選挙制の性格を想起させるものである」[1]。この第三の要素の重要性は、現在では全く象徴的なものである。

しかしながら、君主政に関する議会制定法上の原理は、相当の重要性を持っている。現在では、国王が満たすべき議会制定法上の条件は四つある。

第一に、国王は、王位継承後の最初の議会の初日の会議と戴冠式とのいずれか早い方において、自らが敬虔なプロテスタント教徒であることを宣言しなければならない。この要件は、一六八八年に初めて規定され、現在では一九一〇年の王位継承宣言法によって規定されている。エリザベス二世は、一九五二年一一月四日に、女王の治世の最初の議会の冒頭でこの宣言をした。この宣言は、ローマ・カトリック教徒は王位を継承できないという王位継承法の要件を満たすために必要なものである。

第二に、国王は、一六八九年の戴冠式宣誓法、王位継承法、一九一〇年の王位継承宣言法に基づいて、議会制定法に定められた形式に従って、戴冠式において宣誓しなければならない。宣誓の正確な形式は、一六八九年以来幾度か変更されているが、一九五三年の戴冠式において、エリザベス二世は、女王の全ての王国の国民、財産及び領土を各々の法と慣習に従って統治すること、慈悲をもって正義を施すこと、《連合王国《ユナイテッド・キングダム》において》プロテスタントの改革宗教を擁護すること、《イングランドにおいて》イングランド教会の安定と、その教義、礼拝、規律及び統治を保持することを約束した。

第三に、国王は、一七〇七年のスコットランド合同法第二五条に従って、スコットランドの長老主義教会を擁護することを約束しなければならない。この宣誓は、通常は、王位継承の際に行われる。

第四に、国王は、王位継承法に従って、自らが至上支配者であるイングランド教会と、霊的な交わりを持たなければならない（第九章参照）。だが、国王が現実にイングランド教会の《一員》であることは、議会制定法上の要件ではなく、事実、王位継承法以後、二人の国王、即ちジョージ一世とジョージ二世は、ドイツのルター派信者であった。しかし今日では、国王がイングランド教会の一員であると普通に思われている。

議会は、王位継承を変更する権利を持つ。実際に、議会は、一六八九年以後二度にわたってこれを実行した。一度目は、一七〇一年に王位継承法が、ハノーファ選帝侯妃ソフィア及びそのプロテスタントの直系卑属を王位継承者として規定したが、これは、既に見たように、世襲による王位継承順位を破っていた。二度目は、王が退位した一九三六年である。権利章典も王位継承法も、王の自由意思による退位について規定していなかったため、立法が必要とされた。事実、イングランド史において、王が退位した先例はなかった。王位は議会によって基礎づけられているので、退位及び後継者の任命には、後継者が国王の最近親者であるか否かにかかわらず、立法を必要とすることになる[2]。

一九三六年の退位宣言法は、四つの法的な帰結をもたらした。第一に、エドワード八世が署名した退位証書に議会制定法上の効力を付与した。第二に、国王の最近親者であり、後にジョージ六世の称号を持つヨーク公爵が王位を継承することを規定した。第三に、エドワード八世ないしその直系卑属による、将来考えられ得る王位に対する権利主張を全て禁止した。第四に、国王及び外国の家柄に嫁いだ女子王族《プリンセス》の直系卑属を除くジョージ二世の全ての直系卑属に対して、有効な婚姻を締結する前に国王の許可を得ることを要求した一七七二年の王室婚姻法が、エドワード八世及びその直系卑属には適用されないことを宣言した。

この法律の諸条項は、一九三〇年に初めて明言され、一九三一年のウェストミンスター法の前文で確認された慣例によって、コモンウェルスのその他の構成国の同意を得ることが必要であった。今日では、国王は、他の一五のコモンウェルス諸国の国王でもあるので、そこには共通の王位継承ルールが存在しなければならず、英国政府が王位継承ルールを一方的に変更することは、違法ではないにせよ、憲制に反することであろう。

他方で、王位継承は、議会制定法によって《のみ》変更することが可能である。一九九四年に労働党議員で共和主義者のトニー・ベンは、枢密院議長トニー・ニュートンに書簡を送り、エリザベス二世が死去した後に新たな国王を布告する枢密院が召集された場合には、彼は布告に対して反対を表明すると述べた。だがニュートンは次のように返答した。王位継承の権利は王位継承法において規定されており、それは議会制定法によってのみ変更することが可能である故に、法定推定相続人であるプリンス・オヴ・ウェイルズが「国王の死去により直ちに、かつ自動的に王位を継承することになる」。それ故、新国王を布告する枢密院の会合で異議を留めることには、いかなる法的な効果もないことになる[3]、と。

二　摂政職と国務評議会

コモン・ローの法理から言えば、国王は決して死なず、後継者が直ちに王位を継承する。このことは、国王が一八歳未満と定義される未成年者であった場合、あるいは国王が君主の職務を実行する能力を欠く場合についての規定が必要であることを意味している。恒久的な議会制定法上の規定は一九三七年まで存在しなかった。その理由が、一五四七年にエドワード六世が九歳で即位して以来、王位を継承した未成年者がいなかったことに存することは間違いない。もっとも、ヴィクトリア女王は、一八歳の誕生日から僅か二七日後に王位を継承したのではあるが。近代において、〔国王が〕完全な無能力となったのは、一八一〇年にジョージ三世が精神障害になった一度だけである。その翌年、プリンス・オヴ・ウェイルズが摂政公として国王の職務を引き継いだ。

　過去に未成年者が王位を継承した際には、当座限り《アド・ホック》の措置がとられていた。政府の評議会が設置されるか、あるいは、王権を授けられて一般に「守《も》り役《プロテクター》」として知られる摂政《リージェント》が任命された。エドワード六世の場合には、サマセット公爵を摂政とする議会制定法上の規定が設けられた。これ以外の場合には、摂政を指定するための当座限りの規定が設けられていた。後継者が成年に達する以前に国王が死去した場合に備えて、ヘンリ八世が一五三六年に、ジョージ二世が一七五一年に、ウィリアム四世が一八三〇年に摂政を指定した。ヴィクトリアは一八四〇年にプリンス・アルバートを摂政に指定した。またジョージ五世は一九一〇年にメアリ王妃を摂政に指定した。ジョージ三世の精神障害の際には、摂政法が制定され、プリンス・オヴ・ウェイルズを摂政に任命した。

一時的な精神障害の場合、あるいは国王が英国を不在にしている場合には、国王の職務を実行するために、王族と、首相、大法官、カンタベリ大主教など指導的立場の要人との両者から構成される国務評議会《カウンシル・オヴ・ステイト》を設置する慣習が、二〇世紀の早い時期から発達していた。

　しかしながら、このような当座限りの措置は不十分であった。過去にはこうした措置が、摂政の権利を主張する競争相手どうしの予期しない権力闘争を生じさせることもあった。他方で、国王が無能力の場合に、摂政を任命する法案に対して国王の裁可を得ることは、不可能ではないにせよ、場合によっては困難であろう。実際、一七八八年にジョージ三世が一時的な精神障害になったときには、摂政法案はピットとフォクスの間で政治的な口論の対象となり、同法案は、国王の裁可が与えられたことを仮定する法的擬制を用いて成立した。結果的には、ジョージ三世は、摂政制が実施される前に回復した。しかしながらこれは明らかに、危険な状態であった。一時的に無能力になった国王が、自ら必要な手段をとる保証はなかった。一九二八年にジョージ五世は、幸いなことに、深刻な病気に罹り始めた時に国務評議会を設置する布告に署名することができた。だがジョージ五世は一九三六年には、死の床において布告に署名する屈辱を受けなければならず、王は、こうすることに非常な困難を感じていた[④]。

一九三六年にジョージ六世が王位を継承したとき、最上位の王位継承者であるプリンセス・エリザベスは、一〇歳の未成年者であった。王は、議会に向けての演説において、「人生の無常」に言及して、何らかの恒久的な議会制定法上の規定が設けられるべきことを提案し、王の希望に応える形で一九三七年に摂政法が制定された。

この法律は、四つのあり得る場合について規定していた。即ち国王の未成年、国王の恒久的な無能力、国王の一時的な無能力、及び連合王国における国王の不在である。最初の二つの場合には、摂政職を置くことが規定された。後の二つの場合には、国務評議会を設置することが規定された。

国王の恒久的な無能力は、国王の最近親者、大法官、庶民院議長、イングランド首席裁判官、記録長官の五名のうち、少なくとも三名によって証明される必要がある。一九三七年の時点では、二一歳に達した最上位の王位継承者が摂政になることが予定されていた。摂政は、国王の全ての職務を実行することができるが、王位継承の順序を変更する法案を裁可することはできず、また、プロテスタントの宗教とスコットランドの長老主義教会制度を保障するスコットランド合同法の諸条項を変更することもできない。

一時的な精神障害の場合と連合王国における不在の場合には、国務評議会が設置される。国務評議会は、国王の配偶者及び二一歳に達した王位継承者のうち上位四名から構成される。評議会員は憲制上対等であり、国王の法定相続人がこのなかで優先権を持つわけではない。構成員は五名であるが定足数は二である。ジョージ五世によって一九二八年に設置された国務評議会とは対照的に、それ以後の国務評議会は王族だけで構成されている。その理由は、一九二八年にアイルランド自由国が、コモンウェルスの構成国として、国務評議会に英国政府の構成員が含まれることに異議を唱えたからである。国務評議会に英国政府の構成員を含むことは、英国政府が、国王とその他のコモンウェルス諸国との間で調停者として活動するかのような印象を与えていた。その結果、ジョージ五世の病気の間、アイルランド自由国に関係する文書は、王族のみが署名していた。更に、一九三〇年の帝国会議において、王室のメンバーに属する者のみに国務評議会員になる資格があることが合意された。

一九三七年法の立案者の意図は、全ての状況において適用可能で、当座限りの規定を不必要にするような一般条項を規定することだった。この目的は達成されておらず、一九三七年法は、既に一九四三年と一九五三年に二度の修正を経ている。一九四三年には、王位継承者であるプリンセス・エリザベスを、一九四四年に一八歳に達した時点で国務評議会員とする規定が置かれた。プリンセスは一八歳で王位を継承できるにもかかわらず、一九四三年以前には、二一歳に達するまで、ヨリ面倒の少ない国務評議会員の職務を引き受ける能力がないと思われていた。これは明らかに不合理であった。国務評議会員を任命する条項もまた厳格さを緩められ、国務評議会員になる資格のある者で連合王国の外に出かけることになった者は、職務を遂行する義務を免除された。

一九五三年には、三度目の摂政法が、エリザベス女王の要請で可決され、一九三七年に制定された諸条項が更に修正された。第一の当座限りの修正は、プリンス・チャールズが一九六六年に成年に達する前に摂政制が必要になった場合に、次順位の王位継承者であるプリンセス・マーガレットではなく、プリンス・フィリップを摂政とすることであった。というのは、もし王位継承者が成年に達する前に女王が死去したならば、プリンス・フィリップが当然に息子の保護者になるからである。第二の当座限りの修正は、本来ならば資格を喪失するエリザベス王太后を、国務評議会員として留任させることを認めたことであった。この結果、国務評議会員は六名となった。この変更もまた、国民感情と常識に合致していると思われた。

しかしながら、一九三七年の一般条項からの当座限りの離脱は、危険がないわけではなかった。とりわけ、最上位の王位継承者ではなく、「最適任の者《ベスト》」を摂政に定めた条項は、ある場合には君主政を議論の俎上に置くものとして、批判を受ける可能性があった。誰が最上位の王位継承者であるかについては議論の余地がないが、誰が摂政として最も適任であるかについては容易に議論を生じさせる。一九三七年に試みられたように、全ての起こり得る状況に対応できるように予め立法することは、不可能であろう。現に、全ての予見可能な状況について立法するという試みそのものが欠陥を生じさせるとも言われている。もしそうであるとすると、誰が摂政となり、かつ同時に未成年者の王位継承者の保護者《ガーディアン》となるかについて、一定の制約された範囲内での選択権を国王が享受することは正当であろう。このためには、議会制定法で制約された、しかも王室のメンバーに限定された一群の人々のなかから、国王が死去したときに摂政及び保護者になる者を国王が任命することを認めるための、議会制定法上の規定が必要である[5]。

摂政法に関しては、更に憲制上の重要問題をもう二つ指摘しなければならない。まず第一に、国務評議会は議会を解散することができない。ただしジョージ六世が病気のために解散の布告を自ら下すことができなかった一九五一年のときのように、国王の明示的な指示がある場合は別である。また、貴族を創設することができない。王位継承法に規定されている全ての事柄について国王の裁可を与えることができない。国王の肩書《スタイル》と称号《タイトル》を変更することができない。国王が国家元首であるその他の王国に関して職務を行うことができない。このような制限が存在する理由は、重要である。

この理由は、エリザベス二世の国王書記翰長補佐であったサー・エドワード・フォードによれば、次の通りである。

> 国務評議会員が憲制上の決定を行う権限を持つというのは、誤った考えである。彼らは、そのような権限を持たない。実際のところ、もし彼らに対する失礼にならなければこう言えるのであるが、彼らは憲制という装置《マシーナリ》の一部品に過ぎず、もう多分考案されているであろう人間ゴム印に最も近いものである。このことを確認すべく、彼らが活動する権限を有する限られた局面においても、彼らは単独では行為することができず、最低でもその構成員のうち二名で行為しなければならない。国王大権の最も顕著な例である議会の解散の認許は、彼らの職務から特に除外されている。国王が異議を唱える権利を持つ問題に関するその他全ての決定についても、（私は議論する用意があるのだが）同様のことが言える。

従って、国務評議会員は、「女王が不在ないし不調である間、国王の意思を布告するための道具に過ぎない」ことになる。[6] この理由から、国務評議会員の意見が一致しなかった場合に、いかなる手続が行われるべきかを問うことは無意味である。彼らは決定権を持たないのであるから、問題は起こり得ないのである。

摂政職と国務評議会に関する二番目の重要点は、一九五三年にコモンウェルスのその他の政府によって承認されたにもかかわらず、これらは英国にのみ適用され、国王が国家元首であるその他のコモンウェルス諸国には適用されないことである。国王の未成年ないし無能力に関する条項が、その他のコモンウェルス諸国が適当と考えるかたちで規定されることは、コモンウェルス諸国にとって有利なことである。しかし実際には、国王が国家元首であるその他のコモンウェルス諸国においては、こうした問題は生じない。なぜならこれらの諸国においては、国王の職務は、通常は総督によって担われているからである。総督は未成年者であることはあり得ず、また任期を切って任命されているので、恒久的な無能力の問題も生じ得ないから、摂政職に関する問題とは無縁なのである。一時的な無能力の場合には、首席裁判官ないしその他の要人が総督の職務を担当する規定が置かれているのが普通である。かくして、摂政職及び国務評議会についてのきまりは、英国においてのみ適用される。英国の君主政は、国王を国家元首として承認するその他のコモンウェルス諸国にはそのままあてはめることができない特徴をもっている。すなわち、国王は英国においてのみその職務を直々に行使するのである。しかしながら、もし摂政職が置かれる場合には、国王が国家元首であるその他のコモンウェルス諸国に対して、公式の通知が行われ、更に、それ以外のコモンウェルス構成国に対しても、国王がコモンウェルス首長であることを理由にして、儀礼上、公式の通知が行われる。

ところが、国王を国家元首として承認するコモンウェルス構成国に関して国王大権を行使する諸規定には不備が存在する。国王は、これら構成国に関して、総督の任命と免職という、二つの重要な国王大権を行使する。第一〇章で見るように、国王は総督の任免について純然たる裁量権を享受しており、それ故当該国の首相の要請に拘束される必要はないと言われている。だが、このことの当否にかかわりなく、国王が任免に関する情報を要求し、当該国の首相が提案する一連の措置に反対して争うことができることは疑いがない。

しかし、もしそうであるとすると、国王は総督の任免についてゴム印のように行為するのではない。それならば、国王が未成年ないし無能力である場合に、いったい誰が国王の職務を引き受けるのであろうか。摂政は、海外のコモンウェルス諸国において国王の職務を遂行することはできない。他方で国務評議会は、首相に異議を唱える権限を持たないゴム印である。ハロルド・ラスキによれば、一九三〇年の帝国会議において、「もし王が狂人になった場合、自治領における国王大権はどうなるのだろうか」という問題が提起された[7]。これは、未だに解決されていない問題である。

三　国王の配偶者と王位継承者

国王の配偶者及び王位継承者は、幾つかの例外を別として、一般の臣民が持つ法的地位を享受する一方で、様々な特権を享受している。一八二一年の大失態以来、国王の妃は、戴冠式の儀式において、夫に次いで戴冠され聖別されている。だが、ウェストミンスター寺院《アビー》の扉を閉ざし、かんぬきを掛けて、ジョージ四世の妻カロライン王妃を排除した一八二一年の先例は、王妃が戴冠されるか否かが王の選択であることを示している。

しかしながら、王《キング》の妻が自動的に王妃《クイーン》となるのに対し、一六八九年から一七〇二年のウィリアム三世の治世以来、女王《クイーン》の夫は王《キング》にはならず、女王と共に戴冠され聖別されていない。国王の夫の地位を規定するルールは存在せず、その地位は各々の王の治世によって異なっている。ヴィクトリア女王は、一八四〇年にアルバートと結婚した時に、「王の妻には王国における最上級の地位と名誉が法によって与えられるのに、女王の夫が全く無視されているのは、憲制における奇妙な手抜かりである」と不満を述べていた[8]。これに対してアルバート自身は以下のように述べていた。

> この国の非常に重要な階層の人々は、女王の夫の地位が真にいかなるものであるかを思案するという面倒に巻き込まれたことがなかった。私が初めてここに来た時、私は、この不運な人物の地位に関する知識の欠如と、それについて考察する意思の欠如とに直面した[9]。

メアリ一世（在一五五三―五八年）の夫とメアリ二世（在一六八九―九四年）の夫は共に王《キング》であり、メアリ一世の夫のフィリップは、イングランドとスペインの両方の王であった。ウィリアム三世は、メアリ二世と共同で統治した。アン（在一七〇二―一四年）の夫は、カンバーランド公爵プリンス・ジョージの称号を授けられた。ヴィクトリアの夫は、プリンス・アルバート・オヴ・サクス・コーバーグ・ゴータという自らの称号を保持していたが、一八五七年にプリンス・コンソートに叙位された。プリンス・アルバートは、カンバーランド公爵プリンス・ジョージやエディンバラ公爵プリンス・フィリップとは異なって、貴族《ピア》にはならなかった。

エディンバラ公爵は、「プリンス・コンソート」の称号の授与を望んでいなかったらしい。彼はこの称号が、「自分の公的な地位を強調し、その反面自分の人間としての資質を重視しなくなる」と信じていた。⑩ 既に見たように、プリンス・アルバートは、ヴィクトリア女王と共に謁見に出席し、公文書を受領し、全般的に共同統治国王として行為していた。だが、エディンバラ公爵は、このような憲制上の権限を持っていない。エディンバラ公爵は、謁見に出席せず、公文書も受領せず、統治機構においていかなる公的な地位も占めていない。

国王の最年長の息は一般的に、国王によってプリンス・オヴ・ウェイルズに叙位される。この称号が初めて授与されたのは、エドワード一世によってその息エドワードに授与された一三〇一年のことである。エリザベス二世の息は、一九五八年に一〇歳でプリンス・オヴ・ウェイルズに叙位され、一九六九年に二一歳の誕生日の直前に叙位式が挙行された。「プリンス・オヴ・ウェイルズ」の称号は一三世紀にさかのぼる。叙位式の式典は途絶していたが、一九一一年に大蔵大臣のデイヴィッド・ロイド・ジョージによって復活された。一九六九年の叙任式が、近代になってから僅々二度目のものであった。プリンス・オヴ・ウェイルズは、一八歳に達した一九六六年以後、摂政予定者となったことを別とすれば、憲制上の公式の職務を何も持たないが、閣議文書を受領し、閣僚と謁見している。

確かに、広い意味では、王位継承者は、頻繁に国王の代理《デピュティ》として行為する点で、憲制上の職務を持っている。だが、遂行すべきであると明示された職務は存在しない。

ウィンザー公爵は、自らの伝記において、プリンス・オヴ・ウェイルズとして、「例えば副大統領に仕事があるという意味で、具体的な日常的な仕事は存在しなかった。……私は最上位の王位継承者であったにもかかわらず、その地位が暗示するものに反して、現実には明示された国家的義務ないし責任を何も有していなかった」ことに不満を述べていた。[11]〔現在の〕プリンス・オヴ・ウェイルズの伝記を書いたジョナサン・ディンブルビが記したところによれば、「この憲制上の空白は、手落ちではなく、法定推定相続人が占める特有な地位についての証拠書類である。待つこと以外に、公式の『役割』は存在しないのである」[12]。

かくして、王位継承者の役割とは、その地位の保持者がその地位を利用して行わんとすることだと言っても過言ではない。後にエドワード七世となるプリンス・オヴ・ウェイルズは、貴族院の二つの委員会と、二つの国王委員会、即ち一八八四年の住宅及び労働者階級に関する委員会と、一八九二年から九五年の老齢貧民に関する委員会に席を占めた。だが彼は、老齢年金に反対する多数派報告書と、それを支持する少数派報告書のいずれにも署名することを控えた。これは政党政治の問題であったからである。[13]国民の想像力に印象を与えた最初のプリンス・オヴ・ウェイルズは、後のエドワード八世であった。彼は、一九二〇年代に「戦争世代の」、とりわけ退役軍人の代弁者となった。現在のプリンス・オヴ・ウェイルズは、都市の過密・荒廃、人種的少数派、失業、環境などの問題に特に関心を持っている。

「プリンセス・オヴ・ウェイルズ」の称号は、プリンス・オヴ・ウェイルズの妻に与えられるものである。この称号は、国王の最年長の娘には授与されない。ジョージ六世は、一九四四年のプリンセス・エリザベスの一八歳の誕生日に、いかなる称号も彼女に授与する意図のないことを記した声明を発表した。王はメアリ王太后に宛てた手紙で次のように述べた。「どうして私がリリベット〔エリザベスの愛称〕をプリンセス・オヴ・ウェイルズに叙することができるだろうか。この称号はプリンス・オヴ・ウェイルズの妻の称号として認知されているのだから」[14]。だが、国王の最年長の娘が推定相続人でない場合には、「プリンセス・ロイヤル」の肩書を与えられるのが慣習となっている。この称号を初めて授与されたのは、チャールズ一世の最年長の娘のプリンセス・メアリである。彼女は一六四一年にプリンス・オヴ・オレンジと結婚し、後にウィリアム三世の母となった。

王室のメンバーは、国王と異なって、大臣たちの助言に基づいて発言し行為することを要求されていないという意味において、憲制上の公式な職務を持っていない。他方で、彼らは、一般国民のように自由に発言し行為することはできない。なぜなら、彼らの発言や行動は、もしそれが党派的であったならば、国王の政治的中立性に影響するからである。従って、王室のメンバーが、論争を生じさせるかもしれない演説を行おうとする場合には、儀礼上の問題として、政府内でその問題を担当する大臣に通知が行われる。ところが慣例はそれ以上のことを要求していないので、プリンス・オヴ・ウェイルズは、ときどき、大臣たちが提案した変更を明らかに拒絶している。[15]かくして衝突が生じる可能性があり、それを避けるための思慮が必要である。一九三五年六月に、後のエドワード八世となるプリンス・オヴ・ウェイルズは、自分が後援者である英国在郷軍人会で演説を行い、近い将来に在郷軍人会の代表団がドイツを訪問すべきことを提案したが、彼はジョージ五世に厳しく叱責された。プリンス・オヴ・ウェイルズは、英国在郷軍人会の議長にそのような発言を要請されていたのだと主張したが、王はこの説明に納得せず、王位継承者〔であるプリンス・オヴ・ウェイルズ〕に対して、論争を招くような演説を行う前に政府に相談する義務があることを気づかせた。ロイド・ジョージは後のエドワード八世に対して明確に述べている。[16]「もしあなたがいつの日か立憲君主になるならば、まず立憲的なプリンス・オヴ・ウェイルズにならなければならない」[17]。

一九二七年に、外務大臣のサー・オースティン・チェンバレンはプリンス・オヴ・ウェイルズに対し、予定されているカナダ訪問の後にアメリカ合衆国を訪問しないように要請した。プリンス・オヴ・ウェイルズはチェンバレンの干渉を拒絶した。ボールドウィン首相は、プリンス・オヴ・ウェイルズの書記翰長のラスルズに書簡を送り、プリンス・オヴ・ウェイルズが行かないように直々に要求し、プリンス・オヴ・ウェイルズはこれに従った。[18]一九六三年二月には、ヨーロッパ共同体への英国の加入についてド・ゴールが拒否権を行使したことに対して、プリンセス・マーガレットは、政府の要請に基づき、予定されていたパリへの非公式訪問を取り止めた。ハロルド・マクミラン首相は、庶民院での演説において、表現は不正確かもしれないが、「プリンセス・マーガレットの来るべきパリ訪問の取消を《助言する《アドヴァイズ》》決定」について言及しており、そこでは、彼女が国務評議会員として行為することを要請されていたとの口実を用いていた⑲。一九七〇年には、外務省は、巡礼始祖《ピルグリムズ》の年次祝宴におけるプリンス・オヴ・ウェイルズの演説において、アメリカ合衆国との「特別な関係」について言及されることを阻止した⑳。

王族公爵《ロイヤル・デューク》、すなわち現在はエディンバラ公爵、コンウォール公爵——この称号は国王の最年長の息に自動的に付与される——としてのプリンス・オヴ・ウェイルズ、ヨーク公爵、グロスター公爵、ケント公爵は、貴族院のメンバーである。しかし、いずれかの政党と結び付いて見られるのを避けるために、貴族院議員を辞退している。

王室のメンバーが婚姻をなす場合、二つの議会制定法に拘束される。第一に、王位継承法は、既に見たように、国王及び国王の配偶者がローマ・カトリック教徒でないことを要求している。従って、王室のメンバーでカトリック教徒と婚姻した者は、王位継承について不適格となる。かくして、当時一六番目の王位継承者であったプリンス・マイケル・オヴ・ケントがカトリック教徒のバロネス・マリー・クリスティーヌ・フォン・ライプニッツと一九七八年に結婚したとき、また、ケント公爵の息であり当時一七番目の王位継承者であったセント・アンドリュース伯爵がカトリック教徒のシルヴァナ・トマセリと一九八八年に結婚したとき、彼らは王位継承の権利を喪失した。但し、権利を喪失したのは彼ら自身であって、彼らの子については必ずしもその権利を喪失するとは限らない。プリンス・マイケル・オヴ・ケント夫妻の二人の子供が、イングランド教会の一員として育てられたならば、子供たちは王位継承権を保持する。

第二に、国王以外の王室のメンバーは、一七七二年の王室婚姻法に拘束される。この旧式で不適切に起草された議会制定法は、何ら重大な憲制上の必要性を理由としたものではなく、家庭争議の結果として提案されたものであった。ジョージ三世は、愛情の故の結婚ではなく専ら王家の都合で結婚を強制されたと思っていたが、弟の一人であるカンバーランド公爵が平民の未亡人であるアン・ホートン夫人と結婚したことを知って、不機嫌になった。更に王は、別の弟であるグロスター公爵が一七六六年に、サー・エドワード・ウォルポールの非嫡出の娘であるウォルグレイヴ伯爵未亡人と結婚していたことを知った。

王室婚姻法は、外国の家柄に嫁いだ女子王族《プリンセス》を除く、ジョージ二世の全ての直系卑属に適用される。この法律を適用される者が有効な婚姻をなし得る方法は、二つしかない。第一は、国王の同意を得ることである。第二は、二五歳を過ぎている場合、婚姻の意思を通知することである。その後一二ヶ月以内に議会両院が不同意を明示しないならば、婚姻は効力を生じる。これらの諸ルールを無視してなされた「婚姻」は、その「婚姻」をなした者は王位継承権を保持するものの、無効となる。かくして、一七八五年にプリンス・オヴ・ウェイルズが許可を得ないで秘密裏にフィッツハーバート夫人と「婚姻」したが、この「婚姻」は無効となった。これは、プリンス・オヴ・ウェイルズにとっては幸運なことであった。というのは、フィッツハーバート夫人はカトリック教徒であったので、もしこの「婚姻」が無効にならなかったならば、彼はジョージ四世として王位を継承することができなかったであろうからである。だが、カトリック教徒は王位継承について不適格であるにもかかわらず、この法律は、プロテスタント教徒と同様に、ジョージ二世の直系卑属のカトリック教徒にも適用される。

この条項は、退位危機の際にウィンストン・チャーチルによって誤解されていたように思われる。チャーチルは、フィッツハーバート夫人の例を引用して、エドワード八世がシンプソン夫人と婚姻する権利について、現在のエリザベス王太后であるヨーク公爵夫人を納得させようとした。「ええ、遠い昔にそういうことがありました」と言うのが公爵夫人の返答であった。王自身は明らかに『フィッツハーバート夫人の生涯』***Life of Mrs. Fitzherbert*** を精読しており、彼女とプリンス・オヴ・ウェイルズの「婚姻」に関係する章には印が付けられていた。[21] チャーチルもエドワード八世も、後のジョージ四世はフィッツハーバート夫人と有効な貴賤相婚をなしたと誤解していたように思われる。貴賤相婚をすれば、婚姻自体は有効であるが、彼の法定相続人は王位継承権を失い、彼の妻は

「王妃」の称号を得ることができないことになった。これは例えば、オーストリア・ハンガリーの王位継承者であるフランツ・フェルディナント大公がゾフィー・ホーテク女伯爵と、彼らがサライェヴォで暗殺される一四年前の一九〇〇年に締結した婚姻である。しかし、貴賤相婚は英国の法には知られておらず、一七七二年の王室婚姻法に反してなされた「婚姻」の効果は、婚姻を貴賤相婚にするのではなく、婚姻を無効にする。

この法律の諸条項は、国王と議会の衝突を奨励するかのように思えるかもしれない。一見したところ、国王は婚姻への同意を拒否することができるように思えるが、実際には、不同意を表明することを拒否する議会によって、国王の決定は覆されることになる。このような場合には、国王が婚姻に反対していても、王室のメンバーは有効な婚姻を締結できるように思える。だが、立憲君主政の諸原則に従うならば、同意する行為は、もはや個人的なものではなく、助言を受けた国王によって与えられるものである。結局のところ、この法律の目的は、王室の婚姻について国民の利益を考慮することにある。［国王に助言をする］首相は、通常は議会の信任を得ているので、もし第一の方法が阻止されたならば、第二の方法によって婚姻ができる見込みはほとんどない。実際のところ、第二の方法が成功した例はない。女王の実のいとこであるハーウッド伯爵は、一九六七年に王室のメンバーとして初めて離婚後に再婚したが、その方法を考案したのは首相であるハロルド・ウィルソンであった。「内閣は同意を与えるよう女王に助言し、陛下はその意思を示された」。

ところが、一九五〇年代に、プリンセス・マーガレットと、離婚歴のあるピーター・タウンゼント大佐との婚姻については、同意が与えられなかった。一九五〇年代は、六〇年代と比べて離婚に対する態度がより厳格であった。また、ハーウッド伯爵が一八番目の王位継承者であったのに対して、プリンセス・マーガレットは三番目の王位継承者であった。女王は、自らの個人的な心情を国家の要求に従属させなければならず、首相であるサー・ウィンストン・チャーチルの助言を求めた。彼は一九五三年に、この問題は内閣において公式には議論されていないが、政府は婚姻に賛成する助言は与えようとしないであろうと非公式に述べた。

プリンセス・マーガレットは、二五歳に達した一九五五年に、この時にはサー・アンソニー・イーデンが首相であったが、王室婚姻法の制約から自由になった。彼女はこの時、枢密院に婚姻の意思を通知するという選択肢を行使することができた。だが内閣の一部には婚姻に対する反対があった。その中心は、枢密院議長であり、貴族院における指導者であり、指導的な高位聖職者であるソールズバリ卿であったように思われる[22]。ところが国内では、調査結果が示しているように、大多数はプリンセス・マーガレットとタウンゼントとの婚姻を支持していた[23]。

しかし政府は、幾つかの条件付きで婚姻を支持する用意をしただけであった。即ちプリンセス・マーガレットは、王位継承権を放棄すること、王室費による年金を廃止すること、更には、外国で生活することを要求された。これらの条件を明記した権利放棄法案の草案が準備されていたことはまちがいない。ところが、結果的に、プリンセス・マーガレットは、タウンゼントとの婚姻権の行使を辞退した。一九五五年一〇月三一日に、彼女は声明を発表し、次のように宣言した。

私は、私の王位継承の権利を放棄することによって、民事婚を締結することが可能であるだろうと考えていた。しかしながら、キリスト教に基づく婚姻は破ることができないという教会の教えを心に留め、また、コモンウェルスを意識して、私は、これらの事柄を何よりもまず重視することを決心した。

王位継承法と王室婚姻法は、王室の婚姻と離婚のみにかかわる議会制定法上のルールであり、王室のメンバーとしての憲制上の地位は、別居によっては影響を受けない。プリンス・オヴ・ウェイルズ夫妻が一九九二年一二月に別居を決めた時、ジョン・メイジャー首相は一二月九日に庶民院において、「彼らの憲制上の地位は影響を受けない」ことと、「やがて時期が来れば、プリンセス・オヴ・ウェイルズが王妃として戴冠されることに疑問の余地はない」と言明した[24]。これは、彼らの憲制上の地位についての、公式には正しい声明であったが、ことによると非現実的な声明であったかもしれない。夫と別居している女性が王妃として戴冠され聖別されることは、多くの人々にとって不適切に思えるだろう。確かに、カロライン王妃と別居していたジョージ四世が、戴冠式の儀式への王妃の参列を拒んだ一八二一年の先例は、王妃が必ずしも戴冠され聖別される必要がないことを示している。だがこれは近代的な立憲君主政以前の出来事であり、今日では、国民は、その地位に伴う義務を引き受けない者を王妃として承認しようとはしないだろう。

プリンス・オヴ・ウェイルズ夫妻の離婚は、一九九六年七月に公表されたが、このことの意味は、プリンセス・オヴ・ウェイルズは将来王の妻とならないので、彼女は王妃《クイーン》にならないということであり、それ以上の憲制上の帰結は存在しない。国王は、イングランド教会の至上支配者である（第九章参照）。だがこのことは、これまでに列挙した議会制定法上の要求以上のことを課さない㉕。一九九二年一二月にカンタベリ大主教は、「君主《モナーク》は、国王《ソブリン》であるがゆえにイングランド教会の至上支配者となる。その他の法的な要件は存在しない」と宣言した㉖。一七一四年にジョージ一世は、離婚していたにもかかわらず王位を継承した。一八二一年にジョージ四世は、不首尾に終わったものの、妻との離婚を試みたが、誰もこのこと故に国王として不適格であるとは考えなかった。今日では、一九三六年の退位危機の時の立場とは対照的に、イングランド教会は離婚を、時には遺憾ではあるがやむを得ないこととして受け入れている。それ故、プリンス・オヴ・ウェイルズの離婚は、王位継承には何の影響も及ぼさない。

離婚した王位継承者の再婚は、より難しい問題となっている。王位継承者は、王室婚姻法の適用を受けるからである。退位の後の一九三八年と、プリンセス・マーガレットがタウンゼントとの関係を断った後の一九五七年に再び、イングランド教会は聖職議会決定《アクト》を可決して、前配偶者が生存している間は教会における再婚は容認できないと宣言した。だが、国民感情は一九五七年と比べて今日では更に一層寛容であり、地方の登録官を務める聖職者は、離婚者を教会において再婚させる裁量権を持っている。実際に、次第に多くの聖職者がこの裁量権を進んで行使している。更に、一九九〇年の聖職者按手法《メジャー》第九条は、再婚者の受按を認める権限を〔イングランド教会〕総会が大主教に与えることができることを規定した。一九九四年に総会は、離婚に関するイングランド教会の立場を再検討することを要求した。教会の諸ルールの一層の寛容化は、明らかな可能性として残されている。多くの一般国民と聖職者に認められている権利が、王位継承者に認められないことは、不公平であるように思える。

かりに、プリンス・オヴ・ウェイルズが、国王となった後に再婚しようとするならば、これについての議会制定法上の障害は存在しない。王室婚姻法は現に統治している国王には適用されないからである。だが、退位危機が示しているように、現実には、国王は大臣たちの意向に反して婚姻をなすことはできない。

四　王位継承ルールの問題点

王位継承に関する諸ルールは、一七世紀の宗教闘争の産物であるが、今や改革の機が熟している。ローマ・カトリック教徒及びローマ・カトリック教徒と婚姻した者が王位に就くことを格別に禁止する議会制定法は、英国だけでなく、カナダやオーストラリアなど多数のカトリック人口を抱えるコモンウェルス諸国のカトリック教徒にとってひどく不快である。同法は廃止されるべきである。

更に、機会平等の時代において、男子法定相続人が女子法定相続人に対して今なお優先権を持つことは、次第に異例なことになりつつあるように見える。本書執筆の時点で、法定推定相続人である二人の息が存在している。それ故、スウェーデンと同様に、性別に関係なく、国王の最年長の子に王位継承を認めるように法律を修正したとしても、王位継承は影響を受けない。改革を行う機は確実に熟している。

しかし、あらゆる事柄のうち最も差し迫った問題は、王室婚姻法の改革である。これ以上に不合理な立法は、議会制定法集のなかに多分存在しないだろう。同法の前文には、「王室内の婚姻は国家にとって最も重要である」と記されているが、この法律の目的は実際には、同法の複雑な手続を発動することなしに、容易に達成することができるだろう。

ジョージ二世の直系卑属であることに気づかない者が、あるいは無意識にこの規定に違反して締結した婚姻が無効になるべき理由はない。ジョージ二世の直系卑属がカトリック教徒と婚姻した場合に、その者から王位継承権を剥奪するだけのほうが、より適切であろう。また、同法が、王位継承権のないカトリック教徒に適用されるべき理由も存在しない。

しかしながら、同法の根本的な欠陥は、同法が、王位から非常に遠く王位継承する可能性のほとんどないような多くの者に適用されることである。逆に、例えば、その母親が外国の家系に嫁いだ法定推定相続人のように、当然に王位継承をするであろう者には、同法の規定は適用されない。一目瞭然の改革案は、ジョージ二世ではなく、ジョージ六世の直系卑属の婚姻について国王の同意を必要とする規定を設けることであり、更に適切なのは、そのうち第五番目までの王位継承者についてのみ、そのような規定を設けることである。同法が適用される王室のメンバーは、なお当然に、王位継承権を放棄して、プリンセス・マーガレットが一九五五年にそうすればできたように、民事婚を締結する権利を有する。王室婚姻法が規定する、二五歳に達した時点で〔婚姻を〕宣言するという第二の方法は、余計なものであり、廃止されるべきである。

第三章　憲制の基本ルール・その二——影響力と大権

一　国家元首の象徴性

民主政的な統治システムにあっては、国家首長《ヘッド・オヴ・ステイト》すなわち国家元首と、政府首長《ヘッド・オヴ・ガヴァメント》という両職を区別し得る。同一人物がこの二つの地位を併せ占めることもある。アメリカ合衆国、フランス第五共和制、一九九三年憲法下のロシアの場合がそれで、これらの場合、直接選挙された大統領が国家元首と政府首長という二通りの職能を遂行している。だが、通例、この二つの職は分離されている。その場合、国家元首は、大統領のこともあるし、世襲の国王のこともある。

国家元首の職が政府首長の職から分離されているところでは、国家元首の職能にはおおむね次の三通りのものがある。第一に、憲法・憲制上の職能がある。これは、首相を任命したり、議会を解散するといった、本来は形式的で過去の遺物のような職能である。第二に、国家元首は多種多様なかたちで、民衆と交わったり、儀式を行ったりする職能がある。第三に、シンボルないし代表としての職能がある。多分これが最も重要であろう。この職能を通じて、国家元首は国家のみならず国民をも代表し、象徴《シンボライズ》する[1]。国民に対して国民を演じてみせるというこの役割こそが肝要なものである。かつて、ド・ゴール大統領は、菊花展の開会式で儀式的活動を行うことを断ったことがあったが、国家元首がその代表たる職能を果たしていると認められるのは、実は、こうした儀式的活動を通じてのことなのである。夫のプリンス・アルバートが一八六一年に亡くなったのち、ヴィクトリア女王が久しく公の仕事から身を引いていたことが、君主政にとって大いなるダメージとなった理由はこれである。効果的なシンボルたるためには、国家元首は人目に触れなければならない。国王ならばことにそうだ。代表作用を効果的にするには劇的要素が必要だ。もしそのことが認識されなければ、国家元首は民衆の支持がもたらす権威を欠くことになる。その場合、国家元首は、その権威を欠くせいで自己の憲法・憲制上の職能を効果的に果たすことが出来なくなっていることにやがて気付くことになる。

　ウォルター・バジョットは、一八六七年に初版の出たその著書『イングランドの憲制』の中で、憲制の「効率《エフィ》的な《シェント》」諸要素と「尊厳を帯びた《ディグニファイド》」諸要素という有名な区別を行った。「効率的な」諸要素とは、政策を作り実行する権能をもった者たちのことであり、内閣などがそれにあたる。これと対照的に、国王などの「尊厳を帯びた」諸要素は、実質的な権能をほとんどもっていない。だが、そのことは、こうした「尊厳を帯びた」諸要素が重要でないとか、余計であるということを意味するものではない。それどころか、この「尊厳を帯びた」諸要素には、国民の一体性を象徴《シンボライズ》し強化するという根本的に重要な意義がある。「尊厳を帯びた」諸要素は、被治者が治者と宥和するのを助ける。この憲制中の「尊厳を帯びた」諸要素こそが、権威のオーラを生み出し、統治体の正統性獲得を助けているのである。バジョットはこう説いた。

　国家元首がこの「尊厳を帯びた」職能を果たすには、効率的な職能が他のところに置かれている方がやり易い。効率的な職能は、ほとんど必然的に論争の的となるからである。したがって、国家元首が「効率的な」職能を行使する時、国家元首は国民全体を代表することができなくなる。国家元首は、その活動に同意する特定の裁断面に集まる者たちのみを代表するようになるであろうからである。このことは、国家元首の地位と政府首長の地位が結合している国々では根深い問題となっている。例えば、リチャード・ニクソンが大統領だった時期には、彼が合衆国の国民を代表する人物でもあると思うと、ほとんど恐怖に近い感情を覚えるアメリカ人がたくさんいた。更に、ニクソンがウォーターゲート・スキャンダルで汚辱にまみれることになった時、この汚辱は、政府首長だけでなく、国家元首にも及んだのであった。つまり、国家のシンボル体系そのものが影響を受けたのである。それよりも前の世代にとっては、これとは逆の政治的傾向をもった側から、同様の反感がハリー・トルーマンに対して抱かれた。彼は後代の評価とはずいぶんと違って、当時は大統領としてたいへん議論をよんだ人物であった。同様に、フランス人の男女の中に、自分たちがフランソワ・ミッテランによって代表されているとは感じていなかった者が沢山いた。かかる理由から、アメリカとフランスでは、国家元首という位置が、英国で王権に付着しているような情緒的共鳴を喚起することはほとんどない。アメリカ人の生活の中心的なシンボルは大統領ではなく憲法であるが、これに対し、フランスでは、中心的なシンボルたるフランス革命は、フランスの民衆を二百年以上もの間、右と左に分裂させてきた、争いのあるシンボルである。一七八九年以来のフランスが政治的に不安定な理由の一端は、フランスの一体性のシンボルの一つであった君主政をつぶしておきながら、その代わりとなり得るものを据えなかったことにあるのかもしれない。一七八九年〔の大革命をきっかけに生じてきた〕フランス立憲主義の変転定まらぬ歴史は、一面で、そのようなシンボルの探求だと見ることができよう。そのシンボルはまだ見つかっていない。

国家元首の職が政府首長の職から分離されている国々では、国家元首は政治的な職能をほとんどもたず、その者がもつ憲法・憲制上の職能は、国王のもつ職能と似通っているのが普通である。共和国では、国家元首は、例えばアイルランド共和国のように、国民による選挙によって選ばれるか、あるいは、ドイツやイタリアのように、立法部で選ばれるのが一般的である。だが、ほとんどの場合、その位置は引退した政治家か、しからざれば、政党が選定した者によって占められる。大統領の役目を立派に果たす政治歴のない人物を見つけることは理論上は可能であろうが、実際には、国家元首の選択が政党の手中に残っている以上、大政党の支援のない候補が選出される見込みがあまりないであろう。

むろん、こうした政党政治のメカニズムを通じて選ばれた者が国民全体を代表することは問題なく可能である。ドイツのリカルド・フォン・ヴァイツセカーやアイルランド共和国のメアリ・ロビンソンなどは、その目覚ましい成功例だといえるかもしれない。そうであるとはいえ、国家元首が政治歴をもっているという事実が、そのシンボルと代表の役割をうまくこなすのを困難ならしめていることは間違いない。これに対し、君主国では、国家元首は政治歴をもっていない。もし国王が不偏不党の姿勢で憲法・憲制上の職能を遂行するならば、その者は、国民全体を代表し、また誰しもが納得できる代表者となるに格好の立場にいる。

次の二つの根本的な理由で、英国は現代の立憲君主政国家の原型だといえよう。第一の理由は、英国が（デンマークは除外すべきかもしれないが）全ての君主国中、抜きん出て古いということにある。第二の理由は、英国の君主政は、他の国々の君主政に比して、国民の歴史の中でおそらくヨリ中心的な役割を果たしてきたということにある。一八七〇年代からこの方、英国には、王室との強い情緒的一体感が存在してきた。スカンジナヴィアや低地諸国［ベルギー・オランダ・ルクセンブルク］に残っているヨーロッパ大陸の君主政には、それに匹敵するものがない感情である。だが、英国は、君主政は有しているものの、成文の憲法・憲制はもっていないという点でも、近代の立憲君主国の中で極めてユニークである。このことから重要な結果が生ずる。他のヨーロッパの民主政国家では、公職を創設し、それに付与される権限を特定するのは、（歴史的先後はともかく）論理上は、憲法・憲制である。これに対し、英国では、その逆が正しい。

英国の憲制、即ち、我が国の諸制度を規定する成文と不文のルールの集積は、ダイシーの言葉を借りれば、「歴史が生んだ」憲制である。[2] ダイシーがこの言葉で意味したのは、英国の憲制が古来の憲制であるということにとどまらない。更に、それが始原的で自生的であること、つまり、熟慮を重ねて考案された作品ではなく歴史的発展の所産であるという意味をもこの言葉に込めたのであって、このことの方が一層重要である。王権の職の起源は、アングロサクソン時代にあるが、この時代には、憲制のルールなる観念は理解せられるべくもなかった。ヨーロッパ大陸や女王を国家元首と認める海外のコモンウェルス諸国では、憲法・憲制が国王の権限を規定してきたが、英国では、既に見た通り、憲制は、国王の権限を削ぎ、それを他の職、主としては大臣、に移すといったやりかたで発展してきた。

そこで、英国では、国家と国民のシンボルは、アメリカ合衆国のような憲法でもなく、また、フランスやアイルランドの共和国のように深刻な抗争を招きかねない歴史的伝統でもなく、一人の人物である。国家は、忠誠の焦点として、憲法や歴史的伝統ではなく、一人の人物をもった方が良いのではなかろうか。国民にとって、抽象的観念への忠誠よりも、生身の人間への忠誠の方が頭で理解し易いし、心に感じ取り易いからである。

もっとも、民主政の下で国民全体が一つのシンボルに対し忠誠心を感ずるためには、そのシンボルが意思決定権を有しないことが肝心である。意思決定権をもったシンボルは論争の的になるであろう。ヒトラーやムソリーニなどの独裁政の下では、強大な政治権力を持った人物に対する忠誠が強要される。立憲民主政《デモクラシー》では、忠誠は、政治権力をもたない人物に向けられる。この点で、意思決定権をもたない忠誠のシンボルの存在は、政治権力をもつ者たちが、国家および国民のシンボルたるものに服属することを強調することにより、権力を人間味あるものとするのに役立つと言い得るだろう。

国王が国家元首である民主政は、「相矛盾する」観念だという者もいる、相せめぎ合う二つの観念をリンクさせていることになる。というのも、民主政は、政治的地位が民衆による選挙に由来する統治形態であるのに、この民選のルールは国家元首の職には適用されず、その職は、何らかの形態の選挙によって充当されるわけでもなく、相続によって受け渡され、生涯保持されるものだからである。

この二つの観念のせめぎあいは、立憲君主政の理念によって解決される。それは、一群の慣例が国王の裁量権を制限し、その公的な行為が実際上は大臣たちの行為であるようにする、というものである。国王の位置を制限している憲制慣例の根本目的は、国王の行為を民主政的規範と一致させることを確かにすることにある。かくして、現代の状況のもとでは、立憲君主政は民主政を制限するのに仕えるのではなく、民主政を補強し、更に維持することにさえ仕えている。それは民主政に対する脅威ではなく、かえって、その究極の安全装置たり得るのである。

立憲君主政が制限君主政であるために、国王の権力を制限するという、前述のごとき、一六八九年以来続いてきたプロセスがどこで止まるのか、そのはっきりとした終点は存在しないように見えるかもしれない。しかしながら、それはもう既に、国家元首の役割を決定している憲制それ自体が脅威にさらされているように見える限界点にまで達しているのである。そうした限界点では、国王は、憲制のシステムの基礎にある諸価値が保たれるよう確保すべく憲制の擁護者として行動するために、自らの裁量権を行使する権利をもっているように思われる。一九一四年のアイルランド自治をめぐる危機の最中にジョージ五世は、自己の立場をそのように理解していた（第五章参照）。そのような状況では、国王には憲制の擁護者として行動する権利のみならず義務さえあると説く者もいよう。国王は大臣の助言に従って行動することを要求されているという原則《ドクトリン》は、大臣たち自身が立憲政の枠組とその前提条件内で行動することを前提としている。では、そうした前提が要求しているものは何であろうか。

二　大臣たちの助言

国王は国家の長、即ち国家元首、であるだけではなく、形式上、王冠《クラウン》即ち国王政府として知られる行政部の、その長でもある。大権的権限によって議会の同意なく宣戦や、条約の批准ができるのは、この行政部の長［たる国王］である。国王は、立法部の一部でもある。これは、議会における王、もしくは議会における女王と言われる。そして、おそらく理論上は、自分自身の政治的な好き嫌いに従って全ての立法を裁可、もしくは拒否することになっている。最後に、国王は正義の源であり、裁判所は、国王の裁判所であって、国の隅々に国王の正義を施与するのである。だが、これらの建前は、近代の世界では、ほとんど実質的な内実がない。立憲君主政では、国王が、個人の資格で行う行為と、大臣たちの助言に基づいて行う行為との間に根本的区別がある。従って、国王は、行政部の長であるが、国王政府の大権的権限の大部分（おそらくその九五％以上）は国王によって親裁的《パーソナリ》に行使されるのではなく、大臣たちの助言に基づいて行使されるか、大臣たち自身によって行使されるのである。国王の司法的諸権能も、全て大臣たちの助言に基づいて行使される。国王の親裁的諸権限は、一般に、内閣の誕生あるいは終焉に際し、国王が内閣の助言なしに行動してよいか行動しなければならないという滅多にない状況においてのみ眠りから覚める。

従って、国王は政治的に不偏不党でなければならないという立憲君主政の肝心かなめの要件は、国王の公的行為はほとんど全て大臣たちの助言に基づいて行われるという原則によって達成されている。だが、いったい、「助言《アドヴァイス》」とは何か。日常の言葉では、あるものに助言を与えるとは、その者がどう振舞うべきかについて、意見をしたり示唆を与えたりすることである。助言を与えられた相手方は、それを受け入れようと、拒否しようと、全く自由である。ところが、立憲君主政との関連で用いられる「助言」という言葉は、これとは全く違う意味である。大臣たちが国王に助言を与えた場合、その助言は拘束的であり、国王には、通常は、それを受け入れる以外に選択肢がない。助言を受け入れなかったなら、通常、それがもたらすのは、政権《ガヴァメント》の担い手の辞職であるし、また、国王が別の政権の担い手を見つけ得たとしても、その政権は、国王自身が選んだものとしてその職についていることになる。それ故に、その結果は、国王を、国家の大政党の一つから反対を受ける立場に置くことになろう。党派的だと見られるようになったなら、立憲君主は生き長らえることができない。

過去においては、国王がその大臣たちの助言に基づいて行動するという原則《ドクトリン》は、既に見た通り、議会と国民を国王権力の恣意的行使から護ることを目的としていた。今日では、この原則は、これとは全く異なる役目を持っている。政治的に巻き込まれることから国王を護るという役目である。国王は責任を負っている大臣たちの助言に基づいて発言し行為する、という原則からは、議会及び選挙民によって責任を問われるのは大臣たちであって国王ではないということが帰結されるからである。法案に対し同意を与えるという国王の行為が本当に国王自身のものであったなら、また、国王の発言が政府の提案ではなく国王自身の個人的な提案であったなら、そうした行為や発言は、論争の的となり、国王は批判にさらされることになるだろう。かくして、国王はその大臣たちの助言に基づいて発言し行為するという原則は、国王を責任から遮断し、国王政府に対する批判は国王ではなく大臣たちに向けられるように働いている。

この根本的原則から、憲法学者サー・ウィリアム・アンソンは、その権威ある著書『国王政府』*The Crown*（一八九二年初版）で、次の諸帰結を引き出していた。

第一に、彼女［国王］は、大臣たちの与り知らない他の者たちから、国事案件について助言を得てはならない。次に、国王は、大臣たちに諮らずに国事案件についての意見を公に表明してはならない。最後に、国王は、大臣たちが内閣として与えた助言を受け入れなければならず、彼らが自分に仕えるしもべ《サーヴァンツ》である間は彼らを支持しなければならない。[3]

　この第二の原則は、国王の公的発言が大臣たちの助言に基づいてなされることを要求しているだけではなく、一切の私的なコメントが、大臣たちとの関係が損なわれないよう慎重に気を配ってなされることをも要求している。この点は、王室の他のメンバーにもあてはまる。その人々が助言に基づいて発言するのではないにしてもそうである。この原則が完全に受け入れられたのは比較的最近のことである。

　一九〇八年に、後のジョージ五世がプリンス・オヴ・ウェイルズであった時、ある晩餐会の席上でウィンストン・チャーチルに向かって、チャーチルが仕えている政権の首相、H・H・アスキスを評して、「完全な紳士というわけではない」と言い、別の機会には、大蔵事務次官に向かって、「サー・ジョージ、私はね、君があのロイド・ジョージの糞野郎にどうして仕え続けることができるのか、分からないよ」、と言った。[4] 国王になってからのジョージ五世の全く正しい振る舞いも、こうしたコメントを完全には消し去ることができなかった。ロイド・ジョージは、一九三六年の国王死去の際、こう述べた。

　王が王位に就く以前、王はその見解が紛れもない保守党《トーリ》寄りであることで有名だった。その当時、王の発言はあけすけであって、無分別と言えるほどであり、王の言ったことは様々なサークルで広く復唱された。王の発言が自由党を攻撃するものであり、また、王が王位を継承したことがいささか不安な気持ちを持って見られたということは隠しようもない事実であった。[5]

　アスキスが、確実に議会法案が通るようにするために、貴族創出の大権を行使することを事前に王に約束するように求めたのは、王の、この保守党《トーリ》びいきに責任があったのかも知れない。そのようにしないと、首相には、その時が来ても王が自らの憲制上の義務を履行しないのではないかとの不信感があったのかも知れない。一九一四年に、ジョージ五世は六年前に自分が行ったコメントのせいでアスキスに自分に対する偏見があったかも知れないと認めて、「私はそう言うべきでなかったし、そんなことを言うのは全く愚かなことだった」、と言った[6]。即位の時点でその政治的見解が知られていないまま王位に就いた最初の国王はエドワード八世であったとジェニングズは主張している[7]。しかし、実際は、エドワード八世が、独裁者たち〔ヒトラーやムソリーニなど〕に共感を持っていたことは、王と政治的な話をする立場にあった者たちにはよく知られていたから、おそらくは、〔その次の〕ジョージ六世こそが、その政治的見解を政治指導者たちに知られることなく王位に就いた最初の国王である。だが、この王は、一九三八年に、ミュンヘン協定を祝するためネヴィル・チェンバレン首相を招いてバッキンガム宮殿のバルコニーに立たせたとき、自分がこの首相と一心同体であることを公然と認めた。ミュンヘン協定は、確かに、幅広い支持を得ており、戦争が回避されたことに対する安堵感は熱狂に近いものがあった。しかしながら、この協定の是非には議論があり、労働党と自由党の両野党と、チャーチル率いる保守党内のごく少数派はそれに反対していた。従って、ことによると、エリザベス二世こそが、自分の政治的見解を、大臣たちと自分の書記翰長及び身近な親族という内輪の者以外の外部の者たちに知られることを決して許していない最初の国王である。

上記の第三の原則、即ち、国王は大臣たちの助言を受け入れ、彼らを支持しなければならないという原則は、国王が大臣たちとは独立に自分自身の政策を持つことは出来ないことを意味している。大臣たちの助言を受け入れるとき、国王は、要するに、議会選挙で表明された選挙民の見解を表現しているのである。こうした形で、大臣の助言に関する諸慣例は、君主政を、国民の意思が優越すべきだとの民主政の基礎となる原理と融和させるのに役立っている。このようにして、以上の諸慣例が立憲君主政の基本中の基本をなしているのである。

三　国王の影響力

国王の憲制上の権限に関心を集中すると、現代の立憲君主政の役割につき誤ったイメージを与える恐れがある。なぜならば、国王が憲制上、最も重要な役割を担うのは、内閣の誕生や終焉の際ではなく、一つの政権が日々活動しているその時期なのである。また、その役割は、権限の行使ではなく影響力の行使を主体とするものである。

一九世紀に、国王の権限に制限がかかってきていることがはっきりすると、国王は無用の存在だと思う者も出てきた。だが、ディズレイリは、そんなことにはなりそうもないと看破した。彼は、一八七二年、マンチェスターでの演説でこう述べた。

国王の個人的影響力は、今や大臣の責任の中に吸収されたと説く向きがある。この見解には重大な誤りがある。イングランドの憲制の諸原則は国王の持つ個人的影響力の不存在を予想していない。もし、それを予想したなら、人間の本性の諸原則が、そうした理論が現実になることを阻止するであろう⑧。

最近の国王たちの伝記に眼を走らせただけでも、国王が単なるシンボル的な元首即ち、ストックマールの謂う「首振り宦官人形《マンダリン・フィギュア》」などでは断じてないことが分かる。国王は、憲制の積極的要素であって消極的要素にとどまるものではない⑨。

通常《ノーマル》の状況下での国王の権利は、バジョットの、かの有名な権利の三位一体に要約されている。即ち、相談される権利、助言する権利、警告する権利である。だが、バジョットのその議論の先は、これに比してさほど注目されていない。彼はこう付け加えている。

そして、才智に長けた王なら他に何も求めないだろう。そうした王なら、自分が他に何らの権利も持たないことが、この三つの権利を用いて際立った効果を上げることを可能にしていることに気づくことになろう。王は、大臣にこう言うだろう。「これらの施策の責任はそちにある。そちが最善と思うことは、何事であれなさねばならぬ。そちが最善と思うことには、私は全面的かつ効果的な支持を与えよう。――私は反対しない。反対しないのが私の義務だ。だが、私が警告したということには気づけ」。もし、この王が正しく、かつ、王がときに持っているもの、即ち、効果的に表現する才能を持っているとすれば、その王は必ずや大臣を動かすであろう。王は、必ずしも常に大臣の方針を変えはしないかも知れないが、常に、大臣の心を悩ますだろう⑩。

バジョットの論じたことの核心は、影響力をうまく用いたなら、大権的権限を使う必要はなくなるということである。従って、例えば、ジョージ五世が、一九一四年のアイルランド自治の危機の時期に、警告の権利を用いたことが、立法拒否の権限や大臣解任の権限を用いる必要をなくしたと言うことができよう（第五章参照）。大権的諸権限は、留保権限《リザーヴ・パワーズ》と呼ばれることがあるが、確かにこれらの権限は、影響力行使のあらゆる手立てが尽くされるまで使わずに留保しておくべきものである。そうしたことから、サー・ジョン・カーは、オーストラリアの総督として、一九七五年に彼の首相であるゴフ・ウィットラムを解任したとき、それに先立って、オーストラリアにおける女王の代表たる自分が享受している影響力の限りを利用しようと努めなかったことで批判されている[11]。バジョットが、「王は、必ずしも常に大臣の方針を変えはしないかも知れないが、常に、大臣の心を悩ますだろう」と言い、また、「才智に長けた王なら他に何も求めないだろう」と言った、その意味するところはまぎれもない。「おそらくほとんどの場合、立憲的な王の最大の知慧は、熟慮の上で何もしないという形で示されるであろう」[12]。影響力は目に見えぬことによって最もうまく働き、目に見えることによって損なわれるのである。

しかしながら、立憲君主は大臣の助言に関する憲制ルールの枠内でしか影響力を行使できない。この必須条件をエドワード七世とジョージ五世の非公式の助言者であったイーシャ卿は、その覚書の中で的確に分析している。イーシャ卿は、この覚書を、一九一三年九月、ジョージ五世が、アイルランド自治法案に対する拒否権が自分にあるのかどうか思案していたときに、同王のために書いた。

> 立憲君主は、誰しも、二重の人格を所有している。立憲君主は、大臣たちの態度とその施策について意見を持ち、それを表明してよい。大臣たちの行動に影響を与えるように努めてよい。反省する時間を更に与えようとして決定を遅らせてよい。助言を受け入れるか、それとも大臣たちの奉仕《サーヴィス》を失うか、の選択を迫られるぎりぎりのところまで、大臣たちの助言に同意を与えることを拒んでもよい。
>
> もし、国王が自分に対する助言は誤っていると思ったなら、それを採用することを拒んでもよく、そして、もし大臣が折れれば、国王の行為は正当化される。だが、大臣が自分の背後には国民の代表たち

の過半数がいると考えて譲らないなら、立憲君主が折れなければならない。

まさにこのところで、国王が二重の人格を持つことが明らかになる。ここまでは、国王は自由な意思を働かせ、批判と引き伸ばしの特権、影響力行使と不満表明の特権、を用いてきた。だが、今ここで、王は自由に行為するものであることをやめたのである[13]。

だが、イーシャが結論した通り、「我が国の憲制のルールと慣行《プラクティス》の下では国王が昔も今も機械的《オートマティカリ》に行為しなければならないからといって、国王は影響力も権限もない自動機械《オートメイション》なのだと主張することは理にかなっていない」のである。

国王が影響力を立憲的に行使するのであれば尊重しなければならない憲制上の制約要件《パラメータ》を、エリザベス女王の書記翰長サー・ウィリアム・ヘセルタインは、一九八六年七月二八日の『タイムズ』紙宛書簡で提示している。サー・ウィリアム・ヘセルタインは三つの命題を提示している。第一の命題は、女王は、政府の政策について自己の見解を首相に表明する権利を持っているし、それどころか、そうすることは義務でさえある、ということ。第二の命題は、女王は、自分の見解がどうであろうとも、大臣の助言に基づいて行為しなくてはならず、従って、万一、国王が政府の政策のある分野について懸念を表明したのに、首相を説得できなかったなら、国王は最終的に折れなければならない、ということ。サー・ウィリアム・ヘセルタインの第三の命題は、国王と首相の間のコミュニケーションは完全に秘密である、ということである。実際、女王と首相が共にロンドンにいるとき、女王は、毎週一回、首相の拝謁を受けるが、その際には、女王の書記翰長も官吏も同席せず、もちろん、その他の第三者も誰一人同席しない。ただし、女王はそこで上がった話題についてあとで国王書記翰長と話し合うことはできる。

注意すべきは、国王が、政府の政策についての見解を表明する権利を持つ、というサー・ウィリアム・ヘセルタインの第一命題は、首相と国王の間のコミュニケーションは秘密にされる、という第三命題を《必要不可欠》としている、ということである。従って、国王は、公的政策案件のあるものについて、自分が政府とは異なる見解を持っているということを世間に知らせる資格を持っていない。内密《プライヴェイト》のままであることが国王の影響力の根本条件である。従って、国王は公の場では厳格な中立性を保たねばならず、また、私的な＝内密の会話では大いなる思慮深さを保たねばならない。

だが、国王と首相の関係が秘密にされていることの故に、その時代の国王の影響力を正確に評価することは絶対に不可能である。一九三八年にハロルド・ラスキは、「制限君主政の教義《メタフィジクス》は批判的討論に容易に手を貸しはしない。憲制の構成要素で、我々の知識がこれほど不確かなものは他にない」と述べている[14]。歴史家なら、ヴィクトリア女王やジョージ五世の影響力を秤量できようが、政治学者は自分の生きている時代の君主政の働きについての基本的な疑問に答えることがどうしてもできない。エリザベス女王とその九人の首相の関係はどのような性格であったのか。女王は、政府に対し重要な影響力を行使したことがあるのだろうか。女王と国王書記翰長の関係はどのようなものか。こういった疑問のどれ一つについても、いささかなりとも確信をもって言明することは不可能なのである。腕の立つジャーナリストなら、疑いもなく、政府内の聖域に入り込んで政府の内輪の討議についてかなり正確なレポートを生み出すことができる。だが、彼らも、君主政の内奥までは入り込めない。万一そうすることができたなら、君主政は危うくなろう。君主政は、思慮深さのヴェールによって効果的に隠されていなければならない。まさにこの理由から、バジョットの指摘の如く、「［ヴィクトリア］女王が何をなし得るかについては、女王が現に何をなしているかを除いては、信頼のおける明確な情報は存在していない」のである[15]。

昨今は、国王と首相の両者が共にロンドンにいるときには、国王は、毎週一回、通常は火曜日に、首相の拝謁を受ける。マーガレット・サッチャーは、「この拝謁が単なる形式的なものだとか、社交上の儀礼《ソーシャル・ナイスティ》に限られていると想像する者がいたら完全に間違いである。それは地味で事務的なものであって、女王陛下は現下の諸問題に対する恐ろしいほど深い理解と幅広い経験を示しておられる」と言明している[16]。エドワード・ヒースは、女王は、首相との「所見の交換」を通じて重要な影響力を行使しているが、首相に対して、あれをすべきだ、これはすべきでないなどと述べることは決してない、と言明している[17]。女王は聖職者の任命を行うときも、同様の手段を採っていると示唆されたことがある。即ち、ケネス・ローズによると、

　セント・ポールズ大聖堂のさる首席司祭が、かつて女王に向かって、もし首相が聖職者の任命に関して、女王にとって心うれしくない名前を奉答したら女王は何ができるかと尋ねた。すると、「憲制上は何も出来ません。けれども、もっと情報が欲しい、とはいつでも言えます。そのほのめかし《インディケイション》を首相は決して見誤りません」と女王は答えられた。

「近年、少なくとも二回、女王は叙勲に関して議論の余地のある名前が提示されたとき、この如才のない手法を用いられたことがある」とローズは付言している[18]。ジェイムズ・カラハンは、その自伝で、一九七六年の早い時分に、女王が外務大臣であった自分に対し、ローデシア問題につきイニシアティブをとるという自分自身が既に考えていたことを、いかなるやり方で自分に対し奨励したかを記している。

　当然ながら女王の意見は、天秤を傾けるに十分であった。女王は、コモンウェルスについての権威であり、私はその意見を尊重したからである。常々思っているのだが、このローデシアについての女王のイニシアティブは、いつ、いかにして、国王が自らの幅広い経験により、かつ、完全に立憲的節度を持って、大臣たちに助言し、奨励すべく効果的に関与することができるかを示す申し分のない例であった[19]。

だが、国王による影響力行使は、統治の事情に精通していることを必要としている。「政治事情にとって安楽な道《ロイヤルロード》などない」とバジョットは書いている。「その詳細は茫漠としており、共通了解を得にくく、複雑で、雑多である。王が大臣たちと対等に議論できる者となるには、大臣たちと同様に努力しなければならない。大臣たちが仕事人間であるのと同様、仕事人間でなければならない[20]」。エドワード八世は、王位に就いたとき、次のことに気づいた。

　十分満足のいくロマンティックな王権幻想を大衆に提供する儀式的枠組みが、本当はかなり退屈なこの職業の正体を覆い隠している。この事実は、私にとっては新発見とは言い難い。父〔ジョージ五世〕の行動を長いこと観察していて、私は、自分がどん

な目に遭いそうか、残念ながらいやというほど知っていた。父が、父自身の言い方を借りれば、「文書箱をいじくっている」イメージは、長らく私にとり、王の日常の決まりごとを飽くことなくこつこつ行うことを表すものであった[21]。

以上のような断片的なヒントを別とすれば、エリザベス二世の影響力については、推測するしか手立てはない。その推測として、敢えて三点を挙げてみたい。第一点は、国王の影響力は、その治世の間に増大しそうだということ。在位が長くなれば、それは、それだけ政治経験も豊富になるからである。〔本書の出版された〕一九九五年を基準とすると、それまでに、既に女王は四二年間王位に在り、九人の首相を見知り、政治上で活動した他の誰よりも長い公的生活を経験しているのである。かつてバジョットはこう断じた。

聡明な王なら、長い在位の間に、ほとんどの大臣が太刀打ちできないような経験を積むことだろう。そうした王なら、かく言うこともできよう。「大臣はしかじかの政権の時に起こった事案を既に参照しておられるかな。あれはたしか一四年前だったと思うが。大臣が提案している政策は必ずや悪しき結果をもたらすという教訓となる事案となっている。当時、大臣は今ほどは公的生活に深くかかわってはいなかったから、あの出来事の全部は十分には覚えていないかも知れないが。私は、大臣があの当時に立ち戻り、あの事案にかかわった年配の閣僚とそれにつき話し合ってみるようお勧めする。つい最近、これほどまずいことになった政策を推奨するのは賢明ではないから」[22]。

ジョージ五世はもっと端的に、「私は悪賢い人間ではないが、もしも、私が出会った全ての頭脳から何がしかを摘み取っていなかったとしたら、私は怠け者ということになる」、と言ったとのことである[23]。

第二点として政策イデオロギーの根幹にかかわらない事柄についての方が、国王の影響力は一層大きいであろうと推測してもよかろう。そして最後の第三点は、ことによると、女王の影響力は、コモンウェルスの首長というその地位の故に、コモンウェルスの情勢が危機に瀕している場合に、最も強く感じられるかもしれない、ということである。ただし、以上のことはいずれも推測の域を出るものではない。

四　親裁的大権の範囲

助言に関する一連のルールは、内閣が存在する間に限り適用がある。内閣が首相の死亡か辞職によって終焉を迎えると、それらのルールは適用されない。首相が議会の解散を求めたときも同様である。これらの場合には、国王は親裁的大権を保持しているので、助言によらず行為する。こうした大権は、議院内閣制を確実に機能させるのに必要な親裁的大権である。

だが親裁的大権には、もう一つ別のカテゴリーのものもあるだろう。国家元首が憲制の擁護者として行動するために持つ権能である。かかる権能は、もし存在するとすれば、自らに一九一四年のアイルランド自治法案に対する裁可を拒む権利があるとした、国王ジョージ五世の見解（第五章参照）を正当化することになろう。国王が大臣たちを解任したり、大臣たちの意向に反して解散を強要することを自分の権利だと考える病理的事態を想像することもできる。しかしながら実質的には、こうした大権は既に枯死してしまったと見なされるかもしれない。

親裁的大権を行使するとき、国王は国王単独の資格で、大臣たちの助言に基づかずに行為する。しかしながら、親裁的大権の及ぶ限度ないし範囲は不明確である。この大権の範囲を厳密に画定することは、不可能ではないにしても困難である。親裁的大権の限度と範囲が不確定のままであることは、実は、立憲君主政の観念に内在することなのかもしれない。このことは、典範化されていない不確定な憲制を持つ連合王国にだけ格別に当てはまることかも知れない。だが、典範化された憲制〔＝憲法典〕を導入すれば親裁的大権が具体的に何であるのかは決定することができるかも知れないが、しかしそれは、その大権の範囲を厳密に決定するのには必ずしも役立たないであろう。たいていの〔成文〕憲法では、国家元首の権限を完全に形式的な表現で規定している。例えば、ベルギー憲法では、「国王は大臣を任命および解任する」（第六五条）と簡潔な表現で述べているが、その解説では、「だが既に述べたように、ベルギー憲法は、元来、基本的憲章であって、おおむね一般的原則を述べているに過ぎない」と説かれている[24]。憲法典を持っていようといまいと、一般的に見て、実際の国王権限は、憲法の条項よりも、慣例によって決定されている度合いが大きいのである。

君主政支持者なら、典範化されていない英国憲制の下で予め選択肢が決められていないことは積極的な長所である、と考えるかもしれない。なぜなら、国王を拘束しようとする企てに、先例の意味するところを過度に厳格に決め付けることが利用され、国王の行動の自由を制限してしまうおそれがあるからである。国王の権限を制限しようと図る者たちなら、過去にある特定の行為の進め方をした国王は、同じ進め方をなすよう拘束されていると主張するかも知れない。しかし、国王が先例に《拘束《バウンド》》されていることはあり得ない。国王は、はっきりした輪郭を予め言うことのできない特殊具体的状況で最善のことをなすよう求められているのである。そこで、一九一〇年に、イーシャ卿は、大権の使用原則については議論すべきでない、なぜならば、「その原則は、大権が用いられる状況に完全に依存している」からだ、との見解をとっていた。[25] 一九二三年、ジョージ五世がカーゾン卿ではなくスタンリー・ボールドウィンを首相に選任したとき、王は、自分が、貴族は首相の座を継ぐことができないという一般的原則《ドクトリン》を立てようとするものでないことを明言した。[26] また実際、これと非常に違う一九四〇年の状況で、ジョージ六世は、ウィンストン・チャーチルよりも自分の方に〔首相となる〕権利があるとするハリファックス卿の主張を支持することになる。貴族身分は当面停止することができるから、ハリファックス卿が貴族であることに支障はないと、王は考えた。一九二三年にジョージ五世が行った唯一の主張は、特定具体的なものであって、一般的なものではなかった。ジョージ五世が言わんとしたのは、当時のまさにその状況の下では、首相は貴族院にではなく庶民院に席を持っているべきである、ということであった。その理由は、何よりも、野党第一党である労働党が、事実上、貴族院では代表されておらず、従って、野党が首相に質問することが不可能だ、ということにあった。

だが、国王の権限の限度と範囲は限界を画されるべきではない、と主張するのは危険である。国王は政治的中立を維持しなければならない、という立憲統治の基本原則と、国王の大権的諸権限は予め一まとまりのルールの形で規定されるべきではないとする立憲統治の基本原則との間には、緊張がある。国王が持つ裁量が大きければ大きいほど、それだけ、国の主要政党のいずれか一党の感情を損なうようなかたちで国王がその裁量を用いる可能性が大きくなる。君主政支持者たちは、国王の政治的中立性を保ちながら、国王は政治的権威の源であるとの観念も維持しようとする。それは次のことを意味する。即ち、国王は立憲的民主政《コンスティテューショナル・デモクラシー》が予見し得ないかたちで脅かされたときには、それを護る権能を持たなければならないから、国王が、現在のところは予見できない事態にその権限を用いることができるよう、大権はそっくりそのまま保たれなければならないということである。

論理上は、国王は政治的中立性を維持しなければならないという原則と、その大権は不確定なままであるべきだという原則の両者の折り合いをつけることは困難である。唯一、折り合いが可能となるのは、国王が党派性を持つことなく大権を行使し、かつ、大権を行使しなければならない状況が生ずるのを極力阻止する、その場合である。二〇世紀の英国の国王たちは、この訓戒を守ってきたからこそ、国王の権限について、ほとんど紛議が起きなかったのである。実際、国王は滅多にその大権の行使を求められなかったし、影響力が行使された場合に、それが大臣たちとの深刻な衝突に至ることは滅多になかった。

二〇世紀の大部分を通じて、国王は、首相の任命と議会解散の認許に関し、形式的な役柄を引き受けることができた。だが、それは、状況次第で違った結果になることであった。それは、相互に結びついた二つの要因によって可能となったのである。第一の要因は、二大政党制の存在である。それは、国王が裁量を行使しなければならない局面が滅多になかったことを意味する。ヴィクトリア時代中期に特徴的だったような多党制に戻ったり、多党制を根付かせることになる比例代表制が導入された場合にいかなることになるかは、第六章で検討する。

二〇世紀に、国王の役割の大半が形式的なものであった第二の理由は、一九一四年以来、英国は、国王の関与を求めるような類の非常の状況にならずに済んだことである。

過去には、そうした非常の状況により、国王が更にもう一つの憲制上の役割を引き受けるに至ったことがあった。政党間の合意が確実になされるのを手助けする斡旋役として振舞ったのである。ヴィクトリア女王は、この役割を一八六九年に引き受けた。アイルランド教会を非公定《ディスエスタブリッシュメント》化することをめぐる自由党政府と、保守党の貴族院との間の争論を解決するのに手を貸したのである。また、女王は、一八八四年から一八八五年にかけての選挙法改正法案と議席再配分法案をめぐる論争に際しても同様のことをした。一九一四年七月に、大臣たちの同意を取り付けたので、ジョージ五世は、アイルランド問題を討議するバッキンガム宮殿会議を召集した。野党たる保守党の党首から、国王によって召集される会議に限り出席するとの確約を得ていたからである。ジョージ五世の関与は、政治指導者たちが、支持者たちから弱腰だとの非難を浴びることなく和議に臨むことを容易にした。

こうした状況での国王の関与は、政府の支持があってこそ引き受けることのできるものである。国王は、政府と野党の両者の要求を見据えて審判を下すという意味での仲裁者ではあり得ない。従って、ひとたび政治家たちが顔を合わせたなら、その議事で国王が積極的な役割を果たすということは通常はない。例えば、一九一四年に、ジョージ五世は開会のスピーチをした後、会議から退席した。一九二六年にスタンリー・ボールドウィン首相は、国王がゼネストで調停者として振舞うことを認めなかった。政府は、このゼネストは労働組合会議（ＴＵＣ）の無条件降伏によってのみ終結できると考えたからである。

非常の状況下では、国王が引き受ける役割は議論を呼ぶ可能性が十分ある。そのような状況でこそ、国王は、憲制の擁護者、議院内閣制の慣例の究極の守護者、として自らの大権を行使できるはずだと論ずる者もいよう。この役割は、一九八一年にスペインのファン・カルロス国王が引き受けたものである。このとき、彼の国は、軍事クーデターの脅威にさらされていた。憲法学者のアイヴァー・ジェニングズは、こう論じている。非常の状況下では、次のような政策に対し、国王は同意を正当に拒むことができる。その政策が、

議会の存続期間を不必要に延長したり、期限を定めずに延長したり、一党派の利益のために選挙区の不自然な区割り《ゲリマンダリング》を行ったり、同様の目的で選挙制度の根本的改変を行ったりすることによって、憲制の民主政的基盤を覆す場合である。これ以外の状況で

は、女王の行為が正当化されることはない[27]。

従って、これら二つの条件、即ち二大政党制と政治的安定状況のどちらかが変わるようなことがあれば、君主政の役割も変わることがあり得る。それ故、国王の役割が大部分は形式的であるということは、状況次第で違った結果になることである。それは、立憲君主政に内在するものではないのである。

五　首相任命・議会解散と大権

若干の親裁的大権が、議院内閣制が円滑に機能するのに不可欠なものであるということは一般に受け入れられている。英国では、こうした大権のうちで最も重要なものは、首相任命の大権と議会解散の認許及び拒否の大権である。

新たな首相を任命する際、国王が、退任する首相〔の助言〕に拘束されることはあり得ない。もし首相が死亡したならば、その者は助言を与えることができない。もし首相が内閣、議会、あるいは選挙で敗北したために辞職することになったならば、その首相は明らかに、助言を与える権威を失っている。もし一九七九年の選挙で敗れたジェイムズ・カラハンが、その後任について助言を求められたとしたら、明らかにばかげたことであった。カラハンが、保守党における自分の後継者は、同党の実際上のリーダーであったマーガレット・サッチャーではなく、失墜した同党党首エドワード・ヒースであるという誤った答えを与えた可能性も確かにあるのである。

首相を選ぶとき、国王は助言に基づいて行為するものではないけれども、退任する首相に相談するのが普通である。二〇世紀でその例外は、一九〇八年にカンベル＝バナマンが辞職したとき、一九二三年にボナ・ローが辞職したとき、及び一九五五年にサー・ウィンストン・チャーチルが辞職したときの三例だけである。だが、一九〇八年と一九五五年には後継ははっきりしていたし、――〔一九〇八年には〕バルフォア〔保守党〕かアスキス〔自由党〕、また、〔一九五五年には〕イーデン――、また、この辞職を控えた三名の首相のうちの二名――カンベル＝バナマンとボナ・ロー――は重い病に冒されていた。この両者とも首相を辞めてからほどなく死去した。

しかしながら、一九二三年の状況ははるかに論議を呼ぶものだった。既に述べたように、辞職を控えた首相のボナ・ローは病篤く、同年一一月、辞職後六ヶ月で、喉頭癌で死去する運命にあった。国王が自分に相談しないようにボナ・ロー自身が求めたのだった。久しく患っていた首相は、自分の後継者にボールドウィンかカーゾンのいずれかを推挙する義務を免じてくれるよう、求めたのだった[28]。

辞職を控えた首相が見解を尋ねられるのは通常のことだが、もしも、そうされたなら見解を示さないのは不敬となろう。だが、今日では、首相が、議会の最中に辞職するときには、通常、その政党は新たな党首を選ぶから、辞職を控えた首相が行う必要があるのは、党内投票の結果に国王の注意を向けることだけである。

国王は、首相に相談するだけでなく、自分の気に入った枢密顧問官の誰にでも相談することができる。例えば、一九五七年には、サー・アンソニー・イーデンの辞職のあと、女王は、貴族院のリーダーであり、内閣の評定《カンヴァス》をまとめたソールズバリ卿と、二名の保守党の長老政治家であるシャンドス卿とウェイヴァリー卿、そしてもちろん女王の最初の首相であったサー・ウィンストン・チャーチルにも相談した。

主たる親裁的大権の第二のものは、解散を拒む権利である。通常の状況では、明らかに、国王には選択の余地はほとんどない。庶民院で過半数を占める政府に対し、国王が議会の解散を拒むことは許されない。もし、拒めば、政府は辞職するが、国王には、庶民院の信任を得ることができる別の政権の担い手を見つけることはできないからである。しかしながら、解散を拒むという選択が生ずるかもしれない場合がある。少数派政権の首相が解散を勧めたり、自分の内閣や政党の支持を失った首相が、抜き打ちの解散を求めることで、自分が放り出される前に機先を制しようと試みたりすることが、万一あった場合である。

国王には解散の要請を拒む権利はない、と論ずる者たちもいる。これは、一九七四年四月に労働党議員の一グループによって採られた、下記のごとき見解である。この当時、ハロルド・ウィルソンの少数派政権が自ら選んだ時点で確実に解散することができるかどうかについて、少々議論があったのである。

我々の表明した見解では、現首相には同僚と話し合ったのちに選挙の日取りについて決定する絶対的権利がある。そうした場合には、女王は、与えられた助言を受け入れる道義上および憲制上の義務があると我々は考える[29]。

しかしながら、指導的な憲制の権威は誰一人としてこの見解を支持していない[30]。

国王には解散を拒む権利はないとする主張の根拠は、解散が拒まれた例は、コモンウェルスには多く実例があるものの、英国には明確なものは一つもない、という事実にある。これ故に、拒否する権利は枯死してしまったのだと主張される。だが、この結論は必ずしも当たらない。国王が解散を拒んだことがなかったのは、不適切な解散を求めた首相がいなかったからだと反論することができるだろう。だが、首相が選挙で敗北した直後に、辞任する代わりに解散を求めたとしたらどうか。一九七九年に、ジェイムズ・カラハンが総選挙で敗れたとき、辞任する代わりに二度目の解散を求めていたならどうか。明らかに、国王には、そのような正統性なき要請を拒む権利のみならず、義務すらもあったであろう。エドワード・ヒースが、絶対多数党不在議会《ハング・パーラメント》を生んだ、一九七四年二月の総選挙ののち、庶民院と対決して敗れてから〔更に〕解散を求めていたとしたらどうか。この場合も、ほぼ確実に、国王は、その解散の認許を拒み、その代わりに、野党党首のハロルド・ウィルソンを召して組閣を命じたであろう。従って、「自動的《オートマティク》」解散説とでもいうべきものは、とても維持できないように思われる。国王が解散を拒むことが正当化される状況は——たとえ極めて稀であるにしても——《若干は》あるに違いない。従って、争点は、国王には解散を拒む資格が《あるや否や》ではなく、《いかなる状況のときに》国王は解散を拒む資格があるのかということである。そうした状況として二つのものが考えられる。第一の状況は、替わりの政権が実現可能なときである。これは絶対多数党不在議会で生ずる可能性が極めて高く、従って、第六章で検討する。

国王が解散の要請を拒む資格がある第二の状況は、首相が自分の内閣と政党の双方あるいはどちらか一方の支持を欠く場合である。

英国では、一九一八年以来、解散を求める決定をするのは首相であって内閣ではない、とする慣例が成立している。——もちろん、賢明な首相は、この決定に至る前に、閣僚に相談するのであるが。慣例がそうなっているにもかかわらず、首相は解散を求める際に、内閣になり代わって行為するのであり、また、その解散要請を行う首相は、内閣と政党の支持を得ており、その支持が、彼ないし彼女に、引き続き首相にとどまるための政治的権威を与えている、と推定されているのである。通常の状況では、解散について自分の内閣の支持を確信できない首相は、そうした要請を支持するように内閣を改造することができる。首相にそれができないならば、それは、首相がこの解散要請に対する議会の支持を得ていないことになる。こうした状況では、首相が、自分の内閣あるいは政党の内部の反対派に勝つために――要するに、議会に勝つために――解散を求める、ということは正当化されない。

この点での指導的先例は、南アフリカで生まれた。一九三九年、第二次世界大戦が勃発した時、首相ヘルツォッグ大将は、南アフリカは中立を保つべきだと考えたが、司法大臣のスマッツ大将は、南アフリカは英国と共にドイツに宣戦すべきだと考えた。スマッツはその趣旨の動議を提出し、それが議会を通った。表決の結果は、ヘルツォッグが議会の信任を得ておらず、自分の内閣の半数に足りない者たちと、自分の政党の少数派の支持しか得ていないことを示した。それにもかかわらず首相は解散を求めたが、拒否され、スマッツが首相に任命され、その政府がドイツに宣戦した。

この先例は、首相が正当に解散を要請できるのは、首相がその内閣の支持を得ている場合に限られる、ということを示しているように思われる。

大臣たちが解散への不同意を何らかの公的なかたちで示したりすることで、首相が内閣の支持を得ているという推定が失われたならば、首相は、自分が選んだ時点での解散を通常どおり認許される、という推定も失われる。ジェニングズは次のように言っている。

> 女王は政党政治に関与してはならない。それ故、女王は、首相をその同僚に反して支持してはならない。従って、女王が、その同僚を出し抜くことを許さんがために政権《ガヴァメント》の解消《ディスソリューション》を求める首相に同意することとは、憲制に反することになる。(31)

首相が自分の政党の支持を失って、その政党の反対を克服するために〔議会の〕解散を要請する時は、これと同様の理由付けがあてはまるように思われる。一九三九年に、仮にヘルツォッグが議会解散の要求を支持するように内閣を改造することができたとしても、彼は議会では生き延びることはできなかったであろう。更にまた、仮定の事例として、政党が党首選挙を準備しているが、そこでは首相が反対に直面して、敗れるおそれがあるといった場合を考えてみよう。この場合、首相が政党選挙の前に解散を求めることによって反対派を出し抜くことが、憲制上可能であろうはずのないことは確かである。政党が自らの指導者を誰にしたいのかを決定するまで解散を遅れさせるよう強く求める資格が、国王にあることは間違いないだろう。

この手の状況は、近年の英国の歴史の中で、多くの機会に起こる可能性のあったことである。一九六九年にハロルド・ウィルソンは、ある局面で、もし彼の政府によ る「争いにかえて」In Place of Strife と銘うった組合改革の提案が労働党によって反対されたなら、宮殿へ行って解散を求めるぞ、と脅したことがあったようである。ジョン・メイジャーは、一九九二年、マーストリヒト条約の「地ならし《ペイヴィング》」投票と、一九九四年、ＥＵに関する一九九二年のエディンバラ合意を実施するための投票（これを、首相は自らの信任投票にしたが）の二度にわたり、もし自分が敗れたら、ただちに解散を求めるつもりだ、と脅している。もし、彼の内閣か政党が解散に反対したなら、メイジャー首相には解散を求める資格があったのかどうかについては、疑問がある。絶対にその通りであった、とは言い難い。保守党の元庶民院議員で、憲制史家のサー・ロバート・ローズ・ジェイムズは、マーガレット・サッチャーが、一九九〇年に、保守党党首の座を争う二度目の投票に立候補して敗れたとしたら、彼女は、保守党ではなく、選挙民が首相を選ぶべきだとの理由で解散を求めたかもしれないと示唆している。サー・ロバートは、解散が、「閣僚の過半数の支持を得られなかったことは確実で……従って……たとえ最有力閣僚であろうとも内閣の一員に過ぎない者〔サッチャー〕の助言を受け入れる義務は女王にはない」と主張した[32]。

このような状況では、国王には、首相の要請を拒む義務はもちろんないが、拒む権利はあるように思われる。要請を拒むのが賢明か否かは多くのファクターによる。必要条件は、替わるべき政権があるということである。

第四章　首相の任命

一　首相職継承と副首相

普通の状況下では、国王には首相の任命権はないが、誰が宮殿に呼ばれるべきかは、はっきりしている。ある一党が総選挙で絶対多数を獲得した場合には、その党の党首が首相に任命される。首相が辞任するか死亡した場合には、その首相が所属する党の選出機構を通じて新しい党首が選ばれ、その人物が宮殿に呼び出されて首相に任命される。

憲制慣例に従い、国王が党首を召喚して組閣を要求する。通常、党首は自分が組閣できると請け合い、じかに国王の手に接吻する。しかし、それに代わる応答形式も存在する。これは絶対多数党不在議会《ハング・パーラメント》においても使えるかも知れない（第六章参照）。すなわち、党首は単に、「組閣可能かどうかを知りたいので、必要な協議を開きたい」[1]とだけ述べるにとどめることもできる。これはヒューム卿が一九六三年に女王より組閣を要求された時に用いた応答形式であった。彼は次のように記している。

一〇月一八日、私は女王陛下に呼ばれ、組閣をするように求められた。私は感謝の意を表明したが、少々お暇をいただき、組閣可能かどうかを確認しなければならない、と女王に説明した。劇的な数週間が経過したが、同僚の一部の者たちがどのような態度に出るのか、私には全く見当がつかなかった。[2]

ハロルド・マクミランは回想録の中で次のようなエピソードを明らかにしている。

私は女王に、最初の会見でヒュームを首相に任命すること《なく》、より古い応答形式を用い、組閣の任を彼に一任するようにと、口頭及び文書にした覚書の第二部で助言した。そうすれば、彼は探りを入れてから女王に報告することができると考えたからである[3]。

辞任の場合の手続は、首相は速やかに党首の地位を辞し、新しい党首が選出されたなら直ちに首相を辞任することを公表する、というものである。たとえば、一九七六年、ハロルド・ウィルソンが党首の座を辞すると、ジェームス・カラハンが労働党の党首に選出された。次いで、ウィルソンが首相を辞任し、カラハンが労働党党首に選ばれたことを女王に報告した。それを受けて女王はカラハンを宮殿に呼び、彼を首相に任命した。保守党の場合も同じように、一九九〇年、マーガレット・サッチャーが、一回目の投票でマイケル・ヘセルタインを十分に上回る多数票を獲得できなかったので、自分は保守党党首選出のための第二回の投票を争う意思がないと宣言すると、党首争いはヘセルタイン、ダグラス・ハード、ジョン・メイジャーの間で行われ、そこでジョン・メイジャーが党首に選出されると、マーガレット・サッチャーは首相の座を降り、ジョン・メイジャーが首相に任命されたのである。

現役の首相が死亡したり、職務を永久に遂行出来なくなった場合には、新しい指導者が与党によって選出されるまで空席の期間が生じる場合がある。選挙手続が用いられるとその空席期間が長くなる。一九七六年に六人で争われた労働党党首選挙の場合には、党首が選出されるのに三週間を要した。もっとも、一九九〇年の保守党の場合には三人が第二回投票を争い、決定的結果が出たので要した日数はわずか一週間であった。この空席期間には、首相代行が首相の任務を行うが、通常は、首相不在の時に首相の代理をする大臣がその任にあたることになる。

この慣行はオーストラリアとは対照的である。現在、オーストラリアでは正式な副首相がおり、また、首相が欠けると直ちに新しい首相が任命される。首相代行〔たる副首相〕が後任にならないことも認められており、実際に後任候補にもならない場合が何度かあった。一九三九年、J・A・ライオンズが死亡した時、ライオンズ率いる統一オーストラリア党の副総裁に空席がたまたま生じた。総督は、連立内の少数党である地方党の党首エール・ペイジを、連立内の多数党である統一オーストラリア党が新しい党首を選出するまでの間、首相に任命した。その新しい党首にはR・G・メンジーズが選出されが、彼が選出されると、ペイジは辞任し、総督はメンジーズを首相に任命した。

一九四五年、労働党選出の首相ジョン・カーティンが死亡した際、総督はF・M・フォードを首相に任命した。彼は副首相であり、また労働党の副総裁でもあった。フォードは党首候補であったが、労働党はベン・チフリを党首に選出した。そこで、フォードは辞任し、総督はチフリを首相に任命した。

最後に、一九六七年には、自由党選出の首相ハロルド・ホルトの失踪と死亡の推定の後で、総督は、副首相であり、連立内の少数党である地方党の党首でもあったジョン・マキュエンを暫定首相に任命した。自由党がジョン・ゴートン上院議員を党首に選出すると、マキュエンは辞任し、総督はゴートンを首相に任命した。この一九六七年のケースでは総督は幾らか批判を浴びた。マキュエンが、もしも自由党党首代行ウィリアム・マクマーンが同党党首に選出された場合には地方党は自由党との連立を続ける気がないことを明らかにしていたためである。それでも、総督はマクマーンを任命すべきであったと考えた者たちもいた。マクマーンは連立内での多数政党の副総裁であったからだ。総督を批判した者たちは、マキュエン自身は自由党党員ではなかったのに、誰が自由党党首になるべきかを総督はマキュエンに決めさせてしまったと論じた。これに対して、マキュエンは副首相であったから〔暫定首相を〕依頼される権利があったと言うことも出来よう。首相不在の時には彼が首相の代理を務めていたからである[4]。

英国には、オーストラリアとは違って、副首相の規定も暫定首相の規定も存在しない。近年の唯一の例は、暫定首相が検討された一九五三年のものである。その時は、チャーチルが脳卒中で倒れ、彼の秘書官ジョン・コルヴィルは彼が週末まではもたないと考えた。当然の後継者であるアンソニー・イーデンはアメリカで手術を受けることになっており、回復まで数ヶ月が必要であった。暫定首相を任命する憲制上の明確な方法はなかった。しかし、コルヴィルはこう回想している。「女王に行ない得た唯一のことは……女王が非常に良く知っている誰かを呼び、イーデンが回復したら辞任するように暗に依頼することだけであったろう」[5]。コルヴィル自身は「ソールズバリ卿は貴族であったが、イーデンが回復して新たに組閣が出来るようになれば辞任することが明白であったので、彼に直ちに暫定政権を成立させるよう求める」ように女王に進言しようと考えていたのである[6]。〔だが、〕オーストラリアとは違い、ソールズバリは首相の称号を受けなかったであろう。しかし、結果的にはチャーチルが回復し、一時の便法は不必要となった。

英国では、オーストラリアとは違って、国王は副首相の地位を容認することを常に拒んできた。ジョージ六世は一九五一年、副首相という「地位が、英国憲制の職制には存在しない」と言う理由で、アンソニー・イーデンを副首相にすることをきっぱりと拒絶した[7]。しかし、これは循環論法である。王がこの職を認めていればこの職は存在したのである。一九六二年、R・A・バトラーが副首相の肩書で呼ばれた時、ハロルド・マクミラン首相は庶民院で、「これは国王に付託された任命ではなく、内閣組織内部の呼称である」と述べた[8]。一九八九年、サー・ジェフリー・ハウが外務省を解任された後に枢密院議長兼庶民院院内総務に任命された時、彼に副首相の地位が提供されることによって彼の不満を和らげる味付けが施された。しかし、ハウを正式に副首相に任命する申請は宮殿には提出されなかった。そのような申請が出されても当然退けられたであろう。

しかし、ジョージ六世伝の著者が一九五八年に認めたように、この副首相の職は、「過去一一年間に及ぶ非公式の慣行によって確立されていた」[9]。一九四二年、チャーチルは彼の内閣改造の際に、「憲制の変更はなされなかった」が、アトリーを副首相「の肩書で呼んだ」。従ってこの憲制の変更というのは、どちらかというと「形式のことであって、実際上のことではない」。公式には「副首相」を任命した者は誰一人としていなかったにもかかわらず、多くの大臣たちが副首相として《ふるまって》きた。その中には、バトラー、ハウ、アトリーの他にも、ハーバート・モリソン、アンソニー・イーデン、ジョージ・ブラウン、マイケル・スチュワート、レジナルド・モードリン、ウィリアム・ワイトローがいる。これは、彼らが、首相不在時に閣議を主宰し、幾多の重要な内閣委員会で議長を務めてきたことを意味する。

ジョージ六世伝の著者は次のように述べている。

「副首相」の職が公式に認められるのは極めて望ましくないように思われる。それが認められるということは、それによって役職継承の序列が間違いなく確立してしまうことになるし、疑いなき国王大権の一つ、すなわち、首相の死亡もしくは辞任の際に後継者を自由に選択する権利、に制約を課すことになってしまうからである。[10]

しかし、この論拠は今日ではほとんど説得力を持たない。というのも、通常の状況下では、党が党首を選出することにより、国王には裁量の余地は実際にはないからである。もっとも、政党の側から見ると、副首相の職を認めないことを支持する理由があるかも知れない。それは当該候補者が首相職継承の本命であることを意味するかも知れないからである。

確かに、過去に副首相としてふるまってきた人物は役職継承の権利は何ら持っていないと見なされてきた。副首相としてふるまってきた者たちの中で首相の地位を継承したのは、イーデンただ一人であった。更に、副首相としてふるまっていた者たちの中には、マイケル・スチュワートのように首相の地位をめぐる有望なライバルとは見なされない者たちもいた。

これまでのところ、大臣を副首相に指名する場合には何らの約束も行われていないのだからこの称号を正式に承認することで国王が何らかの制約を受けるという理由も存在しない。実はそれどころか、多くの歴代首相が、首相職継承の権利は伴わないことを認めながらも非常に便利だと考えたこの副首相職には、それを憲制上認知する極めて適切な理由が一つ存在するのである。[11] 英国では首相の死亡や職務遂行能力の喪失後の態勢がやや不十分であることがその理由である。労働党は正式に副総裁を選出する。党首の地位に空席が生じた場合は、この副総裁が党規約によって自動的に党首になる。しかし、既にみた通り、暫定首相を任命する定めは存在しないので、ある大臣がそうした場合に首相代行に指名された場合には、これは大臣が〔国王に〕気に入られているしるしであるとみてよかろう。一九六三年、ハロルド・マクミランの辞任後には見苦しい論争があった。論争の焦点になったのは、保守党大会の席上、党首によって伝統的に行われる最終演説を、党首候補者の一人R・A・バトラーが行なうべきか否かという問題であった。同様の論争は、首相の突然の死亡や職務遂行能力の喪失の際にも、誰が首相の役割を演ずるかについて起きることが予想されよう。空席期間に政権を維持する職務は党首をめぐる争いから可能な限り分離すべきであるという主張も可能かも知れない。この理由だけをとっても、副首相の称号を認める理由となる。

しかし、首相職継承をめぐって沸き起こる議論を確実に食い止める別の手段もありえよう。党首候補となる可能性のない閣内大臣（例えば、大法官）が空席期間の内閣を統括すべきだという慣例を確立することである。

国王の首相任命の役割は今日では通常は形式的なもので、多数党から選出された党首を宮殿に召喚することに限られている。しかし、国王が依然として真正の裁量を有する状況が二通りある。第一は、絶対多数党不在議会、つまり単一政党が絶対多数を獲得できない議会となった場合である。この絶対多数党不在議会をめぐる諸問題は第六章で論ずる。

国王が首相の任命に際して完全な裁量権を持ち得る第二の状況は、一九一六年か一九四〇年のように戦争のせいか、あるいは一九三一年のような経済危機のせいで、連立政権を樹立しなければならない場合である。こうしたケースのうち、一九一六年と一九四〇年の二つの場合には、首相に任命されたのは、一九一六年はロイド・ジョージ、一九四〇年はチャーチルで、いずれも党首ではなかった。一九三一年、ラムゼイ・マクドナルドは労働党党首であったが、彼の党の大多数は彼に従って挙国一致内閣に加わるという気はないことが明らかとなり、挙国一致内閣を支持するごく僅かな労働党庶民院議員からなるマクドナルド率いる国民労働党は、一九三一年の総選挙の後にはわずか一三議席となった。

二　一九二三年の例

一九三一年の挙国一致内閣の首相としてラムゼイ・マクドナルドが任命されたこと以外に、二〇世紀になって議論をよんだ首相任命は三件あった。それらは全て保守党首相任命をめぐる議論であった。労働党は一九〇〇年の結党以来、一貫して党首を首相に選出してきた。保守党の首相任命が論争を引き起こしたのは、一九二三年にカーゾン卿ではなくスタンリー・ボールドウィンが選ばれた時、一九五七年にR・A・バトラーではなくハロルド・マクミランが選ばれた時、そして一九六三年にR・A・バトラー、レジナルド・モードリン、ヘイルシャムを抑えてヒューム卿が選ばれた時、の三件のケースである。

一九二三年、ボナ・ロー首相は突然喉頭ガンに罹り、辞任を余儀なくされた。後継者の選択肢は、外務大臣カーゾン卿か大蔵大臣兼庶民院院内総務のスタンリー・ボールドウィンのどちらかであった。カーゾンが後継者になるだろうと大方の者たちは予想していたが、ジョージ五世はボールドウィンを任命した。当時存在していた状況の下では、首相は庶民院議員でなければならない、というのがその主たる根拠であった。貴族院議員であってはならないとする定めは当時存在しなかったのであるが。

ジョージ五世にとって状況は特に困難であった。死期が迫っていたボナ・ローは王に何ら進言をしようとはしなかったし、そうでなくとも、二人のうちのどちらを任命するのか、ボナ・ローが決定するのは難しく感じられていたのだった。前インド副王カーゾンは一九一九年以来外相のポストにあり、ボナ・ローが病床にある間は首相の職務を果たしていた。一方、ボールドウィンは、ボナ・ローお気に入りの人物だったが内閣での経験は二年間だけであり、大臣になってから六ヶ月しか経過していなかった。ボナ・ローはカーゾンが選ばれると期待していたが、それが誤った選択になるかもしれないと危惧した。しかし、それをどうして回避したら良いのかほとんど分からなかった。

辞任が予定されている首相に相談することが出来なかったジョージ五世は、ただ一人存命する保守党出身の元首相であったバルフォア卿に相談することにした。すると、バルフォアはボールドウィンを推薦した。首相は庶民院議員でなければならないという根拠からだった。ボナ・ローの提案によって、王は保守党の長老格の政治家ソールズバリ卿にも相談したが、彼はカーゾンを推薦した。だが、ジョージ五世は当初からボールドウィンがお気に入りだったようであり、バルフォアの推薦も王の当初からの直感を単に強めただけであったようである。王の書記翰長であるスタムフダム卿から相談を受けた者たちはカーゾンを支持したが[12]、その者たちの推薦は結果にほとんど影響を及ぼさなかったように見受けられる。

バルフォアは王に提示した意見の覚書を残している。彼はその中で次のように述べている。

王は、必然的なとまでは言わないまでも明確な手順を踏み、まず庶民院院内総務［ボールドウィン］に組閣を要請すべきである。……ボールドウィンの内閣での職務経験が比較的乏しいのに比べて、G・N・C・［カーゾン］はボールドウィンよりも年齢も経験も地位も全て彼よりもずっと上であり、ボールドウィンには、私が承知している限り、庶民院議員として格別の能力がないということは、明らかに厄介な問題である。とは言え、現在の時点では首相を貴族から選出するには明らかに次のような幾つかの問題がある。

㈠重要な内閣の職務が既に貴族によって異常な割合で占有されていること。

㈡現在の大臣たちに加えて、貴族院に属する首相を据えれば間違いなく多くの者たちから反感を買うであろうし、庶民院内総務の役職を大変困難なものにする可能性があること。

㈢（私はこれには言及しなかったが）現在の野党が貴族院に代表のいない労働党であること。[13]

バルフォアは、自分が「その見解が陛下が既に抱いている見解におそらくたいへん近いことをスタムフダムから聞いて了解していた」、と付け加えている。[14] スタムフダム卿は後にバルフォア卿に次のように語っている。

永年にわたる議会人としての経験と首相の役職での優れた経験を持つ貴下が、現在の状況ではいずれにしても首相は庶民院から選出されるべきである、というご自分の見解を確かなものにしてくれたことが、王にとっては満足のいくことなのです。[15]

しかし、貴族問題が関係する唯一の要因ではなく、カーゾンの横柄傲慢な性格という公にはとうていいえないことも王の決定においてある種の重要性を持っていた、と考えるべき根拠が幾つかある。[16] 女王の書記翰長へのインタビューに基づいた、一九五八年に出版された『女王の仕事』*The Works of Queen* の著者であるダーモット・モラは、次のように記している。ジョージ五世は、野党労働党のほとんどの議員から嫌われていたカーゾンよりも、ボールドウィンの方が政党間の関係においてはより温和な気質を保持することが見込める、という考えにたぶん影響を受けていた。（首相を貴族院から選出するのは不可能であるというその時に示された理由は、もともと、カーゾンに恥をかかせないためにスタムフダムが言い出したものだと思われている。今ではそれは憲制上の先例として援用されるようになってきているが）[17]。

貴族であることが克服し難い障害だとされる必要があるとする理由は本来なかったかも知れない。カーゾンが首相に適任だと考えられたならば、庶民院での貴族の発言を許可する立法が可決されても良かったはずである。事実、そのような立法はその前の数年間に複数の機会に提案されていた。後に触れるように、一九四〇年、戦時中の疑いもなく深刻な状況下で、ジョージ六世は、ウィンストン・チャーチルよりは、ハリファックス卿の方がチェンバレンの後継者になる可能性があると考えていた。ジョージ六世の伝記の著者はこう記している。

チェンバレンも含め、以前はハリファックス卿が首相として適任であると表明していた者たちの中で、貴族院から首相が選出されることに反対する何らかの《憲制上の》理由を見つけた者は一人もいなかった。……首相の職を引き受けることに対するハリファックスの疑念の中にも、その点は含まれていなかった[18]。

仮に、ボールドウィンが貴族院議員でカーゾンが庶民院議員であったなら、憲制上の異議はこれほど強く主張されることはなかったということも想像しえよう。

いずれにせよ、王が心をくだいたのは、新たな憲制上の原則を立てることではなく、一九二三年という特定の状況下で、どうしたら統治が行われるのかという実際的問題に対する解答を出すことだけであった。王がカーゾンを慰めようと彼を呼び出すと、この失望にうちひしがれた人物はこう尋ねた。「陛下、貴族は首相にはなれないと陛下はお考えであると了解してよろしいでしょうか」。王はこう答えた。「いや、私はそのようなことは言っていない。私の真意は、貴族が首相になるのが望ましくない状況があり、私見では、今がその状況に該たるということだ」[19]。

幾年か後、スタムフダム卿は『タイムズ』紙の記者ジェフリー・ドーソン（スタムフダム同様、カーゾン支持者だった）に対して、次のように語っている。

私の記憶するところでは、貴君は、首相を庶民院と分離することに対する反対意見を過小評価しがちだった。でも私は貴君にこう言ったな。王は首相を庶民院から任命するのはほとんど至上命令だと考えていた。もし王がそうせずに、しかもその実験が失敗に終わったなら、その、完全に王ご自身の行為であることにつき、そんなことをしたのは、世論に対して全く無知だとか無関心な証しだとして、国中挙げて王を非難するだろうから、と。[20]

これら様々な要因の相対的重要性の度合がどのようなものであれ、ジョージ五世が的確な判断を行ったことはほとんど疑いの余地がない。ボールドウィンは間違いなく保守党議員の多数の支持を獲得した。保守党委員長ジャクソン大佐はスタムフダムに対し、保守党会議が招集されていたら、「カーゾンに投票する議員は五〇人と集まらなかっただろう」、と語った。[21]また、貴族院に籍を置き、自党からの質問を免れる首相が選出されるかも知れないと考えて激怒していた労働党は、ボールドウィンが選出された正にその日に声明を出し、貴族が首相に就任したら、党は「解散に突進するあらゆる政治的手段」を行使すると宣言した。[22]カーゾンの傲慢な手法、大多数の国民の生活状況への彼の認識不足、それに尊大な言動は労働運動全体との関係を悪化させただろう。産業界における争議の際、労働問題へのカーゾンの手法は社会の転覆を招来した可能性もあった。カーゾンの最近の伝記の著者はこれを認めて、次のように述べている。

ボールドウィンはカーゾンよりも戦後の国民感情をはるかによく代表していた。……後に示すように、時代の風潮にぴったりの人物を首相に迎えられたことを国中が喜んでいた。彼は一般人の懸念に耳を傾け、労働運動に共感を寄せる、パイプをくわえてはいるがかなり普通の英国人であった。[23]

三　一九五七年と一九六三年の例

一九五七年の状況は一九二三年のそれよりもかなり楽であった。アンソニー・イーデン首相は一九五七年一月、健康上の理由で辞任せざるを得ないと悟った。首相候補は二人いて、一人は庶民院院内総務でイーデンが病気の際に暫定首相を務めたR・A・バトラー、もう一人は大蔵大臣ハロルド・マクミランであった。イーデン辞任に関し初期に書かれたものは、キルミュア卿の回顧録とハロルド・マクミランの回顧録のように、誰が彼の後継者になり得るかに関してイーデンは女王から諮問を受けなかったことを示唆している。マクミランは、イーデンが「助言を求められなかったし、自発的に助言することもなかった」、と断言している[24]。〔これに対し、〕ブレイク卿は『英国人物事典』*Dictionary of National Biography* の中で、イーデンは諮問を受けたが、「イーデンがバトラーを推薦しなかった十分な証拠がある」、と主張している[25]。しかし、イーデンの残した文書は、彼が女王から諮問を受け、実際にバトラーを推薦したことを明らかにしている。

「女王陛下は憲制の手続きに従い、後継者の選択に関する助言を求めてきた」と、イーデンは一九七〇年一一月、女王の書記翰長であるマイケル・アディーン宛のメモに記録している[26]。王室文書館は現国王〔であるエリザベス二世〕の治世に関する文書は公開していないが、〔バーミンガム大学図書館所蔵の〕エイヴォン文書には、一九五七年一月一二日、イーデンが辞任の三日後に口述したこの謁見の記録がある。それによると、

女王陛下は将来のことと、ご自分の前に立ちはだかる面倒な選択について話された。私もそれは間違いなく厄介であると申し上げた。女王は私の助言を正式にはお求めにならなかった〔イーデンは首相を辞任していたので、彼は実際には助言できる立場にはなかった〕が、私が首相であった間、私がバトラー氏に本当に世話になったこと、及び、私がジャマイカに滞在していた三週間の間に彼が困難な務めを実にうまく裁いてくれたと思っていること、を申し上げるのはお許し下された[27]。

このように、一八九四年と一九二三年の先例は、国王には辞任する首相に後継者に関する見解を尋ねる義務がないことを示しているのに対し、一九五七年の先例は、国王には辞任する首相の後継者に関する見解を受け容れる義務もないことを示している。

イーデンは後継者を選ぶ際の一助として女王が採りうる手続きについても腹案を述べている。内閣に意見を聞くよう提言したのである。そこで、キルミュア卿、大法官、ソールズバリ卿の三名が意を受けて、閣僚一人ひとりの意見を聞くことになった。内閣は、僅か一、二名の

例外はあるようであったが、マクミランをよしとしていた。女王は、唯一存命の保守党出身の首相経験者ウィンストン・チャーチルにも相談した。チャーチルは、一九五九年になってから、ウッドフォードで彼の後援会の役員たちに、「私はマクミランを推薦したが、それが功を奏したと分かりとても嬉しかった」、と打ち明けることになる。[28] 女王は、保守党政権で大臣を務めた長老格の政治家であるシャンドス卿とウェイヴァリー卿にも相談した。これら三名はそれぞれ全く独立であったが、マクミランを推薦したようである。更にまた、女王の書記翰長サー・マイケル・アディーンは保守党議員たちの意見聴取もしている。女王がマクミランを任命したのは全く不当なことだとする意見はなかったものの、任命に際して採られた方法に幾らか批判があった。あとから振り返ってみると、シャンドス卿とウェイヴァリー卿が相談に与ったのは格別の資格があってのことだとは解しがたい。このような相談プロセスがあったため、批判者たちは、この選定プロセスを、代表制に基づかない貴族的閥族によって二〇世紀後半の現実に触れることなく首相を決めることになったプロセスだと風刺することができた。

健康上の理由でハロルド・マクミランが辞任した後の一九六三年一〇月に行われた首相選定プロセスは、ことによったら、近時の国王が直面しなければならなかった選定プロセスのうちで最も複雑なものであり、また、それをめぐる議論がもとで、保守党は党首選出の手続きを設けるに至った、そういう曰くつきの首相選定プロセスであった。――ちなみに、この保守党の党首選出手続きの方は一九六五年、サー・アレック・ダグラス＝ヒューム（ヒューム卿は一九六三年に首相を引き受けた後に〔貴族身分を放棄したため〕こう名乗ることになった）が保守党党首を辞任し、エドワード・ヒースが党首に選出された時に初めて用いられた。

一九六三年の争いには三つの新しい要素があった。第一は、首相候補者が四人も出たことである。二度目の挑戦となる、いまや第一順位の国務大臣となったR・A・バトラー、枢密院議長兼科学大臣のヘイルシャム卿、外務大臣ヒューム卿、大蔵大臣レジナルド・モードリン、の面々であった。ヘイルシャム卿とヒューム卿は、この僅か三週間前に、貴族資格の放棄を認める立法が国王の裁可を受けて成立した結果、候補者になることが出来た。

第二の新しい特徴は、年次党大会の最中に首相職に空席ができて、そのため必然的に党の活動家たちがこの首相選定プロセスに引き込まれたことである。一九五七年とは違い、首相選定プロセスを主として内閣に限定することはもはや不可能になった。従って、第三に、一九二三年と一九五七年に採用されたかなり場当たり的な相談態勢に代わって、内閣での投票に加え、庶民院議員、貴族院議員、議会外のリーダー格の党員たちに対して以前よりもはるかに詳細な聞き取り調査が行われた。

この相談プロセスはハロルド・マクミランによって設けられた。彼は、保守党の新しい党首が選出された場合には直ちに首相を辞任することを既に明らかにしていた。マクミランは聞き取り調査を「慣習的相談プロセス」と呼んだが、これは何ら先例がない所での先例を意味するものであった。彼はその手続を取り仕切り、病床からそれを統括していると批判を浴びた。しかし、マクミランは、後継者をいかにして決めるべきかについて党の方針が曖昧であったことを知った後にそれを引き受けただけであり、マクミランの提案した手続は内閣から受け容れられたようにみえる。[29]

ヒューム卿が選出されたという結果は、それが当時の保守党の見解を代表していないと本気で主張することの不可能なものだった。ヒューム卿が、保守党の貴族院議員たちには人気のある候補であったこと、保守党の庶民院議員たちからも、第一順位の候補者として僅差ながらも最多票を獲得し、その後の優先順位を考慮した選択では一層の支持を集めたこと、[30]おそらく絶対多数ではないものの、同僚の大臣たちからは最も多くの票を集め、内閣から第一順位で選ばれたこと、以上のことは明らかなように思われる。実際、後継候補の本命と一般には認められていたR・A・バトラーは、マクミラン辞任四ヶ月前の一九六三年六月に、保守党平議員全てを代表する一九二二年委員会の委員長から、「連中は君を選任しないだろう」と言われていた。一九二二年委員会を研究している歴史家は、「これは、軽く受け流されることを期待して発せられた警告ではなかったのだ。実際にその通りであったのだ」、とコメントしている。[31]

マクミランがヒューム卿を気の進まない党に押し付けたことは多方面から批判された。だが、マクミランへの批判が正当かどうかは疑問である。党全体の意向に反してまでヒュームに首相のポストをもたらす手段も意志も彼には欠如していたのである。彼は、自分が一番目に推していたヘイルシャム卿を押し付けることは出来なかったし、ヒュームが党の信頼を本当に勝ち得ていなかったならば、彼を後継者に据えることはとうてい不可能であったろう。

マクミランは病院のベッドからメモを女王に送った。そのメモは明らかにヒューム卿に対する断固たる擁護を表すものであった[32]。ヒュームが選任された方法に抗議して彼の下で職務に就くことを拒否したイアン・マクラウドも、マクミランから提供された情報は「セカンド・オピニオンを求めることを検討することさえ思いつかなかったほど」決定的なものであった、と認めている[33]。マクミランはまた、敗れた候補者たちの巻返しを封ずるため、ヒュームの宮殿への召喚につき迅速に行動することを女王に求めた。マクミランの見解では、敗れた者たちは、党が彼らに不利な判断をしたということを認めようとはしていなかった。女王にメモを渡したときにはすでに辞任の過程に入っていたから、マクミランはもはや拘束力を持つ助言を行う地位にはなかった。それにもかかわらず、女王は彼の進言を受け容れることを決断し、他の誰からの推薦も求めずにヒュームに組閣を求めた。意義深いことに、ヒュームはそれを直ぐには受け容れず、組閣できるかどうかを見極めることについての許しを求めた。バトラー、ヘイルシャム、モードリンといった彼の主要なライバルたちを閣僚に任命できることになったあとで、はじめて、ヒューム卿は首尾よくいったことを報告し、首相の地位を受け容れたのである。

女王はヒュームの宮殿への召喚につき迅速に行動し過ぎたことで批判されてきた。指摘されてきたところによれば、第一に、女王はマクミラン以外の有力な保守党員たちからの推薦を求めるべきであったし、また、第二に、ヒュームが必要な支持を実際に得られるようにするために待つべきであった。確かに、憲制上、女王はより広範に相談することができた。マクミランは既に辞任することを公表していたから、憲制上、国王に対して拘束力のある助言をする立場にはなかったからである。

しかしながら、一九六三年の首相後任危機に関し女王に対しなされたこうした批判は的を射ていない。女王に渡したメモの中でマクミランが保守党の意見をねじ曲げて伝えることができたとは考えにくい。このメモは、内閣、上下両院の保守党、国民のそれぞれへの意見聴取を基にしたと明記しているが、それに基づいて、ヒュームをよしとする圧倒的な判断を示されてしまった以上、女王が別個に意見聴取を行い保守党の党内政治に女王自身が関わることは女王がなすことではなかった。保守党は明らかに分裂状態にあったが、もし、本当に分裂して、万一、女王がその闘争に関与しているように見えたならば、それは王室の立場を損ねるだけであったろう。女王は無理のない対応をしたのであって、保守党がヒュームを首相として受け容れられないというのであれば、それを明らかするのは同党自身がすべきことであった。そのような事態になれば、ヒュームは、一八八〇年のハーティントンと同様、組閣は無理だと悟って、組閣できなかったと報告せざるを得なかったであろう。そうなれば、保守党が代わりの党首を選任するのにふさわしい手続きとしていかなるものを考えようとも、女王はその選択の結果をじっと待ったであろう。

女王は完全に憲制に適った行動をとったのであるが、それにもかかわらず、ヒューム卿を選んだことは民衆に広がる気分をほとんど故意に無視するように映った。民衆は英国が経済的に大陸の他の国々に追い抜かれるのではないかとの懸念を抱くようになっていた。この欠乏感を癒すには、経済問題にもっと専門的に取組むことができ、科学技術の進歩にもっと適応性のある政治指導者が必要であると多くの者たちが考えていた。ハロルド・ウィルソンはこの時代気分を巧妙に利用したが、ヒュームを選択したことで、保守党は時代の要求とは逆行してしまったようである。実際、マクミランは、ヒュームを選択したことは誤りであり、R・A・バトラーを選んだほうが結局は賢い選択であったかもしれない、と考えるに至った。[34] 一九六三年の選任手続は権威に欠け、不和のもとのようであったし、保守党は、ウィリアム・リーズ＝モッグの言葉を借りれば、「民主主義者にならぬまま紳士であることを止めてしまった」ように見えた。[35]

従って、一九六三年以後、もっと明確な民主的な選任手続が必要であることが広く認められるようになった。どれほど公正であっても、相談によってことを運ぶことは正統とは認められなくなった。女王に問われることになったのは、誰が首相として最適かというヴィクトリア女王時代に国王に向けられた問いではなく、とどのつまり、誰が保守党の党首になるべきなのかという問いであったからである。だが、女王が任命すべき人物が保守党で最も支持を獲得している人物であるとすれば、その判断を行うのは保守党議員の方が女王よりも適任であるのに、どうして女王がその人物が誰であるかについて自らの判断力を使う必要があろうか。党首選挙の手続を採用する以前には、保守党は野党であるときには自分たちの党首を選任できるが、政権党であって党首が首相になるときにはそれが不可能であるという奇妙な立場にあった。

早くも一九四七年に、ジョージ六世の書記翰長サー・アラン・ラスルズが内閣書記官長サー・エドワード・ブリジズに宛てて次のように書いている。

私見では、政権党の党員たちが自分たちの党首にしたい人物に関して事前にはっきりと示すことは、国王の権限を失わせるというよりも、国王による賢明な統治の助けになることです。議会の支持を集めることの出来ない人物を国王が召喚しても無駄であることは前々から明らかでした。従って、誰が議会の支持を集められるかについて国王が明白な証拠を手に入れることができるのであれば、その方が好ましいのです。……本当は、当該政党が新しい党首を明確かつ公然と選定する方が、より好ましく、より権威のあるやり方でありましょう。[36]

かかる理由から、一九六三年が、国王が「慣習的相談手続」によって首相を任命することを求められた最後の機会になったのである。

四　一九一六年と一九四〇年の例

一九一六年、一九三一年、一九四〇年には、国王は挙国一致の連立政権を指導するに最適と考えた人物を首相に任命した。一九一六年と一九三一年には、バッキンガム宮殿での政党間会議を用いてその選考が行われた。一九四〇年には、それとは対照的に、辞任が決まっていたネヴィル・チェンバレンが自ら乗り出し、チェンバレンに代わる二人の首相候補ウィンストン・チャーチル及びハリファックス卿と、デイヴィッド・マージソン院内幹事長とが会見するよう取り計らった。王に明確な推挙を行うことができるようにするためであった。

一九〇八年から一九一五年まで自由党政権の首相を務

め、一九一五年以後も連立政権の首相であったH・H・アスキスは、一九一六年一二月、議会からの支持を失いかけているとの理由で辞任した。一九一六年までには既に保守党が庶民院における最大多数政党になっていたが、絶対多数は獲得できずにいた。戦時中、少数派内閣では国に必要な強い力を与えることはできそうになかったので、明らかに何らかのかたちの新たな連立政権が組織されなければならなかった。ジョージ五世は手始めに保守党党首ボナ・ローを呼び、組閣するよう求めた。ボナ・ローは友人たちと相談すると明言したが、首尾よくいきそうもないと思っていた。議会を解散することができれば見込みもあるかもしれなかった。しかし、王は戦時下での総選挙に価値を認めず、ボナ・ローが唯一の首相候補であったにもかかわらず、彼に解散を認許することを《請け合う》ことはできないと示唆した。(37)

ボナ・ローは仲間と相談をした後で王のもとに戻り、組閣は不可能だと打ち明けた。仮に総選挙が不可能ならば、新首相の選任にはいかにすれば正統性が与えられるのか、また、どのようにしたら戦時中の合意を形成できるのか、といった問題が持ち上がった。政党間会議という手段が提案された。提案したのは、アスキスとロウズバリの両名を除けば唯一存命の首相経験者A・J・バルフォアと、戦時中の連立政権での彼の同僚、アーサー・ヘンダーソン労働党党首であった。王の書記翰長スタムフダム卿は当初これには懐疑的であったが、最終的には納得し、王はバッキンガム宮殿会議を召集した。アスキス、ボナ・ロー、ヘンダーソンの三党の党首、首相候補の一人であるロイド・ジョージ、それに広く尊敬を集めていた長老政治家バルフォアが出席した。

会議の目的は可能な限り広範な支持を集められる政権を考え出すことにあった。〔会議では、〕新政権にはリヴァプール卿以来誰よりも長く政権を維持してきたアスキスが含まれることが期待された。アスキスには広い基盤を有する政権をもう一度作ることは出来ないことで大方の意見が一致していたが、ボナ・ローの率いる政権に加わる気がアスキスにあれば、ボナ・ローが首相に任命されるべきだと考えられた。しかし、アスキスがボナ・ローの率いる政権に加わることを嫌がった場合には、この保守党党首は最終的には組閣の試みを断念して、ロイド・ジョージが組閣を試みることになるだろうとの意見になった。結局、アスキスが従属的地位に甘んじることを拒絶し、ロイド・ジョージが連立政権の首相となり、アスキスと彼の支持者たちは下野した。

一九一六年には、こうした会議の方法をとったことにより、新たな組閣可能性を模索することが可能になり、分裂と混乱を最小限に留めたまま新首相を任命することができた。王は、この状況下では戦争を効果的に遂行する上で最も相応しい政権であるロイド・ジョージ政権の成立にあたり、貴重な促進役となった。かくして、一九一六年の会議は、「深刻な憲制上の緊張状態、もしくは国家の危機の際に連立政権を作る場合の貴重な先例を提供した[38]」。

一九四〇年の首相任命も一政党の単独政権から連立政権への移行を伴うものであったが、その任命方法は別の方法で行われた。それは任命結果に対する王の一切の影響力行使を排除するものであった。一九四〇年五月八日、〔失敗した〕ノルウェー方面作戦に関する休会動議の討論が行われ、その結果、通常は二四〇議席前後あった保守党政権の多数派が八一議席にまで落ち込んだ。ネヴィル・チェンバレン首相は連立政権下でのみ戦争を効果的に遂行することが可能であるとの認識を示した。しかし彼は、野党労働党と自由党が自分の下で職務を遂行することを嫌がるのではないかということも認識していた。こうした事態の中で、連立政権を率いることの出来る替わりの首相が必要になった。海軍大臣ウィンストン・チャーチルと外務大臣ハリファックス卿という、誰の目にも明らかな候補が二人存在した。

通常通り事が進めば、首相は王に辞任の可能性があることを告げ、求められれば後継者を推挙するということも予想され得たところである。一九五七年にイーデンが行うことになったように、後継者を見つけることのできそうな手続きも提案したかも知れない。あるいは、王は、スタムフダムが一九二三年に行ったように、誰が最も首相としてふさわしいのかを指摘するために書記翰長に探りを入れさせたかも知れない。

ところが、チェンバレンは後継者につき合意ができあがるまで宮殿を訪れなかった。彼はチャーチル、ハリファックス卿、それに保守党院内幹事長デイヴィッド・マージソンを五月九日の会議に招集した。庶民院での総意はハリファックスに傾いているようであった。もっとも、英国が直面している危険な状況を議員たちが認識するようになるにつれて、チャーチル寄りの姿勢も一部に見られた。しかしながら、両大戦の間にはチャーチルに対する不信感が幅広く存在していた。その原因は、彼の無軌道な政治判断、わけても、インド自治政府に対する彼の敵意と、エドワード八世の退位が避け難いとほとんどの政治家が認識したかなり後になっても王への支持を表明していたことにあった。おまけに、彼は一九二六年のゼネストの際に見せた戦闘的態度のため、労働運動の敵と目されていた。アトリーやダルトンといった労働運動の指導者たちは間違いなくハリファックスの方がよいと思っていた[39]。自らがハリファックス支持であったマージソンによると、庶民院もハリファックス支持であり、チェンバレンもハリファックスを気に入っているようであった[40]。しかし、ハリファックスは、このような危機の時代には貴族が首相の職を保持することはできないと述べ、首相の職を固辞した。他の誰もそのことが支障になるとは考えなかったようであるし、貴族が首相になることに憲制上の異議を唱える党首は誰一人としていなかった。皮肉なことに、ハリファックスは、自分が庶民院議員であった一九一九年に、貴族身分の放棄を定めた法案の廃案の動議を自ら提出していたのだった[41]。

五月一〇日、上記の重大な会議の翌日、チェンバレンは王のもとに赴き、自分とは別の首相の場合のみ労働党は政権に参加すると報告した。つまり彼は辞任を申し出た。次に起こったことは王自身が述べている。

私たちは彼の後継者について非公式に話をした。もちろん、私はハリファックスはどうかと言ったが、チェンバレンは、ハリファックスは貴族院にいるので、実際的な仕事の一切が行われている庶民院では影か亡霊のような役割しか果たし得ないから、乗り気になっていないと私に言った。私はこの言葉にがっかりしてしまった。ハリファックスはひときわ目立つ人物であるし、彼の貴族身分は当分の間棚上げにすることも可能であると思っていたからだ。そうなると、私が組閣をするように呼び寄せることのできる国民の信頼厚い人物は一人しかいないことを悟った。それはウィンストン［・チャーチル］だった[42]。

王も、チャーチルの政治姿勢が一九四〇年以前には無軌道であったという一般的見解を共有していたが、それに加えて彼に疑念を抱く個人的理由があった。それは、チャーチルをかつてエドワード八世であった現ウィンザー公爵の一党だとどうしても考えざるを得なかったからである。ジョージ六世は前エドワード八世を王位の安定にとっての絶えざる脅威であると考えていた。しかし、チェンバレンの推薦があったことと、そこに至るのに用いられた方法のため、王には選択肢がなくなってしまった。彼はチャーチルを召喚する以外にすべがなかった。

必然的に国王の裁量を制限する結果をもたらす行為をとったことにつき、チェンバレンにはどんな申し開きができたのであろうか。たしかに彼は後任についての推挙は全く切り出さなかった。実際、彼はまだ、他の全ての党をはるかに凌ぐ絶対多数を占める保守党の党首であったから、彼には相談手続を設ける幾ばくかの権威はあったかもしれない。この点で、彼は一九一六年のアスキスとは立場が全く違う。アスキスの自由党は庶民院で絶対多数を占めてはいなかったし、党内の有力な一派から絶縁されかけていたからである。とは言え、このたびは、空席となったのは首相職であって、保守党党首の椅子ではなかった。チェンバレンは一九四〇年一〇月に健康上の理由で辞職を余儀なくされるまで、依然党首の地位にあったからである。

チェンバレンがハリファックスを気に入っていたということはなく、彼はチャーチルが自分の後を継ぐことを望んでいたが、その選択が公になることを望まなかったのだ、とうわさされてきた。しかし、これは余りにもマキャベリ的な説明に過ぎよう。最も単純な説明が最善なのではあるまいか。チェンバレンは経験のない新国王を苦境から救いたいと願い、また、迅速な決断が必要とされ、首相の空席期間がたとえ数日間であっても惨禍をもたらすかも知れない時期に、時間を節約したかったのだという説明である。果たせるかな、ヒトラーは五月一〇日、フランス、ベルギー、オランダに侵攻を開始した。チェンバレン、チャーチル、ハリファックス、マージソンの間で運命的な会議が行われた数時間後のことであった。そして、チャーチルが首相に任命されたのは、西部戦線で戦闘が始まった正にその日のことであった。

チャーチルは自分が首相の職につけたのは誰のお陰かよく解っていた。一九四〇年七月二六日、彼は『マンチェスター・ガーディアン』の記者W・P・クロージアに対してこう言った。「私はチェンバレンに借りがある。彼は辞職の際に、王にハリファックスを召喚するように助言することもできたのだが、彼はそうはしなかった」[43]。

五　一九三一年の例

一九三一年の挙国一致内閣の成立に至った過程は、国王がかかわりをもった三つの連立政権の中で最も議論を呼んだものであるから、一層詳細に検討するに値する。

一九三一年八月、労働党政権内での亀裂から危機が生じた。争点となったのは、失業給付の削減が経済縮小計画の一部になり得るのかどうかという問題であった。経済縮小計画はポンドからの逃避をくい止め、金本位制における英国の地位を維持するために必要であった。労働党政権は庶民院では少数派政権であり、従って、もし同政権が自分たちの提案する総合経済政策案の承認を確保しようとするなら、自由党か保守党のいずれかの庶民院議員たちからの支持が必要であった。大多数の政治家たちは、一般大衆とともに、英国がもし金本位制からの離脱を強いられる事態になれば、恐るべき経済的帰結が生ずるであろうと考えていた。死活的な諸決定が下された日々には、恐慌状態やヒステリーさながらの状況にあった。それ故、主役たちが静かな超然とした態度でとるべき道を検討していたとは想像することができない。

労働党に属する首相、ラムゼイ・マクドナルドは一九三一年八月中ずっと、総合経済政策案への合意を同僚たちから取り付けようと懸命に努力していた。しかし、八月二三日の日曜日までには、合意が見込めないことが明白になってきていた。王は夜行列車でバルモラル御用邸から戻り、午前一〇時三〇分にマクドナルドと面会した。王に対しマクドナルドは次のように話したと、彼の日記に記録されている。

今晩を過ぎると、私は全く用済みになるかも知れないし、そうなれば内閣総辞職をしなければならなくなる〔と申し上げた〕。王は私がヘンダーソン〔労働党第二の指導的立場の人物で、提案された失業給付の削減に反対していた内閣のメンバーの一人〕を召喚するように自分に助言するのかどうかを尋ねられた。私が「いいえ」とお答えすると、王はそれを聞いて安心したと言われた。そのかわり、私は他の二党の党首を召喚され、彼らの立場から意見を述べてもらうように助言した。王はそうしようと言われ、二人に私を強力にサポートするよう助言しようと言われた。私はもし誰かが辞任した場合の自分の議会における絶望的な立場についてご説明した。王は国難を打開してくれるのは私だけだと考えていると言われた。私は、もし自分の考えが王と同じなら、私は自分の進退を考えるべきではないのだが、しかし私の考えは王と同じではないと申し上げた。[44]

この会見の中で、王は自分がマクドナルドの辞任を受け入れたくないと思っていることを明らかにした。それどころか、王は、マクドナルドが、「もし誰かが辞任した場合の自分の議会における絶望的立場」に言及することによって、彼が党全体を率いて経済縮小を断行することはまずできないだろうとほのめかしたにもかかわらず、彼を強く慰留したのであった。

王は、マクドナルドの助言に基づいて行動し、次いで、残りの党首たちに相談した。もっとも、保守党党首スタンリー・ボールドウィンの所在は〔当初〕つかめなかったし、自由党党首ロイド・ジョージの方は、危機の間、病気により動けなかった。そこで、王は次に自由党党首代行サー・ハーバート・サミュエルと会った。サミュエルは、もしマクドナルドが自分の内閣を維持できないことが明らかとなったなら、「もしもマクドナルドが十分な数の同僚たちの支持を得ることができないと判断しない限り」、この難局の最善の打開策は〔マクドナルドを首班とする〕挙国一致内閣であろう、と進言した。[45]

サミュエルに続いてボールドウィンが、野党党首たる自分が組閣を命じられるのでないかと想像しながら宮殿に到着した。ところが、彼は王から、マクドナルドの下で挙国一致内閣内での職務を果たす心積もりがあるのかどうかと尋ねられた。この国王からの問いかけに対して、この愛国心をもった保守党員が口に出来る答えはただ一つであった。ボールドウィンは、この王との会見の前夜に、腹心のネヴィル・チェンバレンに対し、「挙国一致内閣に加わらねばならなくなるようなことがないことを願い祈っている」と語っていたのであったが。[46]

挙国一致内閣を示唆するかたちで、王は、国が直面した深刻な経済危機に対する打開策を提供すべく自らの大権を利用していたのだった。王が会った三党の党首たちの中で、サミュエル一人だけが挙国一致内閣に賛成したが、それはマクドナルドがその支持者のほとんどを自らと一緒に政権に参加させる場合に限るという条件付きであった。

挙国一致内閣の考えは前年のかなりの期間、政界で広く議論された[47]。王の書記翰長スタムフダムは一九三一年に死去するまでその考えを支持した。彼は一九三〇年一二月、その考えの有力な提唱者の一人に宛てて、「ご努力が実られんことを願っています」と書き送った[48]。スタムフダムの後任のサー・クライヴ・ウィグラムもこの考えを支持した。彼は一九三一年八月初め、駐独英国大使サー・ホリス・ランボールドに宛てて、「私たちが求めているのは国家非常事態内閣ですが、私が面会した者たちのいずれも、どうしたらその内閣を組織できるかについては意見の一致をみませんでした」と書き送っている[49]。その三週間前、ウィグラムは王に対して次のように警告している。

もしドイツで暴落が起きれば、戦争勃発時のような金融状況に陥り、全面的な支払い猶予への要求が起こるでしょう。少数派政権ではその状況に対処することはほとんど不可能で、陛下が挙国一致内閣をご承認になるように求められることは大いにありえます[50]。

このように、経済的緊急事態に対処するための挙国一致内閣という考えは宮殿内の諸サークルでは既に抱かれていたから、八月下旬の事件によってそれが必要だと思われるようになるよりもずっと前に、王の頭の中にはっきりとその考えは植え込まれていたに違いない。

マクドナルド率いる挙国一致内閣は、わずかに三党党首のうちサミュエル一人だけが、それも条件をつけて支持した選択に過ぎなかったようだが、ボールドウィンとサミュエルと会見した後では、王には、二人とも、そうした内閣で職務を遂行する心構えができていることが分かっていた。

しかし、マクドナルドの辞任の決意は固いように見えた。歳出削減への合意達成が不可能であることが明らかになった日曜日の閣議の後、マクドナルドはダウニング街を出て宮殿に赴く際に、イングランド銀行副総裁サー・アーネスト・ハーヴィーに対し、「宮殿に行って、首相の職を降りるつもりだと伝えてくる」と言った[51]。マクドナルドは王に対し、「内閣総辞職を申し出る以外に術は全くございません」と述べた。しかし、王は、国を率いてこの危機を打開することができるのは彼だけであることを肝に銘じさせ、彼がこの状況を再検討することを希望した。陛下は、国の金融を安定させて外国人からの信頼を回復することにおいて、保守党も自由党も彼を支持するであろうと彼に言った。首相は王に対し、午前中にボールドウィンとサミュエルと自分とが協議できるかどうかを尋ねた。陛下は進んでその求めに応じた[52]。

八月二四日月曜日午前中に開催されたバッキンガム宮殿会議の席上、王は三党党首に対し、マクドナルドの下で挙国一致内閣を組織するよう事実上の指示を与えた。書記翰長のメモによると、

午前一〇時、王はバッキンガム宮殿で会議を催した。首相とボールドウィン、およびサミュエルが出席した。冒頭、王は彼らに対し、彼らが宮殿を出る前に、英国と世界の不安を除く何らかの声明を出さなければならないと強調した。首相は、内閣の辞表は自分のポケットに入っていると言ったが、王は、首相辞任の問題は全くあり得ないと確信している、三党の党首たちが力を合わせて、何らかの合意に達するに違いない、と応じた。陛下は首相が、依然として彼に忠実な同僚と共に、挙国一致内閣の成立に力を貸すよう希望した。王はその内閣が保守党と自由党のどちらからも支持されるものと確信していた。王は首相に向かって、首相の職に留まれば、このような危機の際に国の内閣を放棄するよりも彼の地位と名声ははるかに高まるであろうと断言した[53]。

この挙国一致内閣成立に王が果たした役割は、一般に考えられるよりもはるかに大きかった。王は一九一六年のような単なる新政権の促進役であったのではなく、煽り役でもあったのである。王は、自分がマクドナルドの辞任を望まないことを計三度彼に明言している。即ち、「彼ら〔他の二党の党首〕に彼をサポートするように助言する」とマクドナルドに言った八月二三日日曜日の午前、国を率いて危機を打開することができるのは彼だけであることを肝に銘じさせた同日の晩の閣議後、及びバッキンガム宮殿会議の席上である。これら三度の機会のいずれか一度でも、王がマクドナルドの辞任をあっさり承認していたとしたら、挙国一致内閣は成立しなかったか、

成立したとしても、マクドナルドが先頭に立つことはなかったであろう。

しかし、挙国一致内閣は極めて異例なかたちの連立政権であった。サー・クライヴ・ウィグラムのメモの言葉を用いれば、それは、

> 英国の信用と外国からの信頼を再び回復することになる一つまたは複数の緊急事態法案が議会によって可決されるまでの国家非常事態内閣〔である〕。それが済んだなら、この内閣は、陛下が議会の解散を認許されることを求めることになろう。王はその方針に同意している。選挙の間、挙国一致内閣は依然として存続することになる。だが、もちろん各々の党はそれぞれの路線で選挙戦を戦うことになる。[54]

興味深いことに、王は、ボナ・ローが戦時中の一九一六年に組閣しようとしていた時には彼に与えるのを拒んだものを[55]、マクドナルドの挙国一致内閣には与えたのであった。解散の約束がそれである。明らかに、その理由は挙国一致内閣が暫定的な緊急事態内閣、サミュエル・ホアーの言う「緊急時の公安委員会」[56]、と見なされており、ひとたび現下の嵐が過ぎ去ってしまえば政党内閣に復帰するということにあった。挙国一致内閣が組まれる条件は、バッキンガム宮殿会議で王が退席した後でサー・ハーバート・サミュエルが記した次の覚書にかなり詳細に記されている。

> 一・挙国一致内閣は現在の金融危機に対処するために組織される。
>
> 二・それは通常の言葉の意味における連立ではなく、個々人の協調態勢である。
>
> 三・危機を処理し了えたときには、内閣の任務は終了したことになり、諸政党も通常の立場に戻る。
>
> 四・この内閣が終わった後に行われるであろう選挙は、内閣ではなく政党同士によって闘われる。[57]

八月二四日昼の一二時、マクドナルドが挙国一致内閣を率いることに同意したバッキンガム宮殿会議終了のすぐ後に開催された労働党内閣最後の閣議で、首相たる彼は次のように表明した。

> この提案は、陛下が個々の者たちを、政権運営の負担をその双肩に担う個人として招聘するというものであり、ボールドウィン氏もサミュエル《〔ママ〕》氏もそのように振る舞う積もりであると言っている。……こ

の内閣はこの緊急事態を処理するのに必要な期間を超えて存続することはないし、その目的が達成され次第、各政党はそれぞれの立場に復帰する。この内閣は通常の意味での連立内閣ではなく、このただ一つの目的のために協調する内閣である[58]。

緊急事態の終焉後の総選挙では、「公認状」、協定、その他の政党間の取極めも一切ない。同じ日に閣外大臣に宛てた手紙の中で、マクドナルドは次のように繰り返し述べている。

組織された政権は連立ではなく、災厄を回避するために団結した各個人の協調態勢である。そこに政党は巻き込まれておらず、国が平衡を取り戻すとすぐこの内閣は存在しなくなる[59]。

それゆえ、この内閣は通常のタイプの連立内閣ではなく、国家非常事態に対処するという特定の目的のために作られた「個々人の協調態勢」であり、それが済んだら解消することになっていた。だが、政党政治の時代にこのような内閣は憲制上妥当なものであったろうか。

少なくとも一八七〇年代以降、議会制内閣は政党内閣を意味し、諸政党が内閣の職務を遂行する状況下でしか運営できないものだということは既に明白になっていた。「全ての才能を結集した内閣」、個々人からなる内閣、という考えは一八世紀の往時を思い起こさせる。当時は、国王が「王の友」の内閣を任命することが出来た。一九三一年の王の行動を批判したある人物はこう述べている。「ビュート卿がジョージ三世の個人的選択であったように、マクドナルド氏もジョージ五世の個人的選択であった。彼はその職にある間、政党からの支持によって煩わされなかった近現代でただ一人の首相である[60]」。

マクドナルドは、労働党の相当数の者たち、ことによると過半数の者たちが、挙国一致内閣を組織するという自分の行動を支持しないと見抜いていたと思われる。果たせるかな、彼を支持したのは七人の大臣たちと八人の平議員たちだけであった。かなりの数の自由党議員の支持を獲得した一九一六年のロイド・ジョージとは違い、マクドナルドには通常のタイプの連立内閣を組織できるだけの政治的基盤がなかった。それゆえ、なぜ彼が首相候補になったのかといえば、国を救えるのは彼しかいないという、それに共感する者は余り多くはいなかったであろう政治的判断を王がたまたま下したということ以外には、その理由を理解することは困難なのである。マクドナルドが自分の党の支持を獲得出来なかったときにも首相の座に留まるべきであるのかどうかという疑問は、ボールドウィンも発することができたであろう。彼がその疑問を口に出さなかった理由は、王が、マクドナルド率いる挙国一致内閣を承認するようボールドウィンに強く迫っていたからではなかろうか。

従って、一九三一年に起きたことは、民主政の下で近代的内閣を組織する上で政党が果たす緊要な役割を無視したが故に憲制上疑問であったということができる。王の行動の弁護論は、王は緊急の必要があると見た事態、すなわち、通貨の急激な暴落を引き起こすと王をはじめとしてほとんど誰もが考えた国家非常事態、のもとで行動したというものである。

挙国一致内閣は限られた期間に限り、通貨の保護という特定の目的のために組織されたものであった。挙国一致内閣を設ける際の合意条項は、通貨がいったん持ち直した場合には、伝統的な政党間の闘いに立ち戻ると規定している。いかなる状況があろうとも、挙国一致内閣は総選挙を内閣として戦うものではなかった。

しかし、この合意はすぐに忘れ去られた。第一に、労働党はマクドナルドも含め挙国一致内閣に仕える者たちをすべて放逐してしまった。そこでマクドナルドは政党なきリーダーとなったのである。彼が労働党に戻るのは不可能であった。第二に、挙国一致内閣は組織されてから一ヶ月も経たぬうちに金本位制から離脱することを余儀なくされてしまった。第三に、挙国一致陣営の者たち、特に内閣の中で抜きん出て優勢であった保守党員たちが、歳出を削減することに対し、労働党が反対したことを愛国的でないと考えるようになった。労働党は政権についていたときはその削減の多くを支持していたのであった。保守党は新内閣が民衆の信任を受けられる総選挙を要求した。

挙国一致内閣がそれぞれの政党の路線ではなく内閣一丸となって選挙を戦うのは、明らかに組閣の時になされた約束を破るものであった。その合意形成を後押しした王はこの合意の保証人であると考えられていたかもしれない。王が党首たちにそのことを思い出させるということも考えられるところであった。ところが、そうする代わりに、王は挙国一致内閣の存続が国の最高の利益になるという見解をとった。九月二九日、マクドナルドが王に対し、自分は同僚たちを結束させる共通理念を見つけ出すのに苦労していると話すと、ジョージ五世は、

国を救わなければならないし、誠実な志を持った全ての政治家をこの目的に向かって団結させなければならない、党の相違は不問に付すべきである。もし社会主義政権が誕生して、選挙民に対する途方もない約束を実行すれば、この国はおしまいである、と首相に力説した。王は、首相が国を救い得る唯一の人物であると確信しており、陛下自身が首相を支える覚悟であった。……王は一貫して選挙に賛成であったので、その場を離れる時には首相は一層勇ましくなり、総選挙が必要であるという自らの信念を更に堅固にしたように見受けられた。[61]

また王はサー・ハーバート・サミュエルと会い、選挙を支援するように強く迫った。しかし、王は「彼の態度は一切の挙国アピールに反対するもので有害なものだ」と知った。[62] 一〇月三日、「王は首相に次のように言われた。首相はなんとしても自分で解決策を見つけ出さなければならず、陛下自身は辞表を受け取ることは拒否する。首相は忍耐強くあらねばならず、自分こそが現在の混沌たる情勢に挑むことの出来る唯一の人物であると肝に銘じなければならない、と」[63]。首相の辞任を拒否すると王が表明したのはこれで四度目であった。

王は、組閣の基礎となった合意の文言と精神を破った状態で解散を認許した。王はこの合意を維持する特別な責任があったと言えるかも知れない。というのも、英国のように典範化された憲制〔＝憲法典〕が存在しない国では、時の内閣の意向を越え、それに上位する照会機関《レファレンス・ポイント》、《中立権《プーヴォワ・ヌトル》》は存在しないからである。従って、合意を守ることができたのは王だけであった。王はそれをしなかった。

それに続く総選挙では、挙国一致政権は、五五四議席、投票総数の六七パーセントという、英国政治史上最大多数の庶民院議席を獲得した。一方、野党労働党は五二議席のみで、投票総数の三一パーセントを占めたに過ぎなかった。総選挙は、挙国一致内閣に反対するのは「愛国的でない」という認識が存在し続けた極度に情緒的な雰囲気の中で戦われた。八月に挙国一致内閣を組織するのに助力した王の行動を擁護するのに必要であるとの理由

でこの選挙が正当化されたのである限り、挙国一致内閣を非難することは王を非難することにも等しいと見られたのだ、と言ってもよいだろう。

王の行為が憲制に適っていたかどうかを問うてみても詮無いことかも知れない。典範化された憲制のない国では、明確な答えを出すのはほとんど不可能である。しかし、それに一つの答えを出すとすれば、その方法は一九三一年の王の諸々の行動が今日繰り返すことのできる先例になったのかどうかを検討することであろう。明らかに、その答えは、今日繰り返すことはできない、というものである。労働党は一九三一年ほど消極的な反応はしないであろう。一九三一年には、不満は、主として知的左翼、なかんずくサー・スタフォード・クリプスやハロルド・ラスキたちが集中的に表明していた。一九三一年の事件は絶対多数党不在議会と少数内閣が大規模な経済危機に直面したという二つの状況の中から生じてきた。その状況は小説『シビル』*Sybil* におけるディズレイリの次のような含蓄ある評言のもつ真実を例証している。「諸政党が現在のような拮抗状態にある場合には、国王はもはや単なるお飾りではないのだ」[64]。

第五章　憲制の危機三例

一　貴族院と議会法案

一九〇九年に貴族院がロイド・ジョージの「人民予算」を否決したことによって引き起こされた憲制上の危機は、それまで合意のあった憲制のガイドラインが受け入れられなくなったという状況のもとで国王の果たす役割がどのようなものであるかを示す例である。エドワード七世もジョージ五世も、政府提出法案を確実に成立させるために多数の貴族を新たに作り出すようにという要求を政府から突きつけられた。ジョージ五世は、自分ではもっとましなやり方があると思いながらも、そうした自分の判断を抑えて、その説得を聞き入れ、一定の事態に至った場合にはという仮定の上に立った了解に達した。もしも政府が二回目の総選挙に勝利し、しかもなお貴族院が譲らないならば、そのときは王は実際に貴族創出に同意する、という了解であった。この危機は、一八三二年の選挙法改正法以来最も難しい問題を君主政につきつけた。

一九〇九年一一月に貴族院は第二読会でロイド・ジョージの「人民予算」を三五〇対七五で否決した。当時は貴族院の権限は議会制定法に制限されていなかったし、同院では保守党支持者が大多数を占めていたのである。この予算案はその前に庶民院の第三読会で三七九対一四九で可決されていたものであった。自由党出身の首相、H・H・アスキスは、ただちに議会の解散をはかり、貴族院の行為は「憲制の侵犯であり庶民院の諸権利を簒奪するもの」である旨の決議案を庶民院に提出した。[1]

これに続く一九一〇年一月の総選挙で、自由党は一〇四議席を保守党に奪われ、それまでの庶民院での絶対多数の地位を失った。選挙結果は次の通りであった。
自由党　二七五議席　アイルランド国民党　八二議席
保守党　二七三議席　労働党　四〇議席
このように、自由党は保守党より二議席多かったが、絶対多数を占めるにはアイルランド国民党と労働党に頼らなければならないことになったのである。
保守党は、この予算が総選挙で選挙民に支持されていたことを認め、その結果、同予算は一九一〇年四月に貴族院で可決された。だが、自由党は、貴族院がこれ以上過ちを侵すことのないようにその権限を制限しようとはかった。選挙戦最中の一九〇九年一二月一〇日にアスキスはこう宣言した。「立法上の便宜とこの進歩の党の名誉のために必要だと経験が教える安全装置《セイフガード》を我々が確保できなければ、我々は政権に就くことができず、政権を掌握することができないことになる」、と。[2]
かかる「安全装置」を確保する唯一の方策は、貴族院の絶対的拒否権を制限する法案を通すことだった。だが、この法案には貴族院自体の同意が必要であるのに、それがなされる見込みは極めて乏しかった。おまけに、庶民院と違って貴族院は解散することができない。貴族院に自らの権限を制限する法案を通すことを認めさせる途は一つしかなかった。圧倒的多数の保守党支持派を覆すに十分な数の自由党支持派の貴族によって貴族院を水増しするか、水増しするぞと脅すことである。それはつまり、王に、自らの大権を使って大量の貴族を創出するとの脅しをかけるよう求めねばならないということになる。こうした大権の行使には先例があった。一八三二年にウイリアム四世が、選挙法改正法案の通過に必要ならば貴族を創出するということに不承不承ながら同意したことがあったからだ。その時は結局、貴族の創出は必要でなかったので、実際に貴族が創出されたのは一七一二年だけである。その時にはアン女王がユトレヒト条約の議会による批准を確保するために一二名の貴族〔貴族院議員〕を実際に創出していた。
エドワード七世は貴族を創出することを拒否した。王は、一九〇九年一二月一五日、その書記翰長であるノウルズ卿を通じて、アスキスに対し、自分は「政府の方針は貴族院の解体に等しい」[3]と考えており、従って、二度目の総選挙の後でなければ貴族の創出は正当化されないと思っている、と伝えた。来る総選挙では人民予算に対し選挙民の支持が表明されるかも知れないが、万一、貴族院を水増しすることに対し選挙民の支持が表明されるべきならば、再度の総選挙が必要であるというのが王の考えであった。その上、王の考えでは、いずれの議院でも承認はおろか付託さえされていない懲罰的立法に関して自分が何らかの約束をすることは正当化されないことであった。そこで、アスキスは、一九一〇年一月の総選挙の直後に、自分は求めていた「安全装置」を確保していないと告白することを余儀なくされた。一九一〇年二月二一日の庶民院での演説で、首相は、それ以降、彼の頭から離れなくなる言葉を用いて、次のように言明した。

> 　これまで一度も庶民院に付託されたこともなく、庶民院によって承認されたこともない法案に関して、国王大権の不特定な行使を認める白地権限を前もって求めるなどということは、私の見るところ、憲制を重んじるまともな政治家《ステイツマン》のよくなし得る要求ではないし、そのような認許を国王が与えることは全く期待できない[4]。

　しかし、アスキスを支持する自由党員とアイルランド国民党員は、貴族院改革の問題を放置しようとはしなかった。アイルランド国民党員は貴族院の絶対的拒否権の除去に自由党員以上に熱心であった。アイルランド自治の成立を確実にするためであった。貴族院はその成立を一八九三年に阻止しており、再度阻止することが予想し得たのである。そうしたことから、一九一〇年四月に、アスキスは、議会法案を庶民院に提出した。この法案の規定では、予算を伴う金銭法案《マネー・ビル》についての貴族院の拒否権が完全に除去される一方、その他の法案に対する拒否権は単に停止的なものとなる。予算を伴わない非金銭法案は、たとえ貴族院で反対されても、それに続く三つの会期で〔庶民院で三度〕可決されたならば法律となると規定されていたのである。それと同時に、一議会の存続期間はそれまでの最長七年から五年に短縮された。首相は、万一この法案が貴族院で否決されることになったなら、自分は二度目の解散を模索するが、「我々が解散を進言するのは、選挙で表明された国民の判断が新しい議会で法律に盛り込まれることが確実となったような状況の場合に限る」と言明した[5]。

　この発言の含意するところは、もし政府が総選挙に勝利したならば、議会法案の成立を確実にするのに十分な数の貴族〔院議員〕の創出に同意することを、国王は、その選挙に先立って約束するように求められる、というものであった。

　このアスキスの庶民院に向けた演説からちょうど三週間後にエドワード七世は死去し、ジョージ五世が後を継いだ。新しい王に敬意を表して、職業政治家たちは自分たちの憲制をめぐる闘いを棚上げにし、立場の違いを合意によって解決するために憲制協議会《コンスティテューショナル・カンファレンス》を開くことで合意した。だが、一九一〇年一一月までには合意には達しないことが明らかとなり、状況は、エドワード五世死去前に戻った。

　まさにこの時点で、アスキスは新しい王が「条件つき保証」と呼び、首相自身が仮定の上に立った了解に他ならないとみなした要求を提示した。アスキスが求めたのは、政府が選挙に勝利しても保守党支持の貴族院議員が屈服しなかったときには、議会法案を成立させるのに十分な数の貴族を創出することが確実となるように大権を行使することを王が約束する、というものであった。王自身の見解は、自分は大臣たちの助言に基づいて行為するが、自分が、仮定の上に立って約束を与えたならば、自由党の選挙綱領に肩入れすることで、自分の中立性を損なうことになる、というものであった。当然ながら、次の総選挙で自由党が敗北することは十分有り得ることだった。その場合に、もしも保守党が王が行った誓約を知ったなら、彼らは、王が自分たちとは逆の側に肩入れしていたと思うかもしれない。明らかに、正しい段取りは、大権の行使を必要とする状況が実際に起こるまで待って、それから、状況を見て、通常の手順どおり、大臣たちの助言に導かれながら自分が、大権的諸権限を行使すべきかを判断する、というものである。これが王自身の見解であった。

　だが、アスキス内閣の閣僚たちは、この見解を受け入れることができなかった。その理由は、一つには、四月の首相演説によって、閣僚たちは、「安全装置」について言質を与えており、大臣たちは、自分たちがその安全装置を確保できなければ面子が立たないと思っていたからである。だが、その他にも、大臣たちは王を信頼しておらず、王が自分たちに有利になるように大権を行使するとは思っていなかったという理由もある。王は、プリンス・オヴ・ウェイルズであった時に、アスキスとロイド・

ジョージについて不注意な評言を行っていたのであった。[6]

王の書記翰長であるノウルズ卿とサー・アーサー・ビグ、即ちのちのスタムフダム卿の両名の間では、王の正しい振舞い方について意見が一致していなかった。ノウルズは自由党支持者であり、政府の助言は受け入れられるべきだと思っていた。たとえ彼が王の父君であるエドワード七世に対しては、この保証の要請は、「イングランドが立憲君主政となってからこの方最大の脱線《アウトレイジ》」であり、このような要請は受け入れるよりも辞退した方がいいと言っていたとしても、そう思っていたのだった。[7]他方ビグは保守党支持者であり、国王は仮定の上に立った約束は拒むべきだと思っていた。

ノウルズは、自分の見解を補強するため、自分はエドワード七世にも同じことを言っており、エドワード七世もこの見解を受け入れたし、また、これに代わる政権はないと述べた。だが、代わるべき政権がないというのは、ことによると完全に正しかったとは言えない。保守党党首であるバルフォアが首相になるよう求められたとしたら、彼がそれを拒絶したとは決して断言できないからである。王が大臣たちによって、仮定の上に立った誓約を与えるよう圧力をかけられるのを阻止するために、バルフォアが喜んで首相となることを引き受けたことは十分あり得たであろう。バルフォアも、他の保守党員たちと同様、それが憲制に反することだと思っていたからである。だが、バルフォアに組閣の覚悟があったにせよ、なかったにせよ、ノウルズは、一九一〇年四月に開かれたいわゆるランベス宮殿会議の詳細は王に明かさなかった。その会議で、バルフォアは、自由党〔内閣〕が辞職したら、首相の職に就く覚悟が断然あることを示唆したようである。

ノウルズの断固たる態度に直面して、王はしぶしぶながら折れて、一一月一六日に政府が総選挙に勝利したのちに貴族院が議会法案の可決を拒んだなら、貴族を創出するということに同意した。

一九一〇年一二月に行われた二度目の総選挙の結果は一月のときとてもよく似ていた。自由党は実質三議席減、保守党は実質一議席減であった。大量の貴族を創出するという脅しは一九一一年七月についに公言されたが、この脅しは貴族院に議会法〔案〕を拒まないよう説得させるに十分であり、同法は一九一一年八月に順当に成立した。

ジョージ五世は、それ以降、その在位期間中ずっと自分はノウルズからも大臣たちからもフェアな扱いを受けなかった、彼らは経験のない国王である自分をひるませて彼らに黙って従うよう仕向けた、との思いを抱き続けた。もっと経験があったなら、政府にあの条件つきの保証を自分に求める理由を書面にするよう要求したであろう。そうすれば自分が答えを示す前に、その理由を熟考する時間があったろうに、と王は思っていた。

この危機について、どの歴史家も皆、次のような見解を採っている。ジョージ五世はこの保証を与えるのに立憲国王に期待された唯一のやり方で行動したのであり、新しい国王が大いなる過ちを犯さないようにするためにノウルズがランベス宮殿会議の詳細を明かさなかったことは正当であった。もし王がこの保証を与えるのを拒んでいれば、内閣は総辞職したであろう。そうなれば王は保守党党首のバルフォアを首相に任命したであろう。だが、保守党は、庶民院では少数派であったから、解散を余儀なくされたことだろう。そうなると、王は一方の政党には議会の解散を認めることを黙示的に拒みながら、もう一方の政党にはそれを認めるというえこひいきの誹りを免れない立場に立っただろう。実際、王は、選挙民に人気のある内閣を辞めさせることになる立場にあったように見受けられる。その結果、王の対応は立会演説会の民衆討論の話題になったであろうし、不偏不党という国王の声望は著しく低下したことだろう。以上が歴史家たちの見解である。

だが、たとえ一般には受け入れられているとしても、このような結論には欠陥がある。国王が大臣たちの助言に基づいて行動することになんら疑いはなかったし、一九一〇年一二月に総選挙のために議会を再度解散することを求める進言を国王が受け入れるつもりであったことも全く疑いがない。このことからは王が、仮定された事態で大権をどのように使うのかについて約束することを憲制上求められていたという結論は出てこない。

だが、国王なら、大臣たちから辞職すると脅されれば、そうした妥協をせざるを得なくなるのではなかろうか。この点も、一見するほど明白なことでは決してない。王が政府に対し政府が自分に与えようとする助言を正当化し得るような覚書を求めたならば、王は、もしその気があれば、憲制上の立場についての自らの見解を示す返答の覚書を返すことができただろうし公表することもできたかもしれない。王は、自分は常に大臣たちの助言に基づいて行為するが、将来の不特定の事態に自分がどう行動するかに関して仮定の上に立った約束をすることはできないと言うこともできたであろう。特に、その約束と、約束の履行との間に選挙が介在する場合には、とりわけそうである。王は、その選挙でいずれか一方の側に言質を与えようとしていると見られてはならなかったのだから。だが実際には、王は、選挙の結果が出る前に、しかも、議会法案がどのようなかたちで庶民院から出るのかについても、また、貴族院がそれにどのような修正を加えるのかも分からぬまま、言質を与えることを求められていたのである。秘密にするという政府の約束は、王を護るに十分だとは言い難いものであった。たいていの事情通にとっては、政府が実際に王の保証を得たということは明らかであったであろうからである。一九一〇年一一月一九日の『スター』紙の社説の見出しは、「我々は保証をとりつけた」というものであったし、また、一一月二一日の『デイリー・ニューズ』紙はロイド・ジョージが、「自分たちが過半数を取れたなら、それが最終的なものだとの確信もないままに、我々がもう一度選挙に訴えようとするなどと誰が本気で思うだろうか」と言ったと報じている[8]。もし政府が選挙で勝ったなら（実際、その通りになったが）、王には、その助言に従う以外に選択肢はなかったろう。おまけに、かの約束の目的は、王が憲制に則って行為することを確実にすることにあったというよりも、アスキスが自分の政党に対してなした約束を擁護することにあった。従って、この保証の肝心な点は、それが秘密で《あってはならず》、少なくとも、自由党内の平議員には知らされるということにあったのだ。

王は、「国王大権の不特定な行使を認める」権限を大臣が事前に求めるのは間違っているし、また、もしも、そのような要求がなされたとしたら、「そのような認許を国王が与えることは全く期待できない」という〔一九一〇年〕二月の言明をアスキスに思い出させることで自分の覚書を結んでいたかもしれない。そうすれば、ジョージ五世は、首相から要請された解散に同意しつつも〔新貴族創出に〕保証を与えることは拒むこともできたかもしれない。かくも恐るべき文書をものともせずに内閣が総辞職することは想像することが難しいだろう。それでも、もし総辞職したなら、憤りにかられた反応のように受け取られたであろう。政権の側が総選挙で勝利を収めたなら王はその助言を受け入れる以外に術がなかったであろうことは明らかであったからである。

ノウルズ卿は王をミスリードしたが、その過ちは重大であった。そうすることで彼は王の立場を大変な危険にさらした可能性がある。その危険は、もしもジョージ五世が仮定の上に立った約束を与えることを拒んだ場合に比して、はるかに大きなものであった。なぜならば、保守党の議員たちが、この秘密の保証が一九一一年七月に貴族院での議会法案の審議の最中に公表される以前に、それについて知っていたなら、その前の八ヶ月の間に異なる行動をとっていたという正当な主張をすることができたであろうからである。国王の中立性に重大な傷がつかなかったのは、王が下した判断が健全なものであったせいだというよりも、幸運のおかげであったのではあるまいか。王が仮定の上に立った約束を与えるのを拒んでいたなら、この中立性が損なわれる危険は一層小さかったであろう。

貴族創出を拒む大権は今では枯死してしまったのかもしれない。なぜなら一九一一年以来、政府は、議会の存続期間を長くしようとするのでない限り、貴族院の反対を克服することが常に可能であるからである。その問題についてだけは貴族院は今も絶対的拒否権を保持している。一九一一年には貴族院は、〔法案を〕三会期にわたって足止めできたが、一九四九年の議会法で、それは一会期に短縮されたので、今後、政府が貴族院を強要する必要が生ずる機会は訪れそうもない。

だが、この貴族創出問題は、一九八〇年代始めに再び提起されることになった。この時期は、一時、労働党が貴族院の廃止に熱を入れたかのように見えた。一九七七年に労働党大会は貴族院廃止賛成を決めたが、野党になった一九七九年以降、同党は左寄りに振れたので、将来の労働党政権が貴族院の廃止を約束することも考えられるようになった。一九四九年の議会法の規定では、貴族院廃止に対する同院の反対は、次の会期で庶民院が二度目の賛成表決によって克服できる。だが、労働党議員の中には、労働党政権は自己の政策の実施を確実にするのを手をこまねいて待っていなければならないものではないと説く者もあった。そうした議員の中で最も有名だったのはトニー・ベンである。この理由からベンは一九八〇年の労働党大会で、将来の労働党政権は、貴族院がそれ自身の廃止の表決をするよう、一千名もの貴族を創出する覚悟をすべきだと提案した。

そこで問題が生じた。労働党出身の首相が貴族院廃止に賛成の表決をするのに十分な数の貴族を創出することを国王に求めた場合、国王はその要請を拒むことができるかという問題である。次の総選挙で、政権が自らの諸提案に対し選挙民からの信任を受けたことが明らかになるまでは、国王には拒否する権利があると説く者もいる。エドワード七世とジョージ五世がともに、貴族院の権限を弱めるというこれよりもささやかな提案に対して、貴族創出に同意するのに一九一〇年に二度目の総選挙を求めていたのだとすれば、貴族院が廃止されるのを許す前には、二度目の選挙を要求することにつき、国王は《より強い理由で》先例に従うことになるであろう。

更に言えば、貴族院が廃止されることになれば、それに替わる何らかの仕組みが考案されるまで、庶民院の多数派が、それ自身の延命をはからないようにするのは国王の責任であると論ずることもできるかも知れない。今のところ、議会の存続期間を延ばす決定には両院の同意が必要である。この定めは、政府が、純然たる党派的理由で議会の存続期間を延ばすことでその権力を濫用することを防ぐ働きをする。従って、万一、貴族院が廃止されるなら、他の何らかのかたちで憲制が保護されるようになるまでは、国王が憲制の保護者として行動することが求められるかもしれない。また、もし、政府が政治上都合の悪い裁判官を罷免することをもくろみ、裁判官は《両》院による建議をもってのみ罷免できるとする王位継承法の規定を、議会法を利用して乗り越えんとしたらどうであろう。国王はそれを裁可するよう拘束されているのだろうか。(9)

一九一〇年の先例が貴族院との関係で再び引き合いに出されることはないとしても、この先例は、国王が仮定の上に立つ約束を与えるようにとの要求に同意することがいかに危険であるかを示している点でかなり大きな意味を確かに持っている。この観点からすると、一九一〇年の先例は、繰り返される見込みのないものである。

一九一六年一二月に、アスキスの辞任に続いて、王はボナ・ローに対し組閣するよう求めた。王は、ボナ・ローが議会解散の認許を引き受けの条件とするかもしれないと予想した。王は政党間の差異を増長させることを懸念して、戦時の総選挙に価値を認めなかった。そこで、王は前の大法官ホールデン卿に、次期首相に対し解散を認許する約束をするのを自分が拒むことは憲制上可能であるかどうかについての見解を示すように求めた。ホールデンの返答は明快であった。

国王は、単に首相になる可能性を持っているだけで、まだ完全には首相の座についていない者と、議会解散につき取引を考えることはできない。国王は、全般的な情勢と成立した内閣の議会における立場とを事前に適切に推し量ることはできない⑩。

このホールデンの見解は、次期首相が、解散権を与えられるという約束を求めるという特定の問題に限定したものであった。だが、ホールデンの見解は次のように一般化できるように思われる。即ち、国王は、仮定の上に立った約束を与えることを決して求められるべきでなく、そうした約束を与えることを拒むことは常に正当とされる。——なんとなれば、それは、「全般的な情勢と内閣の議会における立場を推し量る」機会を与えられる前に、大権をいかに行使するかについて判断を下すことが求められているということを意味するからである。ジョージ五世は、一九一〇年に、この点についてノウルズと大臣たちの圧力に屈してしまったが、王がのちに思ったように、それは賢明なことではなかった。

一九一〇年から一一年にかけての危機は、首相による大権の濫用の企てに対し、国王はいかなる防御手段《ディフェンス》を持っているのかという問題を提起している。『アップル・カート』*Apple Cart* という戯曲で、バーナード・ショーは、首相による大権の濫用に直面したなら、国王は、退位すると脅すことと、庶民院議員選挙に出馬することとによって民主政を擁護することができることを示唆しているが、これは無理のあるシナリオである。国王がもう一度、仮定の上に立つ約束を与えるよう求められることはありそうもない。将来の国王がそれを与える気になることはそれ以上にありそうもない。

二　アイルランド自治

貴族院の危機が一九一一年に解決を見ると、時を移さず、ジョージ五世は一層深刻な憲制上の危機に直面した。その危機は英国にほぼ三百年ぶりに内戦の懸念を生じさせるものであった。貴族院の絶対的拒否権が取り除かれたことで、アイルランド自治問題が再び喫緊の政治課題として浮上したのである。いまや自由党政権は、自治法案を、これ以上選挙民に訴えることなく、この同一の議会会期内で確実に成立させることが可能となった。貴族院の絶対的拒否権が消滅すると、アスキスが多数派政権維持のために頼りにするアイルランド国民党は、政府が自治法案に再び着手するよう強く求めた。そこで、一九一二年にアスキスがその法案を提出したところ、同案は庶民院を通過したものの、貴族院で否決された。議会法の規定では、この法案は、更に二度貴族院に提出されて、順調に行けば一九一四年に法律になることになった。

保守党は、この法案に激しく反対した。だが彼らも、この自治法案を、アイルランドのなかでも圧倒的に国民党が強い地域に適用することは拒めそうもないと踏んでいた。それでも保守党は、アルスター地域は除外すべきだと要求した。一九一三年一〇月のアスキスとの会見で、保守党党首ボナ・ローは「もし、……アイルランドの南部と西部が、こぞって反対をせず、かつ、アルスターが……この法案から除外されるのであれば、アイルランドのこの残りの地域に自治を認めることを阻止する必要はないと思っている」、と認めた。(11)この保守党党首は、南部の〔アイルランド自治に反対する〕統一派《ユニオニスト》を狼の群れに投ずることを原則的にはためらわなかった。だが、アルスター北東諸州では、プロテスタント系の統一派が多数を占めているので、この地域を含むアイルランド全体にこの自治法案が適用されるならば、このことに保守党は格別の責務があると感じていた。保守党の見解では、アルスターの意思を踏みにじって、この地域を自治法〔の適用範囲〕に組み入れることは、この自治はつまるところ分離に至るのであるから、何ら特別扱いを求めず、英国臣民のままでいたいとひたすら望んでいる国民を王国から排除することを意味していた。加うるにアイルランドのその他の地域では、統一派は散在する少数派であって、自治法案に実力で抵抗する見込みはなかったのに対し、アルスターでは統一派は一箇処に密集している多数派であったから、事情は全く違っていた。統一派は、自治法が制定法書に載った時点で、アルスターに暫定政府を樹立し、その適用に力ずくで抵抗する覚悟であった。その時には、自由党政府は、もし、自治をアイルランド全土に与えるというその党綱領を実現したいのであれば、アルスターに自治を無理強いせざるを得ないであろう。だが、自由党が、アルスターに対し実力を行使するのに陸軍を頼ることができるのかは大いに疑わしかった。指導的な陸軍将官の中にアルスター出身者が数多くおり、自分たちの知人縁者に対し実力を行使するのにためらいを持っていたことが、その大きな理由であった。おまけに、アルスターの要求は、要するに、格別な特権を求めるものではなく、その意に反して排除されんとしている連合王国の一員として引き続き留まることを求めるに過ぎないのだから、それ以外の英国の地の世論から強い支持を受けるに違いなかった。

　これに加えて、保守党は、自治に反対する論拠として、憲制上の論拠も付け加えた。保守党は、議会法の成立以降、憲制に隙間が生じていると断じた。その理由は、議会法の序文が「現在ある貴族院に替えて、世襲的ではなく民衆的基礎の上に立つ第二院を設ける予定であるが、この転換はただちに実施することはできない」、と明言していたことにある。この序文には法的効果がない。そもそもこの序文は専ら外務大臣のサー・エドワード・グレイをなだめるだけのために自由党政権がおいたものであった。彼は、「民衆的」第二院が創設されることに一種の強迫観念をもっていたのである。[12] それにもかかわらず、保守党は、そのような民衆的議院が創設されるまでは、憲制は停止状態となり、その通常の抑制と均衡を欠くと主張し、王こそが、この真空を埋めるために、自治法案に拒否権を行使するか、あるいは、大臣たちが自治法を制定法書に載せる前に総選挙を行うことを拒むのであればその大臣たちを解任する大権を行使するかの、いずれかの手段をとるべきだと主張した。一九一一年まで保守党の党首であったアーサー・バルフォアは、一九一三年に、英国は「暫定憲制《インタリム》」の下に暮らしていると論じた。[13] 王もこの見解を共有し、一九一三年九月に首相のアスキスにこう尋ねた。

　王国の三身分の一つ〔貴族院〕の憲制上の地位のこのような根本的な変更は、この三身分相互の関係にも影響を与えないだろうか。また、それを実効性あるものに戻さないと、国王から第二院の助力を奪うことになりはしないか……。

世界の他の国で、その憲制のこのような根本的な変更を一院だけの権威に基づいて挙行するところがあるだろうか。

選挙民の判断を求めないでこうした変更を行った先例がわが国にあるだろうか[14]。

王の考えでは、国王の立場は、議会法によって影響を受けてしまっている。なぜなら、「現時点での手引き《ガイダンス》として自分が当然に参照する先例の、その根本を破壊してしまったのだから」[15]。王が懸念するのは、議会法が自分を「誤った立場に置いたこと、それも、我が憲制の創設者《フレイマー》たちによって決して考えられたことのない誤った立場に置いたことである。私の見るところ、いまや王のみが、これまで貴族院の決定によって負託されてきた法案を国民に負託することを政府に強いることができるのである」[16]。

保守党は、自由党が憲制に反したやり方で行動していると信じていたから、自分たちはもはや議会運営の通常の慣例に拘束されていないと考えた。保守党党首のボナ・ローは一九一四年三月に、サー・ヘンリ・クレイクにこう語った。「政府は、この法案を全く憲制に反するやり方で通そうとしている。我々は通常の議会制的反対党から大きくはみ出した行動をとらなければ政府が成功を収めるのを阻止し得ない」[17]。保守党の狙いは、総選挙を強いることにある。もし選挙の結果、自由党が再び政権をとったなら、そのときは保守党は、自治への反対をオーソドックスな立憲的路線に絞ることになろう。保守党の勝利は、「大きな違い」を生むだろう。なぜなら、「実に、英国人が確実に支持しているということが、まさしくアルスターの抵抗を強力なものにする」からである[18]。

だが、どうしたら、保守党は選挙を強いることができるのか。ボナ・ローはこう述べた。「難しいのは、総選挙を確実にする方法を、議会法を特に考慮したうえで見つけることだ。この点で、国王の立場が非常に重要だと私は思っている」[19]。貴族院の絶対的拒否権が廃止されてしまっているので、王だけが自治法案と制定法書の間に立つことになった。保守党が選挙を強いることができる唯一の方法は、王がこの法案に裁可を与えるのを拒むか、総選挙を強く求めたにもかかわらず大臣たちがそうした手順に同意しなかったときに、その大臣たちを解任して総選挙を求めるかの、いずれかであったであろう。

憲制が停止していて、憲制を護ることができるのは国王だけであるという論拠を用いたのは、現役の政治家たちばかりではなかった。この論拠は、サー・ウィリアム・アンソンの支持も得ていた。彼は、保守党の大臣経験者であっただけでなく、著名な憲法学者でもあり、一八九二年に『憲制の法と慣習』*The Law and Custom of the Constitution* というスタンダード・ワークを著しており、また、オックスフォードのオール・ソウルズ・カレッジの学長でもあった。一九一三年九月にサー・ウィリアム・アンソンは、『タイムズ』紙に寄稿して次のような見解を示した。


政府は、庶民院でのグループ間の結束の利を生かして、第二院からその憲制上の権利を奪った。奪われたのは、重要な法案でありながら、まだ選挙民の検討に付されていないものについて、国民への訴えを実現する権利である。我が憲制のこの部分が停止しているのに、彼らは、じきに内戦をもたらすであろう立法を推し進めようとしている。

このような災難を防ぐ唯一の手立ては、国王《クラウン》の諸大権の行使の中に見つけることができる。このような状況の中では、それら諸大権が不行使によって既に衰滅してしまったと認める気には私はなれない。[20]

一方、自由党の立場は、議会法は、解散を決定できるのは現政府であって貴族院ではないことを確定的なことにして、憲制上の主要問題の一つに明確な決着をつけたというものであった。この解散権限は他の機関に移されることはなかったし、自由党が、この権限を、ひとえに王に渡さんがために貴族院から取り去ったのではないことも確かであった。

かくして、王は、恐るべき憲制上のジレンマに直面した。ボナ・ローの覚書によると、一九一三年九月の王との会見で、彼は、

私自身の確信となっていることを陛下の脳裏に刻み込もうと努めた。それは、王は《個人的な《パーソナル》》責任を回避できないということであり、また、この法案が法となることが認められることになろうと、あるいは、王が総選挙を確実ならしめる〔大臣解任の〕権利を行使しようと、そのいずれの場合でも、王は、臣民の半分から非難されるということであり、また、

極端な政府の支持者たちからの攻撃と、アルスターの人民および彼らに共感を覚える者たちの永続する強い反感の、いずれの方がこの君主国により大きな恒久的な害を及ぼすかは、まだ分からないということである。[21]

王は既に一九一三年八月に首相にこう語っていた。「私がどう振舞おうが、私は国民の半分を憤慨させることになろう。一つの選択肢をとれば、アルスターのプロテスタントを確実に私から離反させる結果になるし、また、何が起ころうと、その結果は、私自身と国王政府《クラウン》一般にとって害あるものとなるに違いない」[22]。

もし、王が大臣たちの助言に基づいてのみ行為し、総選挙を強く求めずに自治法案に署名するとすれば、王は連合王国の一部をその住民の意に反して締め出すことになるし、また、保守党から見れば、憲制の侵犯を見逃すことになる。他方、王が、この法案に署名するのを拒んだり、大臣たちを解任したりするならば、王は、普通にはつとに死んだと思われている諸大権を復活させることになる。アン女王時代の一七〇七年以来、拒否権を行使された法案はないし、一八三四年にウィリアム四世によってメルボーン内閣〔の全閣僚〕が解任されてからこのかた、解任された内閣はなく、従って、そうしたことは勇気付けられる先例にはほとんどなっていない。

他方、保守党は、まさに、大権というものは滅多に行使されないものであるが故に、上記のことそれ自体は、大権が枯死したことを意味しない、と論じた。貴族創出の大権も、結局のところ、最後に行使されたのは一七一二年ということになり、もちろん、これも一九一〇年以前に枯死してしまったと考えられてきた可能性がある。だが、もし大権に国王の持つ諸権限の常ならざる使用という含意があるのだとすれば、それが滅多に行使されないのは必然であって、従って、大権が滅多に用いられていないと言う事実は大権の枯死の証拠とはなり得ない。

バルフォアは、「憲制上の問題、一九一三年」The Constitutional Question, 1913と題する覚書の中で次のように述べている。憲制の慣行のみを見ている者たちは、『慣行《プラクティス》』という語を、日常の決まりきった統治事務を意味するものと解釈しがちであり、従って、例外的なもの一切を憲制に反するとして排除することによって大権を不当に《狭め》がちである」。

それにもかかわらず、国王が所有する諸権限の中には、滅多に行使されるべきではないとはいえ、そのことが理由で廃《アブサリート》用になったり枯死したりすることのないものがある。そんなものは存在しないとする反対説は、実に莫迦げているように思われる。なぜならば、その説では、国王が習慣的に行使していないあらゆる権限を国王から奪うことになるからである。大権が稀にのみ用いられる《べき》だとしても、それが稀に用いられるという《ただそれだけで》その大権が廃用になることはあり得ないのは断然明らかである。㉓

バルフォアは更に言う。貴族創出の権利は、そのような権利の一つである。立法を拒否する権利や大臣たちを解任する権利も同様である。これらの権利は休眠中であるが、死滅してはいない。ボナ・ローの考えでは、

王は大臣たちの助言に基づいて行使する前に、自分に別の助言をし、問題が総選挙で国民によって決せられることを認める別の大臣たちを任命することが可能ではないのかを確かめる憲制上の権利を持っているだけでなく、そうすることは王の義務でもある。㉔

それ故、王は、「この国の国王が幾世紀もの間、経験したことのないような極めて難しい立場に」置かれたのである。㉕

王の書記翰長であったスタムフダム卿が、一九一四年九月の自治法案通過後に書いた覚書で明らかにしたように、ジョージ五世のとった行動は、一貫して自らの見解に基づくものであった。即ち、王の見解は、「アイルランドが自治を有すべきか否かを決するのは《職業政治家》であるが、王〔たる自分〕は内戦を阻止するためにはあらん限りのことをするつもりである」というものであった。㉖ 従って、一九一三年八月から王は、〔スタムフダムの覚書によれば〕「そのときまで、陛下と頻繁に行った会見の中でこの問題に決して触れようとしなかった首相と、それについて議論することを強く求めたのである」。㉗

王の狙いは、一貫して、内戦を回避すること、及び、合意による解決を実現することであった。そのような解決策の中心的要素には、保守党が自治を黙認するのと引換えにアルスターを除外するということがなければならなかった。この目的のために、王は、双方が態度を和らげるよう強く求め、二大政党の党首に合意に至るよう迫

った。アスキスとボナ・ローとの間で、一九一三年一〇月から内輪の会談が行われるようになったが、これには王も与って力あったのである。この会談で、両党首は合意には達しなかったが、少なくとも、依然として意見の一致を見ない争点を絞り込むことには成功した。

王は保守党と同意見で、首相に対し、「そちがどんな歯止めや保証を提供しようとも、アルスターはアイルランド議会へ代表を送ることに決して同意しないだろう」と言った[28]。王は、アルスターを強制しようといささかでも試みようものなら、陸軍の中に軋轢を生ずるだろうとも思っていた。アスキスは、この二つの問題について、王は人騒がせだと思った。首相の関知する限り、陸軍は全ての命令に従うであろうし、他方、アルスターの反対派は、憲制上の路線からはみ出さないように押さえ込まれるであろう。かくてアスキスにとって自治法案は、憲制上格別支障のない純然たる一法律案として扱えるものであった。

だが、これらの問題については、王の判断が首相の判断より優っていたことを認めなければならない。アルスターがアイルランド議会に代表を送ることに同意する可能性はいささかもなかったし、自治を受け入れるよりも早く、アルスターは力で抵抗することになる。アスキス自身、一九一四年三月にはこのことを認めることになる。王が、彼に、アルスターはアイルランド議会へ代表を送ることに決して同意しないだろうと語ってからわずか二ヵ月後のことである。首相は、アルスターを暫定的に六年間除外する規定を設けるつもりだと表明したのである。おそらく、王がアルスターの非妥協的態度を強調したことが、アスキスがアルスターを除外することに同意することになった一つの原因であろう。

王は、自治法案は単に通常の法案として扱うことができるとする首相の見解には与しなかった。それだけでなく、王は、もし同意による解決に達することができなければ、自治法が制定される前に必ず総選挙があるようにするのは自分の義務であると考えた。そうすることによってのみ内戦を回避することができる、というのが王の見解であった。だが、総選挙の代わりに国民投票《レファレンダム》もありえよう。そこで、ひとたび、アルスターを法案の施行から除外することができるとの合意が成立するや、王は実際に自治法案についての国民投票を示唆した。アルスターに属する諸州はアイルランド議会に加えられることと外されることのいずれを望むのかについて国民投票で決することができるとアスキスは既に言明していたのであるから、この国民投票を採るという原則が自治法案自体に適用されてどうしていけなかろう。そう考えて、王は一九一四年三月一九日、アスキスに次のように示唆した。「自治法案は、国民投票に付せられるべきである。なによりも、アルスターの諸州が除外の可否を決めるのにこの方法を採るという原則が決められているのだから」[29]。だが首相は、総選挙と、この法案についての国民投票のどちらも検討することを拒んだ。

　王には、確実に総選挙を実現するために用いることのできる武器が二つあった。第一の武器は、自治法案に裁可を与えることを拒むこと、第二の武器は、首相を解任して、野党の党首であったボナ・ローを首相に任命することであった。庶民院で過半数を持たないので、ボナ・ローは当然、総選挙実施の発表を強いられる。こうする方が、裁可の拒否よりも国王大権の行使としては穏便なものであったろう。大臣の助言を無視する必要がないからである。王が検討していたのは、首相解任の方であったように見受けられる。イーシャの示唆するところによれば、「大臣たちの解任」が、検討されていた手段であったが、王はまだ経験不足であったので、上記の二つの手段をさほど明確には区別しなかった[30]。もっとも、王がどれほど真剣に自分の諸権限を行使しようとしていたのかは、はっきりしない。おそらく、王は、大権的諸権限を用いるぞとの脅しを使って、首相に、野党との合意による解決にこぎつけるか、あるいは、総選挙に同意するかのいずれかを受け入れさせようとしたのであろう。そう解釈するのが最も説得的であるように思われる。

　一九一四年二月五日、王はアスキスにこう語った。

　憲制上は王は無答責かもしれないが、それでも、我が領土《ドミニオン》のいずれの部分でも、そこにいる忠良なる我が臣民の間での流血の事態を、それを回避するためにあらん限りの手段に訴えるということもせずに、許してしまうことはできない。現段階では、自分が介入することは正当化されないが、国民全体にとって最善と自分が判断したことをなすのは自分の義務だと思っている[31]。

アスキスの理解では、この発言に込められた意味は、王は自己の諸権限を行使する権利を留保しているということである。

王は、大権を用いることを求められたならば、裁可を拒むよりも大臣たちを解任する方を選択しただろうが、それにもかかわらず、裁可を拒まねばならないかもしれないという考えを完全に捨てたわけではなかった。ある時、王は、「この法律が発効すべきものであるか否かにつき国民の意思を問うことを条件として、かつ、それをすぐに行うことを条件にして裁可が与えられる」という可能性を検討したことがある。㉜王は、また、もしアルスターがこの法案の対象から除外されないならば、自分には裁可を拒む資格があると思っていた。もっとも、王が実際にそうしたかどうかは分からずじまいになったが。

一九一四年六月に、アスキスは、修正法案を貴族院に提出した。それは、アルスターの六州が六年間自治に加わらない権利を規定したものであった。〔スタムフダム卿の覚書によると〕王は、有力な閣僚であるクルー卿に、「自治法案と修正法案は、相互に依存しあっており、自治法案は修正法案抜きには裁可を求めて提出されることはない」と語った。〔覚書によれば〕もし修正法案が可決されないならば、

政府自体が変更しようと努めている法案に、自分が裁可を与える気になるようにするために、議会法が利用されるなどということは王〔たる自分〕には想像すらできない。……間違いなく……英国の立派な政治家たちの集まり〔たる内閣〕が、内戦をもたらすと自分たち自身が信じている法案への署名を国王に求めるなどとは信じられない〔と王は述べた〕。陛下は、クルー卿がその提出を行う当事者となるとは考えず、卿がこの法案を阻止するものと期待された。㉝

王はこの二日後に同趣旨のことを枢密院議長のモーリー卿に言っている。即ち〔再びスタムフダム卿の覚書によれば〕、

もし、庶民院が貴族院の修正法案を拒否することによってこの修正法案が潰れたならば、モーリー卿、まさかそちは自治法案を裁可のため私に提出する当事者とはなるまいね……。王は、そんな法案を自分に押し付けるのはアンフェアで立派な政治家のすることではないとおっしゃった。――王はモーリー卿が我が国の中でもまた閣僚の中でも最古参の政治家

の一人であったので卿に訴えたのである。

モーリーは自治法案を修正法案抜きで王に付託するのはアンフェアだと認めた。「王は答えられた。『そのときが来たら、そち及びそちの同僚たちが、私が裁可を与えるよう求められるわけにはいかないということに同意するものと期待しておるぞ』、と」。モーリー卿は次のように言った。「我々は必ずや合意致しましょう。レッドモンド［アイルランド国民党党首］は必ずや譲歩致しましょう[34]」。

だが、結局、自治法案は、一九一四年九月、第一次世界大戦の勃発〔七月二八日〕から六週間ほど後に、修正法案抜きで裁可を求めて提出されてしまった。戦争の直前〔英国の参戦は八月四日〕の七月三〇日、アスキスは修正法案の討論を延期した。その代わり、自治法案は、戦争終結までその施行を停止するとの法律を伴って、法となった。これは、アルスターの地位をめぐって交渉の余地を残すものであった。それに加えて、アスキスはアルスターに強制する企図はないと約束した。それにもかかわらず、保守党は政府の行動を、大戦勃発時に合意された党争の休止の約束に対する裏切りだと見た。王もこの見解を共有した。既に八月二五日に王は首相に、双方の妥協に基づく解決を訴える書簡を送っており、その書簡は閣議で読み上げられていた[35]。王は、修正法案を伴わずに自治法案に署名を求められたことで首相に騙されたと感じていた。五月九日に、アスキスは、王がそうすることを求められることはないであろうと王に述べていたからである。「王は単にこれらの事実を指摘するだけである。王はなにもなすことができない。政府は自分たちの立場を弁護しなければならない。王にできるのは、統一戦線をもはや維持できないことが明らかなことを嘆くのみである[36]」。

それにもかかわらず、王は、自治法案抜きで裁可することは正当化できないと判断した。結局、この法案は、争論を解決しなかった。この法律は、戦争終結後、アルスターとの交渉に決着がついた後にのみ発効するのであるから、この法案は単に問題を先送りしたに過ぎなかった。それ故に王の裁可は形式的な行為となった。自治法が発効する前に修正法案と総選挙、それに議会と国内における論争を経る必要があったからである。このために、判断の責任は王の肩にかからなくなった。それにもかかわらず、王はスタムフダム卿の友人であった海事委員会《シヴィル・ロード・オ》文官委員《ヴ・アドミラルティ》のサー・フランシス・ホップウッド宛の書簡にこう認めた。「そちには打ち明けるが、私は、自治法案に裁可を与えなければならないことを遺憾に思っている」[37]。王は、大臣たちがこの法案に署名するように自分に助言せざるを得なかった「十分かつ考え抜かれた理由」を、「後の大臣たちが使えるように記録にでき、かつ、あとで必要が生じた時に参照できるかたちで述べたもの」を大臣たちに要求するつもりであった。この書簡は、一九一四年七月三一日に書かれたものの、戦争が切迫していたために送付されなかったが、その中で、王は、こう明記している。自分は法案拒否権を保持しているが、そのような「極端な手段は、それで国難が回避されるか、あるいは少なくとも、その時代の狂乱の事態を沈静化する効果があると確信を持てる証拠がない限り採るべきではない。しかるに、いまそのような証拠はない」[38]。

かくのごとく、疑いもなく、王は自分が法案を拒否できると思っていたし、また、自治法案の場合にはそうすることを考慮していたのである。一九四六年、王室文書館長のサー・オーウェン・モーズヘッドが『英国人物辞典』のためにジョージ五世の伝記を準備していた時、彼は、一九一四年二月五日に王がアスキスと行った〔非公式〕会談を記録したスタムフダムの覚書を発見したが、そこで、王は、自治法案が王の裁可を求めて提出されたときには王は国民全体にとって最善と自分が判断したことを指針にすると表明していた。〔一九四六年当時の〕王の書記翰長であったサー・アラン・ラスルズは内閣書記官長サー・エドワード・ブリジズに宛てた書簡で次のように言っている。「歴史的な新機軸を打ち立てていない」文書は「歴史的にかなり重要」であっても、それを伏せておくことは正当化されない。そして、

> 私が知る限り、国王が Le Roy s'avisera〔余はそれを検討したい〕と言う権利は、国王が結果を直視する覚悟がある限り、それが最後に行使された一七〇九年の時と同じく、今も厳然としてある。将来の国王がこの文書を先例でないにしろ、一つの例として有益であると認めることも十分あり得よう。

サー・エドワード・ブリジズはラスルズに対し、自分はこう思うと返事をした。

> 我々が生きている時代に王が、Le Roy s'avisera と

いう、〔拒否権を行使するときに使う〕定型文を用いることを真剣に考えていたということを知った普通の人の反応は、自分はそのような権限は不行使により衰滅してしまっているとずっと思っていたのであり、この手続きに訴えるという考えは少々変だというものであろう。

だが、第一議会顧問弁護士《ファースト・パーラメンタリ・カウンセル》のサー・グランヴィル・ラムはブリジズに、「裁可を拒む大権的権限は誤用の結果として廃止されることがあり得ることは疑いないが、この権限が不行使によって衰滅されているとか、衰滅することがあるということ」はないとバルフォアが一九一三年に否定したことは正しかったと請合っている。サー・グランヴィル・ラムは、ダイシーを援用しているが、ダイシーは、裁可の拒否について、「その休眠はその存在を保全することになり得よう。またその存在は、それを持ち出す価値のある場合に、憲制そのものを救う手段となろう」、と表明していた。[39] 一九一四年の自治法案をめぐる危機は、国王が法案拒否の大権を保持していること、及び、この大権は極端な場合には働き出すかもしれないことを明らかにしたのである。

ジョージ五世は、大臣たちを解任し、首相として野党党首を任命することも考慮した。野党党首は、庶民院では少数派に属していたから、解散を求めざるを得ないだろうと考えたのである。二月二日のレッドモンドとの会談でアスキスは、王の態度について語った。この会談は、ジョージ五世が法案に拒否権を行使する可能性を留保することを明言したアスキスと王との会見よりも前に行われたことに留意しなければならない。アスキスが述べるところによれば、王は、

自治法の成立に責任をもつのに先立って、自分は、国民が自分の背後にいると確信しなければならないと論じた。王は…… 一八三四年に行われたような大臣［たち］の解任の権限行使が、自分のとり得る手段だと考えており、また、この手段を採ることを求められているように思うかも知れないと、はっきりと打ち明けた。[40]

もちろん、この会談ではアスキスは、アルスター側の意見に歩み寄るようにレッドモンドを説得しようとしていたのであるから、王の態度についてのアスキスの説明は確かな証言だとはいえない。アスキス自身は、大臣た

ちの解任は、拒否権行使よりも小さな悪だと思っていたが、これに対し、ノウルズ卿は、王のとるべき行動は、「総選挙を主張するかたちをとるべきで、裁可を与えるのを拒むかたちをとるべきではない」と考えた。ノウルズ卿は、「私は前者のほうが後者よりも自由党員の反感がはるかに小さいと確信している」、と記している[41]。

ジョージ五世が、議会の解散を確かにするために大臣である助言者たちを変更する権利が自分にはあると信じたことについては、著名な憲制の権威たちの裏づけがあった。王はバジョットの著作を若い頃に学んでいたが、その見解によれば、「国王は、……学説上は、危機の場合の最後の手段だとされるが、法的にはいつでも用いることのできる一つの権限を持っている。国王は……解散することができる」[42]。憲法学の泰斗A・V・ダイシーも、〔大臣たちの〕解任は、拒否権行使よりも好ましいと考えていたが、その理由は、「いわゆる国王の拒否権の行使によってもたらされる選挙民へのアピールになるとされる利点は総て、議会の解散によって、はるかに適切に、かつ、一層尋常のやり方で得られる」ことにあった[43]。アスキス自身は、王が大臣たちを解任できることを否定しなかった。アスキスが求めたのは、万一、解任するのであれば、速やかにすべきだということだけであった[44]。自由党の大臣のモーリー卿は、王が大臣たちを解任することで解散を強いるのであれば、王は自分の権利を超えることにはならないであろうという点に同意した[45]。王がこのやりかたで解散を確実なものとするのであれば自治法が制定せられるべきか否かについての最終判断は選挙民に委ねられることになるし、王もそのように思っており、結果がどうであれ、王に個人的な責任があるとされてしまうことはあり得ない〔とモーリー卿は考えた〕。

自治法案に裁可が与えられたあとで、スタムフダム卿は、近代において英国の政治システムが直面した、ことによると最も深刻な国内危機かもしれないものを解決するためにジョージ五世がなした貢献を要約する覚書を書いている。それが、こうした極限的な状況で立憲君主が行使しうる影響力についての大変優れた叙述であることは今も変わりない。

スタムフダムはこう書き出している。一年以上もの間、「陛下は、平和のうちに名誉ある解決に達するのに役立つ仕事を、物静かに、忍耐強く、休みなく没頭されてきた。陛下の努力は首尾一貫したものだった」。

王は、「最初から」、「総選挙と会議」とを提唱してきた。二大政党の党首、アスキスとボナ・ローが一九一三年一〇月に一連の会合を始めたこと、及び、バッキンガム宮殿会議が一九一四年七月に召集されたのは、いずれも、王がイニシアティブをとった結果という面がある。王は、当初から、「アルスター地方あるいはその一部が法案の施行に加わらないことを表明する何らかのシステムを採用するよう強く主張した」。そして、もちろん、これが最終的に採用された解決策であった。

おまけに、とスタムフダムは続ける。

> 王は、野党の指導者ならびに主要な代議士たちばかりではなく、独自の見解を持つ人物たちとも密接に接触を図っていた。独自の見解を持った人々とは例えば、ロアバーン卿〔自由党の元大法官〕、カンタベリー大主教ロウズバリ卿〔自由党の元首相〕、サー・ジョージ・マリー〔元大蔵事務次官〕、及び、更に一層親密な間柄であるサー・フランシス・ホップウッド……。他ならぬこの何ヶ月かの間に、野党の指導者たちやその他の者たちと論じられたのが、自治法案が裁可を求めて提出されたならば王によって書かれることになる「国書《ステイト・ペイパー》」の問題であった。この「国書」では、陛下は、もし自治法案が選挙民の判断を求めぬままアルスター地方に押し付けられたなら招くであろう危険について、ご自分の見解を述べられ、政府に警告するかもしれなかった。国民に国王《クラウン》政府の行動を説明する目的でこの「国書」が公表されることになっていた。状況が変わるにつれて様々な草稿が練られた。

この覚書執筆の最中に、スタムフダムはこう記録している。

> 〔庶民院の〕院内幹事長のイリンワース議員から、メモが私に手渡された。その報告によると、会期は王への忠誠と親愛の情のめざましき発露を示して閉じられた。庶民院では国歌の詠唱が、ウリジ選出の労働党ウィル・クルック議員によって始められ、J・レッドモンド議員が心を込めてこれに唱和した。[46]

アスキスは、王との難しい会見を幾度も行ってきたが、それにもかかわらず、裁可が与えられたとき、ジョージ五世に次のような趣旨の書簡を送った。

異例の困難と懸念のある時に当り、陛下が片時も休まれることなくお示しになられた忍耐と憲制慣行の厳格な遵守、ならびに、才気と判断力とに対し、敬愛と賛嘆を表白する御無礼をどうかお許し下さい[47]。

三　エドワード八世の退位

退位は英国の君主政にとって例のない《ユニーク》危機であった。世襲君主政ではその帰結として、やがては国王になるという宿命を逃れることはできないからである。従って、退位即ち、国王たる資格《ソヴリンティ》の自発的な放棄は、この世襲君主政という制度のまさにその中心を衝くものである。世襲君主政の中心的原理は、通常は、王位の継承は、選択の問題ではなく、自動的《オートマティク》であるということでなければならないというものである。従って、誰が王位を占めるのが最適なのかという問題が生じるや、世襲制はただちに難題に直面する。それと同様に、国王がその職を、自分が自発的に放棄し得るものとして扱うや否や、自動的な王位継承というルールは脅威にさらされることになる。君主政では王位継承は選択できる事柄ではなく義務的な事柄である。まさにこの理由から、小説家のブルワー＝リトンは、『公爵の末裔』*The Last of the Barons*（一八四三年刊）で、「人間にとって自殺にあたるのが、王にとっての退位（＝王位放棄）である」と表明している（Ⅲ・Ⅴ・一七三）。

一九三六年のエドワード八世の退位は、今もって英国史上唯一の自発的退位の例であり、それに先立つ例は全くない。一六八九年にジェイムズ二世が「退位《アブディケイト》」したと仮議会によって宣言されたが、実際には彼は大陸へ逃亡し、議会によって廃位《ディポウズ》されたのである。国王が自らの自由な選択によって、自分は王たることを辞めたと宣言した事例はこれ以前にはなかった。

この危機の当時、「王の友」の一人であったビーヴァーブルック卿は次のように述べた。

> 王位放棄は、非常に重大な手段である。一群の問題は止むかもしれないが、別の一群の問題が生じる。例えば、これは執行権者と行き違いの生じた君主をさっさと処分する模範的前例となる。また、やがて別の様々な執行権者たちがこの前例に学ぶことになるだろう。というのも、本当のところは、王位が安泰なのは、それがこれまで安定していたという事実

に由来する所が大きいからである。

また、王位を離れようとする王には、必ずや大衆の同情がある程度寄せられることになる。この感情は、時が経つにつれ、当然高まるであろう。多くの者たちが、王は自己の信念に殉じたのだと思うことだろう。つまり、王は、自分の考えに従って行動することで犠牲となったのだ、と。

そして、そのことの結果として、次の新王は国民の忠誠と献身を完全には得られぬことになろう㊽。

これは、一九三六年に、退位によって生じると見られた結果に関して一般的に抱かれていた危惧をかなりうまく要約している。

退位危機は、エドワード八世が、再婚をしているアメリカ人ウォーリス・シンプソン夫人との婚姻を望んだことから生じた。形式的なことを言えば、王がシンプソン夫人と婚姻するのに、大臣たちの同意は必要なかった。一七七二年の王室婚姻法は国王には適用されなかったからである。従って、国王の選択には議会制定法上の制約はなかった。例外的に、王位継承法による要求、即ち、国王はカトリック教徒と婚姻できないとする制約のみが存した。

その上、往々そう言われているのとは反対に、退位危機のどの段階でも、エドワード八世がシンプソン夫人と婚姻可能なのか否かについての正式の助言は、王も求めなかったし、ボールドウィン首相も与えなかった。また、内閣は一度も、退位を助言しなかった。ボールドウィンは、一二月七日に庶民院にこう説明した。

貴賤相婚の問題を例外とすれば、政府が陛下に対して助言を申し上げることはしなかった。陛下と私の話し合いは全て厳密に私的《パーソナル》かつ非公式なものであった。これらの案件は、政府の方が最初に取り上げたのではなく、何週間か前に私との話し合いの中で陛下の方から持ち出されたもので、そのとき陛下はシンプソン夫人が独り身になったらいつでも婚姻する意思があると初めて私に告げられたのである㊾。

実際、王がこの案件でボールドウィンと行った八回の会見のうち、一九三一年一〇月二〇日に行われた最初の一回だけが首相のほうから言い出したものであった。残りは、王の方から持ちかけたものである。王は、自分の自由意志で退位したのであり、大臣たちの助言に基づいて退位したのではなかった。

それにもかかわらず、退位危機は、王が后を選ぶことは、議会制定法では制限されていないが、慣例によって制限されているということを示した。慣例は、王は大臣たちの意向に反して婚姻することはできないという原則を確固として打ち立てた。この慣例の成立理由は明らかである。王には、その后の選択にあたって、庶民と同じ自由は認められない。なぜならば、王の后は王妃となるので、その地位に付随する資格、権利および特権の一切を持つことになるからである。王妃は、王と同様、国民の代表となる。もし、国王が、王妃の立場に立つにふさわしくないかも知れない者と婚姻しようと図れば、それは、君主政にダメージを与える。従って、国王が后を選ぶ際には、選挙された大臣たちを通じて国民《ネイション》の見解を聴かなければならない。一九三六年一二月四日の庶民院での退位法案をめぐる討論の際、首相であるスタンリー・ボールドウィンは『ハムレット』***Hamlet*** の中のレアティーズの台詞から極めて的を射た引用をした。

　　あのお方の意思はご自身のものでない
　あのお方ご自身、その出自に服するのだから。
　あのお方はいやしき者どもとは異なって
　身勝手は許されない。あのお方が誰を選ぶかに
　　この国の安泰と安寧が懸っているのだから。
（第一幕第三場第一九行以下）

王と首相との最初の会見は、一〇月二〇日にボールドウィンから持ちかけて行われたが、その際、首相は、王に、王がシンプソン夫人を説得して、その夫に対する離婚手続きを止めさせるようにすることができるかどうかを尋ねた。シンプソン夫人が他の者と婚姻関係にある限り、明らかに王との婚姻の問題は生じ得ず、従って、憲制の危機も起こり得ないからである。しかしながら、王は、シンプソン夫人を説得する気はないと明言した。自分の友人であるというだけで、一私人の問題に介入する権利は持っていないと言った。シンプソン夫人は一〇月二七日に、順当に離婚の仮決定を得た。これで彼女は六ヵ月の待婚期間後、婚姻を許されることになった。

ボールドウィンは退位危機の間ずっと、次の二点は決して譲らなかった。第一点は、シンプソン夫人は決して王妃にはならぬということ、第二点は、王がシンプソン夫人と婚姻して退位するか、それとも、彼女を諦めるか

の最終判断は、大臣たちではなく、王が下さなければならないということ、であった。ボールドウィンがのちに、閣議で語ったように「どれほど不都合であろうとも、どれほど危険であろうとも、決定が下されるときは、それは、王の自発的決定でなければならない」のであった[50]。まさしく、こうした理由から、ボールドウィンは高級官僚や閣僚の一部から強く求められたにもかかわらず、王にシンプソン夫人を諦めるよう正式に助言することは拒んだ。ボールドウィンは、そのようなことをすれば、王への同情が沸き起こり、憲制上の諸問題を曖昧にし、見解の対立を招くと考えた。ボールドウィンはエドワード八世に対して王位を離れるよう強く説いたと、王自身は、のちにそう信じるようになるが、実は、そうするどころか、ボールドウィンは王を引き止めようと懸命に努めたのだった。王を急き立てないことで同僚たちから無気力を非難されながらも、ボールドウィンは、王が王位に留まることを願い、かつ、たとえ王が王位に留まらなくとも、王室に対するダメージが最小限にとどまり王位継承がスムーズにいくように行動した[51]。実際、一人の大臣も「国王に退位を強いることは望まなかった。［内閣の中での国王に対する最も強硬な反対者であった］チェンバレンすらも、王に時間を与える必要を認めた」のである[52]。

王がシンプソン夫人と交際することについて正式な助言は一度も与えられなかったが、一一月一六日の王とボールドウィンとの二度目の会見の際、政府にはこの婚姻は受け入れることのできないものであることが王に非公式に知らされた。この婚姻についての内閣での公式の論議はなされなかった。「内閣の助言を要する問題は持ち出されなかったからである[53]」。だが、ボールドウィンは、シンプソン夫人との婚姻は、夫人が王妃になる以上、国民が是認しないだろうと告げた。そこで王は、そういうことなら、自分は退位すると表明した。この決断から王は決して後戻りしなかった。

大臣たちがこの婚姻に反対した理由は、シンプソン夫人が平民であることだとか、いわんや、夫人がアメリカの生まれであるとかといったこととは全く関係がなかった。この婚姻への反対は夫人が二度離婚したという事実から生じたものであった。国王はイングランド教会の至上支配者であったが、イングランド教会は、当時は、離婚した相手方がなお生存している者の再婚の儀式をとり行わなかった。このことは、国王がシンプソン夫人と教会婚を挙げることができないことを意味していた[54]。確かに、至上支配者の地位は、国王であるという以外の要件を必要としない地位である。とはいえ、イングランド教会の信徒たることを求められている国王がその教会のルールに反する婚姻を行ったなら奇妙であるし、国教会を護持するという国王の戴冠式の宣誓と合致しないことになっただろう。

　ビーヴァーブルックは一九三六年一二月に、ある記者にこう書き送っている。

> 　シンプソン夫人と婚姻しようとする王の企図に対する反対は、つまるところ、宗教的性格のものである。王は、イングランド教会の世俗の首長であるが、主だった聖職者たちや宗教法廷《サニドリン》は、要するに、王が過去に二度結婚している女性と内縁関係になることはまだしも、婚姻することは許されないと言っているのだ。
>
> 　もちろん、今日、皆がそのような見解を取っているわけではない。例えば、離婚した者たちや、宗教的自由論者たちは、王の側に立つ事も予想されよう、だが、この両者が厄介なのは、離婚した者たちは皆、まともになろうと自分のことに懸命だし、宗教的自由論者たちは、そもそも王室のことなどはさほど気にかけていないということだ。……だが、この国には、今の王は、国民と共にあるという姿勢を自ら築いてこられたのだという――まともな――意見を持つ者たちが大勢おり、そのことが、政治構造全体に強さと安定をもたらしている。この種の見解を持つものたちは、シンプソン夫人との婚姻はあまり好ましいと思ってはいないが、王を引き止めるためなら譲歩してもいいと思っている[55]。

　だが、一九三六年に民衆と議会が持っていた感情のあり様からして、大臣たちが、議会と国民の意思を正しく解釈してこの婚姻に反対したのだということはほとんど疑いない。たとえ、ビーヴァーブルックがこの婚姻を受け入れる用意のある「まともな」意見の者たちがかなりいると考えたことが正しかったとしても、王室が〔国の〕分裂のもととなっては、それが生き残ることはできないだろう。政府の立場は、野党第一党の労働党によって終始支持された。労働党党首アトリーは、王を支持する者は、「あらゆる問題に間違った見解をとると決まっているような少数のインテリゲンチャ」に限られると考えていた。[56] また、注目すべきは、この危機で王を支持した者たち――ウィンストン・チャーチルやダフ・クーパーのごとき者たち――も、憲制上、王にはシンプソン夫人と婚姻する資格があるとの見解を当初はとっていなかった。彼らの見解は、王に時間が与えられさえすれば、シンプソン夫人に対する一時的なのぼせと彼らが考えていたものは冷めて、王位に留まることができるというものであった。「王は、絶えず恋に落ちたり恋から冷めたりしている」。チャーチルはベロック・ラウンズ夫人にこう言い、さらに次のように言った。「王の目下の御執心も他の全ての場合と同じ成り行きをたどるでしょう」、と。[57]「時間を頂きたい」と、チャーチルは一二月七日に庶民院に懇願した。首相が国王に、シンプソン夫人との交際をやめるよう正式の助言を押しつけようとしており、王は大臣たちの助言に基づいて退位を強いられようとしている、と誤解したせいであった。チャーチルは、「問題は、王が現在の内閣の助言に基づいて退位すべきか否かである。議会政の時代になってかかる助言が国王に申し述べられたことはこれまで一度もない」と述べる声明を発した。「いかなる内閣にも国王の退位を助言する権能はない」と彼は論じた。だが、政府は退位を助言しようとはしていなかった。チャーチルは、危機が去ったのち、そのことを知って、友人のロバート・ブースビーにこう語った。王の考えは、「自分の根本の決意が変わらないとき、しかも、変えられるものではないと言明しているときに、時間稼ぎをするのは名誉になることではないというものだった。まさに、この名誉にかかわる問題を非常に厳格に受け止めたことが、その代償として、彼に王冠を捨てさせたのである」。[58] 退位をめぐる討論の最中、一二月一〇日に庶民院でチャーチルは、次のように表明した。

王が決定を急かされた……と主張される余地があってはならないことが肝心である。……私は、首相が示したことを全面的に受け止める。即ち、今週なされた決定は、陛下によって、自由に、自主的に、自発的に、ご自分の時間に、ご自分の流儀で、なされたのだということを。[59]

最も忠実な王の支持者たちは、王がシンプソン夫人と婚姻するのを阻止したがった。たとえ、貴賤相婚となろうとも婚姻すると言い張ったのは、王その人であった。

貴賤相婚という考えをシンプソン夫人に最初に示唆したのは、『デイリー・メイル』紙の編集者、エズモンド・ハームズワースで、一九三六年一一月二六日のことだった。そこで、シンプソン夫人がその考えを王に伝え、王は一二月二五日にボールドウィンに、貴賤相婚が可能かどうかについて正式の助言が欲しいと述べた。

貴賤相婚とは、国王の妻及びこの婚姻から生まれる子供たちに王族の身分を認めず、その身分に伴う特権その他一切の要求を認めない婚姻のことである。こうした貴賤相婚であれば、シンプソン夫人が、王と婚姻することも可能になったであろう。ただし、その場合、夫人が王妃の称号を受けることはなく、両人の子孫も王位継承の系統から外れることになる。

貴賤相婚は外国の王家では行われてきた。その一番の理由は、外国の王家では、国王は狭い特定の範囲の諸王室出身の者と結婚することが求められているということにある。ところが、英国では、国王に対するそのような制約はなく、従って、貴賤相婚なる観念は法の与かり知らぬことである。例えば、〔オーストリアの王位継承者〕フランツ・フェルディナント大公の貴賤相婚の妻、ゾフィー・ホーテク女伯爵は、英国であれば完全に王妃たる資格があったであろう（ただし、彼女がカトリックを棄てたならば）。それ故、貴賤相婚なるものは、立法なくしては正当化されえない可能性があった。まさに、この理由から、王は、この貴賤相婚を行うという考えに、〔立法に必要な〕大臣たちの同意を必要としたのである。

王のこの提案がうまくいくためには、英国政府ばかりではなく、他の自治領の諸政府の同意も必要となったであろう。当時、英国以外のコモンウェルス構成国として知られていたのは、カナダ、オーストラリア、ニュー・ジーランド、南アフリカ、及びアイルランド自由国であった。その中で、アイルランド自由国政府が王を支持した唯一の政府であった。デ・ヴァレラのリーダーシップのもと、同政府は、この危機を、君主国たる英国との結びつきを緩めるのに利用しようと努め、この件には何ら関心がないと宣言した。他の自治領の政府は、否定的な返事を返してきた。一方、ボールドウィンは、英国の内閣は必要な立法の提案を支持することはできないし、議会もそのような立法を可決しないだろうと断言した。前首相にして現枢密院議長のラムゼイ・マクドナルドの言によれば、そのような提案は、「女性を卑しめ、国民にとって侮辱的」だと判断される提案であった[60]。

王は、みずからラジオで国民に向かって支持を訴える放送をしてよいかどうかについても助言を求めた。ボールドウィンはそれを認めることを拒んだ。それは王を大臣たちと反対の立場に置くことになるであろうということ、及び、王が臣民に大臣たちの頭越しに決定するよう求めることは憲制に反するであろうということが、その理由であった。

そうなると、王は、大臣たちの意向を退けることを覚悟して初めてシンプソン夫人と婚姻することができることになろう。それ故、一般に言われていたこととは逆に、確かにこれ〔大臣たちの意向を退けての婚姻〕が、王が考慮していた選択肢であった。もしそうなっていたら、深刻な憲制上の危機をもたらしていたであろう。

退位まで二週間もない一九三六年一二月二七日、非常時内閣の閣議後、インド担当国務大臣のゼットランド卿はインド副王〔リンリスゴー〕に宛てて次のように報告した。王は、自発的に退位する覚悟を決めたが、王は、今、自分には非常に多くの国民の同情と支持があると思っているし、その国民は、彼女を王妃として受け入れる気はないかもしれないが、もし、政府が貴賤相婚を認める法律を提案する気になれば、それは認めてくれるだろうと思うと、仰せられています。スタンリー・ボールドウィンは、もし王がそんなやり方で切り抜けようとお考えのつもりなら、大変な過ちを犯すことになるでしょうとぶっきらぼうに言われました。

王が現在なさろうとしているのは、その地位から退くのを拒むことにあるように見受けられます。内閣では、そうなれば、自分たちの辞職は必至で、その場合、王と政府の対立という第一級の憲制問題を生ずることになるとの指摘がなされました。王は、そうなった場合には、ウィンストン・チャーチルが別の内閣を組織する覚悟であると信じて勇気づけられておられるようです。もし、それが本当なら、国民が二つの陣営に割れるという由々しき事態になる惧れがあります。そうなれば、これ以上ないほど恐ろしい危険に満ち溢れることになることは明らかであります。

つまり、いまや、我々は、国際上の諸問題という、由々しきこと明らかなものすらをも、それに比べれば大したことがないほどに霞ませてしまう問題に直面しているわけです[61]。

一二月五日にゼットランドは、更に別の書簡を、リンリスゴーに書き送り、こう述べている。

大変危険な状況が生じようとしております。王は、二組の者たちから助言を受けようとされておられます。一組目の者たちは憲制上の助言者、即ち首相と内閣であり、二組目の者たちは非公式な助言者の集まりで、その助言は、王に首相と内閣の助言に反する頑なな態度をとらせる効果を持つようになろうとしています。そうした動きに励まされ、王は、内閣が貴賤相婚を合法化する立法の提案を拒んでいる点は、決して国民一致の見解を反映したものではないとお信じになられようとしています。……この方向で動こうとしている者たちの中にウィンストン・チャーチルがいるのは疑いありません。……この状況が危険なことは貴下には明らかでありましょう。現在の内閣がその職にある限り、王の前にある選択肢は、シンプソン夫人との婚姻をすることを断念されるか、退位されるかの二つしかありませんが、王がこのいずれかについて決断することを拒まれたとしたら何が起こるでしょうか。たぶん、内閣は辞職を強いられることでしょう。労働党が組閣を拒むことはほとんど確実でしょう。けれども、王が、ウィンストン〔・チャーチル〕が組閣に応ずると考えておられることは間違いありません。ウィンストン〔・チャーチル〕は、現在の庶民院では生き残れないでしょうが、解散を要求することはできるでしょう。そして、最も危険なのはこの点であります。なぜならば、この国は、王は婚姻することを許されるべきか否かの問題で、対立する陣営に分裂するであろうからであります。……夫人を王妃にしないまま、演壇あるいは路上で、議論が過熱することによりどのようなことが論じられるか、貴下にはお分かりでしょう。自治領の首相たちは、貴賤相婚に強く反対しています。〔貴賤結婚を認めるには〕立法が、英国だけではなく、各自治領でも必要となるのに、私の判断する限り、それはあり得ないことです。王位は、現在この帝国を一つにくっ付けている磁石ですから、この問題で、帝国が解体することもあり得ましょう。そして、武器なき戦いなどでは到底収まらない状況がこの国に生ずることもあり得ましょう[62]。

しかしながら、更に考慮を重ねたのち、王は大臣たちの意向に反する婚姻はしないと決めた。その結果、王には二つの選択肢だけが残った。第一のものは、シンプソン夫人を諦めることであったが、これはできないと王は思った。そのことにより、退位だけが唯一の選択肢として残った。そこで、一九三六年一二月一〇日、エドワード八世は退位証書を作成した。この退位証書の法的効力は、「国王陛下の退位宣言法」によって与えられた。これによって、エドワード八世及び、もし直系卑属ができればその者たちは、王位継承から除かれ、次の王位継承順位にあった、王弟ヨーク公爵がその跡を襲った。ジョージ六世である。エドワード八世は、一九三六年一二月一一日にこの法律に裁可を与えた。王位について三二五日後のことであった。

この退位を有効にするには立法が必要であった。王位継承の資格は王位継承法によって定義されており、同法は、王冠《クラウン》は、ハノーファ選帝侯妃ソフィアの、プロテスタントである法定相続人に伝えられる、と定めていた。従って、王位継承は、単に王の宣言である退位証書だけで修正《モディファイ》し得るものではなく、議会の承認、即ち、王位継承法の修正立法が必要であった。そうでなければ、エドワード八世の直系卑属は誰しも王位継承することが可能であった。更に、一九三一年のウェストミンスター法は、自治領が連合王国と完全に対等の地位をもつと定めていたから、全ての自治領の同意と承認が王位継承を修正する全ての法について確保されなければならなかった。

一九三六年には、退位は憲制の危機であると見られたが、厳密な意味では、これは、憲制上の問題をなんら引き起こさなかった。なぜならば、結局のところ、王は大臣たちの必要な助言を得ないで済ましたり、なされた助言を無視したりはしなかったからである。実際、王は、一部の支持者たちによる「王党《キングズ・パーティ》」結成の企てに強く抵抗した。それには、この支持者たちはとても歯がゆい思いを味わった。「我々は、本当に、王党であったか」と、一九四九年にビーヴァーブルック卿は、ウィンザー公爵の回顧録のゴーストライターであったチャールズ・マーフィーに打ち明けた。「だが、不幸にも、王はその一員ではなかった」[63]。けれども、既に見た通り、ある一時点では、王は大臣たちの意向に逆らうことを考えていたように見える。

退位危機は、君主政と密接にかかわっていた者たちの多くにとっては、その存続そのものに対する脅威と受け取られた。ジョージ六世伝の執筆者はこう断言している。「退位危機は短い期間のことだったからといって、また、それが巧みに回避されたからといって、それが極度に深刻ではなかったとか、もうちょっと状況が違っていても君主政の安泰が危殆に瀕することはなかった、などと信ずべき理由はない」、と[64]。ジョージ五世自身は、君主政が、退位の「衝撃と緊張で破壊されるかもしれない」と恐れていた[65]。だが、主として次の新しい王のおかげで、退位は、君主政の終わりではなく、「英国の君主政への賛成投票」であることが明らかとなり、庶民院に提出された共和制採用動議は、たった五票しか獲得できなかった[66]。しかしながら、この賛成投票は、立憲的、制限的、かつ慎みのある君主政という、特有のスタイルの君主政への賛成投票、つまり、既にジョージ五世によって確立されていたタイプの、伝統ある諸価値を持った君主政への賛成投票であった。

第六章　絶対多数党不在議会と比例代表制

一　絶対多数党不在議会の出現可能性

英国では、総選挙は単独多数派政権をもたらすのが普通である。ヨーロッパ大陸の大部分の国とは違って、英国では少数派政権や連立政権はなじみのあるものではない。確かに、戦時中や、一九三一年のような国家の緊急事態の際には連立政権が受け入れられる余地もあるが、これは止むを得ざる必要によるものだと一般に考えられてきた。総選挙で明白な結果が出ない場合には、連立政権ではなく単独少数派政権が通例となっている。このような事態は往々考えられているよりも頻繁に起こっている。二〇世紀になって、一九〇〇年から一九九二年までの間に実施された英国における二五回の総選挙のうち、明白な結果が出ないものが五回もあった。一九一〇年の一月と一二月、一九二三年、一九二九年、それに一九七四年二月の総選挙である。この他、第二次世界大戦後の三回の総選挙では野党と一桁台の差しかない多数派政権が生まれた。一九五〇年、一九六四年、一九七四年一〇月の場合である。一九七四年一〇月に施行された総選挙で選出された労働党の多数派政権は、補欠選挙と欠員によって、一九七六年四月までに少数派政権となり、一九七九年五月に総選挙を強いられるまで少数派政権のままであった。

絶対多数党不在議会《ハング・パーラメント》——即ち、どの一政党も〔庶民院で〕絶対多数を獲得できない議会——が発生する可能性は、例えば一九五〇年代よりも今日の方がはるかに大きい。これは主として、小政党所属の庶民院議員の数が今日の方が多いためである。一九五一年から一九六四年の間、保守党と労働党のどちらにも所属しない議員の数は九人を上回ることはなかったが、一九八三年以降は、その数が四四人を下回ることはなくなっている。この増加の理由は三つある。第一は、自由党系の得票が増えたことである。それは一九五〇年代には全体の六％にも満たなかったが、一九七九年以降は一八％を割ったことがない。第二は、北アイルランドの政党が本土の政党と分離したからであり、とりわけ、所属議員が一九七四年まで保守党の議席を占めていたアルスター統一党と保守党との間の連携が終ってしまったからである。第三は、スコットランドとウェイルズのナショナリストたちが台頭してきたからである。彼らは一九七〇年までは総選挙で一議席も獲得することができなかったが、一九九二年には庶民院に七名の議員を獲得している。近い将来の総選挙では、保守党と労働党のどちらにも忠誠を誓わない議員が少なくとも常時四〇名は選出されるであろうと思われるので、もし一議会の間中ずっと続くことが見込める安定多数を獲得したければ、おそらく、その政党はライバル政党よりも少なくとも五〇議席は多く確保することが必要になるであろう。戦後一四回行われた総選挙のうち、そのような結果が出たのは、一九四五年、一九五五年、一九五九年、一九六六年、一九七九年、一九八三年、一九八七年、一九九二年の八回である。一九九四年の選挙区割り変更後に行われた最初の選挙では、絶対多数を確保するには、労働党は保守党を二・一％、保守党は労働党を四・八％上回る必要があると言われていた。戦後、保守党が四・八％以上、上回ることができた総選挙は、一九五九年、一九七九年、一九八三年、一九八七年、一九九二年の五回しかない。労働党が戦後二・一％以上、上回ったのは一九四五年、一九五〇年、一九六六年、一九七四年一〇月の四回だけである[1]。

それ故、将来、絶対多数党不在議会が生ずるであろうという見通しが依然として極めて現実的なものであることは明らかである。このことは国王に関する様々な問題を提起するであろう。誰が首相に任命されるべきかはもはや明瞭ではなく、多くの政治的組み合せがあり得るからである。一九七四年二月に起こった絶対多数党不在議会を例にとって考えてみよう。そのときの選挙結果は表6・1のようになった。

この結果によれば、理論上、労働党の少数派政権、保守

表6・1　1974年2月総選挙の結果

政党	議席	総得票に占める割合(%)
労働党	301	37.1
保守党	297	37.9
自由党	14	19.3
スコットランド国民党	7	2.0
ウェイルズ民族党	2	0.6
北アイルランド諸政党	12	2.3
その他	2	0.8
総計	635	100.0

党の少数派政権、二党かそれ以上の連立政権が考えられる。多くの場合には、大政党と小政党が連立政権を組めば多数派政権を確保するのに十分であるが、一九七四年二月の結果は、(労働党と保守党の連立を除けば)《いかなる二党の組み合わせでも》連立多数派政権を形成し得なかったという点で注目すべきものである。従って、どのような多数派政権を作るにしても、少なくとも三党で構成しなければならなかったであろう。

では、こうした状況の場合には、政権形成、即ち組閣はどのように行うべきであろうか。特に、様々な可能な組み合わせの中から国王は、誰に組閣の最初の機会を与えるべきかをどのように決定すべきなのか。極めて複雑な政権形成手続において国王が果たさなければならない役割を、政治的に不偏不党を維持するという立憲君主の第一の義務と調和させることは可能であるのか。

絶対多数党不在議会においては、憲制上、二つの問題が生じる。組閣を行わせるために国王が誰を召喚すべきかを規定しているのはいかなる慣例か、及び、国王の解散大権の行使を規定しているのはいかなる慣例か、という二つの問題である。

二　首相の進退

デンマークがその例であるが、多党政治が政治生活のもつ特徴として受け入れられていて絶対多数党不在議会が頻繁に生ずる憲法・憲制の下では、首相は、自分が留任できるか否かいささかなりともはっきりしないときには、選挙後に辞任するといった慣例があることや、あるいは、新しい政権が誕生するまで暫定政権として政治上の権限を限定されたかたちでその地位に留まるといった慣例があることがある。しかし、英国にはそのような慣例はない。英国の統治制度は首相が選挙後すぐに辞任することを求めてはいない。それどころか、現職の首相は、庶民院での信任を失わないうちは、望むなら、その職に留まる資格がある。

政党の境界が今日よりも流動的だった一九世紀前半には、政権運営を続けていくに十分な支持を確保できるかどうかを試すために、首相が総選挙の後に議会に臨む習慣があった。ディズレイリは一八六八年にこの慣行と縁を切った最初の首相であった。彼はグラッドストン率いる自由党が総選挙で絶対多数に達したことが明らかになった直後に辞任した。それ以来、ライバル政党が絶対多数を確保したことが明らかになると、首相は議会に臨まずに、必ずすぐに辞任するようになっている。その理由は、最初の重要な投票で必然的に敗北することが目に見えているときに、首相の座にしがみついて議会に臨むのを待っていても何にもならないということにある。

しかし、その論理的帰結は次のようなことにならざるを得ない。即ち、選挙結果が明白なものでない場合には、内閣は庶民院が〔不信任という〕評決を下す前には辞職する必要はなく、また、選挙の結果、絶対多数党不在議会が生まれた場合は、首相は当然、庶民院の見解を確かめるだろうということである。保守党が絶対多数に五〇議席足りなかった一九二三年一二月に行われた総選挙の後で、保守党の首相であるスタンリー・ボールドウィンはこの挙にでた。第一党の党首たる者として、また、自由党が労働党に権力を握らせたがっていることを有権者に証明したかったために、ボールドウィンは一九二四年一月に議会に臨む決断をするが、すぐに、勅語奉答文に対する不信任修正案の成立により敗北を喫して辞任した。

しかしながら、二〇世紀には、第《二》党の党首となった首相が議会に臨んだ例はない。一九二九年のボールドウィンも、一九七四年のエドワード・ヒースも、議会に臨むことなく辞任してしまった。首相が第二党の党首となりながら議会に臨んだ例を探すには、一八八五年まで遡らなければならない。保守党出身の首相だったソールズバリ卿は、保守党が総選挙で自由党の獲得議席数に八六議席及ばなかったことから、議会の意見を確かめようとした。彼の目的は、自由党が、第三党であるアイルランド国民党の支持だけで組閣しようとしていた事実を明らかにすることにあった。一八八六年一月に議会が開かれるとすぐに勅語奉答文に対する修正案をめぐってソールズバリは敗北し、その直後に辞任した。

このように、絶対多数党不在議会において首相が第二党の党首となった二〇世紀における二つの例を見ると、議会が開かれる前に政権の交代があったことがわかる。一九二三年のときとは対照的に、スタンリー・ボールドウィンは、労働党が第一党となった一九二九年には、議会に臨まずに辞任してしまった。ところが、一九七四年に行われた総選挙の後、現職の首相であるエドワード・ヒースはすぐには辞任せず、自由党党首ジェレミ・ソープに接近し、自由党が政権に参加する連立の話をもちかけた。表6・1の数値を見れば明らかな通り、この連立が実現すれば、この保守＝自由連合は庶民院でも最大の単一連合となったはずであったが、それでもまだ絶対多数には足りない。そこで、ヒースはアルスター統一党党首ハリー・ウェストにも接近し、アルスター統一党の議員一一名のうち、ペイズリー派を除く七名を保守党の院内幹事にすると申し出た。この申し出によって彼の政権は絶対多数を維持するのに十分な議席数になるはずであった。

しかし、アルスター統一党は一一名全員にその地位が与えられないことを理由に保守党の院内幹事職を引き受けることを拒否し、一方、自由党は共同綱領への政権外部にあっての積極的な支持を表明したものの、連立政権参加への誘いは拒否した。自由党の連立政権参加の拒否を知ると、ヒースは議会に臨まずに辞任した。

憲制のエキスパートであるクラウザー＝ハント卿は、一九七四年三月四日付の『タイムズ』紙において、ソープとの交渉と選挙結果を知らされた直後に辞任することを拒否したヒースの姿勢とを、「憲制違反にも等しい行為である」として痛烈な批判を浴びせた。ちなみに、彼はその直後にハロルド・ウィルソン率いる労働党政権の大臣に就任している。クラウザー＝ハントの主張は、選挙の後で所属政党が第二党となった首相が辞任しなかった例は二〇世紀になってからは一つもないという事実に基づいていた。反対の例が最後に起こったのがほぼ百年前のことであるということは、首相が依然として第一党の党首である場合のみ議会に臨む資格があるという趣旨の慣例が既に出来上がっていることを意味している、とクラウザー＝ハントは考えた。

しかし、この主張は認められない。ヒースの立場にいる首相であれば自分の政権を維持するために議会から十分な支持を取り付けることはまだ文句なく可能であったろうし、もしその可能性があったのなら、首相がそれを確かめる行為は憲制に反しているとは言えない。確かに、ヒースは選挙結果が報告されてすぐに辞任をしなかったせいで「潔くない敗者《バッド・ルーザー》」という批判を招いたが、たとえ多数を構成することはできなくても議会に臨んでいれば、おそらくそれ程ひどい反感は招かなかったであろう。実際、ヒースはそうした方針をとるようにとの賢明な助言を受けていたが、それは当然なことであった。自由党が労働党に政権を握らせようとしていたことを国中に知らしめることによって、彼が戦術上有利な立場を手にすることも決して不可能ではなかったからである。

面白いことに、ヒースの辞任を受けて労働党少数派政権の首相に就任したハロルド・ウィルソンは、ヒースの行為が憲制に反するとは考えなかった。一九七六年に彼は次のように書いている。

保守党が労働党よりも議席を減らし、連立相手を見つけることも難しかったのだから、労働党党首が連立相手を見つけるよう試みるよう、〔宮殿に〕召喚されるべきであったという意見がある。それは先例に反していただろう。首相はまだダウニング街にいたのだ。もし彼が辞任したならば、そのときには新しい状況が生まれたであろう。あるいは、連立を組まずに議会に臨んで敗北を喫したならば、そのときに彼は辞任したであろう。実際には、埋めるべき空席は何もなかったのだ。[2]

ブラッドリーとユイング、それにブレイクといった憲制の権威は、総選挙後に首相の党が最大多数かどうかにかかわらず、首相は議会に臨むことができるという見解を支持した。[3]

しかし、もしヒースが自由党あたりと連立を組むことに成功《していたならば》、彼の政権の性格は変わっていたであろう。そうなったら、もはや単独政権ではなく、連立政権となる。マクドナルドとチャーチルがそれぞれ一九三一年と一九四五年に行ったように（一九一五年にアスキスは行わなかったが）、ヒースは、彼の政権の性格の変化を明らかにするために辞任して、その後首相に再任されるようにしなければならなかったのであろうか。また、もし彼が辞任したなら、庶民院の第一党の党首ではなく、また、自由党と連立を組んでも多数を制することができないのに、女王は必ず彼を首相に再び任命しなければならなかったのであろうか。そうするかわりに、女王は庶民院の第一党である労働党の党首ハロルド・ウィルソンを任命してはならなかったのであろうか。幸いにも、こうした憲制上のジレンマには、君主政は直面せずに済んだ。

付言すれば、議会に臨まないうちにヒースが辞任した事実は、〔庶民院で〕最大議席をもたない党が議会に臨んだ例が二〇世紀には全くないということを意味する。それ故、二番目の議席数しかない政党が議会に臨むことを主張するのは尋常でないと思われるかもしれず、また、民衆は、絶対多数党不在議会では、最大議席数をもつ党すらそれが選挙に「勝った《ウォン》」というのは、クリケット風に言えばいささか姑息《アンスポーティング》であると考えるかもしれない。しかし、それが当たっていようといまいと、現政権が庶民院で敗北するより先に退陣を強いられることはあり得ないし、現政権が退陣するまでは国王は行動を起こせる立場にない。内閣が総辞職するまでは空席がないので、誰を首相に任命するかという問題は生じない。従って、現政権が実際に辞任して初めて国王は問題に直面する。その際生じ得る特に厄介な問題は次の二点である。

一・国王は首相として第一党の党首を任命すべきか、それとも庶民院の多数の支持を得るに最適任の党首を任命すべきか。当然ながら、この二つの判断基準は同じ結果をもたらすものではない。

二・総選挙後庶民院で敗北を喫するまで現職の首相がその地位に留まる権利は、現職首相と同じ党の所属で、組閣するのにヨリ適任であることが判明した別のリーダーがいる場合にも認められるべきものなのかどうか。

第一の問題は、首相に、連立多数派政権、あるいは（一九七七年から七八年の自由党＝労働党協定のような）政権外からの支持と共同綱領に基づいて運営される少数派政権ではなく、単独少数派政権を作る任務を与えるのは正当かどうか、という問題である。

第二の問題は、現職の首相の座は首相個人のものなのか、それとも首相が所属する政党のものなのかという問題である。この二点を以下、順に論じよう。

三　単独少数派政権の可能性

政府は庶民院の信任を得なければならないという議会制的統治体制〔＝議院内閣制〕の根本原則は、残念ながら両義性を免れない。この原則は、政権が庶民院の多数派の《積極的な》支持を得ること、という意味にもとることができるし、政権に《反対する》多数派が庶民院には存在しないこと、という意味にもとることができる。絶対多数党不在議会では、政権は庶民院の信任を得なければならないという原則の第一の解釈は、連立多数派政権か、あるいは外部からの支持と共同綱領に基づいて運営される少数派政権を必要とする。第二の解釈は、単独少数派政権を許容するものであるが、そうした政権は、ことによると、毎日をどうにかしのいで、多数を勝ち取らんとして戦術的な解散を模索するかもしれない。七ヶ月間少数派政権の首相を務めたハロルド・ウィルソンは、一九七四年一〇月にそうした解散を行なった。

上記二通りの解釈は混同され易い。実際、ブラッドリーとユイングは有名な憲法教科書の中で、この二つの解釈を混同している。彼らはこの二つの基本原則を一まとめにして、「首相を任命する際、国王は庶民院の多数派の支持を得る見込みの最も高い人物を任命しなければならない」こと、《及び》総選挙後に首相が辞任したときには、「女王は（一九二九年と一九七四年の例のように）最大議席数を持つ政党の党首か、（労働党と自由党の連合による投票によってボールドウィンが敗北した後の一九二四年一月の例のように）第二の議席数を持つ政党の党首を召喚する」ことの《双方》を基本ルールであると述べている。[4] 普通ならば、もちろんこの二つの判断基準は両立するが、絶対多数党不在議会では乖離する。では、過去にはどちらが選択されてきたのであろうか。少数派政権であろうか、それとも多数派の連立政権であろうか。

今世紀になって、総選挙で過半数の議席をもつ単独政党が生まれなかった場合（一九一〇年の二回の選挙、一九二三年、一九二九年、一九七四年二月の総選挙）に誕生したのは全て単独政権であって、連立政権ではなかった。おそらく二〇世紀で唯一純然たる三党の争いになったといえる一九二三年の選挙はその水際立った例である。保守党の首相ボールドウィンが施行した総選挙の結果は表6・2の通りである。一九二四年一月にボールドウィンが庶民院に臨んだ際、彼は勅語奉答文に対する修正案に敗れて辞任した。そこで、国王は労働党党首であるラム

表6・2　1923年総選挙の結果

政党	議席	総得票に占める割合(%)
保守党	258	38.1
労働党	191	30.5
自由党	159	29.6
その他	7	1.8
総計	615	100.0

ゼイ・マクドナルドを召喚し、彼を首相に任命した。彼の党は庶民院の絶対多数よりも一一七議席少ない全体の三分の一の議席しかなく、党への得票率も全体の三〇％そこそこであったにもかかわらず、そうしたのである。ヨーロッパ大陸の幾つかの政治体制であったならそうはいかなかったであろうが、マクドナルドは《庶民院の多数派によって支持された》政権を形成することができるかどうかに関しては問われなかった。もしそれを問われたなら、彼は自由党から支持の誓約を取り付けることを求められたであろう。そうなれば、その支持を得るために、彼は自由党に閣僚ポストの提供を申し出たであろうし、共同綱領の策定も申し出たかもしれない。一九三一年には、これとは対照的に、王は、庶民院の多数派の支持を集めた政権でなければ経済危機を打開できないと考え、多数派政権を確保することに決めたのであった。

　だが、絶対多数党不在議会では、首相が多数派の支持を追い求めることを通常は要求されないことは明らかである。このことは政党の命運に重大な影響を及ぼす。ことによると政治制度の将来にも重大な影響を及ぼすかもしれない。絶対多数党不在議会では、保守党も労働党も、〔現在の英国の第三党である〕自由民主党と連立多数派政権を組むよりも、他党との正式な協定を結ぶ必要のない単独少数派政権を選択するであろう。連立を組んだ場合、自由民主党を政権政党として復活させてしまう効果があるからである。まさにその同じ理由から、自由民主党は、二大政党のうちの一つが組閣を認められる前に自分たちと交渉をしなければならなくなるような立場をとろうとしたのである。

　従って、先例に基づいて行動するならば、国王は絶対多数党不在議会の政権に過半数の支持を集めることを求めないであろう。先例から離れるならば、自由民主党と条件の交渉をすることなしに首相が少数派政権を作ることを認めていないということで、国王は、幾分か自由民主党の方を向いているとする二大政党側からの批判に曝されるであろう。一方では、自由民主党はこの制度の運用は自分たちに不利になっているというもっともな主張をする可能性がある。

実を言えば、現在の諸慣例は政治的には中立ではない。もしかするとそうはなり得ないのかもしれない。現在の諸慣例は二大政党には有利だが、自由民主党には不利である。英国の議会制の基本にある諸慣例は本来が二大政党制的《デュアリスティック》であり、一見すると絶対多数党不在議会において舵取り役をかうことのできる強い立場にありそうに見える第三党が、その立場をうまく利用するのは容易なことではない。実際、一九一八年以来の三度の絶対多数党不在議会（一九二三年、一九二九年、一九七四年二月）で、自由党がどの場合もその要の立場をうまく利用することができなかったことは注目に値する。おまけに、自由党はそれに続く総選挙で議席も票も失った。いずれの場合にも、自由党は人気のない政権と手を組み、しかも十分な影響力を発揮できなかったためである。しかし、本質的に二大政党制的な英国の現行の諸慣例は、一九八〇年代のときのように二大政党が〔小政党の〕挑戦を受けたり、もしくは比例代表制が導入されたりすれば、厳しい圧力を受けることになろう。

四　首相の地位は誰のものか

論議をよぶ状況の第二のものは、政権についている政党が他党との連立や協定の実現を図って、選挙後すぐに党首を替えようとした場合に起こる。そうしたことは一九二三年の総選挙の後にもう少しで起こるところだった。絶対多数を勝ち取ることが出来なかったために、指導的立場にある保守党員たちの多くは、ボールドウィンがたった一年間で議会を解散させてしまったのは重大な判断の誤りであり、それ故彼は更迭されるべきだと考えた。更に、保守党員の多くは、別の党首ならば、自由党との連立や協定を実現することができたかもしれず、そうなれば、庶民院で絶対多数を制することになり、労働党を野党のままに留めることができたであろうと考えた。

結局、ボールドウィンを退ける企ては失敗に終わったが、もし成功していれば、ジョージ五世は深刻なジレンマに直面したことであろう。仮に、他の保守党員が党首になり、しかも、その新しい保守党党首は自由党が協力できる人物であったとしよう。ボールドウィンが辞任したとき、ジョージ五世はこの新しい保守党党首を宮殿に召喚すべきであろうか、それとも逆に、庶民院で絶対多数を確保する可能性は全くない場合であっても労働党党首を召喚すべきであろうか。このシナリオの場合もまた、例えば保守党と自由党の連立政権のように庶民院での多数派の支持を得られる政権と、少数派政権との間の葛藤をもたらすことになる。

ボールドウィンが辞任したら直ちに組閣のために新しい保守党党首を宮殿に召喚することをよしとする論拠は次のようなものである。もしも現職の首相が庶民院において有権者の審判を確かめる権利を有するとすれば、その権利がその首相に帰属するのは、その人物が内閣及び党の指導者たる地位にあるからである。現在の党首がたまたま自由党の受け入れ得ない人物であったというただそれだけの理由で、そうでなければ採り得たはずの選択肢を保守党は奪われるべきではない、という主張もあり得よう。間接証明法を用いるために、ボールドウィンが総選挙の直後に死亡したか暗殺されたと仮定してみよう。この種の出来事は庶民院の意見を確かめる機会を保守党から奪うものであろうか。

更に言えば、英国は議会制的民主政の国であり、プレビシット型民主政の国ではない。有権者の憲制上の責任は、選挙で投票することにあるとも言えるだろう。こういう状況の場合のように、有権者がはっきりとした声で語らず、どの政党にも絶対多数を与えなかったならば、責任は議員たちに委ねられる。目下仮定されている状況では、議員の多数は特定の政治的色彩を持った政権――保守＝自由連立政権――を支持することに同意したのであるから、少数派議員――労働党支持の議員――の希望を多数派議員の希望に優ることを認めるのは間違いであろう。

もし、こうした議論が受け入れられるのならば、現職の首相の座は首相個人のものではなく政党のものだということになる。首相がその地位を保持する理由を、首相の個人的資質によるのではなく、庶民院の信任を得ている政党の指導者であるということに求めているのが現代政治の現実である。この理由付けによれば、目下仮定している事例では、ボールドウィンが辞任したならば直ちに国王は新しい保守党党首を召喚すべきであったことになる。

しかし、これとは逆の有力な論拠も存在する。その前の一九二二年に行われた選挙では三四五議席を獲得した保守党が、一九二三年の選挙の際にはたった二五八議席しか獲得できずに絶対多数を失ってしまったことを思い出すべきである。保守党は有権者に見捨てられたと主張することもできよう。労働党は議席を四九増やし、一九二二年に獲得した一四二議席を一九一議席にまで増やした。もし労働党が第二党ではなく第一党となっていたなら、当然この主張は一層力強いものになっていたであろう。

更に今度は、国王が新しい保守党の党首を召喚したが、保守党と自由党の連立政権が不安定となった場合を仮定してみよう。保守党と自由党の議員たちによって誠意をもって結ばれた連立政権が、たちまちのうちに崩壊する可能性は疑いなくあった。例えば、保守党と連立を組むことに反対する自由党の支持者団体による草の根の反乱もあり得た。彼らは信用のできない保守党政権を自由党が支えるのを見るために自由党を支持しているのではない、と主張したかも知れない。それと似たようなことが一九二六年にカナダで起こった。保守党党首アーサー・マイエンは、第三党である農業党から彼の政権を支持する旨の確約を文書でもらった。しかしながら、不運にも、農業党党首は自党の支持を十分に得ることができず、マイエン政権は僅か五日で崩壊してしまった。こういうことが目下仮定している状況のもとで生じたとすれば、国王は、一九二六年のカナダ総督ビング卿がそうであったように、ひどく困惑したことであろう。目下の仮定の事例において、保守党首相下の連立協定が潰えた場合、首相は解散か辞任かの選択を迫られたであろう。どちらにせよ、国王は困難な決定を迫られたであろう。もし首相が解散を求めたなら、総選挙を施行したばかりの党に対し解散を認許するのか、それとも労働党が少数派政権を担うことを認めるのか、国王はいずれかの決定をしなければならなかったであろう。首相が辞任すれば、国王はおそらく労働党に声を掛けなければならなかったであろう。首相がどちらの方法を選択するにせよ、国王は労働党支持者たちから、労働党を無視したと非難され、また、労働党を政権から排除するために不自然な連立政権の成立を認めたと批判されたことであろう。

更に、政権を選ぶのは有権者ではなく議会であるという主張も決して論駁できないものではない。形式的観点から見ると、政権の性格を決めるのは明らかに議会だが、近代においては政権を選択するのは普通は有権者である。選挙運動の間はお互いに闘った二つの政党が選挙後に連立や協定によって結び付こうとすると、有権者は騙されたと感じるかもしれない。連立は選挙の前に行われるべきであって、投票結果が出た後であってはならないという議論も成り立つであろう。

現職の首相の座は首相個人のものなのか、それとも首相が所属する政党のものなのかということをめぐる論拠は、見事なまでに相拮抗し甲乙つけ難い。ことによると、次に述べることがその問題の妥当な解決法として受け入れられるかもしれない。

もし現在の政権党が一九二三年の事例の場合のように第一党だとすると、庶民院の意見を確かめる最初の機会が第一党に与えられるべきだと論ずることには強力な理由がある。従って、目下仮定している事例では、ボールドウィンが辞任したとき、国王は労働党党首ではなく新しい保守党党首を召喚すべきであったということになる。

しかし、状況が異なり、一九二九年と一九七四年二月の場合のように、現在の政権党が議席数の点では第一党ではない場合、現職の首相の座は《個人》に帰属し、政党には帰属しない。そうでなければ、もし国王が、現職首相の座が政党にあるかのごとくに行動し、その結果仮定の事例での保守党と自由党の連立政権が崩壊した場合、国王は、ことによると不当に、非難を受けるかもしれない。他方で、もし国王が労働党に政権を担うよう求め、しかもその党が〔不信任投票で〕敗北した場合、国王は、第一党〔＝労働党〕の党首を首相に任命することにより、選挙結果に従って行動していたのだといううまい言い訳ができるだろう。

こうした状況が生じる可能性は多分極めて少ないであろう。一般的に言って、現職の首相は、もし自分がもはや庶民院における第一党の党首ではないと考えるようになれば、一九二九年にボールドウィンが行ったように、速やかに辞任するであろう。しかし、上記の例は、突飛なようではあるが、絶対多数党不在議会が発生した際に生ずる複雑な状況下で国王が果たす役割を理解する上でかなり重要である。国王は自分の行動の結果が悪しきことになる場合の分析を常に行わなければならない。国王は最も起こりそうもない事態に対しても自分を護らなければならないし、また、悪しき事態になった場合にも確実に言い訳がたつようにしておかなければならない。この原則は、国王の裁量権行使のもう一つの主要な問題、即ち、国王が解散を拒むことができるとすればそれはいつか、という問題を考える際にも等しく適用されるべきものである。

五　国王による解散拒否の可能性

普通の状況下では、国王は首相の求めに応じて議会を解散する。庶民院で多数派を擁する内閣に対し国王が解散を拒否するようなことがあれば、その内閣は当然辞職するであろうが、国王は議会の信任を確保できるそれに替わる別の政権を見つけ出すことはできないであろう。ところが、絶対多数党不在議会においては、存続可能な替わりの政権があることがある。それでは、いかなる状況の下ならば国王は解散を拒否できるのであろうか。

この問題に対しては、国王ジョージ六世の書記翰長サー・アラン・ラスルズが一九五〇年に権威ある回答を行っている。ラスルズのステートメントは書簡の形式で五月二日付の『タイムズ』紙に「セネックス」という匿名の下に掲載された。彼は次のように述べている。

首相は国王が自分に議会の解散を認許されるよう――要求するのではなく――要望できること、及び、国王はそのように判断されればその要請の認許を拒否できることは、議論の余地のないこと（それにコモンセンス）である。そのような判断の問題は完全に国王に一身専属的な問題である。ただし、国王はご自分が相談するにふさわしいと思う誰にでも非公式な助言を求める自由があることはいうまでもない。この問題につき公に論じうる限りで言えば、賢明な国王――つまり、真の国益と憲制と君主政を深く心にかけておられる国王――ならば誰しも、次の諸点にご不満がない限りは、首相に対し解散を拒まれることはないと受け取って差し支えない。即ち、㈠今ある議会にいまだ活力があり、存続可能で、その任務を果たす力があること。㈡総選挙を実施することが国の経済にとって有害であること。㈢庶民院に実質的な多数派をもち、然るべき期間その政権を維持できる他の首相を見つけるあてがあること。

このステートメントは、実際に国王の書記翰長によって書かれたものであるだけに、当然ながら極めて大きな影響力があった。それにもかかわらず、これには限定が必要かもしれない。「庶民院に実質的な多数派をもち、然るべき期間その政権を維持できる他の首相を見つけるあてがあること」というラスルズの第三の要件が最も重要である。この要件は、解散を拒否する十分条件ではないにせよ必要条件となっている。国王は、もう一人の人物なら実質的な多数派を確保できると思って初めの首相の解散の申し出を拒否し〔て新しい首相を任命し〕たところ、その予想が外れて困惑したり、また、ライバル〔＝前首相〕には解散を拒否したのに二番手の首相には解散を認許せざるを得なくなったりといったことは何としても避けなければならない。こうした厄介な事態に、一九二六年にカナダでビング総督が実際に遭遇した。総督は、その議会で存続し得る政権を作ることができるという保証を野党の党首アーサー・マイエンから得た後で、マッケンジー・キングに対し解散の要請を拒否した。ところが、マイエンはほどなく下院で敗れ、ビングはキングからの解散の要請に同意した。ラスルズが書簡に記したように、彼が規定した条件は満たされているかに見えたが、「結局、三番目の条件は幻想であった」。予想されていたのとは反対に、マイエンの政権は存続可能ではなかったからである。第二次大戦直後のある指導的な政治家に宛てた手紙の中でサー・アラン・ラスルズは次のように述べている。

　フォークという悪い奴《オールド・ラスカル》から自分も自分の政党である農業党もマイエンに投票するという約束を取りつけた後で、マイエンは誠実な気持ちでこの保証を与えた。この保証は完全に空手形だった。幾日もたたぬうちにフォーク一党は寝返った。マイエンは敗れ、ビングは（この上なくまずいかたちで）マイエンに解散を許した。

　その結果は、M・キングが圧倒的多数で戻ってきた。ビングは極めてみじめな立場に置かれ、フォークは上院議員となった。[5]

一九二六年の状況の中で、もしもビング卿がマイエンに解散を認めずに拒否していたなら、ビング卿の困惑もことによると最小限に抑えられていたかもしれない。マイエンは辞任を余儀なくされたであろうし、そうしたらビングがキングをもう一度召喚してキングに解散を認許することもできたであろう。別な政権が成立し得ない以上、その議会の役割が既に終わっていたことは確定していたのであるから。明らかにそれが当時のマイエンの考えだった。彼はウィンストン・チャーチルに次のように語っている。「これ以上続けられないとわかったとき、自分はもう一度キングを呼びにやるようにと総督に実際に進言した。それが憲制上の正しい手続だと考えたからである」。マッケンジー・キングもこのような憲制の解釈に同意していたように思われる⑥。

ラスルズの書簡に示された第三の条件が肝要なものだとしても、残りの二つの条件はもう少し問題のある条件である。総選挙を実施することが国の経済にとって有害であるか否かは、本来は国王が決定する問題ではない。政治家がこれに同意しない場合があるし、国王は、何が「国益を損ねる」ものであり、何がそうでないかを決める審判の立場に身を置くことはできない。ただし、戦争や国家の非常事態や大変深刻な経済危機といった極端な状況があるときに、総選挙を実施するのがほとんど不可能な場合がある。この理由から、ジョージ五世は一九一六年に解散を認許することを渋った。ジョージ五世は「戦時の総選挙は団結を乱す恐れがあるとして反対」した⑦。一九三一年八月にジョージ五世は、通貨危機のさなかの解散は不可能であり、それ故必要な経済諸法案を通すことのできる政権を現在の庶民院のなかで形成しなければならない、という見解をとった。

「今ある議会にいまだ活力があり、存続可能で、その任務を果たす力があること」というラスルズが示した第一の条件も幾らか限定する必要がある。これにも国王がほとんど行うことのできない政治的な価値判断が含まれている。それにもかかわらず、議会が任期満了間近でいずれにせよ近い将来解散は避けられないのか、あるいは、議会は最近選挙されたものであるのか、といった問題を国王がある程度考慮するのは正当なことであろう。

ラスルズの第三の条件は最も重要であるが、それは、どのような状況のもとで国王には解散を拒否する《権限がある》のかを述べたものである。実際には、英国では（一九〇五年のカンベル＝バナマン、一九一〇年一一月のアスキス、一九二四年一〇月のマクドナルド、一九七四年九月のウィルソンの場合にように）少数派政権に対して解散が認許された場合は全て、それに替わる政権を作ることが明らかに不可能で、国王にも代案がない場合であった。このことから、替わりの政権を作ることが可能であっても国王は少数派政権に対し解散を機械的に承認するものだ、ということは帰結しない。一九二四年にマクドナルドに対し解散を認許する前に、ジョージ五世は書記翰長を通じて二つの野党に対し組閣するつもりはあるかどうかを質している。このように、国王は、替わるべき政権が見つかる場合を《除いて》解散を拒否できないのである。もちろん、そのことは、替わるべき政権が見つかる状況のときには国王には解散を拒否《しなければならない》ということを意味しない。国王が拒否をする裁量権を行使することができるか否かは他の要因にも依存するに違いない。そのような要因には次のような項目があると言われている。

一・戦争もしくは国家の非常事態。一九一六年にジョージ五世はボナ・ローに対し、要請されても解散には同意しない、と述べている[8]。一九三一年には、きちんとした予算ができる前に解散を求められても、王は拒否していたであろう。

二・現在の議会はどのくらいの期間存続してきたのか。

三・解散を求めている首相は、その前の解散を認許されてからまだ間もないのかどうか。極端な例をあげると、一九二四年のボールドウィンのように、絶対多数党不在議会を生み出した総選挙後に、勅語奉答文で敗北をした現職の首相に二度目の解散を求める資格が《ない》ことは疑いない。もっともそうはいっても、それに替わる政権が見つからない場合は解散を認許せざるを得ない。二度目の解散の資格が認められるまでに政権はどのくらいの期間続かなければならないのかについては、もちろん厳密なことは何も言えないが、少なくとも、この〔勅語奉答文による首相の所信表明をめぐる討議という〕議会での最初の試練は生き延びなければならない。そうでなければ、選挙を施行して敗北した首相は何度も解散をものにすることができることになるが、それは「有権者に対する勝利ではあっても、有権者の勝利」ではないことになろう[9]。

四・替わりの政権――これは連立政権である場合もあ

る――は、ある然るべき期間存続する見通しがあるのかどうか。国王は第二党が立てた誓約がその通り果たされる見込みがあるのかどうかに関して優れた政治的判断を行なわなければならないであろう――一九二六年のカナダではそうした誓約は果たされなかったが。更にまた、議会においてなされた協定が、当該政党の院外の指導的な党員たちによって支持されるであろうか否かについても同様である。もしそうした支持がなければ、その協定が生き残る可能性はかなり減ってしまうであろう。一九三九年に南アフリカ総督サー・パトリック・ダンカンは、ヘルツォッグが要請した解散を拒否する前に、スマッツが替わりの政権を作ることができることを真っ先に確信した。それとは対照的に、ビングはそうした確信を持てなかった。マイエン政権が生き延びるか否か不確実であると彼が気づかなかったはずはなかったから、彼は賭けに出たのだ。しかし、国王も総督も賭けなどをやっている余裕はないのである。

もちろん、これらはかなり込み入った問題であり、これらの問題の解決に努めるとき、国王は不偏不党の立場を維持するだけではなく、実際にそうであると見られるようにしなければならない。一般的には、国王は先例に従い、また、本当に疑わしい場合であっても解散を認許することによって、自らの不偏不党性を最もうまく保つことになる。国王が先例に従って行動しないで解散を拒否するならば――一九二六年のカナダの例のように――替わりの政権が生き残れなかったり、院外で受け入れられなかったりするかもしれず、そうなると国王が非難されることになる。他方、国王が解散に同意するなら、国王は有権者に争いを解決するよう求めるだけである。その結果につき国王を非難するのは〔解散を拒否した場合よりも〕ずっと難しい。国王は慎重に事を運ぶことが見込まれるから、国王が解散を拒否することは、それを是とする論拠が全く異論の入り込む余地のものでない限りおよそありそうもなく思われる。

一般的に言って、国王は、解散を認許することが民主的な諸権利の表明ではなく、民主的諸権利に対する侮辱である場合に限り解散を拒否する権利をもっている。例えば、現職の首相が勅語奉答文で敗北したあとで解散を求めたときに、替わりの政権が明らかに形成可能である

表6・3　少数派政権

政権党	総得票に占める割合(%)
労働党（1924年1—10月）	30.5
労働党（1929年5月—1931年8月）	37.1
労働党（1974年3—10月）	37.1

場合や、首相が自分の内閣や党からの支持を失った場合に[10]、国王が解散を拒否するのは、立憲統治を損ねることではなく、それを擁護することである。このような状況においてのみ解散の拒否は正当化できる。

絶対多数党不在議会における国王の立場についてこれまで概観してきたことから結論を二つ導き出せるであろう。第一は、国王は、庶民院の多数派の支持を獲得できることを示すよう首相候補に要求することはないということである。通常、党首は、多数を制することができることという条件なしに組閣することを求められる。

第二は、理論上は、国王は解散の拒否権を保持しているが、実際には、それを行使することは例外的な状況に限定されることが見込まれるということである。通常、少数派政権の首相は自分が選んだときに解散を手にするすることができる。例えば、一九二四年のラムゼイ・マクドナルドや一九七四年九月のハロルド・ウィルソンがそうであった。

このように憲制上の諸慣例は、絶対多数党不在議会においては、連立多数派政権よりもむしろ少数派政権が作られるべきことを定めているのである。もっとも、そうした諸慣例は必ずしもよき統治に寄与するものではないと言うことはできよう。過去には少数派政権は短命で非力であった。更に、少数派政権は民主主義の規範を骨抜きにしがちでもある。少数派政権は投票者の三〇%から三八%を代表しているに過ぎず、多数決の原理とは全く違うものだからである（表6・3参照）。こうした理由で、ある解説者は次のように言った。「少数派政権が標準となった将来など、考えるだにおぞましい[11]。」

六　英国における比例代表制

これまで分析してきた憲制ルールは、英国の政治制度における二大政党制的前提を際立たせるものである。これらの憲制ルールは、明白な結果を生まなかった総選挙後の混乱の時期に、戦術上の地位を与えることで現職の首相を有利ならしめている。これらのルールは単独少数派政権の成立を促すものであり、小政党の犠牲のもとに大政党の地位を強め、首相が、他の政党と相談したり、庶民院で多数を制することのできる政権を形成する交渉をしたりする必要のないようにしている。

しかし、憲制慣例は真空の中に存在しているのではない。それどころか、憲制慣例は政治権力の現実を反映している。上に述べてきた慣例は、二大政党政治の時期において国王が不偏不党性を維持するのを助けている。これらの慣例は、絶対多数党不在議会は多数派政権が交代する時期に存在する稀な幕間の存在に過ぎないと想定している。そのように捉えられた二大政党制は、一八六七年の第二次選挙法改正法の時代以来の英国政治の現実となってきた。この二大政党制は度々挑戦を受けてきた。一九世紀のアイルランド国民党、一九二〇年代の自由党、一九八〇年代の自由党＝社会民主党連合からの挑戦である。いずれの挑戦も手強いものであったが、二大政党制は生き延びた。しかし、この二大政党制が永久に続くという保証はない。

まず初めに、絶対多数党不在議会が続いて二度生じたと仮定してみよう。一九七四年にはそれがもう少しで生じるところであった。一〇月に行われたその年の二回目の総選挙によって、労働党は僅か三議席差で絶対多数になった。この時、二度目の絶対多数党不在議会になっていたとしたら、現在の慣例は多分変更を求める圧力を受けていたであろう。女王は、二回目の選挙の直後に三回目の総選挙を行っても、政治状況はあまり変わらないだろうというもっともな見解をとっていたであろう。こうしたことの故に、国王は、将来、解散の要請を検討する際に、一層厳しい態度で臨む必要があると多分考えるようになるであろう。そうなった暁には、絶対多数党不在議会は単独多数派政権の期間の合間に生ずる不幸な空位期間に過ぎないという想定を維持することはもはや不可能である。そうした事態になったなら新たな慣例を発展させざるを得ないであろう。

英国が比例代表制選挙制度を採用したなら、新しい慣例を発展させざるを得ないことは確実である。比例代表制の下では、投票者の五〇％の支持を獲得して初めて一つの政党が庶民院で過半数の議席を確保することが可能となる。しかし、政権が投票者の五〇％の支持を獲得したのは一九三五年の選挙が最後である。従って、実際には、比例代表制の下では、大抵の議会は絶対多数党不在議会になってしまう。比例代表制を採用しているヨーロッパ大陸の国々では既にそうなっており、単独多数派政権は極めて稀になっている。

終戦直後の時期には、比例代表制は英国では決して導入することのできない奇抜な処方箋と考えられていた。だが、英国がそれを採用することはもはや決して考えられないことではなくなっている。自由民主党の前身である自由党は一九二二年に初めて比例代表制を支持した。しかし、最近になるまで、主要な政党の中で、その制度を支持してきたのは自由党一党だけであった。ところが、一六年以上も野にあって鍛えられた労働党は、近年になって、選挙制度改革に以前よりも共感を示すようになってきた。一九九二年、ジョン・スミスは労働党政権になったら選挙制度につき国民投票を行うことを労働党の党首として公約した。この公約は、一九九四年のスミスの死後、労働党党首に選出されたトニー・ブレアによって改めてなされた。

比例代表制は多党政治を定着させるのに仕えるであろう。政治権力の新たなる現実を反映するため、そしてまた、国王の不偏不党性が確実に保たれるために、新たなルールを発展させる必要がある。このような新たな慣例がどのようなものになるのかは明らかにまだ極めて思弁的なものであるが、比例代表制によって生み出される新たな状況の核心は、政権が政党間の交渉手続を経て組織されることが頻繁になるということであろう。解散はもはや首相の手に握られた非常に強力な武器ではなくなるであろう。というのも、総選挙を行っても一つの政党が多数派となる可能性は乏しく、その一方で、絶対多数党不在議会では、庶民院の中に現政権に替わる政権が多分存在するからである。

しかし、もし政権に解散権が機械的に付与されるということがなくなってしまうと、その政権が生き残ろうとするならば、多数派の支持が必要になろう。その多数派の支持は、連立政権か、さもなければ他の政党が、一九七七年から七八年の自由党＝労働党協定の例に倣って、共同綱領に基づいて政権を支持するという協定かの、どちらかを交渉によって取り決めることによって獲得できるであろう。首相は、勝手に解散できないので、もはや連立相手に圧力をかけて支持を確保することはできなくなる。逆に、交渉することを強いる圧力が首相にかかってくる。解散の必要性の証明責任が転換することになる。現在のように、替わりの政権を組織できることを野党が専ら証明しなければならないというのではなく、政権の方が、替わりになる多数派が存在しないことを証明しなければならなくなる。要するに、首相がいつ解散するかを決定するのではなく、庶民院の側が、替わるべき多数派の形成される余地がないことを明らかにすることによって解散の時期を決めるようになるであろう。

かくして、比例代表制の下では、首相候補者は、首相に任命されるのに先だって、自分が庶民院で多数派の支持を獲得できることを国王に明らかにすることを求められるであろう。替わるべき政権が見当たらない場合にのみ首相に解散が認許されるようになるであろう。そのような事態になると、ヴィクトリア女王の治世中期や、いずれも比例代表制を採用している現在のヨーロッパ大陸の君主国の場合と同じく、国王の役割は組閣と解散の認許の両方において一層積極的なものとなるであろう。

もちろん、現行の慣例がもはや適用不可能で、それ故疲弊しきっているということが《明らかにされる》までは慣例の変更は見込めない。そうなるには、絶対多数党不在議会が連続するか、比例代表制が導入されるか、あるいはその両方が生じて、諸政党に、単独多数派政権はめったに生じないことを否応なしに認めさせることが必要となろう。

その端境期には、政治的現実についての様々な考えが承認を求めてせめぎ合う混沌たる時期がおそらくあるであろうことを予想できる。そうした様々な考えは、死に瀕している政党制度と生まれ出ようともがいている政党制度との間の葛藤を反映したものである。

将来の国王の憲制上の役割は英国の政党と選挙制度の今後の展開に大幅に左右されるであろう。政治権力のあり様が変化すれば、国王の役割に影響を及ぼす憲制慣例もまた変化するであろう。そのような慣例は政治権力の現実から切り離された独自の世界の中に存在するものではないからである。事実、国王が政党政治から容易に距離をおくことができたのは、ひとえに、英国の政治が、この一三〇年のうちの大半の期間、安定した二大政党制によって特徴づけられてきたが故である。この間、国王が憲制上積極的な役割を果たすように求められたのは、制度が崩壊しそうになった一八八五年から八六年にかけて、一九一〇年から一四年にかけて、一九二三年から二四年にかけて、それに一九三一年、の四度だけである。比例代表制の下では、国王が一層積極的な役割を担う可能性は常に存在するであろう。二〇世紀の大半の期間、国王が大権を行使する際に採り得た役割は、国王の職務に内在しているものではなく、二大政党制が継続的に存在することを条件とするものだったからである。

七　比例代表制と国王の不偏不党性

比例代表制が英国に導入されて絶対多数党不在議会が普通に生ずることになったならば、国王の立場を護っていくことはできるのであろうか。

ヨーロッパ大陸の君主国、即ち、ベルギー、デンマーク、ルクセンブルク、オランダ、ノルウェー、スウェーデン、スペインは、いずれも立法部を選出するのに比例代表制を用いているが、永年この問題と取り組むことを余儀なくされてきた。この問題には二つの側面がある。第一は、誰を首相に任命するのかという問題である。第二は、多数派政権の形成を指示すべきか否かという問題である。ジョージ五世は一九三一年にはそうしたが、一九二四年と一九二九年にはそうしなかった。政府は議会の支持を得ていなければならないという議会制統治の基本原則が両義的であるために、この第二の原則が問題として生じてくる。[12]この原則は、政権は信任投票によって議会の積極的な支持を得なければならない、という意味に解釈することもできるし、あるいは、譴責投票によって政権を倒そうとする多数派が存在しないという消極的な意味に解釈することもできる。この原則は、政権を《反対する》多数派がいないという、どちらの意味でもあり得る。この二通りの解釈は二大政党制の下ではむろん両立するが、多党制の下では容易に乖離し得る。ヨーロッパ大陸の君主国では複数の解釈が行われている。オランダでは、一般に多数派政権が作られるが、スカンジナヴィア、特にデンマークでは少数派政権が頻繁に形成される。事実、デンマーク憲法第一五条二項の下で、政権は単に首相が国王に指名されたことによって法的存在と認められている。正式の承認投票や信任投票は一切必要とされず、政権は敗北するまで議会の信任を得ているものと見なされる。かくして、少数派政権は、立法府でそれに反対する積極的な多数派が現れない限り存続し得る。

議会制的統治〔＝議院内閣制〕の基本原則にある両義性は、国王を容易に政治的議論に巻き込む。問題は、国王が政権形成に際して故意に偏向した仕方で自らの権限を用いようとすることよりも、むしろ、国王が憲制の作法に適っていると純粋に信じている仕方で行動したとしても、一つ（以上）の政党の支持者たちが、自分たちの政党は不公正な扱いを受けたと感じるようになるかもしれないということにある。

英国とは違って、ヨーロッパ大陸の君主国は全て典範化された憲制〔＝憲法典、成文憲法〕をもっている。しかし、こうした憲法は政権形成手続に関する指針にはほとんどならない。総じて、憲法は、純然たる形式的役割を果たすにとどまっており、その役割は、いくつかの一般的な原則を規定することに限られている。例えば、デンマーク憲法第一四条は、国王が首相及びその他の全ての大臣を任免すると規定している。しかし、国王が選択を行うときにどのような原則を採るべきなのか、ということは論じていない。同様に、ベルギー憲法第六五条は単に、「国王は大臣たちを任免する」としか規定していないし、オランダ憲法第四三条は、「国王は大臣の任免を随意に行う」と規定する。このように、政権形成手続に関する限り、憲法の意義はほとんど完全にお飾り《エンブレマティック》のようなものである。憲法は、実際の政権形成手続の間に生まれた慣例についてはほとんど何も語らない。

そのため、ヨーロッパ大陸の君主国では、国王が政治に巻き込まれることを防ぐための方法を発達させてきた。大まかに言うと、この目的を達成する方法は四通りある。第一のものは、政治家が遵守し尊重する気になるような一連の慣例を発展させることである。英国で比例代表制が導入された場合、この方法が採用されるのはほとんど確実である。このようなアプローチはデンマークとノルウェーにおける政権形成手続に特徴的なものであり、英国流の憲制発展の精神とも調和するであろう。

だが、国王を保護するためにヨーロッパ大陸で採用されている方法で、ヨリ形式の整った手続を伴うものが他に二通りある。そのうちの一つは、ベルギーとオランダなどに見られるもので、政権形成手続を支援するために国王が情報伝達者《アンフォルマトゥール》を任命するものである。情報伝達者の役目はどのような政治的組合せが可能かを決めるために党首たちと交渉することである。情報伝達者はデンマークとノルウェーでも時折任命されてきたが、それは標準的な方策というよりは実験的なものであり、しかもその実験は格別うまくいってきたわけではない。

国王が政権形成手続に政治的に巻き込まれるのを防ぐ、慣例に替わる方法の第二はヨリ徹底的なものである。この方法は政権形成手続における国王の役割を完全に取り除いてしまうからである。この方法はスウェーデンで採用されてきた。スウェーデンでは、統治法典として知られる一九七四年の憲法が、国王から大権を剥奪し、それを一院制議会であるリクスタークの議長に移した。この方法は、今は共和制論者であるトニー・ベンによって、英国でも採用するようにかつて提案されたことがある。⑬

第四の方法は英国で、革新系のシンクタンクである英国公共政策研究所によって提案されている。同研究所は首相の任命と議会の解散に関する国王の裁量権を完全に除去した憲法案を公表している。⑭

これら四つの方法を以下、順に検討する。

八　政権形成への国王の関与・その一

デンマークでもノルウェーでも、国王を政治に巻き込まないように保護する慣例を発展させてきた。この問題は、ノルウェーよりもデンマークの方がヨリ解決が難しいものになっている。ノルウェーの政治は一般的に二大政党群制《ブロック》を特徴としており、国王が自らの裁量権を行使するように求められることはめったにない。デンマークでは、これとは対照的に、政党が多種多様であるばかりでなく、はっきりと区画されたブロックも存在しない。

デンマーク憲法には政権形成手続を規律する格別の規定はないので、一連の慣例的ルールが遵守されるようなった。第一の慣例は、英国とは対照的に、総選挙後、首相及び内閣は直ちに辞職する、というものである。それを受けて、国王は、政党の党首の意見を一人ずつ聞く。その順番は、一院制立法府であるフォルケティングにおける勢力分布によって決まる。党首たちはどのような組合せの政権が実現可能で望ましいのかを国王に提言する。

もしも立法府たるフォルケティングの多数派を代表する党首たちがある人物に組閣を求めるべきであると提案

したなら、国王はその人物にその任を引き受けるように求めることになる。しかし、第一段階で多数派が生み出されなかったときには、諸政党中の多数派が最終的に特定の首相候補に同意するまで更に党首との話し合いがもたれる。現在までのところこの話し合いが行き詰まったことは一度もなかった。これは、デンマークのようなコンセンサスに基づく民主政の国には合意に達しようとする熱意があることの証しなのかもしれない。その後に続く込み入った交渉は、結果に影響を及ぼし得る幅広い裁量権を国王に提供しているように見えるのに、国王のこの役割に関する目立った議論は一九二〇年、今日の慣例的ルールが発展するよりも幾らか前に行われて以来、なされていない。言うまでもなくデンマークは大規模な領土間紛争や地域紛争とは無縁で、国民の強い一体感のある小さな国である。従って、デンマークでこのようにうまくいった慣例が英国でも同じようにうまく機能するとは限らない。英国では政治上の立場の違いがデンマークよりも強く、社会紛争は解決するのがヨリ難しいからである。

九　政権形成への国王の関与・その二

ベルギーとオランダでは、スカンジナヴィア諸国や英国とは対照的で、国王は政権形成手続において一層積極的な役割を果たすことを認められているばかりでなく期待もされている。確かにどちらの国でもそうであるが、とりわけベルギーでは、国王は国民の一体性の保障者と見なされている。ベルギーにおいては、国王は〔二つの〕地域社会集団間の軋轢を越えた唯一の人物、つまり他の誰もがフラマン人かワロン人のいずれかであるという国で唯一正真正銘のベルギー人だと見なされることがある。

ベルギーとオランダでは、政権形成の過程は情報伝達者が極めて積極的な役割を果たすという特徴をもっている。情報伝達者は、スカンジナヴィア諸国でそれが用いられる場合のように、単に政党の見解を記録することに限定されるのではなく、連立政権の構成、ポストの配分、及び政権の綱領についての合意につき自ら積極的に追求することもする。その上、ことにベルギーでは、政権形成手続それ自体がコンセンサス獲得の企ての肝要な一部なのである。国王は、時には例えば一九七二年から七三年にかけてのように、社会主義、社会キリスト教、自由の主要な政党グループ三者全てを含む政権を後押しして、その結果、その政権が憲法改正に必要な三分の二の多数を獲得するといった活躍をしている。

オランダでは政権形成手続に長くかかることがある。一九七七年には二〇七日、一九七三年には一六四日かかっている。同国では、連立のパートナー間の紛争の解決は、政権が組織された後よりも、連立の交渉の最中になされている。

ベルギーでもオランダでも、国王は政権形成手続を、国の様々な指導者たちとの相談から始める。そうした相談の相手方の範囲はスカンジナヴィア諸国の場合よりもはるかに広い。それには政党の党首だけではなく、有力議員、そしてベルギーの場合は更に、主要な労働組合の指導者や英国産業連盟に相当するベルギー財界の指導者といった、議会外の有力者たちが含まれる。オランダでは、国王はまず初めに議会両院の議長を呼ぶ。その際には、ある種の司法権をもった助言機関である枢密院の議長と下院における主要政党の党首たちも一緒に呼ばれる。これは確立された慣行となっており、オランダの国王には、交渉のこの段階が終了するまでほとんど裁量の余地がない。

ベルギーでは、これとは対照的に、国王は誰に相談するのかにつきある程度の裁量権をもっており、また、この局面を規律する明確なルールはない。ただし、国王は、辞任が予定されている首相、両院議長、主要政党の党首、並びに国務大臣、大臣経験者、立法部の代表的な議員たちに相談するのが習わしになっている。更にまた、ベルギー国王は、よく、いわゆる「労使交渉当事者《アンテルロキュトゥール・ソシオ》」、即ち、国立銀行総裁、ベルギー産業連盟総裁、主要な労働組合の指導者たちにも相談する。オランダの場合とは対照的に、ベルギーでのこの手続はある程度まで秘密に包まれている。政府の公式発表では国王に召集された人々の名前が必ずしも常に公表されるわけではないし、話し合いの詳細が公開されたことはいまだない。それとは逆に、オランダでは一九六〇年代後半以来、議会指導者たちの国王への助言、情報伝達者《フォルマトゥール》と組閣担当者の報告、連立協定の草案そのものを含む、政権形成手続に関する一切の記録が公表されなければならないことになっている。

ベルギーとオランダのいずれでも、国王は、大抵は第一回目の交渉が終了した後で情報伝達者を任命する。この役職はベルギーよりもオランダの方がヨリきちんとした形式のものになっているが、それを最初に取り入れたのはベルギーで一九三五年のことであり、オランダでは一九五一年になって初めて制度化された。どちらの国においても、国王は誰を情報伝達者に任命すべきかに関し裁量権をもっている。交渉者として一般に受け入れられるのは、常にとは言えないが、通常は、政治的野心をもたない人物である。情報伝達者には公平無私な態度で尊敬を集める長老政治家がなることが多い。もっとも、時には、活動的な政治家がなることもある。オランダは違うが、ベルギーでは、情報伝達者は常に両院のいずれかの議員がなる。その場合、下院の最大政党所属の議員がなる場合がよくあるが、時には去りゆく政権の大臣がなることもある。オランダでは近年、情報伝達者を二名以上任命するのが慣例となっている。

情報伝達者、あるいは情報伝達者たちは国王に結果を報告する。もしも彼らが建設的な助言をできない場合には、情報伝達者がもう一名任命されることもあるし、新たな選任がなされることもある。しかし、彼らが首尾よく任務を達成したなら、国王は次に組閣担当者、つまり政権形成をできる人物を任命する。組閣担当者は普通二人きりで党首と相談するが、この局面では国王には全く出番がない。組閣担当者が仕事をしている間は、国王はどんなことがあってもそれと並行して政治家と話し合いを行ってはならない。けれども、組閣担当者は二、三日おきに国王を訪ね、政治家との話し合いの結果を報告する。ベルギーでは、国王は、名指しした首相候補の下で政党間の協定を実現するようにという明確な指示を組閣担当者に与える。しかし、オランダでは、国王は政権の基準について一切明示しない。もし組閣担当者が首尾よく任務を達成すると、いつもそうだというわけではないが、普通は、その組閣担当者が首相となる。

組閣担当者の任命に際して、国王は、自分は助言に従って活動しているのだと主張することが常にできるので、そうすることで自分の憲法上の地位を護ることができる。だが、国王の影響力を感得させることができるのは、組閣担当者を任命する前の段階である。ベルギーでもオランダでも、政権形成手続は回りくどく複雑で、腕の立つ国王がその成り行きに影響を及ぼす余地が十分にある。

ベルギー国王は、「困難な場合には、交渉をある方向に導き、自分の個人的希望と一致するような解決方法を提唱するように努める」ことができるし、おまけに、「国王は自分が信頼を置かない人物を排除することも全く不可能なわけではない」と言われている[15]。

政権形成手続を処理するためにベルギーとオランダで採用されている手続きは極めて複雑である。どちらの国でもその手続きを変更するように圧力がかかってきているので、コンセンサス形成の道具としてはそう長くは役立たないかも知れない。

もちろん、英国が比例代表制を採用するにしても、このような複雑な仕組みを模倣することはありそうもない。現在の手続きが、全く機能しなくなったことが明白になるまで保持されるであろうことはほとんど疑いない。はっきり言えば、英国では、国王の書記翰長が、内閣書記官長と首相秘書官と連携して、ベルギーやオランダの情報伝達者と似た役割を、ただし、はるかにヨリ非公式なかたちで、果たすことになろう。英国の絶対多数党不在議会において、人の考えを探り、どの組合せが可能でどれが不可能かを見つけることができるのは彼らである。ベルギーとオランダで用いられている扱いにくい仕組みを採用する理由はなく、それを採用することで得られるものもほとんどないように思われる。

一〇　政権形成への国王の関与・その三

政権形成手続に国王が巻き込まれないよう保護する第三の方式は、スウェーデンで統治法典という一九七四年に制定された新しい憲法で採用されたものである。この方式は、政権形成手続での国王の役割を完全に除去し、国王の親裁的大権を議《リクスターク》会の議長に移すことによって国王の不偏不党性を護るものである。

この新たな手続きは統治法典の第六章の第二条と第三条に明解に規定されている。

第二条　首相を任命すべきときには、議長は議会内の各政党の代表を協議のために招集する。議長は、副議長と協議し、議会に提案を行う。議会は、四日目以内にその提案につきいずれの委員会にも諮ることなく投票を行う。議会の半数以上の議員がその提案に反対したときは、否決されたものとする。然らざるときは承認されたものとする。

第三条　議長の提案を議会が否決したときは、第二条に定める手続きを繰り返す。議長の提案を議会が四度否決した場合、首相任命の手続きは中断し、議会選挙が実施された後に初めて再開される。いかなる事情であれ、三ヶ月以内に通常選挙が行われないときは、その期間内に特別選挙を行わなければならない。

統治法典が制定されてから二〇年間のうちに、二つの憲法慣例が既に受け入れられてきた。第一の慣例は、議長が首相候補者を指名するとき、議長は組織されることになる政権の政党構成を同時に明示する、というものである。第二の慣例は、一つの政党が連立政権を離脱するときには、政権は総辞職しなければならず、議長は新たな政権形成の手続に着手する、というものである。従って、例えば、一九八一年に税制改革案に同意できないという理由で穏健党（保守党）が三党によるブルジョア政権（穏健党、国民党、中央党）を離れたとき、政権全体が総辞職をしたとみなされ、新しい政権が作られなければならなかった。

一九七四年の統治法典の目的の一つは、スウェーデンの左派政権が、想定される国王の偏見から不利益を被らないことを確実にすることであった。しかし、改革者たちは、議長の方が国王よりも一層、政権形成手続を操作しようとすることがあり得るのではないかということは自問しなかったようである。実際には、統治法典は議長職を政治化する効果があった。

スウェーデンでは、議長は議会ごとに新たに選出される。統治法典が制定される前は、議長は多数派ブロックの中から選出されなければならない、という暗黙の諒解があった。しかし、統治法典公布後の最初の選挙である一九七六年選挙の後、勝利した右派の新政権は、社会民主党出身の現職の議長であるヘンリ・アラードを支持することに同意した。その主たる理由は、アラードは全ての政党から広く尊敬を集めていたが、多数派である右派ブロックの最有力対抗馬である第一副議長トールステン・ベンツンはそうでなかったということにある。そこでアラードが議長に再選された。

次の一九七九年の選挙になる前にアラードは議会を辞めたので、議会の中で単独で多数派となっていた右派ブロックが独自の議長候補者を推薦することを決定した。推薦されたのはトールステン・ベンツンではなく、指導的な保守派の議員、アラン・ヘルネリウスであった。ところが、社会民主党は右派出身の議長を支持することを拒否し、独自にインゲムント・ベンツンを候補に立てた。ベンツンは、右派ブロックから造反者が出たために、多数派政党による候補者を破った。造反したのは、右派の議長候補者になれなかったことに憤ったトールステン・ベンツンであったと推測された。

こうした出来事は、議長の地位がいかに易々と党争の具になるのかを示している。政党は、党争から超然とした態度をとっていて尊敬されている政治家ではなく、首相任命をめぐる争いで自分の政党を有利にするとあてにできるやり手の政治家を議長に選んでしまう危険がある。議長は、出身が政党政治家であるから、国王よりも自らの権限を誤用するおそれがヨリ大きく、それに対し、国王は政治歴がなく、一層長い間、継続的に政治経験を積んできている。国王は不偏不党であることに、議長よりはるかに大きな直接的な利益をもっている。スウェーデンで採用された方式が立憲君主政における政権形成の問題に対する幸せな解決策を提供していないのはこうした理由によるものである。

一一　政権形成への国王の関与・その四

国王を護る方法の最後のものは、これも国王の親裁的諸大権を剥奪することに頼る方法であって、誰が首相に任命されるべきかという問題と、議会はいつ解散されるべきかという問題について、議会が決定することを認めるものである。この方法は公共政策研究所〔ＩＰＰＲ〕によって公表された憲法草案で採用されている。このＩＰＰＲ憲法案は第四一条二項で、「首相は庶民院によって、その議員の中から選出される」、と提案している。庶民院の存続期間は四年間と定められているが、二つの条件のうちのいずれか一つが満たされた場合には、それ以前に解散する。即ち、第六〇条二項は、首相不信任案が可決されてから二〇議会日以内に庶民院が新しい首相を選出しなかった場合、国王は庶民院を解散させると定めている。第六〇条三項は、内閣不信任案が可決された場合には議会は解散すると定めている。

ＩＰＰＲ憲法の狙いは、組閣と解散を機械的なものにすることによって裁量の要素がそれに全く入らないようにすることであった。首相の任命も機械的なものにしようとしているように見受けられる。だが、候補者が庶民院議員の過半数の支持を得られず、庶民院が首相を選出できなかった場合については定めていない。そうした事態が一九七四年二月の総選挙の後で、英国に現に起きている。結局、女王はハロルド・ウィルソンを少数派政権の首相に任命できた。少数派の首相は庶民院議員の多数派からは承認されないかもしれないが、それと同じく反対もされないかもしれない。ところが、ＩＰＰＲ憲法の下では、少数派の首相を選ぶという術はないから、総選挙が必要となろう。だが、総選挙は状況を改善せず、同じ手詰まり状態を再び生み出すだけであろう。更に悪いことに、多党制の庶民院は一切の首班指名への支持を拒みながら解散も拒否するかもしれないのである。これでは手詰まり状態を抜け出す憲法上の方法は何もないことになる。このように、ＩＰＰＲの憲法は、絶対多数党不在議会においてあり得る選択肢の一つである少数派政権に関し有効な策を講じ損なったのである。この憲法案は、明確に多数派政権をよしとする選択を示しているが、絶対多数党不在議会で多数派政権を形成するには連立政権が必要である。それは全くもっともな選択ではあるが、この憲法は、多数派政権が不可能な場合は何をすべきかについては何らの指針も提供していない。

当然ながら、この憲法案の解散に関する規定は、好きなときに解散をはかる首相の権限と、解散を拒否する国王の権限の、いずれをも奪う効果がある。見たところ、解散はうまく定義され曖昧なところのない二通りの場合においてのみ生じ得る。首相への不信任案が通って新しい首相が見つからない場合と、内閣不信任案が通った場合である。だが、この場合も、機械的処理と見えるのは錯覚に過ぎない。解散したいと思う首相は、内閣不信任案が提出されるように工作して、かつ自分の政党に所属する議員にそれを支持するよう依頼することによってこの憲法〔の規定〕をかいくぐることができよう。類似した慣例の適用のあるドイツでは、正にその通りのことを一九七二年にウィリ・ブラントが行っている。その後ヘルムート・コールも一九八三年に同じ方法を用いようとした。どちらの場合も、首相は都合の良いときに連邦議会を解散させようとはかって、首相は支持者たちに内閣不信任案が確実に成立するように依頼していた。更にいえば、この憲法案は、ある一人の首相を選んだ議会が首相に解散を認許することを拒み、しかも替わるべき政権が見当たらない場合に起こり得る手詰まり状態の打開策を何ら提供していない。議会に完全に支配されている憲法の想定する枠内で、そのような手詰まり状態をいかに打破できるのかはよく分からない。

英国の政治制度の下では、首相が例えば新しく選挙で選ばれたばかりの議会を解散させることによって憲制の濫用をはかったときには、国王には解散を拒否する権利がある。ところが、IPPRによって提示された憲法の下では、国王がインチキな不信任投票工作の策略を阻止することは、たとえ不信任投票の行使が議会の権利の濫用となる場合であっても不可能であろう。従って、議会の権利の濫用に対する極めて現実的な防御手段の一つが失われてしまうのである。

多数派政権と少数派政権のそれぞれが必要とされる場合を区別できないことと、議会の解散に関する規定の濫用を阻止できないことという、この二つの理由から、IPPRが作った憲法は、組閣と解散の際の国王の役割は排除しておきながら、その組閣と解散が確実に憲法のコントロールの下にあるようにするという、それが自ら設定した目的を達成していないように思われる。それどころか、IPPRが狙っている機械的処理が実現可能かどうかも疑わしい。多党制議会は、一切の首班指名への支持を拒みながら、同時に、解散も拒否する可能性がある、という根本的な問題が依然として残っている。あるいは、議会は首班指名を支持しながらその首相に解散の権利を与えるのを拒否するかもしれない[16]。

従って、もしも英国が典範化された憲制〔＝憲法典〕を採用するとしても、議会の手詰まり状態を回避したいのならば、裁量権をもつ国王の役割を依然として保ち続ける必要があろう。更にいえば、ヨーロッパ大陸の例で見たように、典範化された憲制の存在は国王の役割と地位を一般に考えられている程には変更しないのである。

従って、英国への比例代表制の導入によって生じると見込まれる多党制にあっては、首相の任命と議会の解散の決定における裁量の要素は不可避である。もし議会の存続期間が絶対的に固定されていれば、確かに、解散の同意の際の裁量を行使することは避けることができる。しかし、議会の存続期間が固定されている国は、ヨーロッパ大陸ではノルウェーとスイスの二例しかない。しかも、スイスでは行政部は議会に対して責任を負わないので、事情を異にする。かかるが故に、制度改革によっても、制定法と慣例のいずれかの憲制ルールによっても、裁量権の行使を魔法のように消し去ることができないことは明らかである。

もしも英国が比例代表制を採用したとしても、国王が遵守するものと期待されるひとまとまりの慣例もしくは行動規範を厳格に規定するのは不可能である。もっとも、政権形成手続を規律する新しい慣例が徐々に働き始めることは疑いない。だが、そうした慣例の性質を予め予測するのは難しい。慣例は党首間での合意の範囲に左右されるであろうし、ヨリ一般的には、社会の態度に左右されるであろう。憲制ルールは政治的安定もしくはコンセンサスを生み出す一助になるが、またある程度は隠れた社会的現実を映し出す鏡でもある。それ故、立憲君主政を護る最善の手段は、特定の憲制ルールや慣例の中にあるのではなく、むしろ、君主政の中立性を損なう効果をもつ行動を避けることによって君主政の役割を保ち続けようとする、政治家と国民の側の意志の中に存するのである。

二　憲制の危機と慣例

前章で論じた三度の憲制の危機（貴族院危機、アイルランド自治法案危機、退位危機）は全て青天の霹靂であった。どの場合も予め予測することはできなかった。同じことは第一〇章で論ずるコモンウェルスの憲制上の危機の大部分、及びこの章の最初の方で検討した絶対多数党不在議会についても言える。一九七四年二月に施行された総選挙後に生じた二度の絶対多数党不在議会は、そのときの政治の舞台で主役を務めた人々を驚かせたが、当時の人たちは不測の事態への対処案ができていなかったために、それに対して適切な対処をすることができなかったのである。それに、絶対多数党不在議会《ハング・パーラメント》は一種の業界用語《ターム・オヴ・アート》である。「絶対多数党不在議会」には一つとして同じものはない。将来の絶対多数党不在議会は、自由党が力の均衡を保っていた一九二四年と一九二九年から三一年にかけての例に似たものになるかもしれない。だが、少数派政権を多数派政権にするのに二つ以上の〔二大政党以外の〕小政党が必要であった、一九七四年のような絶対多数党不在議会が生ずる可能性の方が更に高いであろう。

従って、この次に絶対多数党不在議会が生じた場合に対処するための、不測の事態への対処案がおそらくあるのだとしても、誰もその事態の正確な姿を予測することはできない。絶対多数党不在議会は、それぞれその前に発生した状況とは全く異なる可能性があるし、それぞれに違った問題を引き起こすからである。

憲制の危機と絶対多数党不在議会に対処するための不測事態対処案の中には、アイヴァー・ジェニングズの古典『内閣統治制』*Cabinet Government* に記されているような憲制慣例の記述があるかもしれない。しかしこのような慣例は、前章で論じた危機の場合やこの章で検討した絶対多数党不在議会においては、ほとんど役に立たなかったであろう。というのも、いずれの場合も、慣例間の衝突が問題であり、《どの》慣例が考慮すべき重要な慣例であるかという問題であったからである。

一九一〇年には、問題は、首相が条件つき保証を求めることは憲制に適っているのか否か、というものであった。国王は助言に従って行動しなければならなかった、というのが一つの答えであり、もう一つの答えは、首相は仮定に基づく約束によって国王を拘束するのは厳に慎むべきであった、というものであった。

一九一四年には、問題は、国王には自治法案を拒否したり、大臣を解任したりする権利があるのか否か、というものであった。そのような親裁的権利は失効した、というのが一つの答えであり、もう一つの答えは、憲制は議会法成立後、一時停止しており、自治法案は通常の立法事項では決してなく、連合王国の籍を保ち続けようとする人々を連合王国から追い出す効果をもつものであるというものであった。

一九三六年には、問題は、国王には大臣たちの意向を無視して婚姻する権利があるのか否か、というものであった。シンプソン夫人との婚姻が合法だとすれば、国王は他のいかなる規制にも拘束されてはならない、というのが一つの答えであり、もう一つの答えは、国王の妻は王妃になるのだから、国王が妻を選ぶときは、政府に代表される国民の声に耳を傾けなければならない、というものであった。

一九二三年には、貴族は首相になれるのか否か、という問題が問われた。なれない、という答えが出た。一九四〇年には逆にジョージ六世が政界主流派たちとともに、貴族でもなろうと思えば首相になり《得る》、という見解をとった。これは戦争という非常事態だったからだろうか。あるいは、一九二三年にはカーゾン卿が野党労働党と対決するには不向きだったことが決定的な要因だったのだろうか。ボールドウィンが貴族でカーゾンが庶民だったら、結果は違っていたのだろうか。

一九二四年一月には、問題は、ラムゼイ・マクドナルドの所属政党は三〇％の得票率と庶民院の三〇％の議席しか獲得できなかったのに、王は彼を首相に任命する権利があるのか否か、というものであった。ボールドウィンが首相として庶民院の信任投票でひとたび敗北したからには、野党党首マクドナルドに組閣を依頼される権利があった、と示唆するのが一つの答えであった。もう一つの答えは、庶民院において多数派の支持を得る政権ができなかったのかどうかを王は最初に調査するべきであった、と示唆するものであった。

一九三一年には、問題は、個々人からなる内閣という概念は憲制の与り知るものかどうか、というものであった。そうしたものは一八世紀以来知られておらず、政党内閣の時代には時代錯誤であった、というのが一つの答えであり、もう一つの答えは、通貨の失墜の恐怖が広まっていた一九三一年の極めて異例な経済状況によって、伝統となっていた通念は意味をなさなくなり、非常事態内閣が経済の安定を取り戻す唯一の手段となったのだ、というものであった。

既に見た通り、絶対多数党不在議会が生じた場合、保守党は、またおそらくは労働党も、一九二四年一月の先例が踏襲されるべきであり、多数派政権ができるかどうかを先に検討するまでもなく、少数派政権の首相が任命されるべきである、と主張するであろう。彼らは、たとえ少数派政権の首相であっても、首相である以上、自分の好きな時期に解散をする権限が与えられるべきだ、とも主張するであろう。むろん、自由民主党はそうは考えない。彼らは、比例代表制の支持者と共に、過去の先例は、多党制の憲制においてはもはや意義を有しない政治的伝統に関連するものだと論じるであろう。よく主張されるように、もし我々が過渡期に生きているのであれば、肝心な問題は、どの慣例が重要なのかを選択することである。その場合、二つの全く相矛盾した選択肢のどちらについても見事な擁護論が説かれることも少なくない。

ここで、厄介なのは、これらの例のそれぞれで、標準的な慣例はほとんど役に立たないという点である。実に、憲制慣例というものは、ほとんど必要のない場合、つまり、何をする必要があるのか誰も疑わない輪郭のはっきりとした場合に、最も役に立つものである。ところが、憲制の危機の際に議論されるのは、今まで何ら異議もなく受け入れられてきたある慣例が、まだ意味があるのかどうかということである。これは表面的には憲制上の議論ではあるが、実際には、憲制上の議論であるのと同じ程度に政治上の議論でもある。というのは、政党がその問題につき自分たちの政党の自己利益に合った立場をとるからである。

それ故、憲制の危機に際して、どの慣例が意味のあるものであるのかという問題は、推論によって抽象的に解き明かすことのできる理論上の問題ではない[17]。それは基本的に政治的なものであり、根底において政治権力の問題である。従って、憲制の危機は、単に憲制上の諸原則を引き合いに出すだけでは回避したり解決したりすることはできないのである。また、例えば、絶対多数党不在議会の場合に、どのような原則が用いられるべきかに関し、ことによると枢密顧問官たちからなる委員会によって取り付けられる全党合意についても同じことである。というのは、論争の対象になっているのはこれらの原則そのものだからである[18]。

女王は、絶対多数党不在議会の場合に、とりわけ、少数派政権の首相による解散の要請に対する自らの対応につき女王自身を導く原則を、「政治的に平和な時期に」自ら公表すべきだ、との提言がなされてきた[19]。しかし、女王は大臣の助言に基づいてのみそのような原則を公表できよう。ところが、大臣たちは与党出身である。どのような原則が意味あるものであるのかに関して、他の党首たちが政府の見解に同意すると考えるべき理由はない。

かくして、憲制の危機は原則を表明することでは解決することができない。ましてや、憲制の性質そのものから考えれば、そのような危機の解決策を決める力をもつ「隠された暗号《ヒッドゥン・コード》」などがあるはずもない[20]。憲制は「即座に作られる先例」から成り立っているわけではない[21]。先例が齟齬するというのは常のことであるが、その場合、ある危機に先立って、何が意味ある先例なのかを示す権威ある指針はないのである。諸原則が齟齬する場合があるのは不可避であり、その齟齬をどうすれば解消できるのかは、その危機が実際に生ずるまでは決められない。齟齬が生じたときは、危機の成り行きを決定するのは、原則への訴えであることもあるが、権力の実際であることもある。

憲制の危機の際に引き合いに出される諸原則の間に齟齬があるという、この問題は、もちろん、立憲君主政に特有の問題ではない。政治の伝統が揺れ動いている国家ならどこでも起こり得る問題である。今まで見てきたように、典範化された憲制〔=憲法典〕はこの問題をほとんど解決できない。憲法は形式的なことを規定することで満足してしまいがちだからである。典範化された憲制〔=憲法典〕は、例えばオーストラリアの経験が証明している通り、憲法上の紛争に対する正しい答えを、英国の典範化されていない憲制と同様、与えることができない。従って、英国が典範化された憲制を採用したとしても、憲制の危機の解決には考えられるほど大きな違いは生じないであろう。憲制の危機は、確かに、典範化された憲制〔=憲法典〕とは違った「生きた憲制」が変わりゆく政治状況に適応していく過程である、と言えるかもしれない。そのような危機は、憲法に明記されている組織図とは違う〔英国〕国家の諸制度が、新しい状況に対応するように発展するための手段なのかもしれない。また、憲制の危機は、憲制ルールを新しい時代に合うようにする手段なのかもしれない。問題は、国王は変化の過程を導く上で、大統領よりもヨリ良い資質を持っているのか否か、ということである。

その答えには疑問の余地はほとんどない。国王は国家でただ一人、政党間のしがらみから全く免れているし、政党間の今までの因縁にも全く巻き込まれていない。もし審判者が必要ならば（民主国家ではそれがないと機能しない）、政党が優れた役割を果たした選挙の結果として生まれてこざるを得ない大統領よりも、国王の方がヨリ信頼できる導き手になりそうである。

第七章　王室財政

一　シヴィル・リストと王室費

王室財政は常に憲制上重要な意義を持ってきた。一七世紀の議会と王との闘争では、財政のコントロールは決定的に重要であった。確かに、一七世紀までは国王の財政と政府の財政を区別することはおよそ困難であった。だが、チャールズ一世の治世の間、議会内の反国王派は、王室の財政は議会のコントロールのもとに置くべきだと主張した。この原則は、一六六〇年の王政復古の際に、一部認められた。

王室を維持するための財源附与《グランツ》が一六六〇年に行われ、一六八九年には、議会は非軍事《シヴィル》の統治経費をまかなうために年額六〇万ポンドをウィリアムとメアリに認める表決をした。最初のシヴィル・リスト法は、一六九七年に成立した。同法は、関税と物品税と並んで様々な世襲の収入源を国王に認めた。その総額は年に約七〇万ポンドの収益をもたらすと見積もられるものであった。これは、ただ単に、国王と国王の家族と宮廷の支出と、王室のメンバーに対する年払金だけでなく、大臣、裁判官、及びその他の官吏の俸給と年金、および宮殿と王室の庭園の維持費その他、様々な年金や俸給をカバーするものと期待された。これは、妥協的な計らいであり、王に独立の収入を与えるが、それをこのシヴィル・リストに限ることにしたものであって、このシヴィル・リストだけが、議会のコントロールに服さない《唯一》重要な公的支出部門となったのである。これによって、国王が再び議会の脅威となることは防げると思われた。同様のシヴィル・リスト収入の交付は、以後国王の代替わりごとに、その治世の始めになされた。

シヴィル・リスト法の憲制上の効果は、政府の収入に対する国王の裁量権を制限する格好の手がかりを与えることであり、その結果、国王の財源と国家の財源との区別が初めて可能となった。だが、この原則が認められた後でも、国王は、大臣と議会に影響力――それは腐敗をもたらす影響力のこともあった――の行使を可能にするのに十分な独立の収入を維持していた。実際、シヴィル・リストは一八世紀には、「ひとえに政治階級の私的な草食み場《パスチュア》」であった[1]。一七六〇年に、それまで国王が独立にコントロールしていた様々な租税収入と王領地《クラウン・ランド》からの収入が、八〇万ポンドのシヴィル・リスト収入と交換に議会に引き渡された。だが、国王は依然としていくらかの世襲の収入源を維持していた。その中でも最も重要なのは、コンウォール公爵領とランカスター公爵領であった。

一八世紀には、「議会がシヴィル・リストを猜疑の目で見ていたのは当然のことであった。それが、公的支出の中でコントロールに服していない唯一重要な部門であったからである」。一七六〇年に、当時首相であったニューカースル公爵は、王に、シヴィル・リストは「陛下ご自身のお金です。お気に召すままにお使いになって構いません」、と言った[2]。だが、国王がシヴィル・リストをコントロールすれば、議会が国王に課そうとする憲制上の制約を国王が回避することが可能になるかもしれない。バークの提案した一七八二年の経済改革法は、議会による一層厳重な――もっとも、結局さほど効果的ではなかったが――監視を規定し、「シヴィル・リストが国王《クラウン》のための独立の財源措置であるという考えを打ち砕いた[3]」。

ジョージ三世の治世（一七六〇年―一八二〇年）の間に、シヴィル・リストは、次第に政府支出から外されていった。だが、王室の財政が近代的形態をとり出すのは、一八三〇年を待たなければならなかった。国王の個人的《パーソナル》支出が一般の政府支出から切り離されるようになるのはこの年である。議会により可決され、かつ審査されるシヴィル・リストは、これ以降、純粋に、「王権《クラウン》の尊厳と威風《ステイト》および陛下の個人的満悦《コンフォート》」のために用いられるべきこととなった。大雑把に言えば、これが「王室費」と訳されるシヴィル・リストの近代的理解である。国王は、相変わらず、資金援助を通じて選挙民の投票行動に影響を与えようと努めたが、この国王の独立の財政権力の最後の名残も、国王がそうした資金を内帑金《プリヴィ・パース》から与えることができなくなるにつれて消えていった。そのときまでには、国王財政の議会によるコントロールという原則は確かなものとなっていた[4]。

だが、このコントロールはこれまでも全面的なものであったことはなかったし、また、決して全面的なものであるべきではなかろう。議会によるコントロールの原則は、国王の独立性というもう一つの原則と抵触する。一九世紀になる前は、この第二の原則は、国王の《権限》を強化するのに用いられた。今日では、この国王の独立性の原則は、国王がその憲制上の役割を独立の《影響力》を持った人物として果たすことが確実にできるようにするために用いられる。議会によるコントロールが全面的なものとなれば、王室は単なる政府の一部門にすぎなくなり、その憲制上の独立性は脅かされるであろう。だが、この競い合う両原則の間の精妙なバランスは真に議論するに値する問題である。

二　王室の支出

国王及び宮廷の経費は、次の六種類の財源からまかなわれている。

一．王室費
二．施設助成費《グランツ・イン・エイド》
三．内帑金《プリヴィ・パース》
四．政府の諸部門からの直接支出金
五．様々な王宮の見学者入場料純益
六．国王の個人的所得

大まかに言えば、国王の支出のうち国王の公的支出は、王室費と政府の諸部門からの直接支出金によりまかなわれており、国王の支出のうち国王〔たるが故の〕の私的支出は、内帑金によりまかなわれている。これに対し国王の支出のうち一私人としての私的支出は、国王の個人的収入からまかなわれる。だが、以下に示すように、これらの費目の区分はどうしてもいささか技巧的である。

王室費は、ときにそう誤解されるが、国王に対する報酬あるいは《給与《ペイ》》といったものではなく、国家元首及びコモンウェルス首長としてのその職務によって余儀なくされる公的支出をまかなうために用いられる。これは議会によって固定された年額として定められるもので一九九五年では七九〇万ポンドになる。王室費の約七〇％は直接的に国王のために働いている者たちの俸給に費やされており、この者たちの給与と年金は、公務員の俸給基準と関係付けられている。王室費は、毎年、大蔵省によって会計監査を受ける。一九五二年から一九九二年の間に王室費は一二倍に増えたが、この増加率は一般物価水準とほぼ同じであった。この期間に、政府の支出全体は三五倍に増えている。(5)

一九七〇年代までは、国王の治世の始めに王室費を固定し、その治世の間中それを変えないというのが慣例であった。各治世の始めに特別委員会が設けられ、議会にその総額がどれだけであるべきかを勧告する。こうした特別委員会には、首相（一九五二年の委員会には不参加）と大蔵大臣と長老格の議員などが入っている。これまでに、臨時の特別委員会も二度設けられている。最初ののは、一九四七年一一月に設けられたもので、プリンセス・エリザベスがエディンバラ公爵と結婚した後の彼女に対する措置を勧告するためのものだった。女子推定相続人《エアレス・プリザンティヴ》の婚姻には近年の先例がなく、財源措置が講じられたこともなかったからである。二度目の臨時特別委員会は一九七一年に設けられ、インフレーションと、それが王室財政に与える影響の問題を特に取り上げた。この一九七一年の臨時の特別委員会には、一九五二年の特別委員会の時と同じく、首相は含まれていない。だが、この特別委員会は証拠記録を初めて公刊した。(6)

この一九七一年の臨時特別委員会が設けられた理由は、インフレ圧力により、女王即位の一九五二年の時点で固定された王室費が現実に合わなくなったことにあった。確かに、それまで、王室費は支出費目をそこから政府の諸部門に移し替えることによってその出費の増大という重荷から逃れていた。こうした費目の移し変えは、実際、一六九七年に最初のシヴィル・リスト法が成立したとき以来、生じていたが、近年、インフレーションの問題に対処するため、ますます頻繁に用いられるようになっていた。この費目の移し替えはエリザベス二世の治世の一九五二年には、宮殿の維持に従事する職人たちの手間賃や、王室客船であるブリタニア号の費用、及び国賓として来英する人たちに関わる様々な出費に及んだ。

この手の工夫は、一九七〇年代のインフレーション状況の中では不十分なことが判り、臨時特別委員会は、一九七二年に、王室費は一人の国王の治世に一回限りではなく、一〇年間ずつ固定すべきだと答申した。だが、一九七五年までには、この新たな方策も不十分だと判明した。一九七一年に年約八％であったインフレーションは、このときまでに年二〇％を超える水準になっており、そのため一九七二年の調整措置は既に時代遅れとなり、毎年補足的支払いがなされなければならなくなっていた。だが、それは不満の残る方法であった。それにより、王室財政に対し議会が過度に干渉することになったからである。しかし、マーガレット・サッチャー首相が、王室費を一九九一年一月から一〇年間固定制に復すると発表できたのは一九九〇年七月のことであった。そのとき固定された総額七九〇万ポンドは、七・五％のインフレ率を想定していた。一九七二年に提案され、一九九一年以来実施されている、この一〇年間固定制は、「毎年の支出額を庶民院の表決に付する必要がない一方で、同院に王室費に振り向ける額を一定期間ごとに審理する機会を与えるという……大層なメリット」を持っている(7)。

しかしながら、王室費は、王室にかかる政府支出のうち、小さなパーセンテージにしかならない。一九九〇年で見ると、王室費は、五〇〇〇万ポンドをわずかに超えるに過ぎず、王室に関する全政府支出の約一〇％であった。

王室財政の第二の財源は、毎年議会の表決にかけられる、国家遺産局に対する施設助成費である。これは、王室が使う宮殿その他様々な建物の維持管理に使われる。一九九五年の施設助成費は約二五〇〇万ポンドであった。その約七五％は営繕に費やされている。施設助成費は、議会の表決にかけられる他の資金と同様に議会による通常の監督手続に服するが、その管理はバッキンガム宮殿によって行われる。

王室財政の第三の財源は内帑金である。これは、国家元首としての職責から生ずるもので、王室費でカバーされないような国王の支出とか更には他の王室メンバーたちの支出や私的な支出の様々な費目などに充てられる。例としては、過去及び現在の使用人の年金基金や、サンドリンガムとバルモラルの両御用邸の経費の一部、更には、様々な慈善のための寄付や贈与及びスタッフの福祉と憩いに費やされる費用である。内帑金は、主に、ランカスター公爵領の純益からまかなわれている。この公爵領は一九九二年には三六〇万ポンドの黒字を生んだ。この公爵領の憲制上の責任を負っているのはランカスター公爵領大法官であるが、この大法官は、通常は、閣内大臣であり、この公爵領の運営につき「議会に責任を負って」いる。(8) このランカスター公爵領大法官が、毎年、王室の支出をまかなうために、公爵領から内帑金にどれだけの額を支払うかの最終決定権を持っている。(9)

王室財政の第四の財源は、国家元首としての国王の役割を支えるために、例えば、国王特別機や、国王特別列車に関する支出のために政府諸部門から出される様々な支出金からなっている。そうした支出は、一九九〇年の会計年度で四六二〇万ポンドにのぼったが、この数字は、近々、王室客船のブリタニア号の廃用に伴って、かなり小さくなると見込まれる。ブリタニア号には一九九〇―九一会計年度に九二七万二千ポンドかかっている。更に、同会計年度の数字は、ウィンザー城の改修〔同城の火災は一九九二年〕のための特別支出を反映している。(10) しかしながら、王室費の総額を低めに抑えるために、様々な負担が政府の諸部門に移されてきたことから、この費目による支出は、エリザベス女王の治世の間にかなり増えた。一九五二―五三年度は三四万三千ポンドが政府諸部門の負担とされていたに過ぎなかった。一九九二年には四六二〇万ポンドが課せられたが、それは一九五二年の数字の一三五倍、インフレ率の一一倍である。

もちろん、政府の部門別議決事項によって負担される支出は、他の公的支出と同じく、庶民院によって審査される。そして、政府の諸部門の事務次官は、出納責任者として、その諸部門に責任のあるその他の支出の場合と同様、〔庶民院の〕会計委員会に責任を負っている。

もっと厳格な議会による審査が必要だとする論者もいる。影響力ある提案の一つが、一九七一―七二年度の王室費に関する特別委員会に当時の労働党の有力議員であったダグラス・ハウトンから提出された。それは、王室の支出の一層効果的な審査ができるよう、宮廷は国事省《デパートメント・オヴ・ステイト》といったものに編成替えすべきだというものであった。こうした態勢の下では王室の財政は、一層見えやすくなり、しかも問題にされることの少ないものになるだろうし、そうなれば、王室費の増額を、それが「女王のための賃上げ」だとするような不当な解釈によらずして行うことも可能となるだろう、というものであった。(11)

だが、このハウトン提案の憲制上の理論的根拠は理解困難である。宮廷の部局といったものは、大臣たる長を欠く点で極めてユニークなものとなるであろう。また、それには、大臣たちに責任を負う官吏が配されることもないであろう。ハウトンは、国事省は、当時設けられていたような、庶民院の部局と類似した地位を有すべきだと論じた。ハウトンは、国事省が国王政府《クラウン》の委員会によってコントロールされるようにし、その一人には常に大臣をあてることを慣例にしたらどうかと提案した。そうなれば、首相か大蔵大臣がその委員会の仕事につき庶民院に責任を持つことになる、という説明であった。

ハウトン提案は、極めてラディカルな結果を持つことになろう。それは、第八章で示すように憲制上重要な職務を担っている女王の書記翰長たちを含む宮廷が現在のように国王だけに責任を負うのではなく、むしろ政府の大臣及び官吏たちに依存するようになるということを意味するであろう。ハウトンはこう適切に述べている。「中心的な問題は、コントロールの問題だと見受けられる。誰が宮廷の究極のコントロール権を持つべきなのか。女王なのか、議会なのか」、と。[12] だが、宮廷が、通常はその時々の政府によってコントロールされている議会だけに専ら責任を負うことになるなら、国王の憲制上の独立性は損なわれることになろう。だが、国王の役割は、まさしく、その時々の政府に完全にはおんぶしていないということを必要としているのである。

更に言えば国王書記翰長の部局は、英国のためだけではなく、女王が国王《ソヴリン》である他の諸国のためにも働いているが、これらのコモンウェルスの君主国は英国政府から完全に独立している。それ故、連合王国の議会あるいは英国の大臣たちを国王と他のコモンウェルスの諸君主国の間の関係にしゃしゃり出させるのは、憲制上適切ではない。

王室財政の六番目の財源である国王の個人的所得は、そのポートフォリオから生ずるもので、バルモラルとサンドリンガムの両御用邸の維持管理のための膨大な費用を含む個人的支出をまかなうために用いられる。この所得の額は、他の個人の場合と同様、内密にされている。そして、国王の個人的資産と投資所得の規模は、王室費の増額がなされるときに考慮されない。だが、一九九三年二月一一日の公的声明で、侍従卿はこの資産規模の見積もりの一つとされる一億ポンドというのは、「ひどく大げさ」だと述べることを許された。

時折、国王の私的資産の見積もりが王室の宝飾品類やバッキンガム宮殿やウィンザー城のような物を含んでいることがある。だが、これらの物は、国王ではなく、むしろ国王《クラウン》政府に属する。それらの物は譲渡不可能で、国王から国王へと承け継がれなければならないものである。公開市場でそれを処分して換金できる可能性はない。ただし、〔王室財政の第五の財源である〕様々な王宮の見学者入場料純益は、王室コレクションの維持管理とウィンザー城の修復のために国王によって用いられている。

そこで、王室の費用の総額は、一九九〇―一九九一年度には、七九一〇万ポンドになる（表7・1参照）。この総額は毎年約二五〇〇億ポンドにのぼる英国の歳出総額と比べてごくわずかな割合のものでしかなく、英国民一人あたり一・五〇ポンド以下にしかならず、政府支出の他の費用と比べると非常に好ましいものになっている。例えば、一九九三年に、運転免許及び自動車登録局〔DVLA〕の費用は、王室経費の二倍を超え、一億八七〇〇万ポンドに達する[13]。

もちろん、王室についての支出のかなりものは、共和制的統治システムのもとでも要求されるものであろう。たとえ大統領制になっても、例えば、宮殿の維持費や、大統領スタッフの賃金は、おそらく、相も変わらず公的資金から供給されるであろう。おまけに、大統領は何らかのやり方で選挙されなければならず、それもまた、公的資金に負担させることが必要なのである。

表7・1　1990－91年度の王室の費用

（単位百万ポンド）

王室費	7.9
施設助成費	25.0
政府部門の予算からの支出	46.2
総計	79.1

三　王室の所得に対する課税

国王に税を課すべきかどうかの問題は、一九世紀と二〇世紀に何度も繰り返し持ち上がった問題である。一八四二年に、ピールが所得税を再導入したとき、ヴィクトリア女王は、その私的所得と、ランカスター公爵領及び王室費からの所得に対し所得税を支払うことに自発的に同意した。一九〇一年六月、大蔵大臣サー・マイケル・

ヒックス=ビーチは、政府が、新しく王となったエドワード七世に、引き続き税を支払うべきだと「助言」したと庶民院で述べた[14]。ところが、一九一〇年、大蔵大臣ロイド・ジョージは、国王が王室費に対する所得税を支払わなくてもよいようにした。その見返りに、王は、外国元首を迎える費用及び答礼で行う外国訪問の費用に対し税を支払うことで同意した。一九三三年に、ジョージ五世は、ランカスター公爵領からあがる地代収入に対する税を支払わなくてもよくなった。また、一九三六年から一九五二年にかけてのジョージ六世の治世の間に、国王は、その私的所得に対する所得税を支払わなくてよくなった。従って、一九九三年までは、国王は、所得税を免除されていたことになる。プリンス・オヴ・ウェイルズは、王室費から所得を得ていなかったが、一九二一年以来、コンウォール公爵領から得た収入に対する所得税は免除されていた。だが、現在のプリンス・オヴ・ウェイルズは、一九八一年に婚姻する以前には同公爵領から得た所得の五〇%を自発的に大蔵省に支払い、それ以降は、その所得の二五%を支払っている[15]。

ところが、一九九二年一一月にジョン・メイジャー首相は、女王が、一九九三―一九九四課税年度から、内帑金と女王の個人的所得に対し課される税を自発的に支払うつもりだと庶民院で発表した[16]。この扱いは、大まかに言って、他の納税者と似ているが、国王は王位継承者に残される遺産に関して相続税を免除されることになり、その点に相違がある。この、相続税免除の理由は、次のように説明されている。

憲制上、不偏不党であるために、国王は、適度の財政上の独立性を持たなければならず、また、実際持っていると見られている。その上、国王はその立場のせいで、事業やビジネス活動で新たな富を生み出すことができない。更にまた、国王は引退しないから、早い段階でその後継者に財産を引き渡すことで相続税を軽減することもできない[17]。

プリンス・オヴ・ウェイルズは、一九九三―一九九四課税年度から、コンウォール公爵領から得た所得に対し、自発的なかたちで所得税を支払うことになっているが、他の税金も引き続き支払っている。他の王室のメンバーは、従来からその他の全ての納税者と同一の基準で課税されている。

王室費、施設助成費、庶民院の議決に基づき政府諸部門が出す支出のいずれも課税されないが、実際、課税しても意味がないであろう。これらのものが王室の支出の必要をまかなうためにあるのだとすれば、それらに課税した場合に生ずるのは、その増額の要求だけであろう。ロイド・ジョージが一九一〇年に庶民院で述べたように、王室費は、「その使途が適切か不適切かのどちらかである。もし、所得税額分を〔王室費から〕差し引くとすれば、それは、一方の手で与えながら、他方の手で奪うようなものだ」[18]。一九九二年には、女王の公的な住まい――バッキンガム宮殿とウィンザー城――は、王室の宝飾品類及び王室の美術コレクションと共に、それらが譲渡不可能であることに鑑みて非課税とすべきだということも同意された。

更に、一九九二年一一月には、エリザベス女王が、自分と母君〔エリザベス王太后〕とエディンバラ公爵を除く、王室の他のメンバー全員の公的支出をまかなうべく議会の議決に基づいて国庫から支払われていた年金を政府に返還する旨の発表があった。その返還額は、一九九三年には年八七万九千ポンドにのぼった。女王は既に一九七五年以来、グロスター公爵とケント公爵及びプリンセス・アレクサンドラの年金を返還していた。この返還額は毎年六三万六千ポンドにのぼった。従って、一九九三年に女王が返還した総額は、一五一万五千ポンドに達した[19]。一九九五年までには女王を除くと王太后とエディンバラ公爵だけが、王室の中で、「返還されない金を公的資金から受給する」ことになった[20]。

この新たな扱いの導入は、王室の経費に関し、澎湃として起こった世論の批判に応えたものであったが、この批判の大部分は誤った情報に基づくものであった。この新たな扱いの肝心な点は、国王の公的所得と私的所得を区別し、国王の私的所得に対してだけ課税するということにある。

しかしながら、国王の場合に、公的支出に用いられる所得と私的支出に用いられる所得を区別することは容易でない。たとえば、バルモラルとサンドリンガムの両御用邸は国王により私的に所有されているが、そこに滞在しているとき、国王は引き続き憲制上の公式の義務を遂行しているのである[21]。国王は、政府文書、大使たちからの報告書、議会文書の写し、閣議及び重要な諸々の会議すべての議事録を受け取っている。「休日」の間に目を通さなかった文書は、後で目を通すために積み上げられてしまうことになる。そして、既に見た通り、国王が、相談される権利、奨励する権利、警告する権利を効果的に行使する条件の一つは、国王が丹念に公文書に目を通すことである。この仕事は、一九七〇年代の始めには、女王の他の用務に加えて、一日「二ないし三時間になることも」あったが、それは、「国家元首たる女王が、現下の問題すべてに一般的知識をもつことができるようにするためであった」[22]。国王が海外にあるときは、この仕事のうちいくらかは、〔王室のメンバーの中から選ばれる〕国務評議会員に委任できるが、他のコモンウェルス諸国から発した用務と、英国の用務のかなりのものは、そのように委任することができない。さらに、国王は、各国の首相たちや総督たちなどの公式訪問者たちをバルモラル御用邸でもてなすのである。

従って、国王の生活で真に私的な部分を識別するのはほとんど不可能である。国王がいずこにいようとも、公文書は目を通されるべく到着するのであって、それは、「休日」であっても執務期間中と変わりがない。昨今では、政府の仕事のない「休日」は決してあり得ず、国王が通常の意味での完全な「勤務外」や「休日」にあることは決してあり得ない。この立場は、絶えず「待機している」医者の立場と比較するのが最適かもしれない。だが、両者の間には、非常に重要な相違が三点ある。第一に、医者は年がら年中待機しているわけではなく、仕事に従事している特定の期間だけ待機している。第二に、医者は年次休暇を楽しむことができ、その間は医療業務で煩わされないことをあてにできる。最後に、医者は、国王と違い、十分稼いだあとの引退を期待できる。ところが、英国では、国王は決して引退しない。国王の重荷は死してのみ止む。ジョージ六世の国王書記翰長サー・アラン・ラスルズは、一九四七年の王室費についての特別委員会で、次のように述べた。「ご記憶と存じますが、我々がお仕えしている方は、この世の中では極めて稀有な方で、全く休暇をお取りにならず、また、我々残余の者どもとは違い、その任務の終了後に引退後の期間というものを全く見込めない方であります。その任務には決して終わりがありませんので」。実際、ジョージ五世は自分の仕事を「終身刑」と呼んでいた[23]。従って、国王の所得とある一私人の所得との間には本当の類比関係は成り立ち得ず、それ故国王の私的支出と公的支出とを分ける明確な一線も存在し得ないのである。

このように、一九九三年に導入された新たな扱いにもかかわらず、国王をあたかも普通の納税者のごとく扱うことは不可能なのである。得られた所得は国庫からであれ、私的な財源からであれ、「仕事」に対する給与ないし「報酬」と考えることはできない。なぜならこの「仕事」は普通の市民の仕事とは全く違ったものにならざるを得ないからである。従って、所得と支出については国王の立場に類比できるものを見出すのは困難である。この点から見ると、一九九三年に導入された課税に関する新たな取り決めは、それ自体が正当であるからというよりも、世論の批判をかわすために企図された、いくぶん象徴的な意義を持った取り決めであるように思われる。

しかし、王室財政の現在の方式には、大きな弱点が二つある。第一の弱点は、この方式が非常に複雑なことである。上述のアウトライン自体、単純化したものだ。おそらく一般の者たちでこの取り決め、あるいはその理由を理解しているものはほとんどいないだろう。これは民主主義時代の君主政に有利なことではあり得ない。しかしながら、一九九五年の夏から施設助成費会計を公表することが決定されているので、それは、王室財政を一層透明なものにするのに役立つかもしれない。

王室財政に関する現在の弱点の第二のものはおそらく、王室の財政は官庁機構に、そして、ことによると、政党政治の領域にも、あまりにも深く飲み込まれてしまっている点である。これは、王室の不偏不党性に危険をもたらすかもしれない。上述の通り、このことが、王室費について毎年討議することが極めて好ましくないと考えられる理由である。だが、〔王室費が〕一〇年間固定制に復したことは世論の批判を鎮めはしなかった。

プリンス・オヴ・ウェイルズが一九八〇年代末に一七六〇年の申し合わせを覆すという提案を行ったのはこの二つの弱点に対処するためであった。[24] 一七六〇年の申し合わせによって国王は、王室領《クラウン・エステイツ》からの所得を含む世襲所得を、シヴィル・リストと交換に政府に委譲していたのであった。プリンス・オヴ・ウェイルズの提案は、王室費及び王室に対する政府諸部門からの支出の全てを廃止するが、王室領からの所得は大蔵省ではなく国王に復帰する、というものであった。それは、財政に対する王室のコントロールを強めることによって、王室を一層自立的で、それ故、一層効果的なものにし、また王室費のごとく何かと議論のあるものを政治の争点から取り除くことになろう。先に述べたハウトン提案と同様に、この提案は、王室費の増額を、「女王のための賃上げ」とする誤解を避けることになるだろう。

しかしながら、この提案の一つの難点は、王室領からの所得は、一九八〇年代終わり近くには、年約六千万ポンドで変化しなかったが、それは、王室の公的費用の全部をまかなうには不十分かもしれないということである。その場合、依然として、規模を小さくした施設助成費か、あるいはその代わりに、国王特別列車と国王特別機のような王室の支出のうちの特定費目に対する政府の援助かのいずれかによって補う必要があろう。

この実際上の支障のほかに、憲制上の支障もあるかもしれない。政府は、ジョージ五世の内帑金保管掛のサー・フレデリック・ポンソンビと同様の考えからこの提案を受ける気にはならないかもしれない。即ち、サー・フレデリック・ポンソンビは、「国王は王室費につき議会に依存すべきであり、王室の土地からお金を直接受け取ってはならないというのは、憲制の本質的部分である」と考えていた。[25] しかしながら、議会によるコントロールの原則は、王室の独立という同等に重要な原則とバランスをとる必要がある。一八世紀及び一九世紀には、疑いもなく、主たる危険は、国王が不適切な影響力を行使し、独立の権力基盤を築くことにあった。ことによると、今日では、王室の独立が削減されることにより、国王が自らの憲制上の職務を効果的に果たすことができなくなるということの方がより一層危険である。諸政党が英国の人々の生活の非常に多くの面に対するコントロールを確立しており、それが君主政を制限するように働き、君主政が単なる無用の長物となることこそが危険である。従って、王室にとって財政上の独立の度合いがもっと大きくなることが、憲制上の理由から望ましいと論ずることもできるだろう。そのような財政上の独立が一六八九年の〔名誉革命体制の〕根本的諸原則を掘り崩すものになるとはほとんど想像することができない。プリンス・オヴ・ウェイルズによって提案されたようなやり方なら、王室財政を一層透明性あるものにし、一般大衆に一層分かりやすいものにするかもしれない。もしそうなれば、このやり方は、立憲君主政の基盤を強固なものにするのに役立つだろう。

第八章　国王の書記翰長

一　国王書記翰長とは何か

国王書記翰長《プライベート・セクレタリ》職は、英国の立憲君主政の作用にとって決定的に重要なものとなっている。だがこの職は、計画的でも注意深くもない仕方で、実際のところほとんど偶然に発展してきた。

一八〇五年までは、現在国王書記翰長の仕事となっている事柄の大部分について、なかでも特に国王の公的書簡については、内務大臣《ホーム・セクレタリ》が責任を負っていた。内務大臣は、省庁の長であるのと同時に、国王の憲制上の助言者でもあった。一九世紀のほとんどの期間を通して、国王書記翰長を任命することには抵抗があった。それは、そのような職を保有する者が国王とその大臣たちの間にあって無責任な仲介者になるという恐れからであった。こうした見解は、国王が大臣たち及び議会を相手にした闘争に、つまり本質的には大臣たちが勝利するはずの闘争に国王が参加しているという考え方を前提にしていた。しかし、国王の役割がこのようなものではなく、その仕事は大臣たちを支持することであって、彼らと闘うことではないということが理解されるようになって初めて、国王書記翰長職は必要なものであると考えられるようになり、国王書記翰長職の任命に反対していた者の危惧も薄れ始めた。

もし、国王がその大臣たちと張り合っていると思われるならば、事実上敵対者となる者の増強を大臣たちが望まないことは当然なことであった。しかし他方で、国王が、大臣たちとの競争者でなく大臣たちの補完者であるという憲制上の地位を甘受するならば、このような恐れは見当違いなものであった。国王が大臣たちとのやりとりにおいて十分に通知され説明されることは、大臣たちの利益にもかなうことであった。

初代の国王書記翰長は、ジョージ三世が失明し国王が書簡を扱い得ないという尋常ならざる事態に特に対処するために一八〇五年に任命されたサー・ハーバート・テイラーであった。テイラーはトーリであることが周知であったので、テイラーの任命は首相であるピットの承認が得られた。だがこの職が統治機構のなかの常設の部門になることは意図されていなかった。

一八一二年四月に、国王書記翰長職の妥当性についての議論が庶民院において行われた。ある者は、内閣の機密を国王書記翰長の手に委ねること、あるいは国王が第三者を通して大臣たちと意思疎通することは憲制に反すると主張した。この見解は否定されなかったが、国王書記翰長職は尋常ならざる事態が続いている間だけのものであると説明された。完全な能力を持つ国王はこのような援助を必要とはしないはずであった。

しかし後のジョージ四世となる摂政公もまた、自分自身のための書記翰長を任命した。即ち一八一一年にサー・ジョン・マクマーンを、一八一七年にサー・ベンジャミン・ブルムフィールドを任命し、後者は一八二二年まで書記翰長職を務めた。これら二名は昔気質のテイラーと異なって、無鉄砲な行動派であったため、ジョージ四世の首相であるリバプール卿は、一八二二年、に国王書記翰長職は「我が国の憲制」と「相容れない」が故に廃止したほうがましではないかと提案した。実際のところ国王書記翰長職は有名無実化しており、その機能は、あるいは不当な言い方かもしれないが、クリーヴィが言うところの、「最大級の悪党であり、この世で最低のならず者[1]」である、内帑金保管掛のサー・ウィリアム・ナイトンに引き継がれていた。

ジョージ四世の死後、新国王ウィリアム四世は、サー・ハーバート・テイラーを国王書記翰長として再任し、国王書記翰長職は次第に近代的な形をなしつつあった。実際、G・M・トレヴェリアンは、国王が大臣たちに対する自らの義務についての新しい見解を受け入れたのは一八三〇年代であり、かつこのことは、「王の書記翰長であり、政治的偏見がなく偉大な政治的資質を持ち、英国の憲制が平穏に発展してきた功績の多くを帰すべきサー・

ハーバート・テイラーを通して王の心に抱かれた」と考えている[2]。

サー・ハーバート・テイラー自身は選挙法改正法案に敵対的であったが、彼は、王が大臣たちに反対すべきではないと確信しており、それ故法案を通過させるために最善を尽くして大臣たちを援助した。一八三二年五月には、テイラーは王に代わってトーリの貴族に書簡を送り、法案を通過させるために重要な採決を欠席するように要請した。しかし、一八三七年にウィリアム四世が逝去すると、一八一二年に起こった批判が再び起きた。即ち、国王書記翰長は無責任な助言者であり、大臣たちの見解を犠牲にして国王書記翰長自身の見解を押しつけることによって不当な影響力を国王に対して行使しているのではないかという批判であった。さらに、国王書記翰長職の性格上、国王書記翰長が享有する非常に大きな影響力が真に点検されることはなかった。ことによるとこの話は作り話であるかもしれないが、ヴィクトリア女王は戴冠の翌日、サー・ハーバートを呼び出して、自分が国王書記翰長を任用すべきか質問したと、言われている。テイラーは、「陛下は職務に懸念がおありなのですか」と尋ね、女王が否と答えると、テイラーは、「それでは国王書記翰長を任用なさらぬよう」と返答したという。しかし、ヴィクトリア女王は国王書記翰長なしでは統治し得ないことに気づき、一八四〇年に結婚するまでの間、女王の最初の首相であるメルボーン卿が国王書記翰長としての役割を果たし、バッキンガム宮殿に官房を持った。またレーゼン男爵夫人が女王の私的書簡についての責任を負った。

しかしながら、このやり方はうまく行かなかった。女王が宮中のある未婚女性の妊娠を誤って問責した一八三八年から三九年のフローラ・ヘイスティングズ事件では、宮廷にホイッグの陰謀団が存在することを多くの人々が信じた。レディ・フローラはトーリ貴族の姉妹であったからである。一八三九年の「寝所事件《ベッドチェンバー・インシデント》」は、女王がホイッグに偏向し過ぎているという恐れを一層強めた。

女王が結婚すると、プリンス・アルバートが事実上女王の書記翰長となり、メルボーンは宮殿の執務室を去った。一八四一年のホイッグからトーリへの政権交代が、国王の党派性のかけらも感じさせずに順調に行われたのは、アルバートのおかげであった。一八四〇年から一八六一年の間に、ヴィクトリアとアルバートは、国王は政府の政策を知るべきであると主張して、バッキンガム宮殿に近代的な行政システムを作りはじめた。一八六一年にアルバートが逝去すると、選挙法改正法時の首相であったグレイ卿の次男のグレイ大将を国王書記翰長として登用した。しかしこの地位は、一八六七年までは公式に認知されず、官報での告示もされなかった。一八六七年以後、国王書記翰長の給与は、ジョージ四世やウィリアム四世の治世に内帑金から支出されたのとは異なって、王室費から支出されるようになった。

グレイ大将は、自由党の議員であったが、その職務を厳格に党派中立的な仕方で遂行し、グラッドストンだけでなくディズレイリの賛美をも勝ち得た。グレイの後任者もまた、全ての主要政党の政治指導者から信頼を得ようと努めた（一八七〇年のグレイの死亡後の国王書記翰長の一覧表は付録三を参照）。

グレイ大将の時から、国王書記翰長は、あらゆる政党の大臣と国王との関係を補佐する者としての自らの役割を理解していたが、にもかかわらず、時には、その党派的な立場を認めることを止めなかった。スタムフダムは忠実な保守党員であったが、ポンソンビとノウルズは自由党員として知られていた。実際、ノウルズのほうは、一九〇九年九月にアスキス首相夫人に書簡を送り、「私は、ご存じのように自由党員であり、〔自由党〕政府が政権についてこのかた、貴族院においては常に変わらず政府に賛成して投票しています」と記し、「もちろんこれは、私自身の《個人的な》見解を述べているに過ぎないとご理解下さい」と書簡を結んでいる[3]。

ウィグラムは、党派的な政治歴のない最初の国王書記翰長であったが、彼に会った者で、彼が熱心な保守党支持者であることを疑う者はいなかった。ハーディングは、宥和政策の強力な反対者であり、ジョージ六世の最初の二人の首相であるボールドウィンとチェンバレンの政策に対する嫌悪を隠さなかった。ジョージ六世は、ヨーロッパの平和を維持しようとするチェンバレンの努力を支持していたので、ハーディングの見解は、主君である国王の見解と食い違っていた。しかし、宥和政策へのハーディングの反対は、チャーチルが首相になった後に価値あるものとなった。というのは、退位危機の際にチャーチルがエドワード八世を支持したことで悪化していたジヨージ六世とチャーチルの関係を、そのお陰で改善することが可能になったからである。しかし、今日では、国王書記翰長が自分自身の政治的見解を表明することは、考えられないことであろう。むしろ、国王書記翰長の地位は、「彼は政策を持つべきではなく、政務においていかなる偏向も見せてはならず、彼がかつてある政党に属したことも、もちろん属さなかったことも、思い起こしてはならない」ものとされている[4]。

既に見たように、一九世紀には、国王書記翰長職は、国王に助言することができるのは大臣たちだけであるとの考えから、非難の対象となっていた。しかしながら、国王書記翰長の仕事は、公的な意味で国王に助言することではなく、ましてや国王を大臣たちと対立させるような見解を提供することではなかった。国王書記翰長の主な役割は、むしろ、国王の憲制上の地位を擁護することであった。このことは、責任ある大臣たちが助言する事柄について、国王が適切に説明されることを保障し、かつ国王がその裁量権を行使して決定をする際に援助することによってなされた。もし、国王が、バジョットの定義する三つの権利、即ち相談される権利と、奨励する権利と、警告する権利を享有するならば、国王は大臣たちによって提出された問題について個人的な意見を表明する権利をも持つべきである。国王は説明されなければ奨励も警告もすることができない。国王に対する説明を保障するのは国王書記翰長である。しかし、国王は、法技術的な意味では助言ではない国王書記翰長の提案に従う義務はないので、国王書記翰長はいかなる意味でも憲制上の助言者ではない。ここでの主要な区別は、国王が大臣たちからのみ受けることができる「助言《アドヴァイス》」と、国王と大臣たちとの関係が阻害されない限りで非常に様々な源から得ることができる「情報《インフォメーション》」との間にある。

国王書記翰長は、国王によって私的に任命されるが、国王書記翰長は、首相と上級文官にも、特に国王書記翰長がその大部分の仕事を共同して行う内閣書記官長《キャビネット・セクレタリ》に受け入れられる者である必要がある。この二重性は、国王が授与して国王の信任を受けていることを示すロイヤル・ヴィクトリアン勲章と、首相の助言によって上級文官に授与され、首相の信任を受けていることを示すバース騎士団勲章の両方を国王書記翰長が授与されていることから広く一般的に理解されている。

国王の書記翰長の任命方法は、コモンウェルス諸国において国王の人格を代表する総督《ガヴァナ・ジェネラル》の秘書官の任命方法とは対照的である。オーストラリアでは、総督の公的な秘書官職は、一九八四年まで首相部局の一部分として職務を遂行していた。しかし、このことは、総督と首相部局との間で忠誠心の衝突が起こりかねなかったので、一九八四年に、このポストは議会制定法上に根拠をもつものとして設置された。

その他のコモンウェルス諸国では、総督の秘書官は、任期が終了した時点で公務に復帰する文官であった。しかしながら、英国では、このような任命方法は決して好まれなかった。ジョージ四世伝の著者は、「国王書記翰長は、決して時の政府への忠誠を強制される文官ではなかった。国王書記翰長の見解の完全な独立性こそが信用を生み出すのだ」と記した(5)。いくつかの場合には、総督のために勤務している職員は、総督に助言する能力がないように思われた。元オーストラリア総督のサー・ポール・ハスラックは、「総督府の職員は、その身分においても、機能においても、総督がなすべき判断について総督を助言するべく企図されていなかった」と記している。ハスラックによれば、彼自身も「政治的問題について彼らの誰とも議論しなかった(6)」。このような状況下では、総督の立場は、特に憲制上の危機の時代には、孤立したものになりがちだった。サー・ジョン・カーは、もし女王の書記翰長と同じ役割を果たす秘書官の勤務を享受していたならば、一九七五年においてより良い立場にいたであろうことは間違いなかった。実際には、カーは、止むを得ず高等法院の首席裁判官から助言を求めたが、これ自体、高度に議論の対象となる手段であった。

英国では、これと対照的に、国王の書記翰長は憲制上決定的な役割を果たしている。国王書記翰長及びその補佐官は、国王の利益にのみ関心を有する唯一の者である。大臣たちは、ことによると気づかないうちに、将来悪い先例となるような要請を国王にするかもしれないが故に、大臣たちの利害関心は必然的に別である。このように厄介な要請から国王を擁護できるのは、国王書記翰長のみである。さらに、国王書記翰長は、議会の解散の拒否を提案する場合のように、政府が望まない仕方で国王が大権を行使することを、国王に提案しなければならないことがある。それ故、国王書記翰長は、政府が任命する者であってはならないのである。

国王書記翰長職の任命について、まず必要な資格は、国王の信任があることである。さらに、国王は、その治世の間に異なる政党の政府を相手にすることを見込まれるので、国王書記翰長は政治的な党派性のない者でなければならない。更に、国王書記翰長の仕事は、政府を支持する者の見解だけではなく、野党の見解や、更にヨリ一般的に国全体の世論に基づいた情報を提供することである。国王に公式に謁見した者の氏名は宮廷広報《コート・サーキュラ》に公示されるが、国王書記翰長は、私的かつ非公式に野党の代表者と面会することができ、かつ彼らの氏名は公表されない。この場合、野党が国王書記翰長を信頼できるのは、国王書記翰長が政治的に独立している場合のみである。もし国王書記翰長が野党の信頼を得ていないならば、野党が政権についたときに問題が生じ得ることになる。

国王書記翰長が野党の指導者の信頼を失うことによって生じる問題は、エドワード七世とジョージ五世の国王書記翰長であったノウルズ卿が、一九一〇年の議会法案を巡る対立の際に直面した事態に赤裸々に表れている。一九一〇年から一九一三年までノウルズと共同でジョージ五世の国王書記翰長を務めていた、後にスタムフダム卿となるサー・アーサー・ビグは、一九一〇年一二月にノウルズに書簡を送り、野党との議論に対する彼の態度について問い質した。ビグは、H・H・アスキス首相がノウルズを説得して、ノウルズが野党指導者アーサー・バルフォアと面会しないようにさせたことを聞き知っていた。これに対してビグはノウルズに次のように告げた。

私には、アスキスに許可を求める理由が見出せない。なぜなら、国王書記翰長は常に誰とでも面会し会談できるのであって、もし私がアーサー・バルフォアを面会する機会が得られるならば、私は間違いなくそうするであろう。私の見解では、貴殿は、アスキスに許可を求めることによって、アーサー・バルフォアとの交渉を現在の状況において必要以上に公式的なものにしている。例えばかつて、〔ヴィクトリア女王が、第三次選挙法改正法に関する政府と貴族院の反対派との間の対立を鎮めるために重要な役割を果たした〕一八八四年に、ヘンリ・ポンソンビが、交渉を公式会談に向かわせる過程で、非公式に両派と会見していたことは間違いないことである。[7] ノウルズはまた、野党議員と行った会話は政府に報告すべきであると確信していた。カンタベリ大主教ランダル・デイビドスンの言葉によれば、

> サー・ヘンリ・ポンソンビが国王書記翰長であった時代のヴィクトリア女王の見解と、これほど異なっている事柄は見聞したことがない。……私見ではこうした障害は、王の臣下の一人が野党議員と私的に会話することは政府に対する忠誠違反であるから、たとえ、非公式かつ私的なものであってもそうした会話の内容を政府が遂一把握するよう王は要求すべきであるという、極端に神経質な考え方によるところが大きい。[8]

　国王書記翰長と首相と野党指導者との間にあるべき関係についてのノウルズの誤解は、一九一一年にはバルフォアとの論争を生じさせた。バルフォアは、彼が内密の会談と考えていたノウルズに対する発言がアスキスに伝わっていたと主張した。バルフォアは、一九一一年八月にスタムフダム〔卿〕となっていたビグに書簡を送り、一九一一年一月にノウルズが、バルフォア、バルフォアの秘書官ジャック・サンダース、及びイーシャ卿を招いた晩餐の結果について不満を表した。

> 　私は、この晩餐が首相の知るところであり、かつその許可を得て開かれたこと、またそれ故に、私が自由な親密な会話のなかで述べたことが首相におそらくは伝えられていたであろうことを知って驚いた。……貴殿は、内輪のくつろいだ雰囲気のもとで、状況の最も本質的な内容については用心深く私に知らせようとしない外交官と、公の問題について議論するよう私が求められることを、公平であると考えるだろうか。……ノウルズ卿は、どうやら私から、必要な時に使える政策についての一般的な言質を引き出そうとしているように思われたが、その一方で、解決されるべき現実の具体的な問題の最も重要な要素については周到に隠そうとしているようであった。〔しかも〕彼はこのことを、事が過ぎた後で、つまり私が述べたことが王の援助になる可能性がない時期に行ったのであり、このことは私を当惑させている。彼は、「くつろいだ」会話であったからこそ、いざという時に使える横道《オビテル・ディクタ》にそれた話を引き出せたのだ。[9]

バルフォアはスタムフダムに対して、次のようにも記している。

私は、その時ノウルズ卿に、もしこうしたことが、陛下の書記翰長が陛下の大臣でない政治家と面会できる唯一の条件であるならば、陛下は、全ての先王が享受してきた価値ある権利を手放すことになるであろうとも告げた。[10]

スタムフダムは、バルフォアの不満をノウルズに告げた。ノウルズがこの野党指導者に抗議すると、バルフォアはノウルズにこう書き送った。「私は貴殿が、我々の会談にアスキスが関わっていることを、晩餐の《最後》ではなく、《最初》に私に告げるべきであったと考えたし、今でも考えている」[11]。ノウルズはこの非難に反論せずに、彼は、この会話を王に告げただけであって、首相には他言していないと述べた。しかしながら損失は生じており、ノウルズは明らかにこの野党指導者の信頼を失った。いずれにせよ、ノウルズが保守党政権と友好的に仕事をすることは難しかったであろうし、実際一九一三年に、彼は、共同の国王書記翰長職を辞職した。国王書記翰長の義務について、スタムフダムとバルフォアの考え方が正しいことは疑いがなく、この考え方は現在でもとられている。国王書記翰長は、首相の取次人になることはできない。国王書記翰長は国王のために仕事をするのであって、他の誰のためでもない。従ってもし、野党指導者の見解を国王に知らせることが国王自身の利益であるならば、国王書記翰長は首相の許可を求めることなしに、ましてやその同意を求めることなしに、野党指導者と面会しなければならない。とはいえ、国王書記翰長は、野党の有力者と会談した事実を首相に通知することが一般的である。

国王書記翰長という職は、政府の部局に類似するものではなく、むしろ大臣の下での私的な職にたとえられる。即ち国王書記翰長は、政府の部局の常任の長にではなく、特定の大臣に対して最も忠実な、閣僚の特別の助言者になぞらえるのが最も適当である。国王書記翰長の職は一つの組織ではなく、国王の仕事の個人的な補佐役である。それは政府の部局に見られるのとは全く異なる特有の精神を持っている。しかし、大臣の特別な助言者というたとえも、完全には正確ではない。というのは、国王書記翰長の忠誠心は、ある特定の時点で国王の地位に就いた特定の個人に向けられているのと同様に、国王という制度に向けられているからである。もちろん通常は、これらの要件は重なっており、それらが対立するのは、一九三六年の退位危機のような異常な状態においてのみである。

二　退位危機における書記翰長の立場

エドワード八世の書記翰長サー・アレクサンダー・ハーディングの不幸は、個人と制度の間の恐ろしい板挟みに直面したことであった。ハーディングは、エドワード八世が王位に留まることを望み、王を王位に引き留めるために、できる限りのことをした。このことが不可能であると判断すると、ハーディングは、〔君主政という〕制度を擁護しようとして、時には王にも知らせずに彼自身の判断で行動した。このような振る舞いは、通常の場合には支持されないことであるが、ハーディングが置かれたような例外的な状況においては正当化され得る。

> 〔ハーディング未亡人の記によれば〕これ以前もこれ以後も、彼は――あるいは代々の国王書記翰長の誰も――、このような忠誠心の衝突に直面したことはなかった。アレック〔ハーディングの愛称〕の個人的な同情心は全て陛下に向けられていたが、しかし、彼は、君主政を無傷に保つために務めなければならなかった。彼の関心は、王位の無事《セイフティ》と信望《クレジット》であった。彼の主君の感情的な気分は、非常に重要ではあったが、考慮すべき唯一の問題というわけではなかった。[12]

ハーディングが初めてエドワード八世の地位に不安を抱き始めたのは、シンプソン夫人が離婚しようとしていると知った時であった。その時までは、シンプソン夫人が既に別の男性と結婚している以上、王が彼女と結婚することは問題になり得なかった。離婚手続が一週間ほど後に行われることを知ったハーディングは、一九三六年一〇月一五日に、王に知らせることなしに、自分自身の判断でボールドウィン首相に書簡を送った。こうすることによって、彼は、自らが君主政の利益と考えるものを、〔国王〕個人の利益よりも上に置いた。このために彼は、エドワード八世が後にウィンザー公爵として執筆した回顧録『ある王の物語』[13] *A King's Story* において、エドワード八世に大いに非難されることになった。

ハーディングは、ボールドウィンが王と面会した上で、離婚手続が停止され得るか否かを、またシンプソン夫人との交際を公に誇示することや彼女の名前を宮廷公報に載せることをやめるように王を説得できるか否かを、確かめることを要請した。ボールドウィンは、一部の人々からは、王を王位から追い出そうと陰謀を企てていると見られていたが、実際にはそのような考えとは異なって、行動する意思そのものがなかった。しかしハーディングの言葉が彼を行動に移させ、ボールドウィンは一〇月二〇日に王と最初の面会を行った。王がシンプソン夫人の離婚手続を停止するために行動することを拒否すると、ハーディングは、エドワードは王位に留まることはできないのではないかと恐れ始めた。そのため彼は、次順位の王位継承者であり後のジョージ六世となるヨーク公爵のもとを訪れ、退位の可能性がある旨を進言した⑭。ハーディングの目的は、もしも退位が生じた場合に、王位継承が円滑に行われるようにすることであった。

ハーディングがボールドウィンと面会した一〇月一五日に、彼は、王に知らせることなしに、もう一つの行動をとった。彼は（元作家のジョン・バハンである）カナダ総督のトゥイーズミュア卿に宛てて、カナダにおいて起こり得る反応に関して書簡を送った。ハーディングは、自分の懸念が生じないことを望んでいるが、だがもし異なる結果になった場合は、王とシンプソン夫人の交際によってカナダで生ずるであろう不都合について知らせる書簡を、喜んで受けると述べた。彼はトゥイーズミュア卿に、何らかの戦略的な交渉場面で彼自身あるいは別の者が王に提示できるように、その不都合の証拠を提供するように要請した。トゥイーズミュア卿は、カナダの世論は不安を生じさせるものであるとの返答を送った。ハーディングは、首相が再び行動に駆り立てられることを期待して、この返答をボールドウィンに示した。

この状況において、自分の雇主の背後で行ったことについて、ハーディングを非難することは容易であろう。だがハーディングが、その他多くの人々と同様に、退位によって君主政が深刻な打撃を受けるであろうと信じていたことを思い起こすことは、重要なことである。更に、やはりその他多くの人々と同様に、ハーディングは、王をとりまく状況が王に示された時になお王がシンプソン夫人と結婚する希望を持ち続けることは、信じがたいと思っていた。ハーディングは、憲制上の地位について誤解が生じないように、事実を提供することが、王に対する最善の行為であると信じていた。

　一一月の初め、政府部局の事務次官たちは、王がシンプソン夫人との交際を今後一切止めるよう助言することを大臣たちに勧める文書を起草した。ハーディングは、この最後通牒の文面は王に対する同情を生むであろうから、これは失敗であると考えた。それ故、ハーディングは、事務次官たちを説得して、彼らの提案を控えめにするように努めた。

　一一月一二日、ボールドウィンはハーディングに書簡を送り、王とシンプソン夫人との関係に何か変化があるか尋ねた。シンプソン夫人は既に仮決定を認められており、このことは、何事もなければ六ヶ月後に離婚が認められることを意味していた。ハーディングは、関係には何も変化がないと返答した。すると、ボールドウィンは、翌日にこの件について上級大臣たちと会合を予定している旨をハーディングに告げた。これが、この件について主要な大臣たちが議論する最初の会合であった。

　翌日、更に悪い知らせが届いた。『タイムズ』の編集人であるジェフリー・ドーソンが、ハーディングに対して、報道が沈黙できるのはあと二、三日が限度だと告げた。ハーディングは、王の交友関係についての詳細を公にしないようにドーソンに懇願した。ロンドン駐在のオーストラリア高等弁務官スタンリー・ブルースは、ハーディングを昼食に招いて、オーストラリアは王とシンプソン夫人の結婚を許容できないと述べた。この結果、もし王が結婚に固執するならば、ブルースはオーストラリアに帰国するように思われた。

　王の地位について上級大臣たちの会合が開かれることを首相から知らされると、ハーディングは、王を王位に留めるための最後の、一か八かの行動に出る決心をした。彼は手紙を記すことにして、そこで今起こっていることについて王に警告し、シンプソン夫人が一時的に国を離れるよう促すことを王に要請した。

　国王書記翰長の立場の孤独と隔絶が表れているのは、この局面であった。ハーディングは、他人と相談することはできたにせよ、この手紙については自分自身で責任を負わなければならなかった。しかし彼は、王が事の重大性を認識することなしにシンプソン夫人との結婚の意思を明らかにしないように努める決心をして、必然的に生じる結果について王に警告しようとした。

その手紙は、ハーディング自身の責任で書かれた。しかし、彼は他の秘書官たちに相談し、彼らの同意を得た。ハーディングは、この手紙をジェフリー・ドーソンに見せた。また、ボールドウィンに対して、大臣たちの会合がなお開催される予定か否かを尋ね、またそのことを王に知らせて良いかどうか尋ねた。――というのは、ハーディングはこの情報を内密に得ていたので、それを利用するには首相の許可が必要であったからである。

ハーディングの手紙は、一一月一三日に王に送付された。シンプソン夫人が無期限に国外退去するというハーディングの提案が受け入れられていたならば、そのことは王の批判者の主張を切り崩すことになっていたであろう。おそらくは、シンプソン夫人の出英国《エクソダス》によって生まれた、より落ち着いた雰囲気のなかで、何らかの解決策が見いだされていたであろう。理解し難いことであるが、ハーディングの提案した解決策が受け入れられたのは、三週間後のことであった。その時には、危機は頂点に達しており、何か有効なことをするには、時はあまりに遅すぎた。

エドワード八世の公伝の著者によれば、この手紙に対する王の反応は、「ボールドウィンの代理人《エージェント》とみなされるハーディングとこれ以上行動を共にすることを拒否する」⑮というものであったが、これは不正確である。王がこの手紙に対して返答していないことは確かであり、実際のところ王は、この手紙について何も言及していなかった。他方で、王は、ハーディングを公用のために用い続けていたが、退位に関する政府との交渉については、ウォルター・マンクトンに委ねていた。この手紙に対する王の直接の反応は、王が首相及びその他の上級大臣との面会を希望していることをハーディングに知らせたことであった。ボールドウィンは、もし王が単独で来訪するならば、この件が未だに閣議に上っておらず、大臣たちもこの件について公式に検討していない故に、最善であろうと判断した。王が、たとえ退位という結果になったとしても、シンプソン夫人との結婚を固く決心していることを表明したのは、このボールドウィンとの会合においてであった。こうして退位危機の最終局面は突然にやって来た。この危機の間、王は、感情的な重圧の極限にあって、公務を行うのに全く耐えない状態であった。この困難な時期のなかで、王の署名を要する事柄を含む政務が円滑に行われるように努めたのは、ハーディングであった。更に、ハーディングは、退位危機の間、王に知らせることなしに、後にジョージ六世となる王弟ヨーク公爵と接触を続け、もし王位継承が行われる場合には、それが円滑に行われるように努めた。最終的には、ハーディングの忠誠心は、王個人に対するよりも君主政の制度に対して向けられていた。君主政が、退位危機をほとんど無傷で切り抜けることができたことについて、ハーディングのおかげであった部分は少なくなかった。

三　書記翰長の憲制上の位置づけ

　退位危機は、正にそれが異常な性質であったが故に、より正常な時代における国王書記翰長の義務について、強い光をあてている。国王書記翰長の仕事の本質は、憲制に関わるものであり、立憲君主政の機構が効率的に作動するように努めることであった。このためには、国王が政府の政策について説明されることが必要であるが、それは、国王の書記翰長と内閣書記官長が協働することにより、大臣たちの立場が国王に説明され、また国王の立場が大臣たちに説明されることによって達成される。このような仕方で、国王書記翰長は、内閣書記官長と首相秘書官と共に、国王と大臣たちとの間の、とりわけ国王と首相との間の意思疎通の経路としての役割を果たしている。

　しかし、今日では、国王書記翰長の仕事は、連合王国の政府の機構内における役割にとどまらない。〔英国の国王〕書記翰長は、カナダ女王、オーストラリア女王、ニュー・ジーランド女王等々の書記翰長でもある。女王が国家元首である海外諸国の政府からの伝達は、英国〔政府〕がカナダ、オーストラリア、ニュー・ジーランド等々の統治について何の役割も果たしていない故に、ダウニング街一〇番地〔の首相官邸〕にではなく、バッキンガム宮殿に対して行われている。かくして、国王書記翰長は、連合王国の政府に対するのと同様に、これらの海外諸国の政府に対する関係において、国王大権を擁護しなければならない。

　この理由だけからも、国王書記翰長職を政府の部局、例えば内閣府《キャビネット・オフィス》に移すことは、不可能であろう。それは一九七二年に王室費をめぐる討論の中で労働党と自由党の議員たちが提案したことであるが、この提案は、国王書記翰長の役割の性質についての誤解を表している。即ち、国王書記翰長は、カナダ、オーストラリア、ニュー・ジーランド等々の女王の書記翰長でもあるのだから、国王書記翰長は、英国政府の機構の一部分たりえないのである。女王を国家元首と認める海外のコモンウェルス諸国の政府は、何らの憲制上の関係も持たない英国政府の部局に報告を行う用意はないであろう。

従って、国王の書記翰長は、憲制において本質的な役割を果たしている。現在では、国王書記翰長は代理《デピュティ》や補佐《アシスタント》によって補佐されているが、国王書記翰長の仕事のうち憲制に関わる部分は委譲することができない。国王書記翰長の仕事は、他人と共有することができない。なぜなら、国王が、公《オフィシャル》的でないという意味で私《プライベート》的な助言を得る出所については、疑問の余地なく決まっているからである。かくして、ハーディングは、一九三六年に彼の補佐たちと相談はしたものの、彼は、正当にも、エドワード八世に重大な手紙を送付する決定をするのにあたって、補佐たちを巻き込もうとはしなかった。この決定は、彼の決定であった。彼独自の決定であった。国王書記翰長は、ハーディングが残念そうに述べているように、「人の気配のない鋤あとを耕す」[16]ような〔孤独な〕仕事であった。

国王書記翰長の役割は、その地位にある者に卓越した資質を要求する。それらの資質については、ヴィクトリア女王の書記翰長であるヘンリ・ポンソンビの回顧録を論評したハロルド・ラスキによって、完全に正確とは言えないが、雄弁に定義されている。ラスキによれば、国王書記翰長の地位は、一種の「威厳ある奴隷《ディグニファイド・スレイバリ》」であった。

彼は、彼女〔国王〕の言いなりにならねばならず、家族愛の要求すら、対抗者を許さない権能の持ち主である女主人に捧げられなければならない。彼は、現在進行中の全ての事柄について知っており、全ての事柄について助言する用意がなければならない。しかし、彼は、助言をすることによって、彼自身の考えが女王の決定に影響を与えているように見られてはならない。彼は、全ての大臣たちの親友《コンフィダント》でなければならないが、しかし特定の誰かの仲間であるという印象を持たれてはならない。彼は、干渉しているというそぶりすら見せずに干渉しなければならない。彼は、他人からの注目を免れる術を学ばなければならない。彼は、女王の失敗の重荷を背負うことができなければならない。彼は、疲労ということの意味を知っていてはならない。……幾千もの機密を手中にして、明確な事柄と曖昧な事柄を識別しなければならない。……最も些細な事件が大きな災難をもたらすような状況のなかで過ごしてきた人生である。……国王の書記翰長は、下に深淵が開いていることを知らずに、綱渡りをしている。……もし、国王が、ヴィクトリア女王のように勤勉であるならば、憲制上の機構のなかで仕事上の関係の可能な結び付きを緊密に保っておくために、彼の全ての配慮と分別が要求された。彼の存在の半分は、真の意味での政治家《ステイツマン》であるが、もう半分は、場合によっては、従僕《ラッキー》と区別するのがさほど容易ではない何者かになる用意がなければならない[17]。

　ラスキは、国王書記翰長が、完璧な配慮の持ち主でなければならず、控えめで、ほとんど人に知られず、自分自身の見解を押しつけてはならないと述べている点において正しい。実際のところ、国王の側近くにいる者は誰でも、自分の政治的見解が国王自身の政治的見解と見られないように、自分の政治的見解を内密にしておかなければならない。二〇世紀の初めに、エドワード七世とジョージ五世の非公式な助言者であったイーシャ卿は、しばしば新聞に公的問題について寄稿しており、その結果、イーシャの見解は国王の見解を反映しているものと考えられた[18]。

　国王の仕事を国王書記翰長が正確にどれだけ分担しているかについては、公に知られてはならない。というのは、国王書記翰長に与えられる仕事の成果の名誉が、国王の名誉から失われることになるであろうからである。しかし、ラスキは、「従僕《ラッキー》」の比喩を用いたところでは、この職について誤解をしている。そのような態度をとる国王書記翰長は、国王にも憲制にも仕えているとは言えないだろう。他方で、実際には、サー・ヘンリ・ポンソンビは、女王が誤っていると考えた時にはヴィクトリア女王に直言するのを躊躇しなかったし、ノウルズとスタムフダムは、彼らの見解についてジョージ五世と討論するのを常にしていた。また、ハーディングは、既に見たように、王が嫌悪するであろうことを知りながら、エドワード八世に対して一連の行動を勧める用意を完璧にしていた。

国王書記翰長が信任を勝ち得る基準は、国王と臣民との関係での、あるいは臣民間での国王の声望に関わると国王書記翰長が判断する場合には、国王の私事についてであっても、自分の考えを卑屈にならずに主張する能力があることである[19]。

とはいえ、国王書記翰長の地位の基礎は、常に国王の信任に置かれなければならない。一度それが失われたならば、国王書記翰長の地位を保持することはできない。二〇世紀には、二人の国王書記翰長、即ちノウルズとハーディングがまさにそのような〔信任を失った〕立場にあった。

一九一三年二月、ジョージ五世は、ノウルズ卿に辞職を勧告しなければならないと感じていた。王は、もし総選挙で自由党が勝利した場合に、議会法案を確実に可決するのに必要ならば、新貴族を創設する用意があるという、「仮定の上に立った了解」を、一九一〇年一一月にアスキス首相に対して与えたことをずっと後悔していた。一九一三年二月に、ジョージ五世はカンタベリ大主教に対して、「あの時したことが何と愚かであったことか、今では分かっている。私はノウルズの助言に全く沿ってああしたのだ」と述べた[20]。

ジョージ五世は、一九一三年になってようやく、ノウルズが一九一〇年四月のランベス宮殿会議のことを自分に告げていなかったことを知った。この会議において、バルフォアは、政権を作る意思を述べていたようであり、そのことは、王が新貴族の創設に同意せずに済ますことを可能にしたはずであった。カンタベリ大主教はこう書き留めている。一九一四年一月に、王は、カンタベリ大主教に対し、

自分は、実際のところ、ノウルズのことを最高度に不忠実であると考えている。ノウルズは自分に、一九一〇年一一月にノウルズが件の約束を強いられる根拠となる、綿密かつ印象的な詳細を含む日報を自分に渡した。ノウルズは、この問題についてのエドワード〔七世〕王の見解、あるいは王の助言者の見解を記した覚書の存否について強調しており、ノウルズは繰り返し、そのようなものは存在しないと確

言していた〔、と述べた〕。……王は、もしこれ〔ランベス宮殿会議の記録〕を読んでいたならば、あるいはこれについて何か知っていたならば、全ての状況は変わっていただろうと言う。というのは、アスキスとクルーによって、王の意思に反する秘密の約束を強要され、その結果事態が大きく変わってしまったことと比べれば、その時には王はそれほどの無力感は感じていなかったであろうからであった。王は、アスキスとクルーと〔自由党院内幹事長の〕マスター・オヴ・エリバンクとノウルズが、実質的に陰謀を企んで、より熟練の者であれば決してしないようなことを王にさせたと考えている。今では王は、もしノウルズが、あの日に全ての国王書記翰長が確実にすべきこと、即ち政府の要求を文書にすることを要請していたならば、彼らは口頭で述べたことをあえて文書にはしなかったであろうから、政府は途方に暮れていたであろうと考えている[21]。

ノウルズは、議会法案危機の間、奇妙に行動していた。彼はエドワード七世に対して、新貴族を創設する提案は、「イングランドが立憲君主政になって以来犯された、最大の暴挙」であり、もし、ノウルズが王であるならば、彼は「それに同意するよりも退位するであろう」と述べていた[22]。しかし、彼は、ジョージ五世に対しては、全く正反対の助言を行っており、立憲君主である以上、新貴族の創設に同意する以外の選択肢はないと、王に対して告げていた。しかも、彼は、この助言を、関連する事実を王から隠した上で行っていた。ノウルズの行動は、もしジョージ五世が新貴族の創設に同意しなかったならば、君主政が危険に晒されると彼が判断していたという根拠によって正当化され得る。しかしながら、彼は国王の信任を欺くような仕方で行動したので、彼の有用性には終止符が打たれた。

ハーディングは、より一層困難な状況において、エドワード八世の信任を失ったように思われる。エドワード八世は、退位に関する協議にあたってウォルター・マンクトンを登用した。ハーディングはまた、エドワード八世の継承者であるジョージ六世の信任も失った。ハーディングは、彼の仕事をジョージ五世の下で学んだが、ジョージ五世の行動は徹底して几帳面であり、あまり几帳面ではないジョージ五世の二人の息の振るまいにハーディングが折り合いを付けることは困難であった。ジョージ五世は、大臣たちとの会合の後で、時には大臣たちがまだ謁見している間にも、会合の文書記録を作成させるために、国王書記翰長に書簡を送るのを常に習慣にしていた。この記録は承認を得るために後で王に提出され、王室文書館に保管された。しかし、ジョージ六世は、父の習慣に倣わなかったため、ハーディングはしばしば、会合の詳細を、国王からよりも関係の大臣たちから得ていた。[23]ジョージ六世は、当初から王妃を自分の腹心として用いがちであり、おそらくハーディングに全幅の信頼を置こうとはしなかった。これに加えて、ハーディングは、政府の宥和政策に対する彼の敵意を隠すことに失敗した。一九三八年一二月、ジョージ六世はハーディングにマドラスの総督に就くことを勧めたが、ハーディングは、このほのめかしに反応できず、その地位に留まった。しかし、一九四三年七月、王の北アフリカ訪問の後で、ハーディングと彼の補佐のサー・アラン・ラスルズとの間で対立が生じた。ハーディングは王に対して、王が自分の辞職を望んでいるか否かを尋ね、王はそれを望んでいると返答した。ジョージ六世にとっては、ハーディングの辞職の申し入れは突然のものであり、また王が彼の辞職を促したのでもなかったが、王は、このような機会は二度とないだろうと考えて、この申し入れを喜んで受け入れた。外務省の事務次官であるサー・アレクサンダー・カダガンによれば、王は、「A・ハーディングに対して気の毒だと思いながらも、不満をいっぱいぶちまけてこう言った。ハーディングはいつも頑固かつ役立たずの見解を持っている。常に『否《ノー》』と言うことが分かっている奴に対して何を言っても無駄だ[24]」。

国王と国王書記翰長の関係がどのように壊れ得るかについてのこれらの例は、この関係の繊細さを表すとともに、立憲君主政の円滑な作用の重要性をも表している。国王書記翰長職の仕事は、常に公衆の眼から隠されている必要がある。しかしながら、国王書記翰長職は、英国の統治機構において最も重要な地位の一つになっており、立憲君主政という制度の大黒柱《メインステイ》となっているのである。

第九章　国王と教会

一　公定教会とは何か

国王は、イングランド教会及びスコットランド教会（長老主義教会）と特別の関係を享有している。国王は、一七〇七年のスコットランド合同法に基づいて、両者を、「神聖なものとして擁護し、かつ保持する」議会制定法上の義務を負っている。これら両教会は、イングランドとスコットランドの全ての教会区において、人々に信仰をもたらす義務を有すると自ら考えている点において、国民教会《ナショナル・チャーチ》である。また両教会は、議会制定法によって承認されているという意味では、公定教会《エスタブリッシュト・チャーチ》である。しかしながら、以下で論ずるように、「公定《エスタブリッシュト》」の別の意味によるならば、イングランド教会は公定教会であるが、スコットランド教会は公定教会ではない。他方、アングリカン信仰《コミュニオン》〔＝聖公会〕はイングランドにおいてのみ公定されており、アイルランドでは一八六九年に、またウェイルズでは一九二〇年に発効した一九一四年の議会制定法によって、非公定化された。その他のコモンウェルス加盟国においても、聖公会は公定されていない。

国王は、イングランド教会の至上の支配者《ガヴァナ》であるが、首長《ヘッド》ではない。首長はキリストだからである。三九箇条〔の信仰箇条〕の第三七条は次のように定めている。

> 国王は、イングランド王国及びその他の彼の領土における最上位の権力者である。この王国の全ての財産の最上位の支配権は、教会のものであれ世俗のものであれ、常に国王に固有に属するものであり、何らかの外国の支配権に服従してはいないし、また服従すべきでもない。

〔教会の〕至上支配者の地位は、憲制上の地位である。国王はその地位を、国家元首という地位を理由として占めており、至上支配権を国家元首の地位から分離することはできない。至上支配者の地位に就くためには、国家元首の地位以外の資格は必要ない。それ故、国王の私的な態度は至上支配者の地位とは無関係である。実際に、過去には、非常に放埒な国王が至上支配者であったこともあったが、現在では、国王は、模範者《ロール・モデル》として行為すべきことが期待されている。

国王は、至上支配者として、イングランド教会と霊的交わりを持つことを要求される。また、戴冠式宣誓において、イングランド教会を擁護することを宣誓する。戴冠式は、それ自体に、カンタベリ大主教が挙行する聖餐の儀式を含んでいる。カンタベリ大主教は国王を聖別し、新しい国王に王権の象徴である十字架付宝珠《オルブ》を授与する。これらが十字架の下で行われることで、俗権の世界が霊的世界に従属することを象徴している。

国王は、首相の助言に基づいて、イングランド教会の大主教《アーチビショップ》、主教区主教《ダイアサザン・ビショップ》、補佐主教《サフリガン・ビショップ》、首席司祭《ディーン》を任命する。彼らは、任命の際に、国王に対する忠誠宣誓を行い、かつ聖別式の後で国王に対して臣従礼をとる。執事《ディーコン》と教会区の牧師も、任命の際に、国王に対する忠誠宣誓を行う。カンタベリ大主教は、全イングランドの首座大主教として、席次において、王族に次ぎ、かつ大法官より上位という、特別の地位を占めている。大主教及び主教は、国王の許可がなければ、その職を辞することができない。

カンタベリ及びヨークの大主教、ロンドン、ダラム、ウィンチェスタの主教、並びにイングランドの主教位に任命された先任順に二一名のその他の主教区主教は、貴族院に席を占める。この理由は、イングランド教会の聖職者は、一八〇一年の庶民院（聖職者資格剥奪）法によって、庶民院への代表選出を禁止されているため、教会の指導者たちは、アングリカンの見解が主張できるように、議会において保証された席を要求しているからである。

国王は、スコットランド教会の至上支配者ではない。スコットランド教会は、キリストを霊的問題に関する唯一の主権者と見なしている。だが、国王がスコットランドにいる時には、国王は、スコットランド教会の通常の構成員となり、慣例により、長老《プレズビテリアン》となる。国王は、一七〇七年のスコットランド合同法に基づいて、スコットランド教会を保持し、かつ神聖なものとして、「真のプロテスタントの信仰の上述した基盤を、この王国の法によって上述のごとく公定されたこの教会の統治制度、礼拝、規律、権利及び特権と共に、擁護しかつ保持する」ことを要求される。スコットランド教会を保持する宣誓は、国王が即位した直後の枢密院の会議において行われる。しかしながら、スコットランド教会は自己統治《セルフ・ガヴァニング》であり、一九二一年のスコットランド教会法の諸規定によって、礼拝、教義及び規律に関する全ての事柄について、自己決定する権限を有している。

かくして、イングランド教会及びスコットランド教会は、共に、議会制定法によって選択されたという意味では、「公定」されている。他方で、「公定」の意味を、「国家によって統治される」と理解するならば、イングランド教会は公定教会であるが、スコットランド教会は公定教会ではない。ところが、イングランド教会の場合も、国家の役割は近年、容赦なく縮減してきている。

イングランド教会とスコットランド教会は、国家及び国王との間で、非常に異なる関係を保っている。教会と国家との間の、ある単一の特定の関係を示すためには、「公定教会」は正確な用語ではない。とは言えこの用語は、少なくとも当該教会が、国家によって何らかの議会制定法上の認知を与えられていることを意味している。他方で、別の意味での公定教会は、非常に様々な憲制上の暗示と帰結を含んでいる。即ち、ここには、教会の国家への完全な服属から、何らかの公的ないし儀礼的な目的のための特定の教会の単なる認知までの広がりを含んでいる。イングランド教会及びスコットランド教会は共に、この広がりのうちの、前のほうではなく後ろのほうの端に近いところに位置している。しかしながら、両教会と国家の正確な関係は、歴史の産物であり、それ故その視点からのみ理解することが可能である。

二　イングランド教会と国家の関係

教会とは、共通の宗教上の教義を信仰し、かつ共通の礼拝形式を用いる人々から構成される、人的ないし神的な結社《アソシエーション》である。かかる結社は、自発的なものであり、構成員間の相互契約によって実在のものとなる。国家はこの関係に関与していない。しかしこのことは、国家がこの結社に無関心であることを意味するわけではない。自由《リベラル》な社会では、国家は、全ての遵法的な結社に対して寛容を保障する責任を自認しており、それ故に、結社が他者の権利を侵害しないように、結社に対するある程度の支配ないし監督を行うことができる。かくして、結社は、完全に自発的なものであっても、様々な法的な義務を負っている。だが、国家は、霊的な事柄については、自発的な結社である教会の独自性に完全に任せており、世俗の事柄についても、ある特定の公共目的を実現するために干渉する場合を除いて、関与しない。

しかしながら、イングランド教会は、このような意味での自発的な結社ではなく、構成員の相互契約によって誕生したのではなかった。とは言え、イングランド教会は、議会制定法によって創設されたという意味での国家教会《ステイト・チャーチ》でもない。むしろ、イングランド教会は、漸進主義と、政治権力と教会権力の妥協の過程の中から生まれてきた、歴史的発展の産物である。それ故、いつイングランド教会が誕生したのか、正確な日付を指摘することは困難である。実際、英国の憲制それ自体と同様に、イングランド教会は、〔ある時点で〕現実に発足したものではなく、計画も意図もない、一連の歴史的発展の産物であるように思われる。

イングランド教会は、その構成員の大部分の眼から見ると、宗教改革によって誕生したものではなかった。彼らは、宗教改革は新しい教会を創設したのではなく、既に存在している教会に対する教皇の霊的支配権を否定する結果をもたらしたのだ、と考えるだろう。この時に、国王が、教会における世俗権力の源泉となった。イングランド教会の構成員は、自分たちの教会を、七世紀にイングランド人がキリスト教に改宗した時にイングランドに創設されたものであり、その時から連綿と続いているものだと考えている。この意味では、イングランド教会は、国民及び国王よりも先立って存在していた。

一二一五年に、宗教改革より三世紀以上前に、マグナ・カルタは、イングランド教会の「権利」と「自由」が保持されるべきことを宣言した。このことは、早くも一三世紀に、イングランド教会が普遍的なカトリック教会の一地方の分肢ではなく、固有の国民教会であると見られていたことを意味している。それ故に、イングランド教会は、早い時期から固有の領域を有する教会であった。

だが、宗教改革までは、各々の権限の範囲は必ずしも明確ではなかったにせよ、イングランド教会は、国王と教皇の協働によって統治されていた。宗教改革は、この二重の支配体制に代えて、国王が支配する中央集権的な体制を敷いた。

宗教改革の結果は、イングランド《にある》教会を、イングランド《の》教会に変えたことだった。[1] カサリン・オヴ・アラゴンとの婚姻を無効にする希望を脅かされたヘンリ八世は、一五三〇年代の一連の議会制定法によって、イングランドにある教会に対する全ての管轄権を教皇から剥奪した。[2] 教皇の世俗面の機能については、教皇は国王に取って代わられ、他方で、霊的な問題については、一五三四年の国王至上法が、国王は、「イングランドの教会の、地上における唯一の首長《ヘッド》である」と宣言している。この法律は、メアリ一世によって廃止されたが、エリザベス一世によって、一五五九年の国王至上法として、異なる形で再制定された。同法は、国王はイングランド教会の首長《ヘッド》ではなく、「至上の支配者《ガヴァナ》」であると宣言している。かくして、ヘンリ八世及びエリザベスは、イングランド教会の地位を国家との関係において定義した。議会は、イングランド教会の教義と儀式を後から是認し、三九箇条〔の信仰箇条〕によって、それらに議会制定法上の効力を付与し、さらに一六六二年には、礼拝統一法によって、改訂祈祷書が強制力を有するものになった。

ところが、「公定の」イングランド教会を性格づける特徴の多くは、ヘンリ八世のローマとの対立以前からのものである。大司教及び司教を任命するのは教皇であったが、国王は、慣例により、教皇による任命に対して拒否権を享有していた。さらに、大司教及び司教は、宗教改革以前から貴族院に席を占めていた。イングランドにおいては、エドワード二世の治世からカノン法が規定されていたが、ローマへの上訴は、国王の許可がある場合のみに限られていた。かくして、「公定」のイングランド教会は、公定という用語こそ一六〇三年の国教会規則《カノン》で初めて用いられるが、国王の至上性を確実にする立法のみならず、その他の複雑に絡み合った立法や、幾つかは中世まで遡る様々な伝統や慣習を内包している。それ故、イングランド教会は、国家や相互契約の創造物ではなく、議会制定法及び先例の両方の、長期間の進歩的発展の産物である。

しかしながら、憲制の観点から見ると、宗教改革の主要な帰結は、教皇の至上性を国王の至上性に置き換えることによって、教会を《改革《リフォーム》》したことであった。この至上性は、公定とは異なって、特定の議会制定法によって規定されており、それ故に明確に時期を特定することが可能である。国王の至上性が意味するところは、一五五九年の国王至上法が規定するように、国王が、全ての霊的及び教会の諸事項に関して、イングランド教会の至上の支配者であるということである。イングランド教会を、相互契約に基づく結社から、特に、聖書に権威を置き至上支配者が存在しないようなヨーロッパ大陸のプロテスタント教会から区別するのは、この国王の至上性という特徴である。国王の至上性は、イングランド教会の独立を保障した。「[聖俗]両方の領域において、独立の擁護者とその象徴は、国王であった[3]」。

しかしながら、一七世紀末以後、教会と国家の関係は、二つの強力な力、即ち責任統治制の発展と宗教上の寛容の発達によって、根本的に変化した。

一八世紀の間に、責任統治制が発展すると、教会に関する国王の行為は、国王のその他の行為と同様に、助言に基づいて行われるようになった。宗教上の寛容の発達もまた、公定教会の地位を変えた。一六世紀には、公定された教会の《正当性》に対する疑問は起こり得なかった。なぜなら、寛容以前の時代には、国家と教会を別々の存在と考えることや、公定教会以外の教会の存在が許容されることは、全く困難であったからであった。イングランド教会以外の教会は、政治的意味《ポリティカル・ネイション》での国民の構成要素として認識されていなかった。政治的観点から見ると、国民は議会によって代表されていた。また、霊的観点から見ると、国民は教会によって代表されていた。フッカーは、『教会政治理法論』*Laws of Ecclesiastical Polity* において、「イングランド教会の構成員でなくかつ国家の構成員である者は存在しないし、国家の構成員であってイングランド教会の構成員でない者も存在しない」と述べている[4]。事実、一六八九年に宗教的寛容が始まるまでは、イングランド教会は、信仰を持つ全国民に等しいと見なすことができた。一八世紀にも、エドマンド・バークは、国民とは、国民国家と国民教会の両方に顕現しており、かつ両者は相互依存的であると述べていた。

一七世紀における宗教的寛容の発展は、第一に公定教会以外のキリスト教会を対象にし、次に非キリスト教の諸宗教及び全く信仰を持たない者を対象にしたが、これは、公定教会の性格を全く異なるものにした。公定教会は、急進派からの攻撃を次第に強く受けるようになってきた。一九世紀のアイルランドとウェイルズにおいては、一つの教会が、特に、国民を代表していない少数派の教会が、特権的な待遇を独り占めすることは不公正であると、多くの人々が考えるようになった。アイルランドでは、アイルランド教会ではなく、ローマ・カトリック教会が最大多数を占める国民教会であり、ウェイルズにおいて国民教会の地位を得ているのは、自由教会であった。このことが、アイルランドで一八六九年に、ウェイルズで一九一四年に、〔聖公会が〕非公定化された基本的な論拠である。

これらの教会の非公定化は、戴冠式において行われる、教会を護持するという国王の宣誓が、法的な効力を有していないことを、また、議会が主権者である故に、国王の宣誓が非公定化を防止する役割を果たせなかったことを示している。このことは、イングランド教会の非公定化についても当てはまるだろう。しかし、スコットランドについては、スコットランド教会とスコットランド法に影響を及ぼす合同条約の諸規定を考慮すると、どの程度まで当てはまるかは、議論の余地のある問題である。

イングランドでは、非公定化の圧力は、イングランド教会が地主階層の擁護者であり特権の源泉であると考える人々によってもたらされており、国民的と言うよりは社会的な基盤に基づいている。このような力は、一九世紀の末期になって、政治的な実力を得てきた。イングランド教会に属さない者の議会への参加を排除する制約が撤廃されると、公定教会に属さない人々によって、公定教会に関する立法が行われる可能性が生じた。一九〇六年の総選挙で自由党が勝利すると、アングリカンが支配的でない庶民院が初めて生まれた。一九一六年には、ロイド・ジョージが非アングリカンとして初の首相に就任した。非アングリカンが支配する議会と政府が、どうして自らが属さない公定教会についての立法が可能であると正当化できるのであろうか。

それ故、一九世紀の後半に、自由党と急進派は、イングランド教会を非公定化する理由を検討し始めていた。彼らは、イングランド教会の非公定化を、ウェイルズ教会の非公定化に続く、次の段階と考えていた。ヴィクトリア女王は、ウェイルズ教会の非公定化の提案を拒絶したが、その理由は、女王が正にこのことを、「イングランド教会の《非公定化と権利剥奪の最初の第一歩》」[5]と考えたからであった。グラッドストンは、一八八五年九月のミッドロジアンの演説において、「イングランド教会の国家からの分離」は、「議論の根拠が既に提出されている」問題であると、慎重に述べた[6]。しかし同年の急進派の綱領は、あまり慎重でない仕方で、「イングランド教会は、いつの日にか、公定教会として存在することを止めることは確実である」と宣言した。他方で、カール・マルクスは、「アイルランドで打倒されたことで、公定教会はイングランドでも崩壊するであろう」と予言した[7]。

宗教改革の時からこの時点までに、世俗の統治制度は、議会に対して責任を負う大臣たちの手に委ねられていた。大臣たちは、公定教会が支持しない、また至上支配者である国王もまた支持しない立法を提案することができた。しかも国王は、このような立法に裁可を与える他に選択肢がなかった。従って、教会と首相の意見が合致しないならば、教会のほうが譲歩しなければならなかった。こうして、国王の至上性に代わって、議会の至上性という秩序が生まれてきたが、これは従来と非常に異なる現象である。

しかしながら、非公定化の圧力は、第一次世界大戦後には消滅した。この頃には、宗教的な問題は、社会経済の問題に取って代わられ、政治の場から消えつつあった。一九三四年に、労働党の元大蔵大臣でありメソジストのフィリップ・スノウデンは、次のように記している。「ある政治問題がある時期に非常な関心をかき立て、その後廃れた問題になってしまう様子は、不思議である。今の世代は、イングランド教会の非公定化について耳にすることは決してないのである」[8]。

だが今日、イングランド教会は、一九世紀のアイルランドとウェイルズにおいてそうであったように、ほぼ間違いなく、イングランドにおいて少数派の教会である。規則正しくアングリカンの礼拝に参加する者の数は、およそ一一〇万人（人口の二・六％）以下であろう[9]。それでは、イングランド教会も、アイルランドやウェイルズの教会と同様に、非公定化されるべきではないのだろうか？

一九世紀には、非公定化は、急進派によれば、民主化の論理的な帰結であると考えられていた。また、多くの人々は、宗教的独立を、政治における自由貿易の霊的な世界における類似物と考えていた。しかし二〇世紀のイングランドにおいて、民主主義がもたらしたものは、イングランド教会の非公定化ではなく、議会と教会の部分的な懸隔であった。イングランド教会は、公定と両立する広範囲の自治権を譲与され、その結果その霊的な独立性を保持している。〔教会の〕自治は、一九一九年の、通常は権限付与法として知られている、イングランド教会全国会議（権限）法によって、達成されている。同法によってイングランド教会全国会議《アセンブリ》（一九七〇年以後は総会《ジェネラル・シノッド》）が、教会の諸問題に関して立法する権限を、議会から委任されている。

総会は、非常に広範な権限を享有している。総会は、イングランド教会に関する全ての事柄について、国教会制定法《メジャー》、即ち議会制定法を提案することができる。国教会制定法は議会の両院に提出されなければならない。両院は国教会制定法を修正することはできず、それを可決するか否決するかしなければならない。国教会制定法は、議会制定法を修正ないし廃止することが可能である。国教会制定法は、政府の一員ではないが政府によって任命される第二教会身分受任官によって庶民院に提出される。政府の役割は、教会立法の成立を援助することに限定され、立法に対する責任は負わない。国教会制定法が議会によって承認されると、裁可のために国王に提出され、かくして完全な法的効力を得ることになる。

総会はまた、国教会規則《カノン》として知られる教会規則を制定することができる。これは、国王大権、コモン・ロー、議会制定法、王国の慣習に反しない条件で、助言を受けた上で、公布のための国王の許可を求めて直接国王に提出される。だが、国教会規則は、議会制定法としての効力を持たず、国教会制定法か議会制定法によって承認されない限り、聖職者のみを拘束し、俗人を拘束することはない。とは言え、教会裁判所においては適用される可能性がある。かつて国教会規則が国王によって拒否されたことはないが、国王が裁可しないように内務大臣が助言するだろうと判断して、国王に提出される前に撤回されたことが、明らかに幾度かあった[10]。

こうした広汎な権限を一九一九年にイングランド教会

に委譲した理由は二つあった。第一の理由は、その構成員の大多数がイングランド教会を信奉しない立法府において、より大きな独立を享受し、立法府への依存をヨリ小さくしようとする、イングランド教会指導者たちの希望を叶えるためであった。この目的は、議会ではなく、教会によって既に設立されているイングランド教会全国会議を、教会の意見を集約するのに適切な機関であるとして承認することによって達成された。

第二に、〔一九一九年の〕この立法は、議会が時間に制約されて教会問題に十分な注意を払うことができないために、教会のために立法する力がないことを、議会が告白するものであった。

総会は、英国の憲制において、その立法権の範囲の点で独特な組織である。自由意思による結社は、その構成員に関して立《レジスレイト》法することができるが、国法を変更することはできず、構成員でない者を拘束することもできない。議会制定法上の団体は、議会制定法によって、規則を制定する権限を与えられているが、それらの規則は、彼らに授権された範囲内においてのみ効力を有する。これとは対照的に、総会は、議会の拒否権が行使される可能性はあるものの、法律を《発案する》《イニシエイト》する権限を有する。これらの法律は、議会制定法と同等の効力を有し、その有効性はいかなる裁判所においても疑問視されることがない。

権限付与法は、教会立法に対する議会の統制を保つものとして支持されたが、教会立法に対する議会の同意を確保するためのヨリ素早く迅速な方法を備えていた。事実、一九一九年法が示したことは、議会はもはや教会を統治する組織ではなく、その機能は別の組織に委譲されていることであった。議会がイングランド教会の平信徒を代表していると言えないことはもはや明白であり、またイングランド人であることと、宗教組織としてのイングランド教会に現実に加担していることが同じではないことも自明であった。ダイシーが、権限付与法を「イングランド教会の非公定化への接近」[11]の前触れであると考えたのは、このためであった。イングランド教会は、一層多元的になりつつある社会においては、特権的な結社であるとは言え、単なる一結社になりつつある過程に置かれているように思われた。一九二七年と二八年に、教会が承認した改訂祈祷書が、イングランドの選挙区選出の議員たちの大多数は賛成していたにもかかわらず、庶民院で否決された時に緊張が高まった。庶民院は、イングランド教会とは無関係の、スコットランド選出の労働党議員で長老主義者のロスリン・ミッチェルが一九二七年に行った演説によって揺さぶりをかけられていた。

イングランド教会に対する議会の権限は、一九七四年のイングランド教会（礼拝及び教義）法《メジャー》が、礼拝及び教義に関する事項について議会が総会に権限を委譲したことによって、一層縮小した。同法は、一六六二年礼拝統一法の大部分を廃止して、教会と国家の関係を決定的に変更した。更に、礼拝と教義に関するこれ以外の事柄は、議会の承認を必要としない国教会規則によって修正可能になった。

一九一九年の解決策は全般的に成功し、さもなければ解決困難な衝突をもたらしたであろう問題に、現実的な解決策を下したように思われる。イングランド教会は、アングリカンの信仰を持つ者が少数派でしかない議会が、根本的な教義について決定することを容認できなかったし、議会も、公定教会に対して権限を完全に委譲することはできなかった。一九一九年の解決策は、教会の霊的な独立と公定教会であることとの均衡を維持するのに適していた。イングランド教会は、議会の主権を侵害することなしに、自己に関する事柄について決定することができる。教会立法の主導権は総会にあるものの、議会は拒否権を保持する。

しかしながら、このことの一つの帰結は、議会と教会の間に一定の距離を置いたことであった。イングランド教会は、現実の礼拝者の枠を越えて、常に国民全体に対して奉仕していると主張していたが、今では、霊的な事柄に関する実効的な影響力は、国民の大部分に対しては及ばなくなっている。他方、議会は、理論上は〔教会の〕国王であるが、しかし事実上、議会は教会に関する立法を発案することができない。一九八一年にクランボーン子爵が、十分間ルールに基づいて祈祷書擁護法案を提出した時、彼はダラム主教と大法官に厳しく非難された。その理由は、イングランド教会に関する立法問題の発議は、議会ではなく総会によってなされなければならないという、不可侵の慣例と思われていたものを破っていたからであった[12]。ヘイルシャム卿が述べるところによれば、「議会は、贖罪の教義について議論するのに最適の場所ではなかった」[13]。

さらに、議会の拒否権も、非常に控えめに行使された。実際のところ、一九七〇年以後、議会が否決した国教会制定法案は三つだけである。第一に、聖職禄保持者（聖職禄明渡）法案が一九七五年に否決されたが、これは、総会で再審議された後で、修正された内容で一九七七年に可決された。一九八四年には、主教任命手続の修正を提案する法案が否決され、これは再提出されなかった[14]。また、一九八九年に、離婚した聖職者の再婚を認める法案が否決されたが、これは翌年可決された。

大部分の議員たちは、一九九三年に女性聖職者の按手について庶民院が審議した時に見られたように、拒否権を行使することに躊躇している。総会は、按手を認める決定を前年に行っていた。発言した一九名の議員のうち六名は、この問題について庶民院が全く討議すべきでないと主張した。他方で五名が反対の発言をしたが、うち三名はローマ・カトリック教徒ないしそれに近い者であり、四人目はアルスターの長老主義者であるイアン・ペイズリー師であった。もし庶民院が、女性の按手を阻止するために、保持しているはずの拒否権を行使したならば、間違いなく憲制の危機を招き、イングランド教会は国家との絆を壊そうとしたことであろう。それ故、議会が保持している限定的な拒否権は、厳しい制約に服することになる。実際のところ、これは理論上は拒否権であるけれども、貴族院が〔審理を〕延期させる権限に、ことによるとヨリ類似している。これは、特定の国教会制定法に議会が不満であることが明らかである場合に、再考の機会を総会に与えた。しかし、総会がその決定について揺るぎない場合に、議会が拒否権を行使することは、ありえそうもないことであった。だが、国教会制定法が議会の吟味に服するという認識が、〔総会による〕提案の作成の仕方に重要な影響力を及ぼすようになっている。ある議員が示唆したように、教会問題に関する議会の役割は、「相談され、奨励し、警告する権利」になっていた[15]。

国家と教会との緊張関係は、教義や礼拝に関する問題よりも、主教と大主教の任命に関して生じていた。これらの任命は、公式には国王によって行われるが、国王のその他の公的行為と同様に、助言に基づいて行われる。大臣責任の法理は、教会問題に政治的に関与することから国王を護っている。

一九七六年までは、これらの任命について自由に助言する権利を首相が有しており、教会は、任命の過程において公式の役割を何ら持たなかった。しかし、一九七六年以後は、過半数を総会の構成員が占める組織であるイングランド教会の聖職者任命国王委員会《クラウン・アポイントメント・コミッション》が、首相に対して任命案を提出している。委員会は、優先順位を付けて二名の氏名を記載した候補者名簿を作成し、首相に提出する。首相は、二名のなかから自由に選択することができ、あるいは委員会に別の候補者を要求することもできる。首相が決定を下すと、首相はそれを国王に提出する。国王は、最終的には助言に基づいて行為することを要求されているが、早い段階で非公式の会談を通して、最終決定にある程度の影響力を及ぼすことが可能である。教会の任命に関して首相が与える助言は、政府あるいは内閣を代表しての助言と言うよりも、首相の個人的な助言である。それ故、首相は、いかなる助言を与えたかについて、議会において質疑されることはない。

　イングランド教会は、一九七六年のこの任命手続において非常に広範な役割を与えられたが、イングランド教会には、結果としてアングリカンとは限らない首相に付与された役割に抵抗する者が、今なお数多く存在している[16]。実際のところほとんどの首相は、見識をもってこの手続に関与できるほど、教会問題について十分に取り組む時間も熱意もない。それ故、首相は、大抵は自分の秘書官の助言を信頼している。公定教会についてのある批判者によれば、このことは、「個人的な、ほぼ専ら聖職に関する権限として始まった国王至上性が、近代的な官僚制的統治の一部分となっている」ことを意味する[17]。

　二〇世紀において、聖職者の任命手続が、宗教的理由ではなく、政治的理由によって行われたと信じられている事例が幾度かあった。一九四二年にカンタベリ大主教ラングが辞任した時、ヨーク大主教ウィリアム・テンプルが明らかに後継者であると見られていた。だが、チャーチル〔首相〕は、社会主義者のテンプルの任命を拒絶する可能性があった。テンプルの二人の競争相手であったロンドン主教ジェフリー・フィシャとウィンチェスタ主教シリル・ガーベットは、もしテンプルが政治的理由で拒否されたならば、彼らが共に任命を拒むことで合意した。ところが現実には、テンプルは任命されたものの、一九四四年に死亡した。次の既定の後継者はチチェスター主教ベルであるように思われたが、彼はドイツ諸都市の集中爆撃の方針に反対したことで、チャーチルの不興を買っていた。〔それ故〕これまでチャーチルが彼の任命を拒否したと考えられていたが、実際には、イングランド教会は首相に対してベルを推薦せず、その代りに、より無難な選択肢として、ジェフリー・フィシャが任命されたことが、今日では明らかになっている。ある解説者が指摘するように、「政治的な公定教会の微妙な風潮が、ベルを排除した」。しかし、教会は「理想像《ヴィジョン》の源泉でなければならない。教会はお役所《シヴィル・サーヴィス》ではない」[18]。ベルの排除は、公定教会であることと教会の霊的な独立とが、もはや両立しないのではないかという疑問を生み出した。

一九七六年に導入された教会の新しい任命制度の下で、マーガレット・サッチャーが三度にわたって教会の意向を覆して、教会が第一順位に推した者ではなく、第二順位の者を任命したことは、広く信じられている。彼女は、一九八一年にロンドン主教にジョン・ハブグッドではなくグラハム・レオナルドを推薦し、一九八七年にはバーミンガム主教にジム・トムソンではなくマーク・サンターを推薦し、一九九〇年にはカンタベリ大主教にジョン・ハブグッドではなくジョージ・ケアリーを推薦した。一九八七年には、保守党の議員がトムソンに反対する働きかけをしたと言われている[19]。

イングランド教会と国家の関係の歴史は、このように、次第に関係が稀薄化する歴史である。かつては、イングランド教会は、事実上、国家の一部局であったが、現在では、全くそうとは言い切れないにせよ、ほとんど、多くの宗派のなかの一つとして位置づけられており、海外のアングリカン信仰に対しては、自治的なアングリカン〔＝聖公会〕諸教会の連合体における中心的な役割を果たすものになっている。それでは、教会と国王との結合に関して、今なお存在しているものはいったい何であろうか。

国王は、イングランド教会とスコットランド教会の双方を保護することを誓約している。しかし、一八六九年のアイルランド教会の非公定化と一九一四年のウェイルズ教会の非公定化は、教会を護持する国王の宣誓が、法的な効力を有していないことを明らかにしている。一八六九年にカノン・セルウィンが、アイルランド教会の非公定化は、戴冠式宣誓及び王位継承法と両立しないという理由で、その有効性について審理を求める申立を行ったが、彼の申立は、裁判所は議会制定法の有効性を審理することはできないという理由で却下された[20]。一九九四年には、ある原告が、イングランド教会には女性の按手を許容する権限がないことを確認しようとしたが、その第一の理由は、女性の按手が、イングランド教会の法及び教義によって確立され、かつイングランドにおいて法によって公定されたプロテスタントの改革宗教を国王が擁護すべきことを要求する戴冠式宣誓に反しているというものであった。この棄却事件において、ライトマン判事は次のように判示した。「教会は、歴史のある特定の時点で確立《エスタブリッシュ》されたのではなく、現在公定《エスタブリッシュ》されている。それ故教会のあり方は、公定教会について議会が変更を規定し、あるいは許容し得るという、自明の可能性を反映することになる」[21]。かくして議会は、イングランド教会に対して国王であり続けることになり、国王の宣誓が、イングランド教会の非公定化を阻止するために利用されることはありえないことになる。また、国王の宣誓が、教会と国家の関係を、ある特定の一時点で凍結することもない。国王の宣誓は、イングランド教会の教義と礼拝に関する非常に重要な変更を妨げるものではなく、しかもそれらの大部分は総会に委譲されている。この結果として、国王至上性の現代における意義は、ことによると、憲制上の意義と同程度に、象徴的かつ儀式的な意義に存することになるかもしれない。

三　非公定化をめぐる議論

教会と国家の関係が次第に稀薄になっていることなどから、公定教会が特権を付与されていることを理由とする敵意は、最近ではあまり見られなくなっている。他方で、皮肉なことに、非公定化を求める主張は、国家との密接な関係が堕落的であると信ずる、イングランド教会の《内部の》少数派から、より多く提起されている。

このような批判者たちが信じるところによれば、公定化は、キリスト者の統合にとって障害である。その他の教会は、国家と結合しているイングランド教会と統合する意思はない。批判者たちによれば、公定は、国家を霊化するどころか、キリスト教を世俗化している故に、イングランド教会の価値を貶めている。イングランド教会は、国民の良心でなければならないが、政治権力との紛争の可能性がある限り、そうなることはできない。事実、宗教の本質は、自由意思による献身である。イングランド教会は、もし国家との結合を解消したならば、この献身を強化する、より強い立場に立つものと考えられる。批判者たちによれば、非公定化は、無宗教を奨励しようとするものではない。アイルランドでもウェイルズでも、非公定化の後に宗教心が薄れるということはなかった。また、教会と国家が厳格に分離しているアメリカ合衆国においては、宗教は、英国におけるよりもより強い力を持っている。実際のところ過去には、公定は、それが宗教及び教権主義から国民を《保護した》と考える人々によって擁護されることもあった。ある庶民院議員が述べるところによれば、公定は、「キリスト教から我々を守る唯一のもの」であったのである[22]。

これらの批判者たちが述べるように、イングランド教会は、もはや国民全体に奉仕していると言うことができず、また、イングランドにおける数多くの宗教結社の一つに過ぎなくなっているならば、イングランド教会は、イングランドの全国民を《代表する》地位に置かれるべきではない。プリンス・オヴ・ウェイルズは、非公定化は否定したものの、至上支配者として、イングランドが今やそうであるような多文化社会及び多宗派社会をいかにしてなお有意義に体現することができるかという問題を提起している。プリンス・オヴ・ウェイルズは次のように述べている。

> 国王のカトリック教徒の臣民は、アングリカンの臣民やプロテスタントの臣民と同様に重要であるといつも思っている。同様に、国王のイスラム教徒の臣民や、ヒンドゥー教徒の臣民や、ゾロアスター教徒の臣民も、等しく不可欠な重要性を有すると考えている。

プリンス・オヴ・ウェイルズは、自らが「特定の信仰の擁護者」ではなく、「信仰そのものの擁護者」と思われることを望んでいる旨を述べたが、このことは、自らがアングリカンであることと両立する。プリンス・オヴ・ウェイルズは、自らの戴冠式宣誓が、アングリカン以外の信徒も参加可能であった一九九四年のDデー記念式典のような、宗派を越えた行事になることを望んだのである[23]。もし、国王が国民を体現しており、戴冠式が、国王が全国民に対して献身することを宗教的に確約することであると意図されているならば、なぜそこでただ一つの宗派が選び出されなければならないのであろうか。

公定に対する批判が、ほとんど全てイングランド教会の内部から出ている一方で、やはり逆説的なことであるが、公定擁護論は、主としてイングランド教会以外の宗派ないし教派から出ている。早くも一九五三年に、伝統的に非公定化の支持派であった自由教会が、非公定化は教会と国家の有益な協働を危機に晒すであろうと主張していた[24]。一九九一年のリース演説において、ラビ長は、公定が宗教と道徳と権力の間の、わずかなものではあるが、結びつきを維持しているとして擁護した。彼は、非公定化が、「宗教と国民文化の一層の分離を合図する効果をもたらし、かつ我々の道徳的環境において破壊の危険性を高めることになる」と論じた[25]。別のラビは、「公定とは、英国において、国民生活における信仰の中心的な役割を具現する方法である。もし、それが廃されるならば、全ての信仰が影響を受ける。ユダヤ教、カトリック、イスラム教は、新たに世俗化された国家において、等しく端に追いやられることになる」と主張した[26]。

更に、イングランド教会の礼拝に日常的に参加する人々は全人口のうち少数に過ぎないとは言え、イングランド教会は、ことによると、信心深くない人々の間でさえ、いくらか残された忠誠心の対象であり続けている。教会区の聖職者は、教会区に属する全ての人々に対して責任があると考えており、イングランド教会の礼拝に参加する権利は全ての教会区民にある。全ての市民は、教会区教会で子供の洗礼を受け、教会区教会で結婚し、教会区教会の墓地で埋葬されるコモン・ロー上の権利を有する。イングランド教会は、その構成員であるか否かを問わず、洗礼と婚姻と埋葬の儀式に関して全ての人々に開かれている。カンタベリ大主教ジョージ・ケアリーの言葉によれば、イングランド教会は「全ての人々のために、そこにある。それはむしろ国民医療制度に似て、加入しない者もいるが、加入する義務があるわけではない。それは国民の良心のなかに建てられているのである[27]」。

かくして、イングランド教会は、信心深くない人々にとっては、ヨーク大主教ジョン・ハブグッドが言う、誕生と婚姻と死に関わる宗教的儀式を伴う主要な通過儀礼に宗教的信仰のない人々をも赴かせる格言と迷信の集合体である、「国民宗教《フォルク・レリジョン》」の宝庫である[28]。ハブグッドによれば、イングランド教会の独特な役割は、「敬虔心の伝道活動」にある。[29] オーウェン・チャドウィックによれば、「キリスト教は、敬虔な人々のものであるのと同時に、無関心な人々のものでもある。我々の多くは、会衆が聖なる人々の排他的集団になることを望んではいない」[30]。この見解によれば、イングランド教会の公式組織の外にあって、不明確な宗教的信仰を持つ多くの人々が存在するが、彼らの不明確さは宗教的信仰の欠如と同視されるべきではない。公定教会の本質は、ハブグッドによれば、「国民全体に対する、とりわけ信仰が不明確で無自覚的な人々に対する責任の意識である」[31]。従って、イングランド教会は、総会の活動家によって支配されてはならず、議会もまた、この国の「国民宗教」を代表するものとしてその見解を表明することを認められなければならない。

四　ヴァン・ストローベンゼー提案

イングランド教会を非公定化することなしに、教会に対する政治的支配の要素と思われるものを除去しようとする人々によって、二つの試みが行われた。第一は、大主教及び主教の任命に関する首相の推薦権を廃止しようとするものであり、第二は、イングランド教会と国家との関係を、スコットランド教会と国家との関係に倣って再構築しようとするものである。

高位聖職者を任命する役割を首相から奪おうとする第一の試みは、総会の常設委員会である《高位聖職者任命委員会》が設置した、ヴァン・ストローベンゼー調査委員会によって提案された。[32] 委員会報告書は、首相が自らの助言について議会で質疑されることがない故に、首相の助言権を剥奪することが可能であると論じた。ヴァン・ストローベンゼーは、高位聖職者の任命に関する助言は、枢密顧問官として国王と謁見する権利を享有するカンタベリ大主教及びヨーク大主教が直接国王に対して行うのが、憲制上全く正当であると主張した。高位聖職者の任命に関して、首相に対する質疑は行われ得ないのであるから、議会が大主教に対して質疑できないことは問題にはならないはずである。主教座聖堂の首席司祭及び参事会長は、国王によって直接に任命されてきた。それ故、イングランド教会の高位聖職者の任命が、首相の聖職者推薦権《パトロニジ》に左右される必要はない。このようにすることによって、公定教会の長所は保たれ、かつ至上支配者としての国王の象徴的な役割も維持され、他方でイングランド教会に属する多くの人々が侵害的と思っているような政治的な仕組みを回避することが可能となる[33]。

しかし、ヴァン・ストローベンゼー提案の背景にある、憲制上の理由づけを理解することは、困難である。国王が助言なしに行為できる事柄が存在することは確かである。他方で、国王は、法律問題については枢密院司法委員会の助言を受ける。だが、国王が、責任大臣以外の誰かから助言を受けることができる場合は、法律問題に限られる。その理由は明確である。国王が自己の好き嫌いに基づいて決定しているように見られることによって、国王が当惑しないようにするためである。大主教及び主教の任命の場合は、首相が助言者でなければならない、更に一層強力な理由が存在する。大主教及び上位の主教は、権利として貴族院に席を占めることになるからである。従って、イングランド教会が公定教会であり、かつ監督教会であり、大主教及び上位の主教が議会に席を占める限りにおいて、国家は、高位聖職者の任命に対する関心を有する故に、任命権を剥奪されることはあり得ないのである。ジェイムズ・カラハンは、一九七六年六月八日に庶民院において、「国王は、この種類の事柄について助言を求めることができなくてはならない。かつ、このことは、立憲的な国王にとっては、大臣からの助言を意味するものでなければならない」と述べた[34]。国王は、個人としてではなく、国家元首として、イングランド教会の至上支配者であり、かつ至上支配者の役割は、憲制上の国家元首の地位と切り離すことができないのである。

五　スコットランド教会

イングランド教会を非公定化せずに、イングランド教会に対する政治的支配を排除することができると思われている第二の試みは、スコットランド教会の例に倣って、イングランド教会を完全に自己統治的《セルフ・ガヴァニング》にすることである。この方式について論ずるためには、スコットランド教会と国家との関係と、その関係の歴史的発展について考察することが必要である。

スコットランド教会は、長老主義教会であって、監督教会ではない。従って、スコットランド教会の役職者たちは議会に席を占めない。スコットランド教会の最高権威は国王ではなく、それ自体の総集会《ジェネラル・アセンブリ》である。総集会は、〔イングランド教会の〕総会《ジェネラル・シノッド》とは異なって、国王によって召集されるのではなく、自らの発議で会合を開くことができる。総集会は、毎年総集会において選出される議長《モデレータ》によって主宰される。国王は、総集会に自ら出席することも時折あるが、より多くの場合、高等宗務官が代理で出席する。高等宗務官の任命は、誰が適任であるかについてスコットランド大臣がスコットランド教会に探りを入れた上で、毎年首相の助言に基づいて、国王により行われる。ところが、象徴的なことに、高等宗務官は、総集会出席者と共に着席することはせず、回廊に着席する。彼は、総集会の構成員ではなく、それ故総集会の実務に対していかなる支配力も行使しない。

総集会は、国法の範囲内で、諮問《オウヴァチュア》として知られる規則を可決する権限を持つ。この諮問が長老会に提出され、同意を得ると、国王の裁可なしに効力を生ずる。かくしてスコットランド教会は一九六八年に、何ら議会に付託する必要なしに、女性の按手を認めることができた。スコットランド教会は、礼拝、統治、規律の全般について、自己統治《セルフ・ガヴァニング》である。スコットランド教会は、イングランド教会よりも能動的な構成員の比率が高い。五六〇万人の人口のうち、約八五万人がスコットランド教会に属しており、二番目に大きな宗派であるローマ・カトリックの二倍以上の人数を誇っている。

このように、スコットランド教会は、最高権威がその構成員の団体に属する、集団制《コレギアル》の教会である。これとは対照的に、イングランド教会の最高権威は、主として至上支配者である国王に属しているが、しかし現実には議会と共有しており、かつ議会はその権限を総会に委譲している。スコットランド教会は、イングランド教会と異なって、世俗権力に従属していない。国王の役割は最小であり、国王は総集会を通して影響力を及ぼすが、議会を通して影響力を及ぼすことはない。

しかしながらスコットランド教会は、早くも一五六七年に、スコットランドの国王がそれを保護する宣誓を要求されたという意味において、公定教会である。スコットランド議会の議会制定法は一五九二年に、スコットランド教会の長老主義による統治を公定した。ステュアート朝は、長老主義を切り崩そうと試みたが、国王の主権を確立して監督制を強制することに失敗し、一六八九年に長老主義による統治が回復した。実際、スコットランドにおける権利章典は、イングランドの場合と異なって、ジェイムズ二世は「退位《アブディケイト》した」のではなく、「廃位《ディポウズ》された」と宣言し、それ故、ウィリアムとメアリは、一五九二年の原則が再確認され受容されるという条件においてのみ承認された。スコットランド教会は公定されているので、世俗の裁判所は、王国の裁判所である長老主義教会の裁判権を援助する義務がある。かくして、スコットランド教会は、自己統治ではあるが、全く自由意思による結社であって特別の議会制定法上の保護を与えられていない自由教会の集会とは区別されなければならない。

　スコットランド教会に対して付与される議会制定法上の保護は、一七〇七年のイングランドとスコットランドの合同条約によって再確認され、かつ強化された。合同条約の第五条は、「合同が将来永続的に継続するための基本的条件」としての「プロテスタントの宗教と長老主義の教会統治を保障する」付属の議会制定法について規定していた。付属の議会制定法は、もしそれがなかったならば条約が合意に達することはなかったであろうと思われるが、「両王国において締結される合同条約の基本的かつ本質的な条件として、その一切の変更なしに、また永久に何らの損傷もなしに、将来永続的に保持されかつ遵守される」べきことを規定していた。「言葉の厳格性において、これ以上のものはあり得ない」と考えられている。[35]議会主権が英国憲制の根本的原則であり、議会は合同条約によって拘束され得ないと信じるダイシーですらなお、合同条約の恒久条項は、「この国の憲制に対する重大な危険なしに条約を変更することはできないという警告」を成していると考えている。[36]

　スコットランドにおいては、実際のところ、議会主権の原則は常にある程度懐疑的に考えられている。一九五三年にクーパー卿が述べたように、「これはイングランドにおいて特徴的な原則であり、スコットランド憲法において相当するものは存在しない[37]」。とは言うものの、条約の文言通りに、議会がスコットランド教会を非公定化しないことについて法的に拘束されるのか否かは、疑問の余地がある。一八〇〇年のアイルランド合同法が、やはりアイルランド教会が「永久に」公定化されるべきことを規定していたにもかかわらず、一八六九年にアイルランド教会は非公定化された。[38] 他方、スコットランド教会がスコットランド国民の希望に反して非公定化されるならば、これは名誉上の義務違反であるとみなされ、議会が自らの義務を遵守するという信頼はもはや失われたと、スコットランド人は言うようになるだろう。同様にこのことはスコットランドにおいて、分権化や、更には分離主義へのはずみとなるだろう。従って実際のところは、スコットランド公定教会は、議会が理論上は主権者であるような政治体制のなかに密接不可分に組みこまれていて、非公定化することができない。

従って、イングランド教会とスコットランド教会は、共に議会制定法上の承認を与えられており、かつ国王がそれらを保護する宣誓を行うことで公的に関係を持っている点において、公定教会であると言うことができる。ところが、国王と二つの教会との関係は全く異なっている。イングランドでは、議会は教会に対する主権を有しているが、それを総会に《委譲》しており、総会の権限は、国家の権限に《由来》している。これとは対照的に、スコットランドにおいては、権限を共有しているという観念の理解は難しくないが、教会と国家の間には権限の《分離》があり、それによって両者が、各々の自らの領域において最高の地位にある。教会は霊的な国王であり、国家は世俗的な国王である。スコットランドでは、宗教改革の時以来、教会と国家は分離しているのが当然と思われているが、他方、イングランドでは、教会は国家に従属しているのが当然と思われている。

この理由から、国王の役割もまた、二つの教会において全く異なっている。ジョン・ノックスの後のスコットランド教会の指導者であり、教会に長老主義の性格を与えたアンドルー・メルヴィルは、スコットランド王ジェイムズ六世に対して次のように告げている。

なお、お前。お前は神の愚かな臣下なんだぞ。スコットランドには二人の王と二つの王国がある。この国家元首であるジェイムズ王と、教会の王であるイエス・キリストがいる。ジェイムズ六世はキリストの臣下であり、キリストの王国ではジェイムズは王でも主君でも頭でもなく、四肢に過ぎない。[39]

これは、イングランドの教会指導者が、その国王に向かって用いる類の言葉ではない。

従って、スコットランドでは、国王至上性は存在せず、議会は霊教会の主な役職者たちは貴族院に席を占めず、議会は霊的問題について何らの権限を持たない。

しかしながら、こうした相違は、単に憲制の解釈の相違の結果ではなく、両国における歴史的な経緯の根本的な相違の結果、特に、両国における宗教改革の衝撃の相違の結果でもある。宗教改革は、イングランドよりもスコットランドにおいて、より深く国民的に定着していた。

イングランドにおいては、既に見たように、宗教改革は、国家的な理由から、ヘンリ八世とその大臣たちによって実行された。スコットランドにおいては、これとは対照的に、国家に《対する》国民運動の様相を呈しており、国王の権威は求められず、また与えられもしなかった。アンソンによれば、イングランドの宗教改革は、「王によって主導され、かつ支配された。スコットランドの宗教改革は国民運動であった[40]」。

スコットランドにおいて、国家は、スコットランド宗教改革を承認し、確認したが、それを与えたのではなかった。その意味で、スコットランド教会の自律性は、イングランドには存在しなかった特別の歴史的状況に由来している。イングランドでは、宗教改革は、教会の憲制上の地位を変更する効果を有していたが、その監督制組織は、新たな組織を創設したと言うよりは、従来と同じものであった。

スコットランド教会の現在の憲制上の地位は、一九二一年に施行された、一九二一年のスコットランド教会法によって規定されている。同法によって、スコットランド教会は自己統治的であると宣言され、議会は教会に代わって立法する権利を放棄している。この法律は、スコットランド教会の憲制を規定するとしているわけではないが、霊的問題に関する憲制を説明するのと共に、既にスコットランド教会によって認められている幾つかの宣言箇条《デクレラトリ・アーティクルズ》を合法的なものと承認している。これらの箇条のなかで特に注目されるのは、教会はキリストから、「いかなる世俗権力にも従属することなしに立法を行い、教会の教義、礼拝、統治、規律に関する全ての事柄について最終的に裁定を下す権利及び権限」を受け取っていることを主張していることである。この諸箇条は、教会の見方によれば、キリストから与えられたものであって、国家から与えられたものではない。それ故国家がこれを除去することはできない。この諸箇条は、変更不可能な第一条を除いて、総集会においてのみ変更することが可能である。一九二一年法は、国家の側の一方的な行為であると言うよりも、実質的には教会と国家の間の条約であり、これによって教会の自由が公式に承認されている。この法律の重要な特徴の一つは、第二条において、「この法律及びスコットランド教会に関するその他の法律のいかなる部分も、その霊的な機能の行使を法によって保護されたその他のキリスト教会の承認を侵害してはならない」と規定していることである。この結果、スコットランド教会の独立は、この教会の特権的な地位を創設するものではなく、その他の教会の宗教的な自由を保障するものとして作用している。

しかしながら、歴史的背景が非常に異なる故に、イングランド教会がスコットランド教会と同様の憲制上の地位を受容することを想像することは困難であろう。これには、相互に関連する二つの理由がある。

第一の理由は、イングランド教会が、自らの宣言箇条として合意可能な、教義についての満足な合意を得ることは容易ではないからである。実際、国家と結びついた現在のイングランド教会の憲制上の組織が、教会の統一性を維持する根本的な前提条件であるのか否かという点について、議論の余地がある。スコットランドでは、教会が宣言箇条において合意することは比較的容易であった。イングランドでは、教会と国家との関係については、イングランド教会の内部において非常に様々に異なる考え方が存在する。更に、イングランド教会においては、スコットランド教会との対比で、誰が信仰についての宣言箇条を起草する権限を有しているのかすら明確ではない。

第二の困難は、イングランド教会には、権威が拡散するもととなる明確な焦点が存在しないことである。スコットランド教会では、全ての権力は一六世紀以来、総集会にあり、その権威は教会の役職者によっても俗人によっても疑われていない。ところがイングランド教会の権力は、一つの個人ないし組織に帰属しているのではなく、いくつかの権威者によって分担されている。イングランド教会には、総集会に相当する権威が存在しない。総集会は、相当の威信と権威を持つ民主的な組織であるが、その権威は歴史に由来しており、より均質で、かつイングランドと比べて宗教がより力を持つ国民を象徴するものである。

過去には、イングランドで総集会に最も近いものは、議会であると考えられていた。〔イングランド教会の〕総集会は、〔スコットランド教会の〕総集会とは対照的に、一九七〇年に設けられたばかりで非常に新しく、それ故に総集会のような威信を欠いている。更に、総集会の民主的な権威とイングランド教会の監督制度の間には、衝突が存在する。

それ故、スコットランド教会の線に沿ってイングランド教会を再構成することは困難であり、イングランド教会は、国家及び国王との現在の憲制上の関係を維持するか、それとも非公定化するかの、純然たる選択に直面しているように思われる。この選択は、貴族院改革の副産物として強制される可能性はあるものの、第一義的には、教会自身がなすべき選択である。これは議会がしそうな決定ではないし、また議会にできそうな決定ではないし、ましてや国王にできる決定ではない。

もし非公定化が行われたとすると、国王の地位は根本的に変化することになろう。もはや国王がイングランド教会と霊的に交わることを要求する理由は存在しなくなるであろうし、カトリックに関する議会制定法上の禁止も廃止されることになろう。その結果、国王は、全ての臣民と同様に、自分自身の宗教的信仰を選択できることになろう。戴冠式の礼拝も根本的に変化するであろうし、議会も戴冠式宣誓を変更しなければならないであろう。世俗的な君主政が実現すれば、我々が歴史的に慣れ親しんできた君主政とは非常に異なる種類のものになることは疑いなく、それは君主政の歴史的起源に反することにもなろう。しかしそれでも、世俗化された君主政は、時代の精神により合致した君主政になるであろう。

第一〇章　国王とコモンウェルス

一　大英帝国とコモンウェルスの生成

国王とコモンウェルスとの関係は、大英帝国の歴史を起源としている。かつて帝国に従属した領土のほとんど全ては、完全な独立国になっているが、だがそれらの諸国は、コモンウェルスの構成国として、完全な憲制上の平等を基礎とした、自由意思による相互協力を選択している。

帝国《エンパイア》とは、上位者が、帝国勢力に対して従属的な関係にある臣民を支配する統治形態である。これとは対照的に、コモンウェルスとは、自由かつ独立の諸国家の自由意思による結合である。従属民が上位者によって支配される統治形態が帝国ならば、諸国家自身が支配する統治形態がコモンウェルスである。かくして、コモンウェルスは、支配に基づく関係を、平等に基づく関係に置き換えている。

現代的な意味での「コモンウェルス」の用語を最初に用いたのは、ロウズバリ卿であるように思われる。後に自由党の首相となる彼は、一八八四年にアデレードで演説を行った時に、オーストラリアでの国民意識《ネイションフッド》の成長を案じて、次のように問いかけた。「あなた方が国民を成している事実は、……帝国からの分離を暗示するのだろうか。神よ、禁じ給え。いかなる国民も帝国から離脱する必要はない。なぜなら帝国は、諸国家のコモンウェルスであるからである」(1)。

ロックは、『統治論』の第二篇において、コモンウェルスを、「古代ローマ人が《キウィタス》の語で意味した、独立共同体《インディペンデント・コミュニティ》」と定義している（一三三節）。しかし、コモンウェルスは、単一の「独立共同体」ではなく、諸共同体の集合、あるいはむしろ、諸国家の共同体である。つまり、コモンウェルスは、諸国民《シチズン》から構成されているのではなく、諸国家《ネイション》から構成されている。

コモンウェルスは、国際連合や、北大西洋条約機構（NATO）や、ヨーロッパ連合（EU）のような、他の形態の国際《インターナショナル》組織、あるいは超国《スーパーナショナル》家組織とは対照的に、その構成国は、契約や条約ではなく、かつて大英帝国の一部分であったという歴史によって結びついている。帝国が存在しなければ、コモンウェルスは存在しなかったであろう。だがコモンウェルスは、帝国を越えるものを包含している。

国連やNATOやEUは、独立の諸国家を相互に結びつけようとしている。コモンウェルスは、それとは異なって、帝国という一つの結合形態を、自由意思による協力を基礎とした別の結合形態に置き換えたものである。コモンウェルスは歴史的発展の産物であるので、国連やNATOやEUと異なって、それが発足したと言える日付は存在しない。コモンウェルスは、特定の時点において創設されたものではないので、その公式な憲制《コンスティテューション》やルールは存在しない。コモンウェルスは、新しい形態の国際組織である。

大英帝国が、その他の帝国と異なって、コモンウェルスに移行するようになった主な理由は、カナダ、オーストラリア、ニュー・ジーランド、及び南アフリカの一部など、その広範囲の部分が、移民植民地を基礎とするものであったからである。一九世紀に、歴史家のシーリーは、「イングランド式の人名が地球上のその他の国々に広まったという簡潔かつ明白な事実が、グレーター・ブリテンの確立を証拠だてている」と指摘していた[2]。その他の帝国勢力の移民植民地、例えば南米におけるスペイン人、カナダにおけるフランス人、南アフリカにおけるオランダ人は、コモンウェルスを形成するのに十分に広範囲でなく、また熱心でもなかった。ところが英国の移民植民地は、「コモンウェルスに必要な大多数の支持という土台」を提供することが可能であり、「帝国の支配には我慢がならなかったが、帝国の協力という観念には好意を抱いていた。彼らは、本国の政権が自信を持って歩んだことのない道を切り開いていた[3]」。

しかし、こうした大多数の支持という土台は、コモンウェルスにとって必要ではあるが、十分なものではない。憲制及び経済の両面における、ヴィクトリア中期の別の諸力もまた、コモンウェルスの進展を促した。それらの諸力とは、責任統治制の成功と、経済分野における自由貿易及び不干渉の勝利である。

一九世紀半ばには、英国は責任統治制と自由主義的諸制度を享受しており、これらの制度は海外の移民植民地に移植が可能であった。これとは対照的に、ヨーロッパ大陸諸国の帝国は、責任統治制を自ら確固としたものとして享受していなかった故に、もし望んだとしても植民地に責任統治制を導入することができなかった。

自由主義的な諸制度の輸出は、一八三九年のダラム報告書をきっかけに始まった。この報告書は、カナダ諸州において内政問題に関する責任統治制の導入を提案していた。

ダラム報告書が公表された時点で、カナダ諸州は代表制議会を享受していたが、行政府は、州における国王の代理人である総督及び副総督によって任命されており、行政府は州の議会ではなく、ロンドンの政府に対して責任を負っていた。しかしながら、責任統治制が、ダラム報告書において推奨されたことによって、一八四八年のノヴァ・スコティアを初めとして、カナダ諸州に導入されるようになった。この制度の下で、植民地政府が植民地議会に対して責任を負っただけでなく、州の総督ないし副総督に内政問題に関して付与されていた権限が、個人的な判断に基づいて行使されるのではなく、おおむね当該植民地政府の助言に基づいて行使されるようになった。だが、ある植民地の議会の問題にとどまらず帝国全体に影響を及ぼす帝国問題、例えば外交関係や貿易や、ある植民地の憲制の修正については、ウェストミンスター〔の帝国議会〕に留保されていた。また総督は、植民地立法が「国王の名誉、議会の信頼、あるいは国家の安全」を侵害したと自ら判断する場合には、立法に同意を与えるのを差し控えるか、ロンドンの政府の判断を求めて保留することができた[4]。

植民地に対する責任統治制の付与は、コモンウェルスの本質的な基盤となった。なぜなら、責任統治制は、植民地の地域問題に対する帝国権力の干渉という、植民地と「本国」の摩擦の主要な原因を取り除いたからである。そのような干渉が、一八世紀にアメリカ植民地を喪失する原因であった。これと対照的に、責任統治制は、植民地の本国からの分離傾向に対する解決法となることが明らかになった。責任統治制が導入されることによって、植民地は、自治権を獲得した後でさえも、英国との関係を維持しようとするようになった。なぜなら、英国との関係は、自治権を全く制約されることなしに維持することが可能であるからである。

責任統治制の範型は、その他の英国植民地でも模倣された。一九一四年までに、カナダ、オーストラリア、ニュー・ジーランド、南アフリカは、自治領《ドミニオン》として知られていたが、現実的な理由から、内政問題に関する完全な自治を享受していた。しかし外交問題の統括は、ウェストミンスターの帝国議会に任されていた。一九一四年の英国の宣戦布告は、自動的に、自治領と植民地領土を代表しての宣戦布告となった。だが、第一次世界大戦は、自治領の完全な独立国への進展を大いに早めた。更にこのことは、元々英国起源の共同体から構成されるこれらの諸国家が、どのようにして英国との関係を維持できるかという問題を提起した。いかなる形の結合が、自治領の自治権と英国との紐帯の維持とを最も良く調和させることができるだろうか。

一九世紀後半に、左派のフェビアン協会員や右派のジョゼフ・チェンバレンやミルナー卿を含む、ある帝国主義者の学派は、帝国連合に答えを見い出そうとした。連合制のもとでは、連合行政府と、英国及び自治領の代表から構成される連合議会が、帝国全体に関する命令的な決定を下すことになった。だがこのような計画は、責任統治制を生じさせつつある遠心的な傾向からすると、非現実的であった。帝国連合が、自治領に受け入れられる解決策になりそうもないことは明らかであった。ソールズバリ卿が一八八七年の第一回帝国会議において指摘したように、大英帝国は、地理的な事実に関してドイツとは異なっており、「連続性を欠いていた。大英帝国は、広大な海原によって幾つかの部分に分かれているのである」[5]。帝国連合は、自治植民地に責任統治制を付与しようとする傾向に反していた。自治領が、自らが少数派になるような結合形態に合意して、自治権を犠牲にすることは考えられないことであった。帝国連合は、自治領がそこから脱出するために激しく戦ってきた束縛を、別の口実の下に再び押しつけているように思われた。かくして、自治領は、一九世紀末に、ジョゼフ・チェンバレンが提案した完全連合案を、また、防衛目的の連合である《軍事同盟《クリークフェライン》》や関税に関する連合である《関税同盟《ツォルフェライン》》という、より限定的な帝国連盟《ユニオン》案をも、拒否した。自治領には、これらが行動の自由を制約するものに見えたのである。更に、《関税同盟》は、英国は植民地に工業製品を輸出し続ける一方で、植民地はその代わりに食糧の輸出者であり続けることを暗示していた。だが植民地は、独自の工業を発展させようとしており、帝国勢力の穀倉地帯であり続けることによって、工業化の機会を犠牲にするつもりはなかった。

　帝国連合は、自治領における自治の志向に反していた。一九世紀に、自由貿易と、経済分野における政府の不干渉政策は、中央集権的な帝国にとって合理的であった重商主義を破壊した。自由貿易の下では、植民地は、製品の排他的な販路や供給源である必要はなく、まして関税によって本国に拘束されることもなかった。商業における独占の終焉は、貿易を支配するために従属的な植民地を保有することを無意味なものにした。経済は、緩やかな形の政治的結合こそ可能にしたが、帝国連合の創設を妨げることになった。

　こうして、帝国連合案は、帝国の地理的な事実と、植民地の独立志向と、経済的な現実とによって、退けられた。南アフリカ軍事大臣のスマッツ大将は、一九一七年の帝国戦時会議において、次のように語っている。「帝国の状況は、連合制による解決を完全に排除している。……また、中央の議会と中央の行政府が、諸国家の集団の共通の関心を述べるという試みすら、絶対に災難を招くことになると、私には思える」[6]。

　しかし、帝国連合が実現可能でないとすると、他にどうやって自治領を英国と結び付けることができるだろうか。その答えは、一九一七年の帝国戦時会議の報告書の文言によれば、「自治領が帝国のコモンウェルスの自治的な国家であることを完全に承認することを前提として……帝国の構成諸部分の憲制上の関係を再調整すること」を基本にすることに存する[7]。もし、自治領の自治権が承認されるならば、これらの諸国家は、これは希望的観測であるが、帝国後の全く新しい関係である、「諸国家のコモンウェルス」において、英国との結合を継続することを選択するであろう。

戦間期には、自治領の自治権は、主に二つの仕方で拡大していった。第一は、自治領の内政問題に関する立法権に付されていた様々な制限が除去されたことである。これらの制限は、どうであれ既に適用されなくなっていた。第二は、外交問題に関する自治領の自治権が拡大したことである。

一九一九年のパリ講和会議において、自治領は大英帝国の代表団の一部として参加した。また、自治領は、インドと共に、国際連盟の創設時における加盟国となり、ジュネーヴに別々の代表を派遣した。一九二二年のチャナク危機は、ロイド・ジョージの連立内閣を崩壊させたが、英国の政策に対する自治領の同意が、もはや保証されていないことも明らかにした。英国は自治領に対して、トルコ軍に対抗するために、チャナクの英国軍を増強する要請をしたが、はっきりとこれを受諾したのはニュー・ジーランドだけであった。オーストラリアは、意見を求められていないことに不満を表明し、カナダ首相マッケンジー・キングは、カナダ議会と協議するまでは返答できないと述べた。自治領は、一九二三年に〔英国が〕トルコと締結したローザンヌ条約に参加しなかった。また一九二五年のロカルノ条約では、英国は西ヨーロッパの現状を維持する責任を負ったが、自治領は、英国が引き受けた義務を受け入れることを拒否した。一九二八年のケロッグ条約は、各々の自治領によって署名され、各々の自治領が個別に批准した。自治領は、自らの明確な合意なしには、国際問題においてもはや拘束されることがなくなった。

こうしてみると、一九一四年の時点では、帝国は、外交問題における単独の行為者であり、戦間期においても、国際法上は同様であったが、自治領は、一九二〇年代に別個の君主国となり、かつ国際的に独立した存在になりつつあった。一九二〇年に、カナダとアメリカ合衆国が外交使節を交換した時に、自治領は初めて独自の外交上の代表を置く許可を与えられた。更に一九二三年には、カナダとアメリカ合衆国の間で大ヒラメ《ハルバット》漁業権条約が締結され、自治領は初めて自らの権利として条約に署名した。一九二三年の帝国会議は、自治領が条約を締結する権利を承認した。これらの発展が暗示することは、自治領は自らの独自の外交政策に従うことができ、英国が参戦する戦争において中立を宣言することすらできるということであった。だが、これらの暗示は、一九二〇年代にはほとんど注目されていなかった。というのは、この頃は、国際情勢が平和であり、第一次世界大戦が、H・G・ウェルズが希望したような「戦争を終わらせる戦争」であるかのように本当に思われた短い時期であったからである。

帝国内の自治領相互の関係は、一九二六年の帝国会議において、保守党の古参政治家であるバルフォア卿によって考案された定式によって、公式に規定された。バルフォア定式は、自治領について次のように規定している。

大英帝国内の自治領は自治的な社会であり、地位において対等であり、いかなる国内問題ないし内政問題についても他者に従属しない。他方で国王に対する共通の忠誠によって統合しており、かつ諸国家のブリティッシュ・コモンウェルスの構成国として自由に結合している。[8]

この定式は、一九三一年のウェストミンスター法の前文として効力を有した。同法において、コモンウェルスの各々の議会の、立法における独立性が承認され、英国は今後自治領の同意なしに自治領のために立法しない旨規定された。

ブリティッシュ・コモンウェルスの構成国は、国王に対する共通の忠誠によって統合しているが、自治領における国王の機能は、国王本人ではなく、国王が任命する総督によって引き受けられていた。一九三〇年までは、総督は英国政府の助言に基づいて任命されており、それ故総督は二重の機能を担っていた。総督は、第一に、自治領における行政部の長であり、そのような者として、自治領の大臣たちからの助言に基づいて行為すべきことが期待されていた。だが総督は、ロンドンの帝国政府の代理人でもあり、帝国の利益と当該自治領の地元の利益が衝突する場合には、帝国の利益を擁護することが期待されていた。

自治領の自治権が増大し、またバルフォア定式によって自治領と母国との地位の対等が承認されると、総督の憲制上の地位は時代遅れになった。一九二六年の帝国会議は、英国と自治領の「地位の対等」の「本質的な帰結」は以下のごとしと宣言した。

自治領の総督は国王の代理人であり、自治領における公の統治に関して、全ての本質的な諸点においいて、国王陛下が英国で占める地位と同一の地位を占める。総督は陛下の政府の代表ないし代理人ではなく、陛下の政府の一部局の代表ないし代理人でもない。

かくして、国王が大臣たちの助言に基づいて行為することが期待されるように、総督もまた、当該自治領政府の助言に基づいて行為することが期待されたであろう。だが帝国会議は、国王ないし総督が助言に基づいて行為することを期待されている場合と、彼らが自らに留保された権限を裁量的に行使する場合との区別に関しての、正確な指針は示さなかった。

総督は、もはや英国政府の代理人ではないので、これ以後、総督の任命は、英国政府の助言に基づくのではなく、当該自治領政府の助言に基づくのが理にかなっていた。この結論は一九三〇年に受け入れられ、オーストラリア人のサー・イサク・イサクスが、ジョージ五世の意思に反して、オーストラリア政府の助言に基づいて、オーストラリア総督に任命された。英国政府の助言ではなく、当該自治領政府の助言に基づいて総督が任命されたことを、王の書記翰長のスタムフダム卿は、こう書き留めた。「私にとっては、今朝の出来事は、陛下の二〇年間の治世のなかで、陛下が判断を下さなければならなかった、最重要の政治問題かつ憲制問題の一つであったと思える」[9]。

この変化の当然の帰結は、遠方の自治領を統治するために派遣された英国民ではなく、当該国の国民が総督になることである。そのような任命の最初のものとして、一九二二年にアイルランド自由国の初代総督としてティム・ヒーリーが任命された。アイルランドがコモンウェルスの構成国であった時期には、アイルランド政府は、総督がアイルランド国民であるべきことを常に要求していた。しかしながら、アイルランドの例は、非常に例外的であると考えられており、純粋に先例を作ったものとして考えられているのは、一九三〇年にサー・イサク・イサクスが、ジョージ五世の反対に逆らって、オーストラリア国民として初めてオーストラリア総督に任命されたことである。カナダでは一九五二年以降、オーストラリアでは一九六五年以降、常に当該国の国民が総督を務めており、今日では、女王が国家元首である全てのコモンウェルス構成国において、当該国の国民でない者が総督に任命されることは、ほとんどあり得ないことであろう。

このように、バルフォア定式のもとで、自治領どうしの結合は、自治領のために立法するウェストミンスターの単一の帝国議会の至上の立法権によってではなく、自治領の独自の立法権に優先する至上の連合議会によってでもなく、国王に対する忠誠によって成り立っている。現実に、今や国王は、英国と自治領の間の唯一の公式の紐帯であった。この紐帯を維持するために、ウェストミンスター法は、その前文において、英国と自治領の独立に関して、二つの自由意思による制限を定めた。即ち、王位継承及び国王の称号に関する変更は、全構成国の一致によってのみ可能であるとした。《王位継承》が国王に忠誠を誓う全ての国家の同意によってのみ変更可能であると規定することによって、国王の《単一性《ユニティ》》が維持されるのと同様に、《称号》が国王に忠誠を誓う全ての国家の合意によってのみ変更可能であると規定することによって、多くの自治領における国王の《同一性《アイデンティティ》》が維持されることになる。

国王は今では、コモンウェルス構成国の唯一の公式の紐帯であるけれども、この公式の紐帯は、非公式の諸紐帯によって、特に、共通の利益と観念を生み出す共通の政治文化の存在によって、強力に補強されている。こうした政治文化は、一九三六年の退位危機のときに表れた。一九二六年の協定が最初に試練にさらされたのが、一九三六年の退位危機であったが、このとき、共通の政治的素質と気質がアイルランドを除く自治領を共通の行動に導いた。イングランド教会〔＝アングリカン〕は自治領においては公定されていないので、自治領に関する限り、シンプソン夫人が王妃になるべきでない憲制上の理由は存在しないように思われたのではあるが、カナダ、オーストラリア、ニュー・ジーランド、南アフリカは、英国の指導力を受け入れ、英国政府が認めない故にシンプソン夫人を容認しないと宣言した。

一九二六年のバルフォア定式は、自治領が、「いかなる《国内《ドメスティック》》問題ないし《内政《インターナル》》問題についても他者に従属しない（強調は筆者）」と宣言していた。このことは、自治領が外交《エクスターナル》問題について正確にどの程度の自治権を有するのかという問題を残していた。特に、英国が参加した戦争において自治領が中立を維持することができるのか否かという問題を生じさせた。例えば、自治領が署名していないロカルノ条約に基づいて英国が参戦した場合は、どうなるのであろうか。もし自治領が条約に拘束されていないならば、なぜ自治領はその条約を擁護するために参戦しなければならないのであろうか。他方で、もし、国王に対する忠誠がコモンウェルスの一体性を保つ紐帯であるならば、国王は、どうしてその諸王国の一部において、例えば南アフリカにおいて、英国が戦争をしている時期に中立を保つことができるのだろうか。国王は、この時期には、異なる大臣たちの助言に基づいてコモンウェルスの各々の部分を統治していたが、それでもなお、国王は一人であり王国は一つであった。少なくとも理論上は、国王は不可分《インディヴィジブル》であった。

　一九三九年九月三日、英・ポーランド条約に基づく義務を果たすために、英国はドイツに宣戦布告をした。自治領は、この条約に参加していなかったが、（アイルランド自由国が一九三七年に改称した）エールを除いて、英国側に結集した。オーストラリアは、英国が戦争状態である故に、オーストラリアも自動的に戦争状態であると宣言した。オーストラリアの首相R・G・メンジーズは、一九三九年九月三日のラジオ放送において、英国がドイツに宣戦布告をした「その結果として、オーストラリアは戦争状態である」と宣言した。メンジーズは、英国が交戦中に、オーストラリアが戦争状態でないという考え方は、「私には全く理解できない非現実的な観念」であると考えていた[10]。しかし、一九四一年一二月には、オーストラリアとニュー・ジーランドは、日本に対して独自に宣戦布告を行った。

　カナダでは一九三九年に、マッケンジー・キング首相が、一九二二年の時と同様に問題を議会に持ち込んだ。カナダ議会は、九月九日に、異議がない限り、ドイツに対する宣戦布告をする旨決議した。このことは、六ヶ月の間、王は英国においては戦争状態であり、カナダにおいては平和状態であることを意味した。南アフリカにおいては、戦争問題を理由に政権が崩壊したが、スマッツ大将率いる新政権が、ドイツに対して宣戦布告を行った。

　エール政府は中立を決定したが、コモンウェルスのその他の構成国との関係においてのみ、自治領に留まっていた。エール自身の見解では、エールはコモンウェルスと結合した独立の共和国であった。一九三六年の退位危機は、アイルランド政府を、条約への署名と外国使節の信任に関する国王の権限を制限する外交関係法の成立へと駆り立てた。一九三七年には、その後エールとして知られるようになるアイルランド自由国は、大統領を国家元首とする共和国憲法を、大統領の名前によってではないものの、採択した。

　これらの新しい諸規定が、国王への忠誠という法理と両立するか否かは、疑わしかった。外交関係法の下で、アイルランド政府は、国王への忠誠をもはや宣言していなかった。同法は、コモンウェルスのその他の構成国が国王に忠誠を誓っていることだけを承認し、その限りで、コモンウェルス首長である国王を承認し、条約に署名し外国使節を信任する権限を国王に与えると宣言していた。国王はもはやアイルランドの行政部の長ではなく、国家元首たるエール大統領から授権されて、外交関係に関する特別の役割を果たす機関《オルガン》ないし道具《インスツルメント》に過ぎず、手続方式《メソッド・オヴ・プロシージャ》に他ならなかった。これに対してジョージ六世は、表面的には「組織ないし機関」と呼ばれることをそれほど気にしていなかったが、「手続方式」と見なされることは拒絶していた。[11] 国王の行為に授権するこの手続方式を、ドール〔と呼ばれる議会下院〕は何時でも廃止することができ、一九四九年にドールが外交関係法を廃止してアイルランドを共和国と宣言した際に、実際に廃止された。

　一九三七年にアイルランド憲法が制定された時、コモンウェルスのその他の構成国は、アイルランドがコモンウェルスを離脱したとする宣言を行わなかった。他方で英国政府は声明を発表して、「新憲法の下で、諸国家のブリティッシュ・コモンウェルスの構成国としてのエールあるいは『アイルランド』と称される、アイルランド自由国の地位に根本的な変更を及ぼさないものとして新憲法を扱う用意がある」旨を宣言した。[12] その他の自治領であるカナダ、オーストラリア、ニュー・ジーランド、南アフリカの政府も、アイルランド新憲法を英国と同様に扱う用意のあることを宣言した。一九四二年のマリ対パークス事件において、エールはコモンウェルスの構成国であり、その結果として、連合王国内に居住するアイルランド国民は、国王への忠誠に基づく徴兵の義務を負うと判示された。このことは、王がその他の自治領の憲制において果たしている役割と同じ役割を、エール憲法においては明らかに果たしていないという事実にもかかわらず、そうであった。実際のところ、バルフォア定式に基づくならば、いかにしてエールがコモンウェルスに残留することができたかを理解するのは困難であるが、その他の構成国は、エールを追放することを望んでいなかった。事実、外交関係法は、一九二六年の枠組みに戻ることよりも、一九四九年のインド共和国のコモンウェルスへの加入をもたらした。

このように、エールの経験それ自体は、英国が戦争状態である時に自治領が中立を保てるかという問題に、あまり光を当てることにならなかった。だが、カナダと南アフリカの経験は大きな意味を持っており、王が、その領土の別の部分では戦争状態にある一方で、その領土の一部分において中立を保つことができることを明瞭に示した。カナダと南アフリカの議会は、戦争への反対を表決して自国の中立を宣言する権限を明らかに持っていた。このことは、国王の不可分性の法理が掘り崩されていたことを意味する。もし、カナダか南アフリカが中立を保ったならば、《同一の》王が王国のある部分において戦争状態であり、王国の別の部分において平和状態であることになり、これは不合理なことであっただろう。この状況をより適切に表現するならば、英国王はドイツと戦争状態であり、カナダ王と南アフリカ王は中立であったと言うことになる。ここに、国王の可分性の法理の起源があり、一九五三年の国王称号法の立法に影響を与えることになる。

コモンウェルスの国王の地位は、一九四七年のコモンウェルス首相会議で承認され、かつ英国において一九四八年英国国籍法に規定された国籍条項を修正することによって、変更可能である。

一九四八年以前は、コモンウェルスの国籍は、国王に対する忠誠との関係で定義されていた。国籍に関する共通の法典が存在し、コモンウェルス構成国は各々の国籍法を、他の構成国の同意なしに変更できないとされていた。実際には既にここからの分岐が生じていた。一九二一年には独自のカナダ国籍法《ナショナルズ・アクト》がオタワで可決された。一九三五年にはアイルランド自由国政府が英国籍を放棄して、アイルランド国籍を再定義し、アイルランド国民は英国民ではないとした。だがこの立法にかかわらず、英国は、アイルランド自由国の国民を英国民として扱い続けた。しかし一九四六年にカナダは、新しいカナダ国籍法《シチズンシップ・アクト》を制定して、共通規範から一層乖離し、この結果、コモンウェルス全体に適用される国籍法の共通法典を維持することが不可能になった。

この結果、一九四七年には、コモンウェルスの各々の構成国は、以後、各国独自の立法によって国民の定義を自由に決定できることと、コモンウェルス諸国の国民は自動的に英国臣民《ブリティッシュ・サブジェクト》の地位を享受することが合意された。同時に、「コモンウェルス公民《シチズン》」という新しい概念が、「英国臣民」という地位に代わるものとして導入された。コモンウェルス公民は、自分の国の国王という意味においてのみ、あるいはその他のコモンウェルス諸国において活動する場合にその国の国王という意味においてのみ、国王に対する忠誠の義務を負っている。

このような発展は、コモンウェルスを構成する諸国の間の紐帯としての国王の地位を、王に対する個人的な忠誠という概念を除去することによって、弱めることになった。単一の国籍に代わって、幾つかの異なる国籍を導入したことは、コモンウェルス構成国が、国王に対する《共同の《ジョイント》》忠誠ではなく、《別個の《セヴラル》》忠誠によって統合していることを含意した。こうして、単一の《国王》がコモンウェルス構成国を統合しているという概念は、別個の複数の国王が国王という《人格《パーソン》》において結合しているという概念に、取って代わられることになった。このことは、国王の可分性を明確に認識させることを容易にした。更に、これ以後は、国籍《シチズンシップ》は、忠誠ではなく、国家《ナショナリティ》に由来するものとなるので、国王に全く忠誠の義務を負わないコモンウェルス諸国の国民が生まれる可能性が生じた。従って、コモンウェルス国籍法の改革は、共和国をコモンウェルスの構成国として承認することを可能にした。この変革がなかったならば、一九四九年に共和国としてのインドの加入を承認したことは、コモンウェルスの慣例に対する非常にあからさまな違反となっていただろう。

さて、コモンウェルスは大戦直後に、二つの相補的な難題に直面した。第一は、国王の可分性という事実を考慮した、コモンウェルスにおける諸君主政の関係を再定義することである。第二は、アジアとアフリカの新興の独立国家を、元々は白人植民地のために考案された枠組みのなかに適応させる方法を見いだすことである。

二　共和国のコモンウェルスへの加入

一九四五年までに、移民植民地から独立した諸国家のコモンウェルスが形成されていた。これらの諸国のうち、非白人が多数を占める唯一の国である南アフリカでは、有色人種《カラード》に選挙権が付与されていたケープ植民地を除いて、非白人の選挙権は認められていなかった。だが戦後期に、アジアとアフリカの帝国従属領《ディペンデント・エンパイア》が、移民植民地と同様に独立を獲得した。英国とその他のコモンウェルス構成国が直面した問題は、植民地から白人のコモンウェルスを作り上げるのに成功したことと、征服帝国から多人種のコモンウェルスを作り上げることとを調和させることができるか否かという問題であった。マラヤの元植民地大臣で、現在総督のマルカム・マクドナルドは一九四七年六月に次のように述べた。

これは、英国政治家の見識が最も問われる試練の時の一つであると思われる。我々の政治的統治の才覚は、我々のすぐ上の世代の先達が、植民地帝国の広大な不安定な部分を、《自由かつ平等な諸国家の》コモンウェルスに転換することを可能にした。だが、これらの諸国を統治する人々は白人であり、しかも大部分は英国出身の者である。現在の試練は、我々が、植民地帝国の「有色の」部分を同様に、自由かつ平等な諸国家のコモンウェルスに転換できるか否かである。これは明らかに、より困難な課題である。[13]

この仕事を引き受けて、帝国の征服地の一部を自治領に転換しようとした最初の試みは、一九四九年にアイルランドが外交関係法を廃止し共和国になり、コモンウェルスを離脱したことによって失敗に終わった。一九二六年のバルフォア定式は、自治領はコモンウェルスの構成国として「自由に結合している」と宣言していた。しかしアイルランドは、一九二一年に自治領の地位を受け入れることを強要され、余儀なくされていた。ロイド・ジョージはアイルランドの代表団に対して、もし彼らが条約に署名することを拒否するならば、彼らに対する戦闘行為が再開されるだろうと脅していた。帝国事情を扱う雑誌『ラウンド・テーブル』が指摘するように、「もしブリティッシュ・コモンウェルスがこのような仕方でしか保持できないのであるならば、それが立脚する原則を否認することになるであろう」[14]。アイルランドの民族主義者は、おそらくアーサー・グリフィスを例外として、共和主義者であり、彼らは、コモンウェルスとの結合を受け入れる用意はあったが、国王に対して忠誠を誓うこと、あるいは彼らにとっては外国人の王であるジョージ五世に対して宣誓することは気が進まなかった。この結果、特にデ・ヴァレラが首相となった一九三二年以後、アイルランド自由国は、彼らを君主政と結びつけている紐帯を徐々に緩め始めていた。

一九四〇年代までに、もしある国がコモンウェルスに残留することを望まない場合に、英国が戦争をもって脅すことはもはや不可能になっていた。離脱の権利が初めて認知されたのは、インドに対する一九四二年のクリプス宣言の草案においてであった。この宣言は、戦後の完全な自治を提案していたが、同時に、ジョージ五世が同意しなかった条項において、英国は、「インド連邦が将来、ブリティッシュ・コモンウェルスのその他の構成国との関係を決定する権限について、いかなる制約も課さない」と規定していた[15]。

大戦後、ビルマは、コモンウェルスからの離脱を望んでいることを宣言した。アトリーは、一九四七年一一月五日に庶民院において、初めて明示的に離脱の権利を承認して、次のように述べた。

ブリティッシュ・コモンウェルスは、従属国家の集合ではなく、諸国家の自由な結合である。それ故、十分な考慮の上で、ビルマ国民から選挙された代議員たちが独立を選択したときには、その決定を実行するために必要な措置を行うことが陛下の政府の義務であると私は考えている[16]。

ビルマは、その手続に従って、一九四八年にコモンウェルスを離脱した。このことは、その他のアジア植民地が先例に倣うのではないかという関心を呼び起こした。もしアジアの、後にはアフリカの、新たに独立した諸国が、コモンウェルスの構成国であり続けるように奨励されていたならば、コモンウェルスは、その憲制構造を根本的に変更しなければならなかったであろう。

コモンウェルスは、既に見たように、公式には国王を唯一の紐帯としていたが、非公式には、共通の政治文化や共通の思想の伝統という紐帯によって結び付いていた。これらの非公式の紐帯は、移民植民地を統合するには十分に強力であったが、国王が象徴するものが自由意思による忠誠ではなく支配であるような征服植民地を統合するには非常に軟弱であった。アイルランド人は、インド人と同様、自分たちを母国の子供とは考えておらず、英国以上に古くはないにせよ同程度には古い母国に昔から属しているのだと考えていた。一九四八年にアイルランド首相のJ・A・コステロが、なぜアイルランド国家と君主政を結ぶ最後の紐帯の廃棄を望んでいるかを説明した時に、彼は英国による長い支配の歴史を引用してこう述べた。

全ての期間を通じて、国王は政治的及び宗教的支配の象徴であり、アイルランド国民の大多数にとって呪詛対象《アナテマ》となっていた。王冠のない竪琴《ハープ》はアイルランドの独立と国民性の理想を象徴していた。王冠の下にある竪琴は征服の象徴であった。厳しい歴史の現実は、諸国家のブリティッシュ・コモンウェルスの自治権を有する有力構成国の国民が伝統的な紐帯としての国王に対して持っている態度を、我が国の国民が持つことを、不可避的に妨げてきた。……問題は、……これらの問題に関する我々の憲制上のきまりが、国民感情と歴史的伝統と両立するものとして、全体としてのわが国民に受け入れられる方式《フォーム》であるか否かである。……アイルランド国民は、歴史に深く根ざした本能から、こうした諸方式を嫌っていた。アイルランド国民にとって、これらの諸方式は、社会構造の中で国民としての自尊心を体現したものではなく、数世紀間の世俗的及び宗教的な迫害と没収の象徴であったからである。(17)

同様の感情は、インドを始めとして、アジアとアフリカにおける帝国のその他の非白人国を行動に駆り立てつつあった。これらの諸国が自治領の地位を得た時、諸国は同時に国王を外国の象徴と見なしていた。これらの諸国が、共和国としてコモンウェルスに残留することは可能であるだろうか。もしコモンウェルス構成国がその提案を受け入れることを望むならば、それが可能であることを先例は示していた。

アイルランドが一九三六年に外交関係法を、更に一九三七年に共和国憲法を可決した時、自治領は、アイルランドが自治領の構成国であることに変わりないことを喜んで表明した。だが、アイルランドは、現実には、共和国になっていたのではないだろうか。マルカム・マクドナルドは、一九四七年に次のように述べた。

私が内閣に［新憲法がエールをコモンウェルスから除外しないという］この方針を採用するように助言した一つの理由は、インドやビルマやその他の帝国の非白人国が自治領の地位を得たときに、少なくともこれら諸国のうち幾つかが、南アイルランドと同じ態度を英国国王に対してとると思われたからである[18]。

実際に、アイルランドは、一九四九年に共和国を宣言してコモンウェルスを離脱した。しかし、アイルランドとインドには重要な差異があった。アイルランドはコモンウェルスへの残留を望んでいなかったが、インドは残留を望んでいた。内閣書記官長のサー・ノーマン・ブルックは次のように指摘している。「インドは共和国になることを選択したが、それにもかかわらず、コモンウェルスに残留することを希望していた。エールはコモンウェルスからの離脱を決定し、まさにそのために共和国を宣言した[19]」。

バルフォア定式は、ウェストミンスター法によって議会制定法の形式を与えられたが、コモンウェルス構成国間の公式の紐帯として国王に対する忠誠を規定していた。しかし、コモンウェルス全体の精神的基盤《エートス》は、そのような公式の紐帯よりも、自由意思による協力に基礎を置いていた。ウェストミンスター法それ自体は、既に確立した憲制上の地位を溯及的に承認したものであった。一九四〇年代後半のコモンウェルスの指導者の多くは、バルフォア定式がコモンウェルスに定式化した拘束服を着せてはならないと信じていた。コモンウェルスに残留しようとしており、実行可能な協力義務を受け入れる用意のある元植民地が、憲制上の形式についての単なる強迫観念の故に排除されるべきではなかった。

この問題は、一九四七年に独立を獲得したインドが、共和制の憲法の制定を計画しているが、しかしなおコモンウェルスへの残留を希望していると宣言したことによって、具体的な形で生じてきた。インドをコモンウェルスの構成国として承認することを支持する、強力な実利的な論拠があった。英国は、貿易と投資の点で利益を得られそうな立場にあった。コモンウェルスは全体として、冷戦時代において、インドを共産圏の外に留めて置くことに利益を見出していた。インドの側でも、その当時有力な国家集団《ディペンデント・エンパイア》の構成国であることに安全を求めていた。インドにとっては、敵国であるパキスタンがコモンウェルスの構成国であるので、コモンウェルスの外で安寧を維持することは困難であった。だが、これらの実利的な論拠は、共和制のインドをコモンウェルスに残留させる決定をしたことの、根本的な理由では多分なかっただろう。はるかにヨリ重要な理由は、帝国の精神とコモンウェルスの経験であった。もし、コモンウェルスの構成国が、共和国を構成国として受け入れることを拒んだならば、構成国は、事実上、コモンウェルスが白人のクラブであることを宣言したことになっただろう。このことは、帝国とコモンウェルスを設立した諸原則と両立しないであろう。早くも一八五四年に英国政府は、ケープ植民地に代表制機構を設置した時に、「人種無差別《カラー・ブラインド》の」選挙権を主張していた。財産上の資格制限のみ存するものの、特定の人種にのみ制限されていない、共通の有権者名簿が存在していた。このことは、白人も有色人種《カラード》もやがては自治を獲得し、コモンウェルスに参加する資格を得ることを意味していた。この決定のなかに、多人種のコモンウェルスの萌芽が存在していた。一八九七年に、植民地大臣のジョゼフ・チェンバレンは、植民地会議において植民地の代議員たちに、「帝国の伝統は、人種や皮膚の色を有利にも不利にも区別していないことを心に留めるべきである」と求めた[20]。このように、白人のみが構成員であることを暗示するような決定をコモンウェルスが行うことは、コモンウェルスの歴史全体に反することになるであろう。サー・ノーマン・ブルックは、このことについて、次のように述べていた。

> コモンウェルスの本質を人種においてヨーロッパ的であり、文化と態度において英国的であると考えることは、現実的には、ブリティッシュ・コモンウェルス内の従属領が責任自治制を最終的に達成することを政治的発展の目的として意図する、我々の植民地政策と全く相容れない[21]。

また、地位において平等であり、かつ自由に結合しているコモンウェルスの構成国が、各々の統治形態を選択する権利を持つことも、コモンウェルスの原則となった。そうだとすると、インドやその他のアジアとアフリカの構成国が共和制という統治形態を選択し、なおかつそう望む場合にコモンウェルスに残留する権利は、なに故否定されるのだろうか。非白人植民地は、白人植民地よりも後に独立を達成した。なぜ非白人植民地は、より古参の白人構成国のために設けられたルールや慣例を受け入れなければならないのだろうか。

異なる文化的伝統を持ち、国民としての自意識の強い人々が、どのようにしてコモンウェルスとして結合することができるだろうか。アイルランドの答えは、デ・ヴァレラが一九二一年に提案し、一九三六年に彼によって立法上の形式を与えられた、外交上《エクスターナル》の結合であった。だがインドは、アイルランドの例のような外交上の結合をも含めて、国王の憲制上の役割を一切受け入れることができないと宣言した。インドの初代首相ネルーは、インド憲法は、「大統領の全ての権限が国民に由来すると、無条件に宣言している。インドには、外部に由来するあらゆる権限を拒否する強い感情が存在する」と説明していた[22]。だが、

コモンウェルスについてのネルーの観念は、常に成長し変化しており、やがて、共和国をコモンウェルスに適応させる時が来た。……コモンウェルスを真に構成するのは、友好と、自由意思に基づく義務の相互的な承諾である。国王は、コモンウェルスの象徴《シンボル》であるが、実在するのは友好《フレンドシップ》であった。もし、友好が失われたならば、国王が存在していたとしても、コモンウェルスは存在しない[23]。

しかし、もしインドの答えが、共和国がコモンウェルスへの加入を認められるべきであるということだとすると、いかなる紐帯がコモンウェルスを結び付けるのであろうか。

その紐帯は、国王に対する忠誠ではなく、コモンウェルス首長としての国王を承認することに見い出された。このことは、一九四九年にロンドンで開催されたコモンウェルス会議で発表された、ロンドン宣言として知られる文書において体現された。この宣言は、「大英帝国の発展の歴史において、何にも劣らず重要な文書であると称されており、一九二六年のバルフォア定式やウェストミンスター法そのものと同様に重要なものとして数えられている[24]」。

ロンドン宣言は、コモンウェルスの構成国が「国王に対する共通の忠誠義務を負っており、かつまた国王はコモンウェルスの自由な結合の象徴である」という、コモ

ンウェルスの現存する構造をまず指摘した。それから、インド政府の地位について言及した。即ち、インド政府は、共和国になることを意図していたが、他方で、「諸国家のコモンウェルスの正式な構成国として残留する希望を明言しており、コモンウェルスの独立の構成国の自由な結合の象徴としての、かつ、そのようなものとしてコモンウェルス首長である国王を承認することを確認していた」。その上で、その他の構成国政府は、構成国資格の基礎を変更することなしに、「宣言の諸条項に従って、インドが構成国として残留すること」に同意し、確認した。その結果として、構成国は、全構成国が依然として「コモンウェルスの自由かつ平等な構成国」であることに合意した[25]。

ロンドン宣言は、インドに対して特に行われたものであり、その当時は、それに限ったものと思われていた。ロンドン宣言は、その他の共和国のコモンウェルスへの加入が同じように応じられるか否かについては、何も触れていなかった。しかしながら、インドの例は不可避的に先例となり、その他のアジア及びアフリカの構成国に踏襲された。将来は、コモンウェルスの構成国資格は、国王に対する忠誠ではなく、「表明された意思の証書」[26]に依拠することになろう。

全ての構成国がコモンウェルスの「平等な」構成国であるという、ロンドン宣言における条項は、コモンウェルスにおいて二等《セコンド・クラス》の構成国は存在せず、かつ共和制の構成国が君主国に対して劣後の地位に立つことはないことを意味した。

ロンドン宣言は、一九三一年のような議会制定法によってではなく、構成諸国家に対して議会制定法上の効力ないし拘束的な効力を持たない宣言によって、コモンウェルスの憲制を変更した。一九三一年までは、ウェストミンスターの帝国議会は同時に、コモンウェルス全体のための立法機関でもあった。だが一九三一年以後は、帝国議会は、自治領の要請と同意がある場合のみ、そのような機関として行為することができた。しかし、コモンウェルスに共和国の構成国を受け入れたことは、コモンウェルス全体について立法しうる機関、ないし一連の諸機関がもはや存在しないことを意味した。コモンウェルス法の集成《コルプス》は存在せず、コモンウェルスの全ての君主国が何らかの変更について立法したとしても、それはインドを拘束しないだろう。インドに関する限り、共和国の地位の全ての本質は、構成国間の唯一の本質的な紐帯である国王が、インド憲法の構成要素ではなく、インド法にいかなる地位も占めていないことであった。それ故、コモンウェルス全体を拘束する議会制定法を成立させることは、一九三一年には可能であったのだが、一九四九年には憲制上不可能になっていた。

三　コモンウェルス構成国の義務

「コモンウェルスが様々な人種と伝統をもつ諸国民を包含できるような方法を考案することが、英国人の政治史において何物にも勝る成功となる」と、一九四八年一〇月九日の『エコノミスト』は述べていた[27]。これは、一九四〇年代の一致した意見《コンセンサス》を要約しており、ロンドン宣言は、コモンウェルスの関係の柔軟性と適応力の強力な例として、賛意をもって迎えられた。

インドやその後のアジア及びアフリカの構成国をコモンウェルスに留めたことは、多人種のコモンウェルスという、コモンウェルスの新しい概念を導いた。コモンウェルスは、一九九〇年代までには、数の上では約六対一の割合で非白人が白人に勝るようになっていた。コモンウェルスは、人種と信条の違いを乗り越え、非常に異なる経済発展段階の国々を統合する、世界の数少ない国際組織の一つとなっていた。コモンウェルスの多人種性は、一九六一年に、共和国に移行しつつあった南アフリカがコモンウェルスに残留する申し出を撤回したときに確認された。もし南アフリカがコモンウェルスに残留したならば、その他のアフリカとアジアの構成国は、ほぼ確実に脱退したであろうし、新たに独立したアフリカ諸国も、残留しようとはしなかったであろう。その結果として、コモンウェルスは、ロンドン宣言がまさに阻止しようとした白人のクラブという結果に逆戻りしていたであろう。

しかしながら、多人種のコモンウェルスの発展の決定的な影響は、コモンウェルスが不可避的にヨリ曖昧《アモルファス》な組織となったことである。コモンウェルスは、最も一般的な目的や理念は別として、もはや共通の目的や理念によって統合されておらず、構成国に伴う特別の義務もなくなった。

ロンドン宣言より半年前の一九四八年一〇月九日に、「コモンウェルスとは何か」という権威的な論文が『エコノミスト』に掲載され、コモンウェルスの構成国には六つの義務が課せられていることを指摘していた。これによれば第一の義務は、「国際法の諸ルールを受け入れ、コモンウェルスのその他の構成国との間の紛争を議論と調停と和解によって解決する意思があること」であった。だが、コモンウェルスには、構成国の同意がある場合を除いて、構成国間の紛争を和解させる権限がないので、コモンウェルスは、しばしば、構成国間の紛争を解決することができなかった。

第二の義務は、人種的少数派を尊重することであった。しかし、ここでも、コモンウェルスは構成国の国内問題に干渉することができないので、その影響力は、説得することに限られていた。特にネルーは、南アフリカ在住のインド人に対する南アフリカ政府の差別的取り扱いについて、コモンウェルスが検討することを望んでいなかった。なぜなら、そのことはコモンウェルスに超国家的な地位を与えることになるからであった。

『エコノミスト』論文の説く第三の義務は、「国際舞台において、同一かつ集約された方針の外交政策に従う用意のあること」であった。一九四〇年代後半まで、コモンウェルスの構成国は、外交政策について協議し、防衛に関して協力していた。一九三九年にエールが中立を宣言した時、エールは外交政策や防衛に関する議論から、当然ながら排除された。一九五〇年には、朝鮮戦争への参戦についてコモンウェルスとしての決定を行った。一九五一年に、ある論者は、「コモンウェルスの防衛について誓約する不文のモンロー宣言のようなものがなければ、コモンウェルスがすぐに分解することは……私には明らかなように思える」と論じていた[28]。ところが、インドは中立を保ち、アフリカとアジアのコモンウェルス構成国の大半も中立の立場をとった。このことは、共通の外交政策を不可能にし、かつ、「コモンウェルス全体によって、コモンウェルス全体のために策定された政策に従って、防衛の義務を引き受けること」という、第四の義務もまた、実行不可能であることを意味した。実際のところ、コモンウェルスは、その構成国同士の戦争――インドとパキスタンは、独立以来四度交戦している――や、構成国間の外交関係の断絶――英国は、一九七六年に、エンテベでの英国人謀殺事件をきっかけに、ウガンダのイディ・アミン政権と外交関係を断絶した――を耐え忍んできた。

第五の義務は、「コモンウェルスのその他の国に対する影響を考慮することなしに、一方的な経済政策を追求しないこと」であった。旧コモンウェルスは、構成国相互に特恵関税を認めることで合意した一九三二年のオタワ協定によって相互に結びついていた。ところが、アメリカ合衆国が推進して一九四七年に結ばれた関税と貿易に関する一般協定（GATT）は、その加盟国に対して、一方的な関税を課さないことと、新たな特恵関税を導入しないことを義務づけていた。GATTは、加盟国に対して、現存する特恵関税の廃止を義務づけてはいなかったが、オタワ協定の存続を一層困難にした。一九五一年のシドニー・コモンウェルス蔵相会議において、新規の構成国であるインドとパキスタンは、コモンウェルスの共通経済政策よりもアメリカ合衆国の援助にヨリ関心があることを明言していた。カナダもまた、合衆国と一層連携しつつあった。こうして、コモンウェルスが単一の経済単位として行動することは不可能になっていった㉙。

『エコノミスト』が挙げる最後の第六番目の義務は、コモンウェルス内での自由な移動であった。ある論者が一九四八年に述べたように、コモンウェルスの「本質は、『コモンウェルス内部では我々は相互に外国人《フォーリン》ではない』という否定形の定義のなかに見い出される」。だが、この原則は、一九四七年のコモンウェルス会議の決定において、コモンウェルスの国籍規定の根本的変更が承認されたことによって、既に崩されている。もし、コモンウェルスの各々の構成国が、独自の国籍条項を定めるならば、各々の構成国は、コモンウェルスの他の諸国の国民の自由な移動を制限することができることになり、また実際にそうしている。

コモンウェルス構成国に推定されている義務のうち、共通の国籍規定のみが、正確に定義され立法の対象となっており、既に一九四八年に、共和国のインドが加盟する前に定義し直されている。すると、コモンウェルスの構成国であることの積極的な意味内容は、一体何であろうか。一九二六年に帝国会議は誇らしく宣言していた。「大英帝国は否定《ネガティヴ》の上に建てられているのではなく、公式的にではないにせよ、本質的には、積極的な理念の上に立脚しているのである。自由な制度はその活力源であり、自由な協力はその手段である。平和と安全と進歩はとりわけその目的である」。一九五一年一月になっても、カナダ首相のルイ・サン・ローランは、カナダ・クラブの晩餐会での演説で、コモンウェルスは、かつて大英帝国に属し政治的に結合していた、独立の諸国家の自由な結合であると述べ、更に、「現在では、ある政治的な理念に対する共通の忠誠の故に結合している」と付け加えていた。現在では、このような帰結を付け加えるのは不可能であろう。なぜなら、コモンウェルスは様々な政治的理念を主張しているものの、構成国がそれらの理念に従って行動しなかった場合に、現在では、構成国の国内問題に干渉できないコモンウェルスは何らの行動もとることができないからである。その結果として、コモンウェルス構成国の大半が民主主義国であるにもかかわらず、あるコモンウェルス構成国は、独裁政を存続させ、あるいは少数派を不当に扱ってきた。しかしながら、一定の基本的な政治的価値に従う明白な意思が、コモンウェルスに加盟するための条件となっている。一九五五年のオークランド・コモンウェルス首脳会議は、コモンウェルスが、規範によって統治される結合に向かうべきか否かについて討議した。もしそうなるとすると、このことは、コモンウェルスの性格と目的に関する重大な変更となるだろう。

　共和制の国家をコモンウェルスの構成国として認める決定は、現代的なコモンウェルスの構造と性格を規定することになった。コモンウェルスの指導者たちは、かつての白人のコモンウェルスより曖昧かつ緩やかな目的での結合になったとしても、多人種のコモンウェルスを創設することを決定した。批判者たちは、一九六〇年代以降、この紐帯は組織を維持するためにはあまりに脆弱すぎると不満を述べた。だがこれらの批判は、多人種のコモンウェルスの創設が、世界最大の帝国が世界の人口の四分の一から構成される自由かつ自由意思による結合に変化するという、ある理解し難い、多分究極的には不可解な意味において、帝国の運命の到達点であるという感情によって、常にかき消されていた。女王は、一九七七年六月七日の即位二五周年記念式典で、ロンドン・シティにおいて、「全ての歴史を通して、これには先例がない」と宣べた。

四　コモンウェルス首長

一九四九年のロンドン会議において、「コモンウェルス首長」の称号は、「王」に固有のものであるとされた。これは、世襲の称号として付与されたものではなく、ロンドン宣言の中にも、この称号が当然にジョージ六世の王位継承者に受け継がれるとは述べられていなかった。もちろん、そのように受け継がれるものと推定されてはいたが、ことによると、インドをコモンウェルスに留めておく枠組みを作り上げた達成感にあって、この問題はほとんど考慮されていなかったかもしれない。第一議会顧問弁護士であったサー・ジョン・ローラットは、次のように述べている。

この問題に関する我々の唯一の可能な方針は、これは学術的な問題であり、問題が生じた時に取り組まれるべきものである、ということであるように私には思える。もしこれが学術的な問題でないならば、これは解決不可能な問題である。……もし王位の継承が変更されることになるならば、コモンウェルスのきずなの性格もまた、四月二七日の声明〔ロンドン宣言〕によって変更されたごとくに、変更されなければならない㉚。

ジョージ六世は、一九五二年二月に死去したが、これはロンドン宣言から三年足らず後のことであり、コモンウェルス首長の地位が世襲的であるか否かについての、ヨリ進んだ検討は行われていなかった。だが、エリザベス二世が即位すると、当時コモンウェルス構成国のうち唯一の共和国であったインドのネルー首相は、女王を新しいコモンウェルス首長として歓迎する声明を発した。一九五二年一二月六日に、エリザベス二世は公式に「コモンウェルス首長」と宣せられた。こうして、女王は、世襲の権利ではなく、共同の合意に基づいてコモンウェルス首長となった。エリザベス二世の王位継承者も同様に、共同の合意に基づいて、新しいコモンウェルス首長に迎えられることが当然視されている。なぜなら、この地位に特有の資格を満たすのは国王のみであるからである。このことは、一九四九年に、インド政府との特別の約束として確立していた。インド政府は、インド憲法上、国王に何らかの地位を容認する用意がなく、また特別の職務を有するコモンウェルス首長を容認する用意もなかった。そこで、「コモンウェルス首長」の用語が、個々の構成国に対して権限を有する「超国家」の存在を意味するものではないことは、明示的に合意がされていた。国王が「独立の構成国の自由な結合の象徴であり、かつ、《そのようなものとして《アズ・サッチ》》コモンウェルス首長である」という〔ロンドン宣言の〕文書における、《そのようなものとして》の用語の重要性はこの点にある。[31] ロンドン駐在のインド高等弁務官クリシュナ・メノンが「この、『そのようなものとして』という言葉を提示した時、……王は自分に対して冗談に、『そのようなものとは、一体私はどのような立場なのだろうか』と返答した」。[32] だがメノンは、ロンドン宣言の受諾を助力したジョージ六世の役割に賛辞を送っており、王の死去の際にネルーに対して、「最近数年間、王が知られているよりもはるかに多く、また言うまでもないほど多くの助力をしたことは、歴史の一部である」と告げていた。[33]

このように、国王はコモンウェルス首長としての役割に関して、いかなる憲制上の職務も行使しておらず、その役割は純粋に象徴的なものである。

初代のコモンウェルス事務総長のアーノルド・スミスは、事務総長ないしコモンウェルス首脳たちが集合的に、コモンウェルス首長としての女王に助言することができると提案していた。[34] もしこのことが可能ならば、女王が連合王国の大臣たちから受ける助言と、コモンウェルス首脳たちから集合的に受ける助言との間で対立が生ずる危険性が大いにあることになる。ところが実際には、そのような危険はない。コモンウェルス首長の地位は、いかなる憲制上の職務も伴うものではないので、コモンウェルス首長としての国王に対して誰が助言すべきかという問題は生じない。カナダの外交担当大臣であるレスター・ピアソンは、ロンドン宣言に関して、「我々〔コモンウェルスの最上級大臣たち〕が王〔ジョージ六世〕に対してこの問題について集合的な助言をすべきであるとの提案があったが、憲制上そのようなことは行えないように思われたので、私は異議を唱えた」と記録していた。[35] その代わりに、コモンウェルス首脳たちは、集合してジョージ六世の許に赴き、その上でアトリーが英国の首相として首脳たちの代表としてロンドン宣言を朗読することで合意した。

一九五二年に、コモンウェルス首相会談において、次のことが合意された。

コモンウェルス首長としての王の名称《デジグネイション》は、コモンウェルス構成国間に存在する憲制上の関係の変更を意味するものではないし、特に、首長である故に何らかの憲制上の職務を遂行することを意味するものではないことを、記録において確認すること[36]。

国王がコモンウェルスに対して演説する場合、国王は通常、英国の首相の助言のみに基づいて演説を行う。とは言え、演説の原稿は事前にコモンウェルスのその他の構成国に送付される。これは例えば、一九五七年に女王がコモンウェルス首長として国連総会で演説を行ったときに従われた手続であった。この際には、「女王の演説の言葉は、共和制の政府を含む全てのコモンウェルス構成国政府に容認されていた[37]」。このような場合には、コモンウェルス首長としての役割が、英国女王としての地位の単なる延長とみられないように、相当の思慮が必要なことは明らかである。

しかし、一般的には、コモンウェルス首長の地位は、職《オフィス》ではなく、「象徴的性格の表現[38]」であると言われている。コモンウェルス首長には、独立した憲制上の地位や立場が存在しない。国王以外の誰がこの象徴性を喚起することができるか、想像することは困難である。

国王がコモンウェルス首長として演説する機会は年に二度だけである。即ち、コモンウェルス記念日とクリスマスに、コモンウェルスに対して行う演説である。これらの演説は、連合王国の女王としての資格で行うものではなく、またその他の王国の女王としての資格で行うものでもない。これらの演説は、女王自身の責任で行われ、助言に基づかない点で独特なものである。しかしながら儀礼上、演説及び挨拶は事前に英国首相に対して提示される。

一九八三年の女王のクリスマス演説は、幾らかの騒ぎをもたらした。その演説の内容が、デリーでのコモンウェルス首脳会議に集中していたことに、異議を唱えた者がいたからであった。首脳会議の議長は、物議を醸しているインド首相ガンディー夫人であった。だがこの問題が庶民院で取り上げられると、マーガレット・サッチャーは正当にも、「女王はクリスマス演説放送をコモンウェルス首長として行っている。従って女王はこの演説を連合王国首相の助言に基づいて行っているのではない[39]」と述べて、責任を否定した。だがこのことは、国王がクリスマス演説において、自らの望むように演説できることを意味しているわけではない。たとえコモンウェルス首長として行われる演説であっても、国王が連合王国及びその他の王国の国王でなくなったわけではないので、〔それらの国々の〕大臣たちの感情を害することは避けなければならない。それ故、国王は、コモンウェルス首長としての立場において、国王と大臣たちの憲制上の関係を乱すような事柄を行い、あるいは発言するべきではない。大臣責任の慣例の欠如に耐えることができるのは、このような前提がある場合のみである。

コモンウェルス首長として、国王は、二年に一回開催されるコモンウェルス首脳会議に、参加者とはならないが、出席する。そこで首脳たちと個別に非公開に謁見し、手厚くもてなす。だが、コモンウェルス首脳会議への国王の出席は、アーノルド・スミスの指摘とは対照的に、英国政府の助言によって行われているように思われる。マーガレット・サッチャーが自らの回想録に記しているところによれば、一九七九年にルサカで行われた会議の前には、

陛下の安全について些かの懸念があり、このことについて助言することは私の責任であった。私の気持ちでは、陛下の訪問を取り止める理由はなかった。そのため私は、女王のアフリカ歴訪の直前にそのように助言した。陛下はアフリカ歴訪後直接ルサカに向かい、そこで非常な歓迎を受けた。[40]

これは憲制上の地位についての正しい言明であるように思われる。ところが一九七三年には、女王は、エドワード・ヒース首相の意思に反して、オタワでのコモンウェルス会議への出席を主張していたように見えた。[41] ヒースは、おそらく公式には女王に出席しないよう助言してはいなかった。そうしていたならば、女王はヒースの助言を受け入れる他に選択肢はなかったであろう。

もしコモンウェルスの首長の地位が価値あるものであるならば、その地位が、連合王国の王ないし女王としての国王の役割の単なる延長を越える何かであることを示さなければならない。この場合、国王が行使しようとする非公式な影響力は、英国政府が支持する政策を単に代弁するものであってはならない。実際のところ、エリザベス二世女王は自分自身をコモンウェルスの結合の保護者のようなものと考えていると、幅広く信じられている。従って、国王が、大臣たちとの憲制上の関係を転覆さ

せる前門の虎と、コモンウェルス首長を連合王国の国王の職の単なる延長として扱おうとする後門の狼のいずれをも避けるためには、相当の思慮と技量が必要である。一九八〇年代のコモンウェルスを激震させせた対南アフリカ制裁問題は、この問題点を鋭い形で提示した。というのは、この時期には、マーガレット・サッチャーが南アフリカに対する制裁に反対して、コモンウェルスのなかで孤立していたからであった。このような状況のもとでは、国王は、非常な思慮と自制を持つことが必要とされる。理論的には、起こり得る紛争を解決する手段は存在しないのだが、それでも現実には、友好と協力の精神があれば、紛争を解決することができる。結局のところ、ある憲制上のきまりの最終的な試金石は、それが機能するかどうかということだけであろう。

五　コモンウェルスにおける国王の称号

コモンウェルスにおけるこれら二つの発展——王位の可分性及びコモンウェルス首長としての国王の特別の立場——は、新たな憲制上の地位を作りだした。これは立法の形式で規定される必要があった。その結果生まれたのが、国王称号法である。同法は、最初の「コモンウェルス首長」であるジョージ六世の治世中に制定されたものではなかったが、王の継承者であるエリザベス二世治世の一九五三年に可決された。同法の前文では、この法律の目的が、「コモンウェルス構成国相互の現存する憲制上の関係を明らかに示すこと、また、国王を構成国の自由な結合の象徴として、国王をコモンウェルス首長として承認することを、より明らかに示すことにある」と定められていた[42]。

国王称号法は、王位の可分性を公式に承認したが、これは実際には既に現実のものとなっていた。一九三六年にジョージ六世は、「グレート・ブリテン、アイルランド、及び海外の自治領の」王と宣言されていた。少なくとも理論上は、王国の各々について独立に行為する、単一の王位が存在していた。だが、この称号は明らかに適切ではなくなっていた。アイルランドが一九四九年にコモンウェルスを脱退する一方で、カナダ、オーストラリア、ニュー・ジーランド、南アフリカ、パキスタン、セイロン〔スリランカ〕において、国王は、英国の国王であるのと同じようにこれらの国々の国王であった。全ての君主国が国王に対する忠誠義務を負っているので、コモンウェルスの構成国のうち唯一英国のみが名指しで言及されるような、国王の一般的な称号は正当化されない。理論的には、コモンウェルス内の全ての君主国を明記した、国王の一般的な称号が考案されるべきであったろう。だが実際には、そのような称号は、あまりに長大で使用できないであろう。更に、前述の称号は、コモンウェルスそのものについても、ロンドン宣言で規定された「コモンウェルス首長」という新しい地位についても言及していなかった。

そこで、各国ごとに異なる国王の称号を採用するという解決策が見いだされた。一九五二年一二月のコモンウェルス首相会議において、コモンウェルス内の各々の君主国は、各自の国内事情に即した形の、独自の称号を採用する自由を有することが決定された。国王の称号に関する立法は、ウェストミンスター法以後そうしてきたような、連合王国の議会が制定し、コモンウェルスのその他の構成国が同意するという方法ではなく、これ以後は、各々の君主国が個別に行うことになる。だが、各々の国家における称号は、いくつかの共通の要素を含まなければならない。即ち、女王が国王である当該領土を明記し、かつ女王が「その他の諸王国及び諸領土の」女王でもあることを明言し、かつ「コモンウェルス首長」という名称を含まなければならない。その結果、一九五三年の国王称号法は、連合王国で用いられる女王の称号を、「神の恩寵により、グレート・ブリテン及び北部アイルランド連合王国の、並びにその他の諸王国及び諸領土の女王であり、かつコモンウェルス首長であり、かつ信仰の擁護者である、エリザベス二世」と規定した。

このように、新しい称号は、共通の要素と、各国ごとに異なる要素から構成された。各国ごとに異なる要素は、王位の可分性を承認することを意図していたが、これ自体、コモンウェルス内の君主国同士の憲制上の関係の変化の産物であった。しかしながら、もし共通の要素がなかったならば、多くの君主国同士の紐帯は、単なる偶然的なものになっていたであろう。つまり、例えば、カナダの女王は、専ら偶然に連合王国の女王と同一人物であったということになったであろう。しかし実際には、女王がカナダの女王であるのは、連合王国の女王である《故で》あった。

ウェストミンスター法の前文は次のように規定していた。

王位が、諸国家のブリティッシュ・コモンウェルスの構成国の自由な結合の象徴である限りにおいて、かつ構成国が王位に対する共通の忠誠によって統合している限りにおいて、王位継承ないし国王の称号に関わる法の修正について、連合王国議会のみならず全自治領の議会の同意を必要とすることは、コモンウェルスの全構成国が相互に確立した憲制上の地位と合致する。

一九三六年の〔エドワード八世の〕退位の時には、王位継承の順位の逸脱を有効にするために、全ての自治領が合意しなければならなかった。だが、一九五二年にコモンウェルスの首相たちが、各国ごとに称号が異なることに同意してからは、称号の各国ごとの要素の変更については、合意は必要ではなくなった。一九五二年の決定後しばらくは、称号の変更が提案される前に〔他の構成国に〕諮問するのが慣習であったが、やがてそのような慣習は廃れ、現在では、事後に、変更の通告のみが行われる。

しかし、王位継承に関しては、コモンウェルスの君主国が、諸領土の偶然的な寄せ集めの人的な統合にならないように、共通のルールを保持することが本質的に重要である。ハノーファ選帝侯ジョージが一七一四年にジョージ一世として即位したとき、王は、二つの王国を異なる王位継承ルールに従って統治していた。というのは、ハノーファでは女子の王位継承が禁止されていたからであった。それ故、ヴィクトリアが一八三七年に女王となった時、ハノーファとの紐帯は途絶し、ヴィクトリアの叔父のカンバーランド公爵がハノーファ選帝侯となった。王位継承ルールに相違があることが、コモンウェルスの君主国同士の関係にそぐわないことは明らかであろう。それ故、王位継承ルールの修正については、女王を国家元首として承認するコモンウェルスの全構成国が合意しなければならないことが慣例となっている。従って、国王称号法は、ウェストミンスター法前文に明記されている二つの原則の一つ、即ち国王の《称号》の統合原則からは逸脱していたが、第二の原則である国王の《人格》の統合原則から逸脱したとすれば、憲制上不適当なことになろう。共通の王位継承ルールに関して、カナダ首相

ルイ・サン・ローランの一九五三年の言葉によれば、

陛下は現在カナダ女王であるが、女王がカナダ女王であるのは、女王が連合王国の女王であり、かつカナダ国民が連合王国の国王である人物をカナダ国王として喜んで承認するからである。これは別々の職ではない。……我々の国王は、連合王国の国王として承認されている国王である。[43]

六　現代のコモンウェルス

現在（＝一九九五年時点）のコモンウェルスは、カメルーンとモザンビークの加入によって、五三ヶ国から構成されており、世界中の独立国の三分の一近くを含んでいる。コモンウェルスの総人口は、一五億人近くであり、世界の総人口の約四分の一を占めている。

五三ヶ国のうち、一六ヶ国は女王によって統治される君主国であり、六ヶ国は独自の国王を戴く君主国であり、その他の三一ヶ国が共和国である（コモンウェルス構成国一覧、各国の独立年、共和国であって共和制の施行年が独立年と異なる場合の共和制の施行年については、付録四を参照）。

コモンウェルスの構成国資格は、かつて国王に統治されていた全ての独立国に与えられている。あるいは、実際には、現在の構成国の同意があれば、全ての独立国が加盟可能である。モザンビークは、コモンウェルスに加盟した国家のなかで、かつて国王に統治されたことがなく、かつ英語が公用語でない、初めての国家である。だが、コモンウェルスは旧植民地の加盟を拒むことはない。また加盟を拒否するのに何カ国の反対が必要であるのかも不明確なままである。しかし一九六〇年に南アフリカは、構成国が共和国になった場合に、その構成国資格を保持するためには、「全ての政府の……同意」が必要であることを承認した。だがこの同意は与えられなかった。[44]コモンウェルスは、憲制ないし一連の公式のルールを持っておらず、構成国に課される唯一の条件は、国王をコモンウェルス首長として承認することであった。それ以外は、「構成国は、自らが望むことを決定でき、その後に諸ルールが新たに更新されることになる」[45]。

かつて大英帝国に属していたほとんど全ての国家が、コモンウェルスへの加盟を選択している。その例外は、アイルランド、ビルマ、一九五六年に独立したスーダン、一九六〇年に独立してソマリアとなった英領ソマリランド、一九六一年に独立した南カメルーン、一九七一年に南イエメン人民共和国となったアデンである。フィジーの構成国資格は、一九八七年の軍事クーデタで共和制が施行された以後、「失効」したと考えられ〔た。その後、一九九七年にコモンウェルスに復帰した。〕

コモンウェルス首脳は、二年に一回会議を開催して、各国の最善の協力について協議し検討する。これは帝国会議及びコモンウェルス会議を前身とするものである。これに加えて、コモンウェルス構成国の蔵相は毎年会議を開催し、その他のコモンウェルス構成国の大臣たちも頻繁に会合を開いている。だが、コモンウェルスは、各々の構成国に対する強制力を持たない。全ての決定は、合意を形成することにより行われるが、その決定に基づいて行動するか否かは、当該構成国次第である。一九六五年にはコモンウェルスの会議を担当するコモンウェルス事務局がロンドンに設置された。これ以前は、内閣府が担当していた。コモンウェルス事務局の長である事務総長は、コモンウェルス首脳やコモンウェルス首長としての国王に面会する権利を有している。だが、事務総長自身は、何らの行政上の権限を持たない。

現代のコモンウェルスは、あまりに大きな諸国家の集団となっているので、特定の目的や政策について合意することを期待することはできない。しかしながら、しばしば考えられているのとは異なって、構成国の大多数は、民主政国である。一九九一年時点で、五〇の構成国のうち四六ヶ国は選挙に基づく政権を有しており、構成国のうち四五ヶ国は、基本的権利を保護する権利章典ないし立憲的諸条項を有している。近年、コモンウェルスは、選挙監視と人権保護について広汎な役割を引き受けており、一九九一年にハラレで開催されたコモンウェルス首脳会議では、民主主義の促進が、コモンウェルスの目的の一つとして明示的に宣言された。一九九五年には、ハラレ宣言の原則に違反していると判断されたナイジェリア政府が、オークランドでのコモンウェルス首脳会議において資格停止された。更に、コモンウェルス首脳会議は、初めて、ハラレ宣言の深刻かつ持続的な違反に対処する機構を設立した。この機構は、ハラレ宣言に関するコモンウェルス大臣活動グループ（ＣＭＡＧ）として知られる、八名の大臣から構成される委員会である。現在は、英国、カナダ、ガーナ、ジャマイカ、マレイシア、南アフリカ、ジンバブエの大臣たちによって構成されている。

「コモンウェルスは何をするのか、コモンウェルスの目的は何か」と問うことは、ことによると、誤った問いかけであるかもしれない。コモンウェルスは、何か特定の《目的》のために存在する結合ではなく、共通の伝統と歴史的経験によって、また英語によって結びついた、一群の国々として存在しているからである。デイヴィッド・ディルクス教授によれば、「コモンウェルスは、通訳の必要のない、唯一の国際組織である」[46]。

コモンウェルスを最も正しく理解するならば、それは実用目的の国際組織ではなく、一種の国際的なロータリー・クラブのようなものであり、構成国が互いに相談し、時には協力することを選択した結社である。この点からすると、コモンウェルスが何を《する》かよりも、コモンウェルスとは何で《ある》かのほうが、より重要なはずである。もしコモンウェルスが特定の目的を有し、その構成国に特別の活動に携わることを要求するならば、コモンウェルスは、各々の構成国を拘束するための憲制とルールを起草することが必要になろう。この場合に、ある構成国が義務を履行しないならば、あるいは少数派であることが明らかになったならば、その構成国がコモンウェルスに留まることができるか否かという問題が生ずるであろう。こうした状況下において、ある国家がコモンウェルスの活動に参加することや命令に拘束されることを望まないと決定したならば、コモンウェルスはすぐに構成国を失うことになるだろう。かくして、逆説的なことに、コモンウェルスがより多くのことを行うほど、コモンウェルスは結合力を弱めることになるだろう。

いかなる構成国もこれまでコモンウェルスから公式に除名されたことはない。だがナイジェリアは一九九五年に、もしハラレ宣言の原則を遵守しなければ除名されていたかもしれなかった。南アフリカは一九六一年に、共和制を樹立した時に、コモンウェルスに残留する申請を取り下げて、《事実上》除名された。南アフリカが申請を取り下げたのは、同国のアパルトヘイト政策の修正を求める他の構成国からの圧力を避けるためであった。南アフリカがもしこの圧力を無視したならば、その除名という結果をもたらした《かもしれない》。南アフリカがコモンウェルスから脱退した時、南アフリカ首相のファブーアト博士は、このことが「コモンウェルスの分解の始まり」を意味していると述べた[47]。また、オーストラリア首相のR・G・メンジーズは、「一九六一年のコモンウェルス会議は、南アフリカの同意があったとは言え、構成国の国内問題について議論したので、コモンウェルスの結合の極めて重要な原則が放棄された」と主張した[48]。しかしながら、南アフリカに対するコモンウェルスの態度についてのこうした批判は、コモンウェルスの《存在理由》についての誤解に基づいている。

コモンウェルスは、分解するどころか、南アフリカの脱退以後、構成国を増やしている。というのは、アフリカの新興独立国が加盟を決定したからであるが、これらの国々は、もし南アフリカが構成国として残留していたならば、ほぼ確実に加盟しなかったであろう。コモンウェルスにとって、アパルトヘイトを純粋な国内問題と考えることは不可能であった。非白人に白人と異なる扱いをする明示的な意思表示は、コモンウェルスの関係のまさに存立基盤に反しているからである。コモンウェルスは、全ての構成国が他の構成国に友好的な態度で接する、自由かつ寛大な、人種無差別《カラー・ブラインド》の広場であると考えられていた。南アフリカよりも一層の人権侵害を生じさせたコモンウェルス構成国の体制が存在したことは事実である。例えば、一九七一年から一九七九年までのイディ・アミン大統領政権下のウガンダでは、最悪のアパルトヘイトの時期の南アフリカ以上に、人権尊重を欠いていた。一九七七年に英国首相のジェイムズ・カラハンは、アミンに対して、同年のコモンウェルス首脳会議への参加を歓迎されないことを明言した。しかしながら、アミン政権の行動は、おぞましいものではあったが、アパルトヘイトとは異なって、コモンウェルスの関係の存立基盤を脅かさなかった。アミン政権の行動は、コモンウェルスのある構成員を他の構成員と異なる仕方で扱うことを明示的に主張していなかったので、構成国間のクラブ的な関係を壊さなかった。一九六一年に構成国の大部分が南アフリカに明白に反対した主な理由は、他のコモンウェルス構成国からプレトリアに派遣された非白人の高等弁務官の受け入れが拒絶されたことにあった[49]。このような政策は、コモンウェルスが立脚している友好的関係とは明らかに両立しなかった。

国王は、コモンウェルスの恒久的な首長として承認される、おそらく唯一の人物である。もし国王がいなかったならば、コモンウェルスは、誰を首長とすべきかについて、合意を得なければならなかったであろう。もしコモンウェルスが替わりの首長を探そうとするならば、コモンウェルスは解決不可能な問題に直面したであろう。どのようにして替わりの首長を選出できるであろうか。コモンウェルスは、超国家的な組織ではないので、各々の構成国を拘束する法の集成は存在せず、〔首長の地位の〕継承のルールを作成する手段も存在しない。コモンウェルス首長としての国王の称号の変更は、コモンウェルス構成国の全ての議会の同意によってのみ可能である[50]。

コモンウェルスの替わりの長を選出する唯一の方法は、コモンウェルス首脳会議において、構成国が満場一致で合意することである。だが構成国が替わりの首長の候補者について合意することは、ほとんどありそうにない。仮に同意したとしても、コモンウェルス首脳会議の決定は、後の会議を拘束しないので、コモンウェルス首長の地位は、不安定な状態に置かれることになるだろう。

さらに、コモンウェルスが、替わりの《恒久的な》首長に合意する可能性はほとんどない。それ故、〔首長の〕継承ルールを規定する憲制を起草する必要があろう。最も可能性のある代替案は、コモンウェルス首脳が交代で首長となることであろう。労働党議員のトニー・ベンは、四年ごとの首長の交代を提案していた。しかし、構成国は五三ヶ国あるので、各国が首長を輩出するのは二〇〇年に一回だけになる[51]。更に、交代制の首長制によって、仮にイディ・アミンが首長に選出されたとしたら、大いに当惑させられるだろう。それ故にコモンウェルスは、コモンウェルス首長の地位の資格付与をコモンウェルス首脳が行うための、何らかの基準を定めなければならない。このためには、コモンウェルスの結合の目的と意図を、明確に具体的な文言で定義することを必要とし、その結果不可避的に幾つかの構成国を離反させることになるだろう。またこのことは、幾つかの構成国を二等《セコンド・クラス》の構成国として排除することを意味するが、これは、コモンウェルスが機能している基盤と両立しないであろう。

かくして、国王は、コモンウェルスのクラブ的性格を保持するために、根本的な役割を果たしている。コモンウェルス首長の地位が国王に固有のものであることを示す、格別の根拠は存在しないが、その地位を誰か他の者が保持することを想像することは困難である。

国王以外の者をコモンウェルス首長に選出することは、回避できればそれに越したことのない、あらゆる種類の困難な問題を生じさせる。新しい首長はどこに住めばよいのだろうか。新しい首長がバッキンガム宮殿に居住できないことは当然である。新しい首長は、コモンウェルスの全五三ヶ国を旅して回る巡回者《ペリパテティク・フィギュア》となるべきなのだろうか。コモンウェルス首長の経費に関する予算は、どのように割り当てられるべきだろうか。現在は、コモンウェルス首長のために決められた予算はなく、支出の大半は、議会の決議によって国王に付与される〔英国の〕王室費の中に組み込まれている。

更に、国王とは異なる方法で選出されたコモンウェルス首長は、何らかの職務ないし積極的な役割を求めるであろう。新しい首長は、実質的な権限を持たない、単なる象徴的な地位を占めることに満足はしないであろう。コモンウェルス首長としての国王が存在しなければ、コモンウェルスはたぶん、首長を選出する手続を定める憲制を必要とするだろう。もしそのようなことになれば、コモンウェルスの関係の全ての性質が変化することになるだろう。

また、誰が首長に選出されても、国王が喚起した象徴性を備えることを望むことはできない。それ故、首長としての王ないし女王なしに、コモンウェルスが現在の形で存続することを想像することは難しい。イングランド教会の至上支配者としての国王の地位が、教義の厳密な規定を回避する寛容な教会として、イングランド教会が存続し続けることを可能にしたように、コモンウェルス首長としての国王の地位は、議論を招くような規定や、残留を希望する構成国の排除をコモンウェルスが避けることを可能にする。従って、まさに真の意味で、英語と、かつて大英帝国の一部であった経験以外にほとんど共通点のない五三の様々な諸国家の集まりを一つにまとめているのは、国王である。デイヴィッド・ロンギは、ニュー・ジーランド首相在任時にエリザベス女王について、「あらゆる物をどうにか一つにまとめる少量の接着剤である。……コモンウェルスに属する我々全てにとって、女王の人柄が明らかに〔コモンウェルス統合のための〕主要な要素となっていることは、いくらか困った問題であるようにも思われる。女王こそが統合を行っているのである」と述べていた。まさにこの理由によって、コモンウェルス首長は、「その紐帯を断ち切ることになる」職務上の役割を担うことはできないのである。[52]

　しかしながら、コモンウェルスが、その首長の象徴性によって一つにまとまっているならば、コモンウェルスの結合は、国王の名声と権威を高めることにも資することになる。このことについて、以下のように言われている。

> 世界で唯一の国際《インターナショナル》的国王として、女王は華麗さと比類なさを持っていて、このことが本国における王位を事実上揺るぎないものにしている。もしコモンウェルスが存在しなかったならば、この王室は、北欧の王室のように、つまらない平民並のものに成り下っていたであろうし、納税者の負担も次第に疑問視されたであろう。[53]

　もしコモンウェルスが分解したならば、英国の君主政の性質も影響を受けずには済まないであろう。

　「コモンウェルス首長」の称号について、ケベックのフランス語新聞は、一九八三年に、「この問題の解決策は、良き英国の伝統のなかに存在する。それは、効率的でもあり、非論理的でもあった」と述べていた。[54] コモンウェルスそれ自体の存在が続いていることについても、ことによると、同じことが言えるかもしれない。

七　海外における英国王と総督

　コモンウェルス構成国のうち、英国を含む一六ヶ国は、国王を国家元首として承認している。この一六ヶ国を人口順に列挙すると以下の通りである。

英国	五七〇〇万人
カナダ	二七一〇万人
オーストラリア	一七六八万二千人
パプア・ニュー・ギニア	三八〇万人
ニュー・ジーランド	三四〇万人
ジャマイカ	二五五万五千人
ソロモン諸島	三一万九千人
バルバドス	二六万人
バハマ	二五万四千人
ベリーズ	一九万一千人
セント・ルシア	一五万三千人

セント・ヴィンセント及びグレナディーン諸島　一〇万八千人
グレナダ　九万八千人
アンティグア・バーブーダ　七万八千人
セント・クリストファー・ネイヴィース　四万四千人
トゥヴァル　九千人

コモンウェルス内の君主国は、明確に定義された二つの群に分けることができる。第一は、カナダ、オーストラリア、ニュー・ジーランドの〔旧〕移民植民地であり、第二は、西インドとオセアニアの、新しいコモンウェルスの構成国である。第二群のうち、人口が百万人を超えているのは、パプア・ニュー・ギニアとジャマイカの二ヶ国のみである。一六ヶ国のうち一〇ヶ国は、人口がコンウォール州より少ない極小《ミクロ》国家であるが、これらは全て第二群に属する。

国王は、これら全ての国々において国家元首である。だが英国を除く全ての国々では、行政権は、国王の代理人である総督の手に委ねられている。国王が国家元首である海外の一五ヶ国のうち大半の国々では、総督は、首相の助言に基づいて、国王によって任命されている。だが、ソロモン諸島とトゥヴァルでは、首相は立法府に「内密に《イン・コンフィデンス》」相談することを要求されている。またパプア・ニュー・ギニア憲法は、立法府の秘密投票で選出された者を国王が任命することを要求している。総督は、国王と直接に、あるいは自らの秘書官を通して連絡をとるが、英国の首相とは連絡をとらない。なぜなら、一九二六年のバルフォア定式以後、総督は〔英国首相と〕憲制上の関係を持たないからである。総督はまた、当該国の首相の助言に基づいて、国王により解任され得る。

国王の諸権限は、英国を除いて、国王が国家元首である全ての国々において総督によって行使されるので、国王が、別々の王国から相反する助言を受ける危険性が生じる可能性はない。国王は、一六ヶ国の王ないし女王ではあるが、国王は一般的には、連合王国の大臣たちからのみ助言を受ける。カナダやオーストラリアなどにおいては、助言を受けるのは総督である。総督の地位は、一般的には当該国の憲制によって規定されている。

一九七五年一一月に、女王を国家元首として承認する海外の国々との関係における、女王の憲制上の役割を明らかにする必要が生じた。このとき、オーストラリア総督のサー・ジョン・カーは、彼に留保された権限を行使して、歳出予算案の承認に失敗したゴフ・ウィットラム首相を解任した。サー・ジョン・カーは、きわめて正当にも、自身に迫っていた憲制上の危機において、バッキンガム宮殿と相談しなかった。というのは、オーストラリア憲法は、国王ではなく、総督に対して〔首相の〕解任権を付与していたからであった。女王には行為の権限がなく、また危機に巻き込まれるのを望んでいなかったであろう。サー・ジョン・カーの記録には次のように記されている。

　私の見解は、私がいつ、何をしようとしているかを事前に陛下に知らせることは、陛下が法的な権限を持たないオーストラリアの政治上及び憲制上の危機に陛下を巻き込む危険が生じることになる、というものであった。私はこのような危険を冒すべきではなかった。[55]

カーは、女王に対して、「総督は使い捨て《イクスペンダブル》であるが、女王はそうではない」と明言していた。[56]

首相解任後、ウィットラムが多数派となっていた下院の議長は、女王に書簡を送り、この憲制に反すると思われる権限行使に対して女王が介入するように要請した。だが、女王の書記翰長は議長に対して、次のように返答した。

　〔オーストラリアの〕成文化された憲制上の〔＝成文憲法上の〕慣例及び、一般に容認されている憲制上の慣例は、総督が一度任命されたならば〔憲制により総督に付与された〕職務について女王が個人的に介入することを妨げており、また、オーストラリア首相の助言がある場合を除いて、総督職の保有について女王が干渉することを妨げている。[57]

同様に、一九八三年に、グレナダ総督のサー・ポール・スクーンは、安定した政権を欠いた状況にあって、国内の秩序を維持するために、自分自身の判断で米軍を導入したが、総督は、熟慮の上で、女王には事前に通告しなかった。もし総督が事前に通告していたならば、女王は、非常に当惑させられる立場に置かれていたであろう。というのは、マーガレット・サッチャー政権下の英国政権は、事前の通告なしに行われたアメリカ合衆国のグレナダへの干渉に反発していた。そのため、グレナダ女王としての女王は、連合王国の女王として連合王国政府に伝えることのできない情報を持つことになっていたであろう。このことは、女王が連合王国政府に情報を与えないでおくか、あるいはグレナダ総督の判断のように、グレナダの利益を連合王国の利益に従属させるかの、いずれかを女王に強いることになったであろう。だがこのことは、総督が女王の書記翰長と非公式に相談することを妨げるものではなく、時には、このような相談が、総督が重大な誤りを犯すことを回避させていた。

女王が、海外のいずれかの王国に滞在している時も、女王は当然に総督の職務を引き継ぐわけではない。しかし時には、女王を国家元首として承認する海外の国家の議会の開会式において、女王が、当該国の政府が女王のために起草した女王演説を朗読することがある。このような場合には、女王は、連合王国の女王としてではなく、当該国の女王として演説をする。例えば、一九九四年には女王はベリーズの議会を開会し、その際の女王演説において、法の施行それ自体は、増加する犯罪と闘うには十分ではなく、むしろ政府は、社会状況のなかに存する犯罪の真の原因と取り組むことが必要であると述べた。この演説は、ある人々には、英国政府の政策に対する批判であると解釈された。というのは、英国の内務大臣マイケル・ハワードは、これと正反対の主義を強調し、犯罪と闘うには、より厳格な刑罰があれば十分であるとしていたからである。女王は、当然のことながら、ベリーズの大臣たちの助言に基づいて、ベリーズ女王として演説をしており、連合王国女王として演説をしているのではなかった。

女王がコモンウェルス外の国を公式訪問する場合、女王は一般的には連合王国の女王として招待される。このこともまた、誤解を生む可能性がある。例えば、一九八四年に女王がヨルダンを訪問した際に、女王が行った演説は、オーストラリア国内では過度にアラブ寄りであると思われ、またオーストラリア政府の見解を反映するものでもなかった。オーストラリアの代表的新聞『オーストレイリアン』の編集者は、次のように言及していた。

外国に滞在中の女王の役割については、公式の見解が……存在しない。だがヨルダン滞在中の女王が、連合王国女王と見なされ、例えば、一つ例を挙げればオーストラリア女王とは見なされない、止むに止まれぬ理由は存在しない。

このことが困難を生じさせると考えることは、不合理に衒学的なことではない。世界中の住民の大部分が、我々の立憲君主政の複雑さを完全に理解しているとは思えない。またそのうちのある人々は、オーストラリア女王が旅行中に彼らが異議を唱える事柄を発言した場合には、女王は我々を代表して発言していると考えるだろう。

モーナシュ大学の憲法学者マルコム・プライルズはこれに付け加えて、「もし英国政府が女王をこのような仕方で用いるならば、二つの独立国家が同一の国家元首を戴くことは耐え難いという結論にならざるを得ない」と述べた[58]。

一六ヶ国の王ないし女王としての国王の地位を保持するにあたっては、このような誤解が起こらないように、英国政府の側に特別の思慮と理解を必要とする。

バルフォア定式及びウェストミンスター法をきっかけに、コモンウェルス構成国の指導者たちは、各々の自治領において、英国の君主政のシステムの複製品《レプリカ》を作ろうとした。ウェストミンスターの範型の主要な諸原則が、自治領において導入された。即ち、国家元首の役割は、議会に対して責任を負う政府の長の役割から分離され、国家元首には、通常は定義されていない留保権限が与えられた。

しかしながら、これらの海外の諸王国の統治制度は、ウェストミンスターの統治制度とは、決定的な点で異なっていた。第一に、総督の権限は、典範化された憲制〔＝憲法典〕の下で行使されるが、国王の権限はそうではない。もっとも、多くのコモンウェルス構成国の憲制は、留保権限について典範化していないのではあるが。しかし第二に、より重要な点は、国王は世襲の君主であり、政府によって任命も解任もされない。だが総督は、国王に対する首相の助言に基づいて任命され、また解任され得る。

総督は、国王の人格の代理人であることを意図されている。だが、一九三〇年以後、総督の任命は、連合王国の首相ではなく、当該国の首相の助言に基づいて行われている。一九三〇年にオーストラリア首相スカリンが、新しい総督としてサー・イサク・イサクスを提案したとき、この任命に対するジョージ五世の異議の一つは、「サー・イサク・イサクスは、前にも増して陛下の代表になるはずであるのに、陛下に個人的に知られていない」ことであった。[59]一九五〇年代や一九六〇年代になっても、オーストラリア首相メンジーズは、多くの総督候補者について女王と共に検討し、その各々の者が女王と個人的に知り合いであることを確認した。[60]総督が「女王の代理として存在しており、国内を巡回する際にいくらかの王族的雰囲気を備えていること、別の言葉で言えば、総督の存在が、我々が国王を熟視した時に持つような感情を、少なくとも幾らかでも喚起しなければならない」と、メンジーズは考えていた。[61]

メンジーズが任命した四名の総督のうち三名は英国人であり、もう一人のケイシ卿は、英国の爵位を持つオーストラリア国民であった。だが、ケイシが一九六五年に任命された以後は、いずれの総督も、その任命前から女王と親しい面識があるとは言えなかった。当該国の国民を総督に任命することの危険性は、総督職が党派的な任命となり、任命をした政権に偏向することであった。だが、総督は、国王と同様に、政治的中立を保ち、政治的議論から距離を置かなければならなかった。しかしながら、国王とは異なって、総督は、党派的な経歴をもつことがあり得る。一九七七年には、一九七二年にニュー・ジーランド首相を退任したサー・キース・ホリオウク前首相が総督に任命された。一九六九年には、オーストラリア首相ジョン・ゴートンは、自由党の党首の地位をゴートンと争って敗北したポール・ハスラックの任命を助言した。一九八九年に、ボブ・ホークは、前労働党党首のビル・ヘイドンの任命を助言した。ホリオウク、ハスラック、ヘイドンは皆、完璧に中立的に行動したが、首相が純粋に党派的な理由から総督を任命できることは、憲制上の取り決めの弱点である。セント・クリストファー及びネイヴィース及びアンティグア前総督サー・フレッド・フィリップスの見解によれば、このような弱点は、西インド諸島においては現実のものとなっており、ここでは政府首脳は、総督を任命する際に、「主として狭隘な党派政治的関心に動機付けられているように思われる。それ故、首尾良く任命された者が、国家の完全な統合を象徴することはますます困難になっている」。[62]総督職が党派的任命に利用されることを防ぐための一つの改革案は、誰を任命すべきか国王に助言する際に、当該候補者が野党にも受け入れ可能であることを示す文書を添付することを要求することである。

こうして、国王と総督の地位を融合させようと試みたバルフォア定式が、現実には、以前よりも両者を異なるものにする結果となったことは、逆説的である。元オーストラリア総督のサー・ニニアン・スティーヴンの言葉によれば、総督の職務は、オーストラリアにおいて国王を代表することよりもむしろ、「オーストラリア国民に対して、オーストラリア国家を」代表することである[63]。

総督は、当該国の助言に基づいて、国王により解任され得る。このような解任の最初の例は、一九三二年にアイルランド首相のデ・ヴァレラが、ジョージ五世に対して、総督ジェイムズ・マクニールの解任を助言したことである。その理由は、総督がフランス公使館の公式レセプションに国王の代理として出席し、このことに共和主義者であったデ・ヴァレラが反対したからであった。デ・ヴァレラは後任にドナルド・バックリーを任命した。バックリーは、総督になっていなければ、アイルランド共和党の無名の同志であったが、総督職が一九三六年に廃止されるまでの「代役」として行動することを信頼されていた人物であった。バックリーは、総督《ヴァイス・リーガル》の住居ではなく私邸に落ち着き、総督職に通常付随している儀礼上の義務及び社交的な義務を全く差し控えた[64]。

このように思い切った〔とされている〕行動は、国王代理人の独立と党派的中立性の伝統と全く矛盾している。特定の状況下での解任は、この職のある局面を害しているし、新たな党派的な任命は、この職の別の局面を害している。しかしながら、この好ましくない先例は、将来の全ての総督職の保有に対する脅威となった[65]。

だが、好ましくないかどうかは別として、デ・ヴァレラの行動は先例となった。一九四五年から一九九一年の間に、以下のように一一人もの総督が解任、あるいは任期半ばに退任している。

セイロン〔スリランカ〕	一九六二年
グレナダ	一九六七年
セント・クリストファー・ネイヴィース	一九六九年
グレナダ	一九七四年
オーストラリア	一九七七年
パプア・ニュー・ギニア	一九七七年
グレナダ	一九七八年
セント・ルシア	一九八〇年

セント・クリストファー・ネイヴィース　一九八一年
セント・ルシア　一九八二年
ソロモン諸島　一九八九年[66]

セイロン〔スリランカ〕では、一九六二年に、総督が不成功に終わったクーデターに関与していたという進言があったことから、総督が辞任した。セント・クリストファー・ネイヴィースでは、総督が、政府の助言を承服できないという理由で〔一九六九年に〕退任した。オーストラリアでは、一九七五年のウィットラム解任により生じた対立を解消するために、サー・ジョン・カーが一九七七年に任期半ばに退任した。もしウィットラムが一九七五年の総選挙で勝利していたならば、カーは直ちに退任していたであろう[67]。

パプア・ニュー・ギニアでは、一九七七年に、ある大臣を批判した総督の発言が新聞報道されたことをきっかけに、総督が辞任した。セント・ルシアでは、一九八〇年に、新政権が現職の総督に圧力を加えて退任させた。だが一九八二年に前総督が再び実権を握り、新総督に退任を迫り、新総督がこれを拒否して解任され、前総督が再び任命された。セント・クリストファー・ネイヴィースでは〔一九八一年に〕、新首相が、前首相によって任命されていた総督の解任を主張した。一九八九年のソロモン諸島の事例は、多分、正確な意味では解任ないし任期半ばでの退任の例ではない。総督は、総督職に就く前に公職を辞任せず、許可も得ていなかったために、総督職について資格剥奪されたからである。それ故この者は総督を辞退し、公職を辞任し、その上ですぐに再び任命された。

グレナダでは、首相との口論が原因で、二名の総督が一九六七年と一九七四年に辞任している。後者の事例では、デモが起きていたことから、デイム・ヒルダ・ビノエ総督は、もし国民が望むならば自分は辞任すると公約した。だがサー・エリック・ゲアリー首相は、総督がいつ退任すべきかを決めることができるのは首相だけであると主張して、総督の解任を求めた。しかしデイム・ヒルダは、総督の解任手続が行われるより前にグレナダを去った。一九七八年には、ゲアリーにより選任された新総督であるサー・レオ・ドゥ・ゲイルがやはり、任期半ばで辞任してグレナダを去り、ゲアリーは前内閣書記官長を総督に指名した[68]。

解任の可能性があることとは、総督の権限行使にあたって影響を与えることになる。実際、あるカナダ人の学者は、総督の留保権限に関する文献の書評において、次のように論じている。

現実には、自治領にはいかなる「留保権限」も存在し得ないと言っても言い過ぎではない。その簡潔な理由は、大臣の助言を拒み続ける総督は、王に直接に行われる大臣の助言によって、直ちに召還されることになるからである。[69]

これはあまりに極端な見解であろう。というのは、コモンウェルスの歴史において、留保権限の行使に成功した例は幾らもあるからである。しかし、それでもなお総督が、解任を恐れて、自らの留保権限の行使を差し控えることはもっともなことである。

もし総督が現実に、首相によって解任され得るならば、憲制はその中心部から不安定になるだろう。総督が首相のおどしに晒されることになり、国家元首と政府の長の二つの職は、実質的に融合しがちになるだろう。[70]

一九三〇年代にデ・ヴァレラが、総督は首相の指名に基づく任命ではなく、選挙により選出されるべきであると考えていたのは、このためであった。だがこのことは、立法府と国民に支持された首相が総督の解任を要求する場合に、総督の地位を守るものではない。最良の解決策は、各々の憲制において、総督の確定的な任期を規定し、かつ解任が可能な場合を、無能力を理由とする場合に限定することである。この類の規定が、総督の地位の保障に多く寄与し、総督が、単なる首相の被任命者ではなく、国家の代表者としての憲制上の職務をより効果的に遂行することを可能にする。

八　総督の任命と解任

国王は、総督を任命ないし解任する要請に従う義務があるのか否か、言い換えれば、そのような要請は公式的な意味での助言であるのか否かという問題がここで生じる。一九三〇年のジョージ五世は、サー・イサクスを総督に任命するスカリンの要請に応じる他には、最終的に選択肢はないと信じていた。[71] サー・ジョン・カーは、任命ないし解任の要請を拒絶する権限が存在することに懐疑的であり、もしそのような権限が存在するならば、そうした権限の行使は、「非常に重い負担となる論争が直ちに女王自身に降りかかってくる」と論じている。[72]

ところが一九三二年に、法務次官サー・トマス・インスキップは、ジョージ五世が、「完璧な憲制上の妥当性をもって」、総督任命に関するアイルランドの大臣たちの助言に沿って行動することを断ることができると考えていた。王の書記翰長であるサー・クライヴ・ウィグラムは、デ・ヴァレラが、マクニールの解任に続いて、自分自身を総督に任命するか、あるいはその代わりに、「反逆者か謀殺者」を任命することを恐れていた。だが、王がこの任命案を拒絶した場合には、王が連合王国の大臣たちによって保護されるべきことが承認されていた。ラムゼイ・マクドナルドは、自分が、「厳密に法的な理由だけでなく、高度な帝国政策を理由にして、……陛下に助言を行う責任を引き受けるべく完璧な用意をしている」ことを断言していた。デ・ヴァレラは、最初は、首席裁判官を総督に任命しようと目論んでいたが、国王はこれを受諾する用意のないことを示唆していた。というのは王は、「自治領における王の代理人が、幾らかの期間でも、主要な行政上ないし司法上の職務と結合しないように、細心の注意を」払っていたからであった。王はまた、デ・ヴァレラが非公式に提案した三人委員会も受諾できないと示唆していた。それ故、ジェフリー・マーシャルが、「デ・ヴァレラ政権の助言に応じる他に選択肢がなかったと、一九三二年の時点では思われていたように考えられる」と述べている点は誤りである。[73]現実には、女王が総督の任命ないし解任の要請を受諾しなかったことはこれまでない。女王が常に要請を受諾しているのは、こうした要請が常に合法的に行われているからであろう。だがこのことは、一九三二年のデ・ヴァレラの場合のように、要請が違法に行われる可能性があることを意味している。立法府で信任投票に敗れたか、総選挙で敗北した首相が、憲制を破壊する目的で総督の任命を要請する場合はどうであろうか。一九七五年のオーストラリアで現実となったかもしれないことだが、首相が自分の解任を防ぐ目的で総督を解任しようとした場合はどうであろうか。

ウィットラムがサー・ジョン・カーに解任される約三週間前の〔一九七五年〕一〇月一六日に、ウィットラムはカーに対して、「私が貴殿の召還を女王に求めるのが早いか、貴殿が私の解任を求めるのが早いかの問題であろう」と、滑稽に語っていた。[74] 一一月一一日にウィットラムが解任を告げられた時、「私は直ちにバッキンガム宮殿に連絡を取らなければならない」と、あるいは「私は女王と接触する」と述べたと言われている。だがウィットラムは、「貴殿はもはや首相ではないのだから」既に手遅れであると告げられた。ウィットラムは常に、こうした発言を否定しているが、解任から数時間後に行われた記者会見では次のように述べていた。

総督は、私の任命書を直ちに取り消すことによって、私が女王と連絡をとることを妨げた。私は女王と連絡をとることができなかったが、彼即ち総督が意図していた成り行きについて私が注意を与えられていたならば、私は連絡をとる権利を与えられるべきであった。[75]

仮定の話として、サー・ジョン・カーが首相に一時間の猶予を与えて解散か辞任かを選択させ、更に、ウィットラムが一時間以内にどちらの方法も選択しないならば首相を解任すると告げていたならば、ウィットラムはバッキンガム宮殿に電話をして、女王に総督の解任を求めていたであろう。女王はこれに応じなければならなかったのであろうか。

女王が、電話一本だけを根拠にして総督を解任する決定をしなかったであろうことについては、証拠がある。一九八六年にオーストラリア憲制調査委員会の顧問委員会の証人として発言したホルダイン・スティーヴンスン師は、女王の書記翰長のサー・ウィリアム・ヘセルタインから一九八二年に受け取った書簡を引用した。ヘセルタインは次のように述べていた。

首相からの電話は事態を凍結したかもしれないが、陛下が電話の会話だけに基づいて総督の解任をすることはできなかったであろうし、またそうするつもりもなかったであろうことは確実なことである。何らかの公式な手段、即ち郵便か電報によることが、必ず必要とされていた。[76]

女王は、この危機が自身の介入なしに解決されることを期待して、自らの決定を遅らせることとすらしたかもしれなかった。

だが、こうした状況において、総督の解任を拒絶する権利を女王が持っていると、女王自身が考えている証拠は存在しない。

しかしながら、ここで一九七五年の事例から離れて、憲制を破壊する目的で首相が総督を解任しようとする場合を考えることにしよう。国王は、この要請にそって行動することを拒絶できるだろうか。もし国王が拒絶したならば、この場合は首相が辞任することになるかもしれない。首相は、連合王国からの「植民地主義」的干渉に不満であるかもしれず、その結果として当該国の君主政の継続に対する脅威となるかもしれない。他方で、問題が明白であり、国民の支持を享受している憲制を国王が擁護していると考えられる場合には、国王の行動は賞賛されるであろう。

問題は依然として未解決である。総督を任命ないし解任する要請を拒絶することは、明らかに、非常に例外的な状況においてのみ選択できる行為である。だが、こうした行為が正当化され得る状況を思い描くことは可能である。この場合には、国王は、独立して行為することによって憲制を救う手段となり、また、国王が最終的な保護者である民主政的システムの破壊を防ぐ手段となる。

国王は、コモンウェルス内の諸王国に関して、別の、うまく定義されていない留保権限を持つ。フィジー諸島で一九八七年に軍事クーデタが起きた際に、女王は、同国の憲制に適う統治の保証人と見なしている総督に対して二つの声明を発した。第一の声明文では、女王は、総督がなお「フィジーの唯一の正統な行政権の源泉である」と言明し、「フィジーが憲制の常態の回復に再び向かうこと」の希望を表明した。第二の声明では、女王は、総督が憲制に適う統治を保持することができず、辞任を余儀なくされたことを承認した。女王は、「フィジーの王位に対する忠誠の終焉が、フィジー国民が提案に対する自らの意見を表明する機会を持つことなしに、もたらされたことは、悲しむべきことである」と告げていた。これら両方の声明は、当然、フィジー女王としての資格で発せられたものであり、しかも、助言を与える資格を持つ合法的に成立した政権がフィジーに存在しないために、女王は助言なしにこれらの声明を発した。

女王は別の選択ができたであろうし、またフィジー総督は女王が考えるほど憲制に適う統治に傾倒していなかったという議論がある。確かに、クーデタで解任された首相を職に復帰させるために、女王は総督を解任すべきであったと考えられている。しかしながら、革命的な状況のもとでは、総督は、女王を当然に無視するであろうし、このことは君主政を困難に陥らせることになろう。現地から数千マイル離れた所で判断を下すのは困難である。女王の権威を利用してもフィジーにおける憲制に適う統治をうまく救い出すことはできなかった。この出来事は、ことによると、現地の専門的知識を欠いている場合には、不在の国王が干渉して良い結果をもたらすことが困難であることを示唆している。

九　コモンウェルスと国民意識

国王称号法のところで、王位は可分であり、女王は、英国女王であるのと同様に、オーストラリア女王やカナダ女王等々でもあると述べた。元コモンウェルス担当大臣であるパトリック・ゴードン・ウォーカーは、一九五三年三月三日に庶民院において次のように主張していた。「この国において、我々は、〔英国だけの国王であるという〕王位に存する格別な意味づけを放棄しなければならない。今では、女王は、明らかに、明示的に、その称号が示しているように、全ての女王の王国及びコモンウェルス全体に等しく帰属しているからである」[77]。

ゴードン・ウォーカーは、その職を辞した後に、新しい体制について次のように考えていた。一九五四年一一月に女王の書記翰長に語ったところによれば、

> 女王は、相当期間を、連合王国の外で、かつ女王の王国の一つで過ごさなければならなくなるであろう。女王が、例えばキャンベラやオタワに居住することは、〔スコットランドの〕バルモラルや〔イングランドの〕ウィンザーに滞在するのと同じくらい自然なことになるであろう。こうした不在中には、女王のその他の王国において女王の不在中には総督が女王を代理しているのと同様に、連合王国においても女王の不在中には（当然高位の王室メンバーである）総督が女王を代表することが適切であろう[78]。

しかしながら、女王の海外の王国においても等しく国王である、連合王国の国王の《法的な》存在は、《現実的な》存在にはなりそうにない。ゴードン・ウォーカーの提案する巡回する女王は、国王の憲制上の役割についての誤解を含んでいる。既に見たように、国王は、憲制において、単なる儀礼上のあるいは消極的な要素ではない。国王は、相談され、奨励し、警告する権利を行使するこ

とを通じて、積極的な影響力を及ぼすことが可能である。巡回する国王が、一六の異なる行政単位の王国において、そうした権利を行使することはとうてい不可能である。もし、国王が政治問題の詳細とその複雑さに習熟しようとするならば、その国の問題に継続的に関与することが必要になる。もしそうでなければ、相談される権利、奨励する権利、警告する権利は実際にはほとんど価値のないものになるであろう。

従って、国王はその統治期間の大部分を連合王国で過ごさなければならない。その他の王国の訪問が、政治的影響力の行使に必要な継続的な関与を可能とするほど頻繁になることはあり得ない。更に、君主政の諸費用、即ち王室費及び諸部門の予算は、全てウェストミンスターによって、即ち英国の納税者によって賄われている。それ故、英国民は、海外の王国の国民とは異なった視線で君主政を見ているに違いない。

ゴードン・ウォーカーの英国総督の提案もまた、憲制上の地位についての誤解を含んでいる。既に見たように、海外の王国においては、総督は、当該王国の首相の要請によって、任命ないし解任される。また、総督は特に委任された憲制上及び議会制定法上の職務を有し、この職務は特別の議会制定法上の承認がある場合を除いて、国王が行使することはできない。総督は、国王が不在の時にかぎって、議会制定法上の義務を行使する者ではない。従って、ゴードン・ウォーカーが提案する英国総督は、コモンウェルスの総督とは非常に異なっており、実際のところ、「総督」の称号よりも、ことによると「摂政」の称号の方が適当であろうほどに異なっている。このように、ゴードン・ウォーカーが描こうとした類似点には、大きな不備がある。

これらの理由から、国王が、連合王国の国王であるのと同じ意味で海外の諸王国の国王になるだろうという、ゴードン・ウォーカーやその他の者の期待は、ほとんど実現しそうにない。国王は、まず何よりも連合王国の王ないし女王でなければならない。国王は主として英国に居住しているので、その憲制上ないし儀礼上の義務を自ら遂行できるのは、英国においてのみである。英国における国王は、憲制の一部として作用しているが、このようなことは海外の諸王国ではありえないのである。

国王が、まず何よりも連合王国の国王であることは、既に退位危機の時に明らかになっていた。憲制問題に関する八回の会談が、王とスタンリー・ボールドウィンとの間で行われたが、王と自治領の首相たちとの間では行われなかった。自治領の首相たちは、退位危機の間、ボールドウィンから送信された電報に返信する以外に、何の役割も果たすことができなかった。自治領の首相は、各々の総督を介する場合のみ国王に助言を与えることができ、またロンドン駐在の高等弁務官を通じて、非公式にではあるが意見を伝えることができた。しかし、憲制上の危機は常にそうであるのだが、退位危機は急に生じたので、自治領の首相たちが、現実的な助言を行うために必要な情報を得ることは不可能であっただろう。首相たちの間で綿密な協議を行う時間はなく、自治領全体に関わる事柄について自治領が国王に助言する機関も存在しなかった。実際のところ、今でもそのような機関は存在していない。

それ故、国王称号法の規定にかかわらず、また王位の可分性が認められているにもかかわらず、国王の主要な役割は、連合王国の王ないし女王としての役割である。国王が非コモンウェルス国や、コモンウェルス内の共和国を訪問する場合、国王は一般的に連合王国の国王として発言しており、その他の国の国王として発言しているのではない。このことは、既に見たように、女王が一九八四年にヨルダンにおいてオーストラリア政府の政策と反する方針の演説を行ったときのように、誤解を招く可能性がある。

そうすると、国王は、多くの諸王国において等しく国王であると言うよりも、第一義的には連合王国の国王であることになる。連合王国は、国王が居住する国であり、その他の国々では不可能な仕方で、憲制の一要素として作用している。

国王称号法の憲制上の諸前提に関するゴードン・ウォーカーの見解は、一九四九年から一九五三年の間にとられた措置に現実味を与えた政治的背景についての誤解に基づいている。同法は、女王が英国女王であるのと同じようにカナダ女王、オーストラリア女王、ニュー・ジーランド女王等々になることを前提にしていたのではなく、カナダ、オーストラリア、ニュー・ジーランド等々が、独立の王国である一方で、なお感情的には「英国人《ブリティッシュ》」であり続けることを前提にしていた。もし、これらの国々の人々が自らを英国人と思い続けているならば、彼らは、時々ではあるが訪問してくる、不在の国家元首である英国の国王を喜んで受け入れる用意ができているであろう。ここでの困難は、植民地国家が派生した母国である英国への愛着の強さによって補われるであろう。このように、国王称号法は、女王を国家元首として受け入れる海外諸国の側の、英国への愛着という感情を前提にしていた。

こうした前提は、一九五〇年代には非現実的であるとは思われなかったが、その後、非現実的になりつつある。一九五三年に、オーストラリア国王称号法案をオーストラリア下院に提案した、オーストラリア首相R・G・メンジーズは、国王について、「我々が世界のどこにいようとも、我々が一つの国民《ピープル》であることの徴であり証拠である王冠《クラウン》を戴いた者である」と述べていたが、ここで、「一つの国民」という言葉でメンジーズが意味したものは、英国民《ブリティッシュ・ピープル》であった[79]。

メンジーズは、一九三九年から一九四一年までと、一九四九年から一九六六年までオーストラリアの首相であったが、自らを「ブートストラップ付きの〔＝生粋の〕英国人」と呼ぶのを好んでいた。一九四八年にメンジーズはこう述べていた。「英国の国境線は、〔イングランドの〕ケント沿岸にあるのではなく、〔オーストラリアの〕ヨーク岬と〔ニュー・ジーランドの〕インヴァカーギルに置かれるべきである。……もし我々の大帝国が……現存している、息吹のある、永続的な統合であるならば、ヨークシャーからスコットランドへの、あるいはメルボルンからパースへの国民の移動が問題とならないように、イングランドからオーストラリアへの国民の移動も問題とはならないであろう[80]」。一九五三年にニュー・ジーランド人のサー・エドマンド・ヒラリが、シェルパのテンジンとともにエヴェレストに初登頂した時、ニュー・ジーランド首相のシドニー・ホランドは、イングランド人が最初に世界最高峰に登頂したことは名誉なことであると述べた。こうした認識は、保守系の政治家に限られたことではなかった。オーストラリアでは一九五三年に、野党労働党の指導者であるエヴァットが、メンジーズの発言を裏付けていた。エヴァットは、「ブリティッシュ」の名がコモンウェルスから外されたことに遺憾の意を表明してこう述べた。「この国において……英国人《ブリティッシュ》という言葉は、この連合王国の国民やニュー・ジーランドやカナダの国民を意味するのと同じように、我々のことを意味している」[81]。

ところが、海外の王国において国民意識や多文化主義が発達してくると、このような感情は時代錯誤的にならざるを得なかった。国王が海外の諸王国において不在の国家元首であるという事実を認識することは、君主政の役割についての疑問を生み出し、オーストラリアで共和主義者の議論をあおる要因の一つとなっている。オーストラリアは、一九五〇年代にはニュー・ジーランドとともに海外の王国のうちで最も英国的であったが、一九九〇年代には、海外の全ての王国のなかで、最も共和制に移行する可能性が高くなっている。

一〇　オーストラリアにおける共和制論議

共和制問題は、オーストラリア労働党が政権についたことにより、前面に押しだされてきた。労働党は、オーストラリア憲法制定百周年にあたる二〇〇一年までに共和制を樹立することを提案していた[82]。共和制問題へのオーストラリア人の関心は、一九七五年にウィットラムを解任したサー・ジョン・カーの行為に主に由来していると論ずる者もいる。しかしながら、確かにこの行為は物議をかもしたが、君主政対共和制という問題とは関係がない。既に見たように、女王は関与しておらず、この問題について行為する憲制上の権限を持っていなかった。女王はいかなる意味においてもこの危機に干渉しなかったし、女王が危機に干渉する憲制上の権限を持つべきであるとも考えられていなかった。

一九七五年の憲制危機は、下院で過半数を占める政府の予算案を上院が否決する権限を有するという、オーストラリア憲法に特有の規定が原因となって生じていた。オーストラリア憲法は、民主政的統治における二つの根本的原則の間で衝突が生じた場合に、議会の解散以外の規定を定めていなかった。第一の原則は、ウィットラムに代表されるように、政府は、下院にのみ責任を負い、上院には責任を負わないとするものである。第二の原則は、カーや、ウィットラムに対立する野党自由党に代表されるように、予算案を成立させられない政府は、総辞職するか議会を解散するかしなければならないというものである。全く同様の衝突は、総督を大統領に置き換えたとしても起こり得る。従って、一九七五年の危機は、オーストラリアが君主政のままであったとしても、あるいは共和制になったとしても、大統領のほうが総督よりも多分一層確実に地位を享受するであろうことを別にして、全く同様の形で生ずる可能性がある。

　オーストラリアにおける共和制導入の本当の論拠は、一九七五年の出来事ではなく、二つの全く異なる議論に基づいている。第一の議論は、国家元首が不在であることは異例であるということである。第二の、多分ヨリ重要な議論は、国家の象徴を外国に依存することが、オーストラリア人の国民意識に心理的な損害を与えるということである。これらの二つの議論のうち、第一のものだけが、純粋に憲制上の議論である。

　既に見たように、オーストラリアにおいて、総督は、国家元首のほとんど全ての職務を遂行しているが、総督自身は国家元首ではない。それ故、オーストラリアには本当は固有の君主政が全く存在せず、女王も真のオーストラリアの女王ではないという議論がある。その結果、オーストラリアは、君主政ではなく総督《ガヴァナ・ジェネラルシップ》政であると言うのである。オーストラリア首相の下に置かれた共和制諮問委員会委員長のマルコム・ターンブルは、こう主張していた。女王は、「貴族院や紋章院と同様に、オーストラリア人の制度ではない。オーストラリア人は、エリザベスをオーストラリア女王にはしたが、エリザベス女王をオーストラリア人にはしていないし、またすることもできない」[83]。オーストラリア女王は英国に居住しており、かつ英国の納税者によって維持されている。オーストラリアの君主政は英国の王位継承法に従っており、その結果、例えば、ローマ・カトリック教徒が王位に就くことは禁止される。この禁止は専ら英国の歴史的経験に由来している。

　女王の主な役割が連合王国の女王であることであり、かつ女王が常に連合王国の女王であるならば、女王が外遊した時に女王が代表するのは、女王のその他の王国ではなく、主として連合王国である。再度ターンブルを引用すると、

> 女王がアメリカ合衆国ないし日本ないし中東諸国を訪問する場合、女王は、英国女王としての資格においてのみ、訪問している。女王は国際見本市に行って、英国製品の販売を促進しており、また中東に出かけて、英国製の武器の販売を支援している。女

王はストラスブールに行き、ヨーロッパ共同体の一層の統合を賞賛したことすらある。ヨーロッパ共同体は、英国が加盟している経済ブロックであるが、……幾千の有能なオーストラリア農民の生活を破壊しているのである[84]。

現実に、立憲君主としての職務を行っているのは、総督であり女王ではない。だが、総督が、女王の職務の大部分を行うとはいえ、総督は国家元首としての地位を有していない。国家元首は女王であるので、総督は、国家元首に相応した地位を享受していない。その結果、総督は、国家元首よりも低い地位と影響力に甘んじている。一九八〇年半ばに、オーストラリア総督サー・ニニアン・スティーヴンはインドネシア訪問を取り止めたが、その理由は、インドネシアのスハルト大統領が歓迎祝宴への出席を拒んだからであった。一九九三年にスティーヴンの後任のビル・ヘイドンは、オーストラリア軍が参戦した西部戦線戦勝七五周年記念式典に参加するため、フランスを訪問した。ヘイドンが会談したフランス当局者のうちで最も高位の者は、退役軍人担当大臣であり、ヘイドンが帰国する時に付き添ったのは、大臣の係官であった[85]。一九九四年にヘイドンがカザフスタンとモンゴルを訪問した時にも、同様の不都合が生じた。両国政府は、アルマアタ〔＝アルマトゥイ〕とウラン・バートルの英国大使館に対して、ヘイドンの身分についての説明と、女王及び英国政府がヘイドンの訪問に異議を唱えないことの保証を求めた。ヘイドンがオーストラリア首相に対して告げたように、「カザフスタンのナザルバーエフ大統領やモンゴルのオチルバト大統領が、（オーストラリア女王ではなく）英国女王に対する私の真の身分を照会するのに非常に苦労していることを、貴殿は非常に不思議に思われるだろう[86]」。

更に、海外の王国の大部分において、総督は、首相の裁量によって任命されており、また解任される可能性がある。総督が、国家元首の職務の大部分を行っていることを考慮すると、このような職務を遂行する者を首相が任命することは、必ずしも最良の方法とは言えないとも考えられる。仮に、総督が実際に、真の国家元首であったとしよう。オーストラリアの有権者や、女王を国王として承認するその他の王国の有権者が、国家元首である総督を首相が任命する仕方に納得できるのであろうか。

国家元首をどのように任命すべきかという問題に対して、こうした仕方が賢明な解決策として真面目に提案されたことがあるのだろうか。

現代人の眼には、一九四九年から一九五三年までに形作られた制度が、奇妙なものに思えるのはまちがいない。この制度は、既に見たように、英国の植民地の歴史と、植民地が自治領から完全な独立国になるまでの漸進的な発展について知ることなしには、理解することができない。これは《最初から》作られていた制度ではない。しかしながら、憲制上の仕組みの奇妙さは、当然にそれに反対する議論になるわけではない。特におそらく英国においては、奇妙ではあるが、完璧に作用しており、手を加えないのが最善の憲制上の仕組みが多数存在する。オーストラリアにおける変化は、この仕組みの奇妙さが増したことではなく、この奇妙さを受け入れる前提が崩れていったことである。一九四九年から一九五三年の間に確立した仕組みは、それを作用させる意思が存在する限りで、完璧に作用しうるものであった。問題は、オーストラリアがこの仕組みを作用させる意思を、今なお持って《いる》か否かである。これは、本来は憲制上の問題というよりも、文化的な問題であり、現実に、オーストラリアにおける君主政をめぐる議論は、憲制上の問題であるのと同時に文化的な問題になっている。

もし、オーストラリア人がもはや自らを根本的に「英国人」と見なしていないのであれば、オーストラリア人はどうして、根本的に英国人である国家元首を承認できるのであろうか。もしオーストラリア人がもはや英国人であるという感情を持たないならば、オーストラリア人は次第に、君主政は外国の制度であって、もし独立を主張するならば、そこから分離しなければならないものだと次第に考えるようになるであろう。

「共和国とは、我々の国民としての独自性《アイデンティティ》を主張することに他ならない」と、マルコム・ターンブルは言う[87]。もしそうであるならば、ターンブルが考えるように、オーストラリアは、単に「憲制上の議論」をしているのではない。オーストラリアは、オーストラリア人とは何か、あるいはオーストラリアは英国と密接に結びつくことを望んでいるのか否かという、文化的な議論をもしているのである。A・J・P・テイラーはかつて、帝国は「英国の商業面の挑戦精神《エンタープライズ》と工業面の成功の結果として生まれてきた」と断言した[88]。すると同様に、英国が経済的に衰退し、しかも世界中で中くらいの力にまで衰退したことによって、旧植民地が英国との密接な結合を次第に望まなくなっているということも起こり得ることである。この種の意識下の態度は、国民意識を探究するのにあたって、ヨリ明白な憲制上の要素と同様に、おそらくは重要な役割を果たすであろう。結局のところ、ある国の国民意識がどのように表現されるかは、事実に影響されるのと全く同様に、感情と認識にも影響されている。それ故、オーストラリアにおいては、また、かつてのアイルランドと南アフリカや現在の北アイルランドのように、英国との紐帯が議論の対象となっている地域では、君主政という象徴が、統合と政治的安定を促進するどころか、むしろ離反の原因となりうることは明らかである。もしアイルランドが、段階を踏んで一九四九年に共和国になるのではなく、一九二一年の時点で共和国になることが認められていたならば、英国と多分ヨリ友好的な関係を享受していたであろう。共和制という寛大な譲歩は、当時は政治的に実現不可能であったとはいえ、王政の維持を強硬に主張することよりも、英国との良き関係を保つヨリ良い保証人になっていたであろう。英国政府がインドにおいて譲歩しなかったことは、やはり誤りであった。

一九〇一年のオーストラリア憲法制定の時に始まる、オーストラリアにおける国民意識の形成は、必然的にオーストラリアを英国から遠ざけることになった。こうした国民意識は、徐々に発展しながら形成されてきた。その主な画期は、一九二六年のバルフォア定式、一九四二年のオーストラリアにおけるウェストミンスター法の採択、一九八六年のオーストラリア法である。オーストラリアにおける共和制の施行は、オーストラリアの独立への発展における、最後の段階であるように思われる。

オーストラリア人は、英国から距離を置くことが、一九五二年にオーストラリア女王となった国王から遠ざかることになるとは必ずしも考えていなかった。そうではなくて、オーストラリア人は、英国における君主政の地位に、オーストラリアの行政部の指導者の地位を近づけようとしていた。だが、既に見たように、こうした試みは、ほとんど成功を期待できないように思える。それ故、オーストラリアが完全に独立するための唯一の方法は、英国から距離を置くのと同様に国王から距離を置くことである。なぜなら、国王は、根本的には英国国家の長であって、オーストラリア国家の長ではないからである。

もしオーストラリアが共和制への移行を希望する意思を固めたならば、オーストラリアは、同国の憲法に従って共和制に移行する権利を有している。こうした変化に対する君主政の態度は、一九六九年にエディンバラ公爵がカナダで行った演説に適切に要約されている。これはオーストラリアにもあてはまる。

［エディンバラ公爵が述べるところによれば、］君主政はカナダにおいて歴史的な理由から存在している。かつ君主政は、それが国ないし国民にとって利益《ベネフィット》である、あるいは利益であると考えられているという意義において存在している。もしある段階で、ある国家が君主政という制度を許容できないと判断するならば、その制度を変更することはその国家の義務である。……この点に関して重要なことだと私が思うのは、もし国民が、ある段階で君主政にはこれ以上の役割がないと感じているならば、どうかこのことについて口論することなしに、友好的な言葉で、終止符を打ってもらいたいということだ⑻⑼。

もしオーストラリアが共和国になったならば、このことは君主政にとって重要な結果をもたらすことになる。オーストラリアは、英国の移民植民地のなかで初めて共和制に移行することになるからである。一九六一年の南アフリカの例は、先例とはならない。南アフリカは英国人とボーア人の入植者から構成されており、一九六一年まで支配権を強固に握っていたのは、ボーア人の入植者の子孫であったからである。オーストラリアの例は、カナダとニュー・ジーランドにとっての合図となるであろう。もしこれらの三ヶ国が共和制に移行したならば、女王の海外の王国の大半は小規模な島国となる。人口三五万人を越える君主国は、パプア・ニュー・ギニアとジャマイカだけということになる。こうした状況下では、英国の保護を求める極小国をおそらくは別にすれば、海外における君主政は、長くは存続できないであろう。

しかしながら、逆説的なことに、君主政という制度から距離を置くことと、国王の人格に対する尊敬と愛情をとどめることとは、容易に両立することができる。国王は依然としてコモンウェルス首長である。コモンウェルス内の多くの共和国、おそらく特にアフリカ諸国は、一九九五年の女王の南アフリカ訪問の際に例証されたように、少なくとも、女王を国王として承認する海外の国々と同じ程度に、女王に対する尊敬と愛着を示している[90]。同様に、もしオーストラリアが共和国となった場合に、国王に対する尊敬ないし愛情の低下が、共和制への移行に伴う必要はない。実際のところ、君主政がオーストラリアにおける政治的論争の象徴であることを止めて、現代のコモンウェルスにおいて様々な諸国家を結びつける象徴となることによって、国王に対する尊敬と愛情は一層深まるであろう。オーストラリア人は、国王との憲制上の関係を終了させることによって、国王との象徴的な関係を強化することになる。こうした関係は、オーストラリア人がもはや思い出すことを望まない、帝国的な結合の形跡を喚起しないからである。この理由から、一九四九年から一九五三年までに作られた仕組みが解体することは、国王の国際的な役割が完全に放棄されたことを意味するわけでは必ずしもない。国王がコモンウェルス首長である限り、国王は国際的な視点を持ち続けており、全ての大陸に及ぶこの視点が、英国の君主政を、その他の君主政と今なお区別しているのである。

第一一章　立憲君主政の将来

一　立憲君主政と社会の安定性

一九一四年以前には君主政はヨーロッパで圧倒的に優勢な統治形態であった。共和国はフランスとポルトガルとスイスの三ヶ国しかなかった。これとは対照的に、現代ヨーロッパでは、リヒテンシュタインといった極小の豆国家を除くと、君主国は僅か八ヶ国に過ぎない。連合王国と、ベルギー、デンマーク、ルクセンブルク、オランダ、ノルウェー、スペイン、スウェーデンの八ヶ国である。このうちスペインが君主政に復帰したのは一九七五年、フランコの死後のことである。これら諸国の君主政の中にあって、九世紀のエグベルト王の時代にまで遡ることができる英国の君主政は、デンマークをひとまず措けば、連続性をもった世襲王政として群を抜いて古く、ほかの立憲君主政の一つの雛形となっている。オランダの君主政は一六世紀に遡れるが、それ以外の諸国が君主政はなったのは、次の通り、ずっと新しい。

ベルギー	一八三〇年
ルクセンブルク	一八九〇年
ノルウェー	一九〇五年
スペイン	一九七五年
スウェーデン	一八一〇年

それではヨーロッパの君主政は過去の遺物なのだろうか。それは時代錯誤の存在ですらあるのだろうか。

注目すべきは、君主政が生き残ったヨーロッパの国々は世界中で最も安定し、最も繁栄している国々であるという点である。もちろん、そのことから、それらの国々は君主国であるが故に安定しているのだという結論を引き出すことはできない。むしろ、それらの国々では、議会制民主主義が安定的かつ継続的に発展してきたおかげでその国家形態を変える必要に迫られなかったが故に君主政が維持されてきたと言った方があたっているだろう。また、民主主義が進展していく過程でイデオロギー上の争いがなかったことも、これらの国々の経済的進歩をもたらした重要な要素の一つであったことは疑いない。つまり、立憲君主政の政治文化の中にあってこれらの国々の安定に寄与してきた要因こそが、それらの諸国に君主政を維持することを納得させてきた要因でもあったのである。

君主政がヨーロッパで圧倒的に優勢な支配形態たることを止めたのは第一次世界大戦後のことである。ジョージ五世の治世の間に、実に、「世界は五人の皇帝、五名の王、更に一八の王朝の消滅を目撃した」のである。[1] これは共和制支持論が広まったことによるよりも、オーストリア＝ハンガリー、ドイツ、ロシアという大帝国の軍事的敗北と、この時期の革命的変動によるところが大きい。一般に、共和国は共和制支持論への固執によってもたらされるものではない。確かに、イタリアとギリシャは第一次大戦後に平和裡にかつ憲制に則ったかたちで共和国となったが、しかし、一般的には国家は統治形態をこのようなかたちで変更することはない。一般に、共和制支持論が勝利した所では、その勝利は、熟議した上での意識的選択の結果であるよりも、戦争に敗北したことにより、あるいは憲制の変更に抵抗したことにより、君主政が信頼を失ったためにもたらされたといった方があたっている。共和制が採用されるのは、それが理想的体制であるからではなく、君主政が維持し得ぬものになってしまった後にそれしか残っていないためといった方がよい。共和制は、積極的な選択の結果ではなく、その方がどちらかというとマシだという消極的な選択による、いわば、《状況の所産》たる統治形態なのである。

更に、共和国の成立をもたらした激動が進歩や安全をもたらしたことは稀であった。一七八九年の「フランス大革命を契機とする」君主政の打倒ののち、フランスは一六の憲制を持ったが、二百年以上にわたり安定した統治形態を発見するのに困難を覚えている。ロシアの皇帝の打倒は、短命な民主政的共和国に次いで、ボルシェヴィズムの長い夜をもたらした。ドイツでは、皇帝が退位したために、ワイマール体制は、ことによるとヒトラーの権力奪取を阻めたかもしれない象徴的な支柱を奪われ、また、オーストリア＝ハンガリー帝国の諸領邦はチェコスロバキアを例外として、戦間期に安定した制度も民主政的な制度も確保することができなかった。この戦間期に、「皇帝たちが追い出され、有象無象が選ばれた」のである。[2] 従って、共和制への移行が、中庸を得た立憲的改革者たちに主導された、痛みのない事態となりそうだと考えるのは誤りである。始めのうちはそんな風であるかもしれないが、今はぼんやりとしか輪郭の掴めない政治勢力を野に放つ可能性も持っているのである。共和制のために君主政を犠牲にするのは、単に国民の代表たる人物を代えることではなく、歴史の教える限り、多分極めて不確実な結果をもたらすであろう変化の中に船出することなのだ。

英国が民主政に向かってスムーズに進んできたことと、両大戦の勝利者であったこととの、まさにこれら二つのことの故に、英国の共和制採用論は、二〇世紀も依然として極めて小規模な少数派の関心でしかなかった。一九二三年に労働党大会が最後に共和制採用論を討議したとき、共和制採用論は、三六九万四〇〇〇票対三八万六〇〇〇票という大差で惨敗したし、一九三六年一二月の退位危機の直後には、庶民院での共和制移行動議は五票しか獲得できなかった。

英国で現在ある共和制支持の心情は、立憲君主政は国の近代化を妨げている一連の価値を下支えしているという主張に支えられている。そうした立場からは次のように言われる。君主政は、実に保守的な制度で、社会の変化を妨げている。過去に固く根を張った制度として、君主政は我々にわが国の歴史を過度に思い起こさせる一方、我々が未来を見据える役には立たない。君主政は、疑いもなく、とっくに有用性の期限が切れてしまった政治システムに正統性を与え、また、君主政は、恭順と階層秩序とを象徴するが故に、もし、英国が効率のよい産業社会としての地位を得ることができるようになるべきであるなら、断然必要となる憲制と社会の両方の改革に対して強力な障壁となっている、と。[3]

だが、このような主張は、国際的なコンテクストの中では、ほとんど維持することが不可能である。大陸の君主国の中では、デンマーク、ノルウェー及びスウェーデンは、英国よりも一層顕著に平等主義的で、社会的に進歩的であって、その国民に一層高いレベルの社会福祉を提供している。また、イタリアがノルウェーよりも近代的であるとか、ポルトガルがスペインよりも近代的であるといったことは、直ちに明らかなことだとは言えない。従って、共和制の採用と近代化の間には何らの関連もない。更に言えば、日本では、極めて伝統主義的な君主政が、飛び抜けてうまくいった先進的産業社会の発展と完璧に両立可能であることを示している。それ故君主政が、抜本的変化を阻む障壁であると論じることは困難である。実際、効率的な産業社会は、言うなればその正統性を維持するのに君主政を用いることもできるのである。英国人が、その気になったとき、日本のように産業の成功を収める道やスカンジナヴィアのような社会民主主義への道を辿らないと決め付ける理由など全くない。もしも過去三〇年以上も、左派が英国でうまく行っていないとすれば、非があるのは左派であって、君主政ではない。

逆説的に聞こえるが、君主政は、保守的な政府の助けとなるのと全く同様に、改革を進める政府の助けにもなる。なぜならば、改革は、少なくとも短期的には、必ず方向を見失うものだからである。ところが、君主政は、憲制上の固定した境界標識《ランドマーク》と、変化する世界におけるある程度の制度的連続性とを提供し、変化の負荷に容易に耐えられるように見えるようにするのである。そのため、社会若しくは憲制の改革に邁進する政府が、現状に執着する政府よりも一層君主政を必要とすることもあり得る。過去に、左派の政権を率いた首相たち――グラッドストン、アスキス、アトリー、ウィルソン――が、ロイド・ジョージを唯一の例外として、忠良なる勤王家であったのはそういう理由であった。

立憲君主政は、保守主義ではなく、正統性を確保する統治形態である。立憲君主政は、誰が国家元首であるのかという緊要な問題を議論の余地なく解決し、国家元首の立場を政治的競争の埒外におく。そうすることで、この国家元首だけが、心から満足を与える形で、全国民を代表することができる。国家元首だけが、国民を己が一身に表すことができる。これこそが、立憲君主政を本質的に正当性する根拠であり、かつ理論的な根拠である。他の全ては飾りであり、瑣末なことに過ぎない。④

従って、立憲君主政は、国家の形態に連続性を与え、そのことが、急激な変化に順応させるのにも、また、失望を和らげるのにも役立ち得る。一九六〇年代にヘイルシャム卿は、英国人について、「我々は道に迷った国民だ」と述べた。戦後のかなりの期間、英国政府は自ら設定した目標を確実なものにすることができずにいたが、王室の威信は依然として高く、政治システムを失政の結果から保護してきた。大規模な植民地喪失と経済的凋落の期間における英国の国家的安定性は、戦後の英国政治の最も驚くべき特徴である。もちろん、君主政がこの安定性に対してなした寄与度を厳密に量ることは不可能である。だが、一九四九年に、インドが共和国のままコモンウェルスに残留することを可能にするために王が「コモンウェルス首長」の称号を得たときに、この君主政の象徴機能は帝国の喪失に順応するための形式として自覚的に用いられたのである。一九九〇年代の観点にたって、そのような順応は穏やかで心地よいものであり過ぎで、英国人たちに必要だったのは、あのような自己祝福の温かな風呂ではなく、政治的現実直視の冷たいシャワーであったと論じるのは容易である。だが、冷たいシャワーは、身を引き締めることもあるが、心臓麻痺を引き起こし、死に至ることもある。帝国の喪失への穏やかな順応こそが、英国を、少なくとも、第四共和制フランスの苦悩から救ったのである。第四共和制フランスでは、植民地喪失の過程と、その過程が生んだイデオロギー対立とによって、国家の真正の諸象徴が揺るがされたのであった。

二　立憲君主政の現代化・再活性化

もし、民主政の中の君主政が持つ肝心かなめの役目が、国家の正統性を維持することだとすれば、二〇世紀の末にいかにすればこの役目を最もよく果たすことができるのだろうか。この疑問に答え、君主政が向かいそうな将来を推し量る唯一の方法は、その過去を理解することである。君主政の歴史において最も顕著な特徴は、依然として、変化する状況にそれが自らを適用させるその巧みさにある。英国では、君主政は、その変わらざる形式の背後で、たとえ時々は幾分か不承不承であったにせよ、ほとんど無制限の適用能力を示してきた制度である。ジョージ・ワシントンはビル・クリントンが、アメリカの憲法・憲制において自分と似た役割を果たしていることを容易に理解できようが、ジョージ三世は、〔英国における君主政の憲制上の役割変化があまりに大きかったために〕エリザベス女王が自分と同じ役割を果たしていたとは理解しないであろう。

君主政は、既に見た通り、その近代的、立憲的形態を、ヴィクトリア女王の治世の間に初めてとるに至ったが、それは大部分、女王の意向に反してのことだった。それは、一部にはディズレイリの力により帝国主義的君主政として立ち現われた。ディズレイリは、一八七六年の国王称号法で、君主政を、成長する帝国の力と保守党の利益に結び付けるよう意識的に努めたのである。だが、インド女帝という称号やインド帝国の結び付きよりも将来にとって一層重要だったのは、一八八七年と一八九七年の在位五〇周年と同六〇周年に開かれた植民地会議における王室と移民植民地、自治植民地、及び自治領との結び付きであった。次いで、ジョージ五世と、ジョージ六世の治世という、ヴィクトリア時代よりも荘重さで劣る時期に、君主政は、英国の民衆の理想的家庭観を反映して、家族的君主政に自らを変容させた。これらの変化は驚くべきことではないかもしれない。君主政は、他の政治制度と同様、社会的基盤に依存している。もし、この基盤が変化したら、君主政に影響のある憲制慣例や憲制上の諸関係にも変化が生ずるであろう。今日では、社会は既に伝統を尊ぶことを止めてしまっている。もちろん伝統を正統性の源泉とすることも止めてしまっている。また、この社会では恭順はもはや政治の重要なファクターではない。君主政は、今や、そうした社会に自らを適用させなければならないのである。

君主政がこのように変化していくさまを、「伝統の創作」という観念で説明するのは容易であるが、それはあたかも、制度が《意識的に》自らを、変化する需要に合致するように再創造してきたかのごとき説明である。制度がそうしたかたちで自らを再発明しようと工夫することは稀にしかあり得ない。一層普通には、制度は、工夫の所産であるよりも、根本的需要への応答である。この需要は、ときに、強烈に感じられながら、往々明瞭には表現できない情緒的な産物であることもある。君主政の場合は、まさにそれである。

ディズレイリもバジョットも、それぞれ違ったかたちではあるが、どちらも次のことを見て取っていた。即ち、民衆の支配の下では、君主政の重要性は大きくなることはあっても小さくなることはないであろう。民衆の支配は正統性の諸象徴を必要とし、そうした諸象徴は、それが人物であるとき最も受け入れやすい。大衆たる選挙民は、目に見える存在を感得することが必要で、国家の権威を体現し得る象徴的人物が必要なのである。そうした象徴機能が立憲君主によって提供されなければ、必ずや、政党政治家か、かつて政党政治家だった者か、あるいは、自己の高い名声が一ないし複数の政党の覚えめでたさに負う人物に体現されることになるだろう。両人ともこのように見て取ったのである。更に、ある状況では、世襲の立憲君主は、民主政的社会を一つにまとめることができることを示してきた。そのことは、ことに、複数の国家にまたがる存在の場合によく当てはまる。例えば、オーストリア＝ハンガリーの二重君主政国は、ほぼ、皇帝フランツ・ヨーゼフという人格によって一つに維持されていたのである。一七世紀以降、英国の君主政はイングランドとスコットランドの連合体を一つにまとめていた。二〇世紀後半では、かなり違ったかたちで、君主政の象徴機能が、現代のコモンウェルスを構成する雑多な国々の集まりを一つに結び付ける人格的絆、それもことによると唯一の絆、となっているのである。

君主政の象徴機能はヨーロッパ連合では何らかの役割を有するのだろうか。EUは英国人の生活に、一世代前にコモンウェルスが持っていたのと同様の重要性を持つに至っているのである。EUは、コモンウェルスとは対照的に、国王の憲制上の地位を変えそうにない。一九九三年二月に、テビット卿は、国王の憲制上の地位はマーストリヒト条約によってどのように変更されるのだろうかと質問した。外務・コモンウェルス省の国務大臣のバロネス・チョーカーは次のように答えた。

この条約は、連合王国における君主の憲制上の地位を何ら変えません。また、この条約は、いかなる個人にも義務を課すことはありません。女王陛下は、マーストリヒト条約の第八条ないし第八条eに定められた権利を行使する資格は持つでしょう。しかし、その行使に際しては、陛下は大臣たちの助言に基づいて行為されます[5]。

EUは、確かに、広い意味では君主政の役割に影響する。なぜならば、議会は、その主権を、多くの領域で、ヨーロッパの諸機構に移すことに決めたのであるから。このことは、国内の事柄についての主権を、自らの選択で狭めた国に国家元首として君臨するということを意味する。かくして、女王の正式の権限と影響力は同じままであるが、それらは、ヨリ小さな分野で行使されることになる。

しかしこのことは、必ずしも君主政の立場を弱めることにはならない。ヨーロッパ連合の一五の構成国のうち、七ヶ国――ベルギー、デンマーク、ルクセンブルク、オランダ、スペイン、スウェーデン、及び連合王国――が君主国であるということは銘記するに値する。君主政の性格が、連合王国以外のこれらの君主国で変化したという証拠はほとんどないし、また、これらの国々で、君主政が国民の一体性の焦点を提供するのを止めたという証拠もほとんどない。

だが、ヨーロッパ統合の速さは、君主政のスタイルの現代化の問題を実際確かに喚起している。一八七〇年代以降、つまるところ我が君主政は英国だけではなく帝国及びコモンウェルスにも照準を合わせるようにさせられてきた。それは、国際的で、複数の大陸にまたがる君主政であった。しかしながら、英国の政治が一層ヨーロッパに向くにつれて、この君主政もまたヨーロッパの方を向くかのごとく、即ち大陸的君主政になるかのごとく、見えるかもしれない。君主政は、この国の長が、ＥＵの一員である英国を代表し得るように、新たな象徴機能の新たな形式を発展させねばならないかもしれない。君主政とは、つまるところ本質的に想像力の制度である。そのことをディズレイリもバジョットも十分知っていた。ことによると、今日、英国の君主政は、それが英国の大陸へのコミットメントに溶け込むのを助け、また、そうすることで君主政を再活性化することのできる現代のディズレイリとバジョットを必要としているのかもしれない。

三　象徴的影響力の実用的行使

ヴィクトリア女王の治世から一九九〇年代の間のかなりの期間にわたって君主政は、忠誠心をかきたてるものであった。それを合理的に説明することは難しい。国王は不思議な魅力を持った人物、即ち、人間ではあるが、他者にはない資質を持った人間だと見られた。〔エリザベス二世〕女王の即位から四年後の一九五六年、ある世論調査は、三五％の者たちが、国王は神によって択ばれると信じていることを示した。[6] 君主政の儀式的側面と王権を象徴する様々な物と、君主政が惹起する恭順の念はどれも皆、この不思議な魅力を強めるのに役立った。

一九九〇年代には、この不思議な魅力を湛えた君主政の時期が終わりを迎えるかもしれないという兆しがある。こうなったのは幾分かは王室の若干のメンバーが直面した個人的な問題であるとしても、それは主たる問題ではない。そうした問題がなくとも不思議な魅力を湛えた君主政の時期が終わりを迎えることになったことは大いにあり得ることだ。なぜならば、不思議な魅力を湛えた君主政は、恭順と権威の尊重といった社会的態度に依存するものであるが、そういったものは既に消え去ったからである。

一九七九年から一九九〇年という長きに亘ったマーガレット・サッチャー首相の任期の間に幾多の英国の伝統的諸制度――官僚、BBC、イングランド教会、及び大学――に対し断固たる決意に基づく非難攻撃がなされた。君主政自体は、そのような直接的非難攻撃を受けなかったけれども、サッチャーリズムとして知られる政治現象から生じた競争的個人主義の新しい力によって影響を受けずにはいられなかった。マーガレット・サッチャーは時代精神を凝縮した存在だった。この時代精神は、次のように告げていた。制度は、それがただ久しく存在してきたと主張してきただけでそれを弁護することはできない。その制度の弁護にはもっと効用を説かねばならない。――いかなるよきことをそれは成しているのか。もしある制度が、実用の観点から自らを正当化しないのであれば、それは必ず廃止しなければならないというわけではないにしても、抜本的作り直し《リストラクト》は、最低限、行わなければならない、と。

これと同様の態度が君主政にも影響を及ぼし始めている証拠がある。ヴィクトリア女王、ジョージ五世及びジョージ六世のそれぞれの治世ならびにエリザベス二世の治世の始めの頃には、君主政は《見られている》だけで、十分に正当化された。自らを実用の観点から正当化することは期待されなかった。実際、正当化の理由を探すことはこの制度から不思議な魅力を奪うであろうから間違いなく危険なことであると思われたであろう。だが、我々が将来に見ることになりそうなのは、不思議な魅力を湛えた君主政の打ち続く衰退と、君主政のヨリ実用的な観点の強調である。

この、君主政を下から支えてきた、今はほとんど象徴的になった役割のうちの二つ――イングランド教会の至上支配者としての国王及び、コモンウェルス首長としての国王――は、完全に廃されないまでも、当然、衰退していくだろう。既に見た通り、国王とイングランド教会の関係は、形式的な宗教儀式と、ことによると、民間宗教すらもが、その重要性を低下させてしまった社会において、公定という観念の中身がからっぽになってしまったことで、ほとんど完全に象徴的で儀式的な性格のものになってしまった。国王とコモンウェルスの関係もまた、英国の日々の営みにとって重要性の乏しいものになってしまったし、多分、他のコモンウェルス構成国の日々の営みとしても同様に重要性の乏しいものとなってしまった。従って、英国に限定されてスリムダウンした世俗的君主政を心に描くことも難しくないであろう。その君主政は、もはや、宗教と結びついておらず、もはや国際的でもない。

このような展開が生ずるのか否かは、もちろん、本来、君主政のどうこうできることではない。それは王室が決定することのできる事柄ではない。王室は、この展開が確実に起こるようにすることも、起こるのを阻むこともできない。君主政が純然たる世俗的制度となるか否かは、女王や王室の他のメンバーの活動によって決まるものではなく、ヨリ幅広い社会的及び国際的潮流によって決まるのであり、君主政はそれから超然としていることはできない。

もし、不思議な魅力を湛えた君主政が実用的君主政によって取って代わられることになれば、君主政についての我々の標準的な観念の多くが修正を被ることになろう。過去には、王室は臣民の上に君臨し、その者たちから距離を置いていた。この距離は、不思議な魅力を保つために必要であった。ところが、実用的な君主政の下では距離を取ることはもはや可能でもないし、望ましいことでもない。王室は、社会の一部として見られるようになり、一層実用的で、功利主義的な仕方で判断されるようになるだろう。君主政の不思議な魅力に対する驚きの眼差しは、「何のためになるんだい」とか、「どんな使い道があるのか」といった計算高い質問に取って代わられるだろう。こうした問いは、必ずしも君主政にとって答えるのが難しい問いではない。

過去には、君主政の真の強みは、その距離の遠さにあった。「自分が誰なのか片時も忘れるな」と、ジョージ五世は、その息子、将来のエドワード八世に言い、息子が、その臣民と親密に接しないように注意した。君主政の神秘性は君主が玉座の上にあって、近づくことも触れることもできないときのみ保たれるものと考えられていた。そのような君主政観は、恭順の念と過去に対する敬意の念を特徴とした時代には正しかったかもしれないが、新たな時代精神は、今や、それを不適切なものにしてしまった。

立憲君主政を良しとする根本的理由は、その下では、国家元首は、政党の束縛から自由であるということにある。これは、二〇世紀には、ことのほか重要である。二〇世紀には、政党政治の範囲が拡張し、国民生活のほとんど全ての局面を抱き込んでしまい、あまりにも多くの活動を不自然な抱き方で窒息させているように見える。それ故、国家の象徴が政治的論争によって汚染されずにいるべきだということは、量り知れない価値のあることである。

だが、君主政は、単なる一片の憲制装置ではない。国王は、国家元首であるばかりか、国民《ネイション》の長であり、連合王国を代表する象徴でもある。この象徴機能は、政治権力も政治的経歴も持たない者の手にあるのが最善である。なぜならば、政党の束縛を持った国家元首は、あまりにも容易に、国民を一体にする代わりに分裂させ得るからである。一九五二年以来、国民を己が一身に体現できたのは女王であった。総じて政治家その他の公人たちが高い声望を認められてこなかった時期に、他の誰がかくも見事にそれをなし得たであろうか、想像するだに難しい。

今日では、国民の長の役割の遂行に必要なのは、君主政がその神秘性を維持するために距離の隔てに決して頼ることなく、政治的中立性を保ちながら、過去の場合よりも更に一層自らを社会にかかわらせなければならないということである。ある歴史家は次のように言っている。

二〇世紀には君主政は、

国民の幸福に紛う方なき貢献をしてきたが、この貢献は、ほとんど無視されるかあるいは誤解されてきた。……憲制上の細々とした事柄や王室の華やかな光景に取りつかれた者たちには奇異に聞こえるかもしれないが、王室の単調な日夜の活動が「尊厳を持った」職務よりもはるかに重要なのかもしれないのだ。

王室によって遂行されている、仁愛と慈善の仕事は「神秘性に欠けるかもしれないが……国家の外にある市民の共同社会としての《市民社会《シヴィル・ソサエティ》》にてこ入れすることで国に奉仕しているのであり」、また、「そうでなければ政府によって無視される社会的需要を浮かび上がらせ、また、政治的にほとんど代表されていない少数者たちやその他の恵まれない集団に発言の機会を提供しているのである」。この種の仕事は、一八世紀の後半から君主政とかかわりがあったが、二〇世紀の末頃になって初めて根本的な重要性を持つようになった。それは、ことによると、

過去二百年にわたる君主政の歴史の中で最も重要な発展であった。……顕著に慈善活動に連帯することによって、君主政はその威信を高め、君主政が国政から退出しようとする時代に、その重要性を再確立したのである。……この自発的活動ほど、今世紀において、君主政を民主的なものにし、あるいは、それをヨリ目に見えるものにするのに働きのあったものはない[7]。

我々自身の時代には、この、「福祉的」君主政観は、プリンス・オヴ・ウェイルズにより理解され、発展せしめられてきた。プリンス・オヴ・ウェイルズは、自分が設立した様々なプリンス・オヴ・ウェイルズ信託基金を通じて、恵まれない人々――失業者、障害者、及び文化的少数集団――のための活動にかかわってきた。社会によってアウトサイダーと見られている者たちを助けることに努めることで、プリンス・オヴ・ウェイルズは、これまで取るに足らないと思われていたかもしれない集団にも王室が手を差し伸べることを可能にした。例えば、人種関係に関する活動で、プリンス・オヴ・ウェイルズは、異なる文化と信条を持つ集団相互の寛容と相互理解の必要を力強く語ってきた[8]。これは、王室の影響力が、その政治的中立性をいささかも損なうことなく発揮しうる顕著な例である。

この方向にこそ、即ち、象徴的影響力の実用的な行使

にこそ君主政の将来がある。この、象徴的要素と実用的要素という二つの要素は、一層密に絡み合わされる必要がある。君主政の象徴的立場、その神秘性と不思議な魅力は、それだけでは、もはや今日の懐疑の世の中では、自らを支えきれない。だが、実用的側面は君主政の象徴的役割があってこそ初めて可能となる。政治家は必然的に、国民全体ではなく、その一部のみの代弁者たらざるを得ない。政治家の動機は常に疑いを持って見られるものである。これに対し、王室のメンバーたちは、その象徴的立場の故に、最も人気ある政治指導者が率いるよりもももっと幅広い選挙民に語りかけることができる。かくして、過去には、君主政は、見られることを持って満足し得たのに、今日では、《見られる》ばかりでは足りず、《なす》こともしなければならない。

立憲君主政が一般的に望ましい統治形態であるか否かを抽象的に論ずるのは、ことによると安易なのかもしれない。それが望ましいと見られるかどうかは、つまるところ、一般原則よりも、民衆の姿勢にかかっているのであり、それは、国ごとに異なるだろう。最近の世界では立憲君主は、権力を奪われており、本質的に世論に依存している。エディンバラ公爵は、一九六九年、カナダでこう述べている。「君主政が君子の利益のために存在すると想像するのは、完全な誤解であると思う。そうではない。君主政は国民の利益のために存在しているのだ」(9)。二〇世紀が終わりに近づいた時点で立憲君主政は、主として西ヨーロッパのごく少数の恵まれた国だけに残っている。それらの国々では、立憲君主政は、民主政を蝕むどころか民主政的諸制度を維持し、強化するのに仕えている。そして、もし、君主政と民主政の結合が矛盾と見えるというのであれば、矛盾が存在しないのは論理の中だけだというフロイトの警句を心に留めておけばそれで十分であろう。

原注

第一章　立憲君主政の発展

（1）　Macaulay, *History of England*（1849-61）, IV. xvii. 10.

（2）　Sir William Anson, *The Law and Custom of the Constitution*, ii. *The Crown*, 4th edn.,ed. A. Berriedale Keith（Oxford University Press, 1935）, pt. I, p. 23.

（3）　W. S. Holdsworth, *A History of English Law*（3rd edn., Methuen, 1923）, i. 216.

（4）　マグナ・カルタの条文については、J. C. Holt, *Magna Carta*（Cambridge University Press, 1965）, 317 ff. 参照。マグナ・カルタの原本は四通現存している。うち二通は大英博物館 British Museum に、一通はリンカン城 Lincoln Castle に、一通はソールズバリ大聖堂 Salisbury Cathedral に所蔵されている。Geoffrey Hindley, *The Book of Magna Carta*（Constable, 1990）; Anne Pallister, *Magna Carta: The Heritage of Liberty*（Oxford University Press,1971）も参照。

（5）　Cited in J. C. Holt, *Magna Carta and Mediaeval Government*（Hambledon Press, 1985）, 291.

（6）　スコットランドでは、ほぼ同様の憲制上の帰結を伴う、権利請求《クレイム・オヴ・ライト》が可決された。権利章典の条文については、E. N. Williams, *The Eighteenth Century: 1688-1815: Documents and Commentary*（Cambridge University Press, 1960）, 26-33 参照。W. A. Speck, *Reluctant Revolutionaries: Englishmen and the Revolution of 1688*（Oxford University Press, 1988）も参照。

（7）　財政問題に関する基本的文献として、C. D. Chandaman, *The English Public Revenue, 1660-1688*（Oxford University Press, 1975）, P. G. M. Dickson, *The Financial Revolution*（Oxford University Press, 1967）を挙げることができる。

（8）　王位継承法の条文については、Williams, *The Eighteenth Century*, 56-60 参照。

（9）　Lois G. Schwoerer, *The Declaration of Rights 1689*（Johns Hopkins University Press, Baltimore, 1981）, 291.

（10）　Cited in J. R. Western, *Monarchy and Revolution: The English State in the 1680s*（Blandford Press, 1972）,2.

（11）　John B. Owen, *The Rise of The Pelhams*（Methuen, 1957）, 35.

（12）　Anson, *Law and Customs*, 54:「かつては［一七一四年以前は］王ないし女王は大臣たちを通して統治していた。現在では、大臣たちが、国王政府《クラウン》という手段《インストゥルメンタリティ》を通して統治している」。

(13) L. B. Namier, *England in the Age of the American Revolution* (Macmillan, 1930), 4.

(14) Betty Kemp, *King and Commons, 1660-1832* (Macmillan, 1957), 95. 同書は、一六六〇年から一八三二年までの憲制の発展について、卓越した説明を与えている。

(15) Richard Pares, *King George III and the Politicians* (Oxford University Press, 1953), 195.

(16) E. L. Woodward, *The Age of Reform* (2nd edn., Oxford University Press, 1962), 99.

(17) John B. Owen, 'George II Reconsidered' in Anne Whiteman, J. S. Bromley, and P. G. M. Dickson (eds.), *Statesmen, Scholars and Merchants* (Oxford University Press, 1973), 133.

(18) この区別は、私の見解に従うならば、一六八九年の影響に関する「再検討派」の見解とは両立しない。「再検討派」の見解は、ジョナサン・クラークがその二冊の刺激的な著書で提唱している。Jonathan Clerk, *English Society, 1688-1832: Social Structure and Political Practice during the Ancien Regime* (Cambridge University Press, 1985); *Revolution and Rebellion: State and Society in England in the Seventeenth and Eighteenth Centuries* (Cambridge University Press, 1986) 参照。

(19) Cited in John Cannon and Ralph Griffiths (eds.), *The Oxford Illustrated History of the British Monarchy* (Oxford University Press, 1988), 445.

(20) Ibid. 476.

(21) Ibid. 444.

(22) Cited in ibid. 473.

(23) Correspondence of George III, v. 393, cited in Conor Cruise O'Brien, *The Great Melody: A Thematic Biography of Edmund Burke* (Sinclair-Stevenson, 1992), 226. オブライエンは、一七八二年の憲制危機について、洞察力のある説明を与えている。

(24) Correspondence of George III, v. 119, cited in O'Brien, *The Great Melody*, 330.

(25) O'Brien, *The Great Melody*, 242.

(26) *Oxford English Dictionary*, 2nd edn., x. 869.

(27) 同様に、後年、責任統治制は、〔自治領において〕総督が閣議を主宰しなくなることに象徴されるようになる。このことが初めて行われたのは、一八五四年カナダにおいてであった(Anson, *Law and Custom*, 53 n. 3)。

(28) *The Letters of Queen Victoria*, 1st ser., ed. A. C. Benson and Viscount Esher, (John Murray, 1907), iii. 449.

(29) Woodward, *The Age of Reform*, 211.

(30) Owen, 'George II Reconsidered', 133.

(31) Norman Gash, *Reaction and Reconstruction in English Politics, 1832-1852* (Oxford University Press, 1965), 3;「ハノーファ朝君主政の終焉」('The End of the Hanoverian Monarchy') と題する本書の第1章は、選挙法改正法の君主政に対する影響について、最も適切かつ簡潔に述べている。

(32) *Letters of Queen Victoria*, 1st ser., ii. 108.

(33) Cited in K. B. Smellie, *A Hundred Years of Government* (2nd edn., Duckworth, 1950), 43.

(34) William IV to Peel, 22 Feb. 1835, cited in H. J. Hanham, *The Nineteenth Century Constitution: Documents and Commentary* (Cambridge University Press, 1969).

(35) Greville, *Diaries*, ed. Lytton Strachey and Roger Fulford (Macmillan, 1938), iv. 169, 12 May 1839.

(36) Giles St Aubyn, *Queen Victoria* (Sinclair-Stevenson, 1991), 115.

(37) Cited in Ivor Jennings, *Cabinet Government* (3rd edn., Cambridge University Press, 1959), 329 n.

(38) Cited ibid. 330-1.

(39) Gash, *Reaction and Reconstruction*, 29.

(40) Cited in E. T. Galpin, 'Social and Political Aspects of the British Monarchy', Cambridge M.Litt. thesis (1952), 21-2.

(41) *Letters of Queen Victoria*, 1st ser., i. 337.

(42) Ibid. i. 369.

(43) Ibid. ii. 108.

(44) Cited in Robert Rhodes James, *Albert, Prince Consort* (Hamish Hamilton, 1983), 271.

(45) Greville, *Diaries*, vii. 305, 19 Oct. 1857.

(46) W. E. Gladstone, *Gleanings of Past Years* (John Murray, 1879), ii. 84.

(47) Cited in Rhodes James, *Albert, Prince Consort*, 218.

(48) C. H. Stuart, 'The Prince Consort and Ministerial Politics, 1856-9', in H. Trevor-Roper (ed.), *Essays in English History* (Macmillan, 1964), 69.

(49) Walter Bagehot, *The English Constitution*, in *Collected Works*, ed. Norman St John-Stevas (The Economist, 1974), v. 258.

(50) Cited in Stuart, 'The Prince Consort', 269.

(51) *Disraeli, Derby and the Conservative Party: Journals and Memoirs of Edward Henry, Lord Stanley, 1849-1869*, ed. John Vincent (Harvester Press, 1978), 180-1.

(52) Robert Blake, *Disraeli* (Eyre & Spottiswoode, 1966), 431.

(53) Peter Marsh, *Joseph Chamberlain: Entrepreneur in*

Politics (Yale University Press, 1994), 115.

(54) Cited in Dorothy Thompson, *Queen Victoria: Gender and Power* (Virago, 1990), 104.

(55) Ibid. 125.

(56) Cited in Hanham, *The Nineteenth Century Constitution*, 35.

(57) Arthur Ponsonby, *Henry Ponsonby, Queen Vicoria's Private Secretary: His Life from his Letters* (Macmillan, 1943), 72.

(58) Bagehot, *Collected Works*, v. 419.

(59) Ibid. 431.

(60) ハーティントン卿は、デヴォンシャ公爵の長男であり、その称号は儀礼上のものであったため、庶民院の議席を失わなかった。

(61) Cited in Smellie, *A Hundred Years of Government*, 132.

(62) A. G. Gardiner, *Life of Sir William Harcourt* (Constable, 1923), ii. 262.

(63) G. H. L. LeMay, *The Victorian Constitution* (Duckworth, 1979), 89.

(64) Baron Stockmar to the Prince Consort, 1854, cited in Robert Blake, 'The Crown and Politics in the Twentieth Century', in Jeremy Murray-Brown (ed.), *The Monarchy and its Future* (Allen & Unwin, 1969), 11.

(65) Gladstone, *Gleanings*, i. 38, 41.

(66) W. L. Arnstein, 'The Queen Opens Parliament: The Disinvention of Tradition', *Historical Research*, 63 (1990), 192.

(67) Philip Magnus, *King Edward the Seventh* (John Murray, 1964), 355.

(68) Ibid. 282.

(69) Rhodes James, *Albert, Prince Consort*, 268.

(70) Cited in St Aubyn, *Queen Victoria*, 62.

(71) *The Letters of Queen Victoria*, 1st ser., i. 26.

(72) この区別は、Antony Jay, *Elizabeth R* (BBC books, 1992)に明瞭に述べられている。

(73) Elizabeth Longford, *Victoria RI* (Weidenfeld & Nicolson, 1964), 567.

(74) 例えば、David Cannadine, 'The Context, Performance and Meaning of Ritual: The British Monarchy and the "Invention of Tradition", 1820-1977', in Eric Hobsbawm and Terence Ranger (eds.), *The Invention of Tradition* (Cambridge University Press, 1983), 101-64 参照。

(75) *Coningsby*, pt. V, ch. 8.

(76) Cited in L. B. Namier, 'Monarchy and the Party System', Romanes Lecture 1952, in *Personalities and Powers* (Hamish Hamilton, 1955), 18.

(77) Ibid.

(78) Nicholas Mansergh, *The Commonwealth Experience* (Weidenfeld & Nicolson, 1969), 42.

(79) しかし、逆説的なことに、エドワード七世は、ヴィクトリア女王が「インド女帝」の称号を受諾する前に自分に相談しなかったことに反抗して、「インド皇帝」の肩書をめったに使用しなかった。

(80) Harold Nicolson, *King George V: His Life and Reign* (Constable, 1952), 67.

(81) *Journals and Letters of Reginald, Viscount Esher*, ed. Maurice V. Brett and Oliver, Viscount Esher (Nicholson & Watson, 1934-8), ii. 421.

(82) *The Letters of Queen Victoria*, 2nd ser., ed. G. E. Buckle (John Murray, 1926-8), iii. 166.

(83) A. J. P. Taylor, 'Queen Victoria and the Constitution', in Essays in *English History* (Penguin, 1976), 66参照。

第二章　憲制の基本ルール・その一——王位継承

(1) A. Berriedale Keith, *The King and the Imperial Crown: The Powers and Duties of His Majesty* (Longmans Green, 1936), 21.

(2) R. T. E. Latham, 'Constitutional and Legal Aspects of the Abdication of King Edward VIII', in W. K. Hancock, *Survey of British Commonwealth Affairs*, i. *Problems of Nationality 1918-1936* (Oxford University Press, 1937), app., 616.

(3) ベンとニュートンのやりとりは、ピーター・ヘネシーの講演録において見ることができる。Peter Hennessy, 'The Monarchy: Britain as "Disguised Republic"?' fo. 28, in his series 'In the Steps of Walter Bagehot: A Constitutional Health-Check'.（Cassell社より公刊予定）

(4) Harold Nicolson, *King George V: His Life and Reign* (Constable, 1952), 530-1.

(5) Memo. by Sir Maurice Hankey to J. A. N. Barlow, 12 Jan. 1934, Public Record Office (PRO) CAB 21/3727.

(6) Sir Edward Ford to Sir David Pitblado, 16 Feb. 1954, PRO PREM 11/751.

(7) Geoffrey Marshall, *Constitutional Theory* (Oxford University Press, 1971), 20 n. 2参照。

(8) Cited in Graham and Heather Fisher, *Consort: The Life and Times of Prince Philip* (W. H. Allen, 1980), 92.

(9) Robert Rhodes James, *Albert, Prince Consort* (Hamish Hamilton, 1983), 224.

(10) Elizabeth Longford, *Elizabeth R* (Weidenfeld & Nicolson, 1983), 153.

(11) The Duke of Windsor, *A King's Story: The Memoirs*

of H.R.H. The Duke of Windsor (Cassell, 1951), 211-12; 同書の第七章は、二〇世紀前半におけるプリンス・オヴ・ウェイルズの職務についての興味深い記述を含んでいる。

(12) Jonathan Dimbleby, *The Prince of Wales: A Biography* (Little Brown, 1994), 226.

(13) Sir Sidney Lee, *King Edward VII: A Biography* (Macmillan, 1925), i. 547-54.

(14) John Wheeler-Bennett, *King George VI: His Life and Reign* (Macmillan, 1958), 591-2.

(15) Dimbleby, *The Prince of Wales*, 427.

(16) The Duke of Windsor, *A King's Story*, 252.

(17) Philip Ziegler, *King Edward VIII: The Official Biography* (Collins, 1990), 124.

(18) Sir Alan Lascelles to Sir John Colville, 31 Mar. 1954, PRO PREM 11/756.

(19) House of Commons, vol. 671, cols. 965-6, 11 Feb. 1963; see also PRO PREM 11/4436.

(20) Dimbleby, *The Prince of Wales*, 149.

(21) Sarah Bradford, *George VI* (Fontana paperback edn., 1991), 219-20.

(22) Roland Flamini, *Sovereign: Elizabeth II and the Windsor Dynasty* (Bantam Press, 1991), 157-8.

(23) Ibid. 161.

(24) House of Commons, 6th ser., vol. 215, col. 845, 9 Dec. 1992.

(25) 五三一五四頁を参照。

(26) この点に関する優れた簡明な考察として、Dimbleby, *The Prince of Wales*, 557-9 参照。

第三章　憲制の基本ルール・その二——影響力と大権

(1) Antony Jay, *Elizabeth R* (BBC Books, 1992) 参照。

(2) ダイシーは、未公刊の憲法・憲制の比較研究に関する講義 Lectures on the Comparative Study of Constitutions のなかで、この語を用いている。この講義の手稿は、オックスフォードのオール・ソウルズ・カレッジのコドリントン Codrington 図書館にある。

(3) Sir William Anson, *The Law and Custom of the Constitution*, ii. The Crown, 4th edn., ed. A Berriedale Keith (Oxford University Press, 1935), pt. I, pp. 139-40.

(4) Cited in Kenneth Rose, *King George V* (Weidenfeld & Nicolson, 1983), 71.

(5) News Chronicle, 22 Jan. 1936, cited in Thomas F. Hale, 'The British Labour Party and the Monarchy', Ph.D. thesis, University of Kentucky (1972), 89.

(6) Rose, *King George V*, 71.

(7) Ivor Jennings, *Cabinet Government* (3rd edn., Cambridge University Press, 1959), 329.

（８） T. E. Kebbel (ed.), *Selected Speeches of Lord Beaconsfield* (Longmans, Green & Co, 1881), ii. 493.

（９） 本書八四－八八頁及び第五章参照。

（10） Walter Bagehot, *The English Constitution*, in *Collected Works*, ed. Norman St John-Stevas (The Economist, 1974), v. 253.

（11） D. A. Low, 'Wearing the Crown: New Reflections on the Dismissal 1975', *Politics* (Australia), 19 (1984), 20-1.

（12） Bagehot, *Collected Works*, v. 250.

（13） Memorandum of 10 Sept. 1913, cited in *Journals and Letters of Reginald, Viscount Esher*, ed. Maurice V. Brett and Oliver, Viscount Esher (Ivor Nicholson & Watson, 1934-8), iii. 126-8.

（14） Harold Laski, *Parliamentary Government in England* (Allen & Unwin, 1938), 388.

（15） Bagehot, *Collected Works*, v. 243.

（16） Margaret Thatcher, *The Downing Street Years* (Harper Collins, 1993), 18.

（17） In a BBC TV Panorama programme, 'The Monarchy', BBC TV, 22 Feb. 1993.

（18） Kenneth Rose, *Kings, Queens and Courtiers: Intimate Portraits of the Royal House of Windsor from its foundation to the Present Day* (Weidenfeld & Nicolson, 1985), 92.

（19） James Callaghan, *Time and Chance* (Collins, 1987), 380-2.

（20） Bagehot, *Collected Works*, v. 259.

（21） The Duke of Windsor, *A King's Story: The Memoirs of H.R.H. The Duke of Windsor* (Cassell, 1951), 278.

（22） Bagehot, *Collected Works*, v. 253.

（23） Cited in Kenneth Rose, *King George V* (Weidenfeld & Nicolson, 1983), 109.

（24） Robert Senelle, *The Belgian Constitution: Commentary* (Belgian Government Publications, 1974), 228.

（25） Esher to Knollys, 9 Jan. 1910, Royal Archives (RA) K2552 (1).

（26） 本書一〇四頁参照。

（27） Jennings, *Cabinet Government*, 412.

（28） サー・アンソニー・イーデンは、一九五七年に辞任してからは相談を受けなかったと言われることがあるが、正しくない。本書一〇六頁参照。

（29） *The Times*, 8 Apr.1974.

（30） 以下を参照：E. C. S. Wade and A. W. Bradley, *Constitutional and Administrative Law*, 11th edn., ed. A. W. Bradley and K. D. Ewing (Longman, 1993), 256-8; S. A. de Smith and Rodney Brazier, *Constitutional and Administrative Law* (6th edn., Penguin, 1989), 117-20;

Robert Blake, *The Office of Prime Minister* (Oxford University Press, 1975), 60-2; Geoffrey Marshall, *Constitutional Conventions* (Oxford University Press, 1984), ch. 2.

(31) Jennings, *Cabinet Government*, 86.

(32) Robert Rhodes James, 'The British Monarchy: Its Changing Constitutional Role', *Royal Society of Arts*, 142 (Apr. 1994), 25.

第四章　首相の任命

(1) Harold Wilson, *The Governance of Britain* (Weidenfeld & Nicolson/Michael Joseph, 1976), 40-1.

(2) Lord Home, *The Way the Wind Blows: An Autobiography* (Collins, 1976), 185.

(3) Harold Macmillan, *At the End of the Day 1961-1963* (Macmillan, 1973), 518.

(4) W. J. Hudson, *Casey* (Oxford University Press, Melbourne, 1986), 308-11.

(5) Robert Lacey, *Majesty: Elizabeth II and the House of Windsor* (Hutchinson, 1977), 198.

(6) Martin Gilbert, *Never Surrender: Winston S. Churchill 1945-1965* (Heinemann, 1988), 849-50.

(7) John Wheeler-Bennett, *King George VI: His Life and Reign* (Macmillan, 1958), 797.

(8) House of Commons, vol. 663, col. 633, 19 July 1962.

(9) Wheeler-Bennett, *King George VI*.

(10) Ibid.

(11) Vernon Bogdanor, 'A Cypher with Substance', *The Times*, 29 July 1989 参照。

(12) Randolph Churchill, *Lord Derby* (Heinemann, 1960), 503.

(13) Cited in Cameron Hazlehurst, 'The Baldwinian Conspiracy', *Historical Studies*, 16 (1974), 169. Robert Blake, *The Unknown Prime Minister: The Life and Times of Andrew Bonar Law 1858-1923* (Eyre & Spottiswoode, 1955), ch. XXXII; David Gilmour, Curzon (John Murray, 1994), 581-86 を参照。

(14) Cited in Hazlehurst, 'The Baldwinian Conspiracy', 170.

(15) Ibid. 171.

(16) Gilmour, *Curzon*, 583 参照。

(17) Dermot Morrah, *The Work of the Queen* (William Kimber, 1958), 160.

(18) Wheeler-Bennett, *King George VI*, 444 n.

(19) Kenneth Rose, *King George V* (Weidenfeld & Nicolson, 1983), 272-3.

(20) Letter from Stamfordham of 16 Oct. 1928, Bodleian Library, Dawson Papers, MS 73, fo. 114.

(21) Cited in Hazlehurst, 'The Baldwinian Conspiracy', 187.

(22) Ibid. 191.

(23) Gilmour, *Curzon*, 586.

(24) Harold Macmillan, *Riding the Storm, 1955-1959* (Macmillan, 1971), 184.

(25) *Dictionary of National Biography, 1971-80* (Oxford University Press, 1986), 271.

(26) Birmingham University Library, Avon Papers (AP) 20/33/12 A.「助言」'advice' の語は、この場合不適切かもしれない。次の引用箇所を見よ。

(27) Ibid. Keith Kyle, *Suez* (Weidenfeld & Nicolson, 1991), 533 も参照。 イーデンはバトラーを気に入っていたと断言している Kyle の言明は、内輪の情報によって確認されている。

(28) *The Times*, 7 Jan.1959.

(29) Randoph Churchill に拠るが、彼は、全面的に信頼できる証言者とはいえないかも知れない。彼の、*The Fight for the Tory Leadership* (Heinemann, 1964), 126 参照。

(30) *The Listener*, 19 Dec.1963, p.1013 の、当時の院内幹事長 Martin Redmayne の証言参照。

(31) Philip Goodhart with Ursula Branson, *The 1922* (Macmillan, 1973), 196.

この証言は、今では、ケンブリジのトリニティー・カレッジにあるバトラー Butler 文書によって確認できる。Vernon Bogdanor, 'The Selection of the Party Leader', in Stuart Ball and Anthony Sedon (eds.), *The Conservative Century* (Oxford University Press, 1994) 参照。本文のこの箇所のかなりの部分はこの論文からとった。

(32) この覚書はまだ公刊されていない。

(33) 'The Struggle for the Tory Leadership', *Spectator*, 17 Jan. 1964.

(34) Alistair Horne, *Macmillan*, ii. 1957-1986 (Macmillan, 1989), 582.

(35) *Sunday Times*, 13 Oct.1963.

(36) Lascelles to Bridges, 11 Sept. 1947, RA GVI 131/80.

(37) Robert Blake, *The Unknown Prime Minister* (Eyre & Spottiswoode, 1955), 337.

Blake の説明は Harold Nicolson が *King George V: His Life and Reign* (Constable, 1952), 289 で示した説明よりも好ましいものである。Nicolson は、王がボナ・ローに対し、「もし求められても、自分はローに解散権を付与するのを認めることを拒むつもりだ」と語ったと断言している。王が、ボナ・ローが首相になったなら、いかなる状況でも解散を認許するつもりはないと事前に確言したと信ずべき理由はないように思われる。

(38) John D. Fair, *British Interparty Conferences: A Study of the Procedure of Conciliation in British Politics, 1867-1921* (Oxford University Press, 1980), 159. その第七章は、一九一六年の会議について詳しく述べている。
(39) A. J. P. Taylor, *English History*, 1914-1945 (Oxford University Press, 1965), 473.
(40) A. J. P. Taylor, *Beaverbrook* (Hamish Hamilton, 1972), 531.
(41) Andrew Roberts, *The Holy Fox: A Biography of Lord Halifax* (Weidenfeld & Nicolson, 1991), 201. この伝記にはチャーチルの任命について、近時の最良の論述がある。
(42) Wheeler-Bennett, *King George VI*, 444.
(43) Roberts, *The Holy Fox*, 243.
(44) MacDonald diary, 23 Aug. 1931, cited in David Marquand, *Ramsay MacDonald* (Jonathan Cape, 1977), 630.
(45) Memo. of events, 20-3 Aug. 1931, written 23 Sept. 1931, House of Lords Record Office, Samuel Papers, A/77/7, cited in Vernon Bogdanor, '1931 Revisited: The Constitutional Aspects', *Twentieth Century British History*, 4 (1991), 14. 本文で引用した「もしも」以下の限定は、Nicolson の George V, 461 では省かれている。
(46) Neville Chamberlain to Anne Chamberlain, 23 Aug. 1931, Birmingham University Library, 1/26/447, Chamberlain papers, cited in Bogdanor '1931 Revisited'.
(47) Bogdanor, '1931 Revisited', 7-10. 本文の記述はこの論文からそのままとった。しかしながら、王の行為の賢明さについての私の見解は、この論文が発表された一九九一年よりも今の方が一層批判的である。
(48) Bogdanor, '1931 Revisited', 9.
(49) Wigram to Rumbold, 3 Aug. 1931, Bodleian Library, Rumbold Papers, MS Rumbold, dep. 38, fos. 224-5, cited in Bogdanor, '1931 Revisited', 10.
(50) Cited in Nicolson, *George V*, 449.
(51) Ibid. 464.
(52) Ibid.
(53) 王の書記翰長、サー・クライヴ・ウィグラムによるメモ(cited in ibid. 465-6)。実は、Nicolson は、王が挙国一致内閣の成立に重要な役割、ことによると決定的な役割を果たしたという見解をとっていたが、この見解を自分が書いた王の公伝では表に出すことをよしとしなかった。ウィグラムが記した日記の未公刊の箇所で、彼は、一九四九年三月二一日のメアリ王太后との会見につき、「私は、王太后に一九三一年の危機につき話し、王がこの事態に決定的な影響力をもったと確信していると言った」と記している(cited in Bogdanor, '1931 Revisited', 25)。

（54）Cited in Nicolson, *George V*, 466.

（55）本書一一二頁参照。

（56）Lord Templewood（Sir Samuel Hoare）, *Nine Troubled Years*（Collins, 1954）, 22-3.

（57）Samuel Papers, A/77, cited in Bogdanor, '1931 Revisited', 16.

（58）24 Aug. 1931, PRO CAB 47（31）, pp. 1-2, cited in Bogdanor, '1931 Revisited', 17.

（59）PRO, MacDonald Papers, 30/69/383, cited in ibid.

（60）Harold Laski, *Parliamentary Government in England*（Allen & Unwin, 1938）, 403. ラスキ *Laski* のパンフレット、*The Crisis and the Constitution: 1931 and After*（Hogarth Press, 1932）も参照する価値がある。ジョージ五世に対する後からの批判につき、Graeme C. Moodie, 'The Monarch and the Selection of a Prime Minister: A Re-Examination of the Crisis of 1931', *Political Studies*, 5（1957）, 1-20 も参照。

（61）RA GV K2331（1）20, cited in Bogdanor, '1931 Revisited', 21, and partially in Nicolson, *George V*, 492.

（62）2 Oct. 1931, RA GV K2331（1）24, cited in Bogdanor, '1931 Revisited', 21.

（63）RA GV K2332（1）29, cited in ibid., and partially in Nicolson, *George V*, 493.

（64）Disraeli, *Sybil*, bk, IV, ch. 1.

第五章　憲制の危機三例

（1）Bruce K. Murray, *The People's Budget, 1909-10: Lloyd George and Liberal Politics*（Oxford University Press, 1980）, 232-3.

（2）Ibid, 240.

（3）J. A. Spender and Cyril Asquith, *Life of Herbert Henry Asquith, Lord Oxford and Asquith*（Hutchinson, 1932）, i. 261.

（4）Ibid. 273.

（5）Ibid. 279.

（6）本書七九頁参照。

（7）Giles St Aubyn, *Edward VII: Prince and King*（Collins, 1979）, 431.

（8）Cited in G. H. L. LeMay, *The Victorian Constitution: Conventions, Usages and Contingencies*（Duckworth, 1979）, 210.

（9）Lord Crowther-Hunt, 'Abolishing the Lords', *Listener*, 4 Dec. 1980　参照。

（10）Harold Nicolson, *King George V: His Life and Reign*（Constable, 1952）, 288.

（11）Robert Blake, *The Unknown Prime Minister: The Life and Times of Andrew Bonar Law, 1858-1923*（Eyre & Spottiswoode, 1955）, 163.

(12) LeMay, *The Victorian Constitution*, 214.
(13) Undated memo. on 'The Constitutional Question, 1913', British Library, Balfour Papers, BL Add. MS 49869, fo. 127.
(14) Letter from George V to Asquith, 22 Sept. 1913, Cited in Nicolson, *King George V*, 227.
(15) Undated memo., but probably late 1913, RA GV K2553 (5) 81.
(16) Undated memo., RA GV K2553 (5) 98a.
(17) Bonar Law to Craik, 16 Mar. 1914, cited in Jeremy Smith, 'Bluff, Bluster and Brinkmanship: Andrew Bonar Law and the Third Home Rule Bill', *Historical Journal*, 36 (1993), 162.
(18) Blake, *The Unknown Prime Minister*, 162.
(19) Bonar Law to A. V. Dicey, 16 March 1913, in Smith, 'Bluff, Bluster and Brinkmanship', 168.
(20) この Sir William Anson の手紙は Ivor Jennings, *Cabinet Government*, (3rd edn., Cambrige University Press, 1959), 541 に再録されている。
(21) Memo. to Lord Stamfordham from Bonar Law on his interview with the king, 16 Sept. 1913, RA GV K2553 (2) 16. (強調はボグダナー)
(22) From the king's memorandum to Asquith, 11 Aug. 1913, quoted in Nicolson, *King George* V, 223.
(23) Balfour Papers, BL Add. MS 49869, fos. 123, 124.
(24) Memo. by Bonar Law, 27 Sept. 1912, RA GV K2553 (1) 2.
(25) George V to Asquith, 26 Jan. 1914, RA GV K2553 (3) 76.
(26) Memo. by Lord Stamfordham, 17 Sept. 1914, (自治法制定後のメモ) RA GV K2553 (6) 103.
(27) Ibid.
(28) George V to Asquith, 26 Jan. 1914, RA GV K2553 (3) 76.
(29) Memo. by Lord Stamfordham, 19 Mar. 1914, RA GV K2553 (4) 33.
(30) *Journals and Letters of Reginald, Viscount Esher*, ed. Maurice V. Brett and Oliver, *Viscount Esher* (Ivor Nicholson & Watson, 1934-8), iii. 157.
(31) Cited in Nicolson, *King George V*, 233.
(32) Lord Stamfordham to Lord Salisbury, 5 June 1914, RA GV K2553 (5) 44.
(33) Lord Stamfordham's memo. of a conversation between the king and Lord Crewe, 6 June 1914, RA GV K2553 (5) 46.
(34) Lord Stamfordham's memo. of a conversation between the king and Lord Morley, 8 June 1914, RA GV K2553 (5) 54.

(35)　RA GV K2553 (6) 72,82.
(36)　13 Sept. 1914, RA GV K2553 (6) 86.
(37)　5 Sept. 1914, RA GV K2553 (6) 104.
(38)　Cited in Nicolson, *King George V*, 234 n.
(39)　Lascelles to Bridges, 27 May 1946, Bridges to Lascelles, 3 June 1946; Ram to Bridges, 3 June 1946, PRO T 273/237. 引用されたダイシーの文章は、彼が『タイムズ』紙に宛てた書簡で、同紙一九一三年九月一五日に掲載されたもの。これは、Jennings, *Cabinet Government*, 545 に再録されている。
(40)　Nicholas Mansergh, *The Unresolved Question: The Angle-Irish Settlement and its Undoing 1912-72* (Yale University Press, 1991), 68-9; その第一乃至第三章には、一九一二年から一四年の間のアイルランド問題の波及する様についての断然最良の記述がある。
(41)　一九一四年二月五日にアスキスは王に謁見した (cited in Nicolson, *King George V*, 234)。ノウルズの見解は RA GV K2553 (3) 9 にある。
(42)　この一節は RA GV K2553 (2) 26 にある王のアスキス宛書簡に引かれている。
(43)　Letter to The Times, 15 Sept. 1913, cited in Jennings, *Cabinet Government*, 545.
(44)　LeMay, *The Victorian Constitution*, 33.
(45)　G. Bell, *Randall Davidson* (3rd edn., Oxford University Press, London, 1952), 721.
(46)　RA GV K2553 (6) 103.
(47)　Ibid. 102.
(48)　Beaverbrook to Howard Robinson, 11 Dec. 1936, cited in A. J. P. Taylor, *Beaverbrook* (Hamish Hamilton, 1972).
(49)　House of Commons, vol. 318, col. 1642, 7 Dec. 1936.
(50)　H. Montgomery Hyde, *Baldwin* (Hart-Davis, MacGibbon 1973), 489.
(51)　ボールドウィンが王をせきたてて王位を棄てさせたとする退位陰謀説の最も巧みな論述が、ビーヴァーブルック卿の著書 Lord Beaverbrook, *The Abdication of King Edward VIII* (Hamish Hamilton, 1966) にある。この説は、HRH the Duke of Windsor, *A King's Story* (Cassell, 1951) でも強く示唆されている。だが、まともな歴史家は誰一人としてこの説を受け入れていない。
(52)　Keith Middlemas and John Barnes, *Baldwin* (Weidenfeld & Nicolson, 1969), 1007.
(53)　Bodleian Library, Simon Papers, vol. 8, fo. 12.
(54)　王位を放棄した後、エドワード八世からウィンザー公爵となった彼は、実際にシンプソン夫人とフランスにおいてアングリカンの儀式で結婚したが、この式を主宰した聖職者はそれを主宰する権限を認められておらず、彼の主教によって義絶された。

(55) Beaverbrook to Roy Howard, 8 Dec. 1936, cited in Taylor, *Beaverbrook*, 370-1.

(56) C. R. Attlee, *As It Happened* (Heinemann, 1954), 86.

(57) Philip Ziegler, *King Edward VIII: The Official Biography* (Collins, 1990), 316.

(58) Churchill to Robert Boothby, 12 Dec. 1937, cited in ibid. 317.

(59) House of Commons, vol. 319, col. 2181, 10 Dec. 1936.

(60) Ramsay MacDonald diaries, 27 Nov. 1936, PRO 30/69/1753/2, fo. 156. この日記の内容は、マクドナルド自身の言葉では、「出来事についての記憶を導き、蘇えらせるためのメモであって、決してそのまま公表されてはならないもの」であった。だが、この日記は、一般に歴史家たちによって、出来事の正確な記録として受け入れられている。

(61) Marquess of Zetland, *Essayez* (John Murray, 1956), 213-14.

(62) Zetland to Linlithgow, India Office Library, MSS Eur. D 609/7.

(63) Beaverbrook to Charles J. V. Murphy, 3 Aug. 1949, House of Lords Record Office, Beaverbrook Papers, G/25.

(64) John Wheeler-Bennett, *King George VI: His Life and Reign* (Macmillan, 1958), 299.

(65) Ibid. 300.

(66) Robert Lacey, *Majesty: Elizabeth II and the House of Windsor* (Hutchinson, 1977), 109.

第六章　絶対多数党不在議会と比例代表制

(1) John Curtice and Michael Steed, 'Appendix 2: The Results Analysed', in David Butler and Dennis Kavanagh, *The British General Election of 1992* (Macmillan, 1992), 352.

(2) Harold Wilson, *The Governance of Britain* (Weidenfeld & Nicolson/Michael Joseph, 1976), 25-6. ハロルド・ウイルソンの、その最後の内閣についての叙述にも同様のコメントがある。Harold Wilson, *Final Term* (Weidenfeld & Nicolson/Michael Joseph, 1979), 11.

(3) E. C. S. Wade and A. W. Bradley, *Constitutional and Administrative Law*, 11th edn., ed. A. W. Bradley and K. D. Ewing (Longman, 1993), 253; Robert Blake, *The Office of Prime Minister* (Oxford University Press, 1975), 38-9.

(4) Wade and Bradley, *Constitutional and Administrative Law*, 252-3.

(5) Lascelles to Oliver Lyttleton, 24 Apr. 1950, RA GVI

320/023.

(6)　Lord Bessborough が記した、ウィンストン・チャーチル氏との会談のメモの写し(Mar. 1932, RA GVI 320/019)。

(7)　Harold Nicolson, *King George V: His Life and Reign* (Constable, 1952) 288.

(8)　Ibid. 289.

(9)　H. V. Evatt, *The King and his Dominion Governors* (Oxford University Press, 1936), 109.

(10)　本書九三―九五頁参照。

(11)　A. H. Birch, 'Britain's Impending Constitutional Dilemmas', *Parliamentary Affairs*, 37 (1984), 98.

(12)　この曖昧さは、Henrik Hermerén, *Regeringsbildningen i flerpartisystem* (Studentlitteratur, Lund, 1975) によって議論されている。Hermerén の考えは、同書の末尾で、英語で要約されている。彼は次のような表題で英語の論文も書いている 'Government Formation in Multi-Party Systems', *Scandinavian Political Studies*, 11 (1976), 131-46.

(13)　Tony Benn, 'Power and the People', *New Socialist* (Sept.-Oct. 1982), 9-15.

(14)　Institute of Public Policy Reserch, *The Constitution of the United Kingdom* (IPPR, 1991).

(15)　M. Boeynaems, 'Cabinet Formation', *Res Publica*, 9 (1967), 488. (ボグダナー訳)

(16)　Norman Gash, 'Power in Suspense', *Times Literary Supplement*, 3 June 1983.

(17)　Graeme C. Moodie 'The Monarch and the Selection of a Prime Minister', *Political Studies*, 5 (1957), 1-20.

(18)　Peter Hennessy は、一九九四年に、Queen Mary and Westfield College での就任講演 'Searching for the "Great Ghost": The Palace, the Premiership, the Cabinet and the Constitution in the Post-War World' で、有力枢密院議員からなる委員会を提案した。

(19)　David Butler, *Governing without a Majority* (2nd edn., Macmillan, 1987), 132-3.

(20)　「隠された暗号」'hidden code' というのは、Peter Hennessy の表現である ('Searching for the "Great Ghost"')。

(21)　このように、エドワード八世とマウントバッテンの伝記の著者 Philip Ziegler は述べている。

第七章　王室財政

(1)　E. A. Reitan, 'The Civil List in Eighteenth Century British Politics: Parliamentary Supremacy versus the Independence of the Crown', *Historical Journal*, 9 (1966), 322. この論文の副題〔議会の至上性と王権の独立〕は、この二つの原則の間に続く軋轢を要約してい

る。この軋轢はある程度、今日まで続いている。Reitan, 'From Revolution to Civil List: The Revolution Settlement and the Mixed and Balanced Constitution', *Historical Journal*, 13 (1970), 571-88 も参照。

(2) Reitan, 'The Civil List in Eighteenth Century British Politics', 321, 320.

(3) Ibid. 329.

(4) Philip Hall, *Royal Fortune: Tax, Money and the Monarchy* (Bloomsbury, 1992) の第一章参照。この本は、君主政に敵対する観点から書かれているが、王室の財政に関して、かなり多くの新しい情報を提供している。

(5) 'Should One Pay Tax?', *The Economist*, 25 Jan. 1992, p. 36. この論説記事は明らかに公的な側からの協力を受けて書かれている。これは、一九九二年の新たな仕組み(本書二〇六頁以下参照)が導入される以前の王室の財政上の立場についての見解表明として重要なものであるが、これは、Hall, *Royal Fortune* に示されたのとは対照的な観点を表明している。

(6) 二〇世紀の、王室費に関する特別委員会報告書は次のものである。1901, HC 87, HC 110; 1910, HC 211; 1935-6, HC 74; 1936-7, HC 114; 1947-8, HC 18; 1951-2, HC 224; 1971-2, HC 29.

(7) 当時の大蔵大臣、Anthony Barber が、一九七一年の王室費に関する特別委員会報告書を庶民院に提出する際に述べたもの(House of Commons, vol. 828, col. 291, 14 Dec. 1971)。

(8) ランカスター公爵領大法官、Kenneth Clarke の言葉(*in Hansard*, Standing Committee G, col. 11, 17 Nov. 1987)。

(9) House of Commons, Select Committee on the Civil List, 1971-2, HC 29, p. xxiv, p. 64.

(10) 'Royal Finances' (Buckingham Palace, 1993), 26-7.

(11) HC 29, pp. xlviii-liii and app. 3.

(12) House of Commons, vol. 828, col. 302, 14 Dec. 1971.

(13) 'Next Steps Review 1993' (HMSO, 1993), 44.

(14) Hall, *Royal Fortune*, 24.

(15) 王室の課税免除の歴史は Hall, *Royal Fortune* に概観されている。

(16) House of Commons, 6th ser., vol. 214, cols. 982-3, 26 Nov. 1992. 制度の詳細と了解の覚書は王室信託委員会 the Royal Trustees 報告書 (HC 464) として一九九三年二月一一日に公刊されている。

(17) 'Royal Finances', 22.

(18) Hall, *Royal Fortune*, 35.

(19) HC 464, paras. 21, 22.

(20) Ibid. 17.

(21) これは、Hall, *Royal Fortune*, 110 で言われているこ

ことは反対である。

(22)　Sir Michael Adeane, 'Some Points about the Life and Activities of the Queen, Para. 3', HC 29, app. 13. Sir Michael は、この証拠を提出した当時は、女王の書記翰長であった。

(23)　Quoted in Helen Hardinge, *Loyal to Three Kings* (William Kimber, 1967), 78, 114.

(24)　Jonathan Dimbleby, *The Prince of Wales* (Little Brown, 1994), 507.

(25)　Cited in Hall, *Royal Fortune*, 95.

第八章　国王の書記翰長

(1)　Cited in Houghland Van Noorden, 'The Origin and Early Development of the Office of Private Secretary to the Sovereign', Columbia Ph.D. thesis (1952), 78. この論文は、この職の初期の歴史について、卓越した説明を行っている。

(2)　G. M. Trevelyan, *Lord Grey and the Reform Bill* (Longmans Green, 1920), 277.

(3)　Knollys to Mrs Asquith, 20 Sept. 1909, Royal Archives, Knollys Paper, RA Add. C29.

(4)　Paul H. Emden, *Behind the Throne* (Hodder & Stoughton, 1934), 223.　本書は、初期の国王書記翰長たちについての有用な歴史書である。

(5)　John Wheeler-Bennett, *King George VI: His Life and Reign* (Macmillan, 1958), 820.

(6)　Paul Hasluck, *The Office of Governor-General* (2nd edn., Melbourne University Press, 1979), 21.

(7)　Bigge to Knollys, 28 Dec. 1910, Knollys Papers, RA Add. C29.

(8)　Memo. of 24 July 1910, Davidson Papers, Lambeth Palace Library, vol. XII, fo. 195.

(9)　Balfour to Stamfordham, 9 Aug. 1911, RA GV K2552 (2) 56.

(10)　Balfour to Stamfordham, 9 Aug. 1911, cited in Kenneth Young, *Arthur James Balfour* (G. Bell, 1963), 302.

(11)　Balfour to Knollys, 7 Sept. 1911, Knollys Papers, RA Add. C29.

(12)　Helen Hardinge, *Loyal to Three Kings* (William Kimber, 1967), 77.

(13)　HRH the Duke of Windsor, *A King's Story* (Cassell, 1951).

(14)　Robert Lacey, *Majesty: Elizabeth II and the House of Windsor* (Hutchinson, 1977), 93.

(15)　Philip Ziegler, *King Edward VIII: The Official Biography* (Collins, 1990), 298.

(16)　Lord Hardinge of Penshurst, 'Before the

Abdication', *The times*, 29 Nov. 1958.

(17) Harold Laski, 'The King's Secretary', *Fortnightly Review* (1942), 390-1. ヘンリ・ポンソンビは、これまでのところ、伝記の対象となった唯一の国王書記翰長である。

(18) James Lees-Milne, *The Enigmatic Edwardian: The Life of Reginald 2nd Viscount Esher* (Sidgwick and Jackson, 1986), 250.

(19) Dermot Morrah, 'The Private Secretary', *National and English Review*, 149 (1959), 68.

(20) Memo. of 14 Feb. 1913, Davidson Papers, vol. XII, fo. 346.

(21) Memo. of 21 January 1914, ibid., fos. 362-3.

(22) Philip Magnus, *King Edward the Seventh* (John Murray, 1964), 431.

(23) Wheeler-Bennett, *King George VI*, 579.

(24) Sarah Bradford, *George VI* (Fontana paperback edn., 1991), 545.

第九章　国王と教会

(1) Geoffrey Elton, *England under the Tudors* (3rd edn., Routledge, 1991), 164.

(2) ヘンリ八世が「離婚」を認めさせようとして、イングランド教会を設立したというのは、神話である。王は、カサリン・オヴ・アラゴンが亡兄の妻であったことを理由に、カサリンとの婚姻を無効にしようとしていたが、教皇は、政治的理由から、許可を与えることができなかった。ヘンリ八世は、二番目の妻アン・ブリンと四番目の妻アン・オヴ・クレヴズとの婚姻も無効にした。今日知られているように、中世のコモン・ローには離婚制度は存在しなかった。

(3) E. Garth Moore and Timothy Briden, *Moore's Introduction to English Canon Law*, 3rd edn., ed. Timothy Briden and Brian Hanson (Mowbray, London, 1992), 10-11.

(4) Cited in P M. H. Bell, *Disestablishment in Ireland and Wales* (SPCK, 1969), 6.

(5) G. I. T. Machin, *Politics and the Churches in Great Britain 1869-1921* (Oxford University Press, 1987), 209.

(6) Cited in Earl of Selborne, *A Defence of the Church of England against Disestablishment* (Macmillan, 1887), p. xi.

(7) Machin, *Politics and the Churches*, 1.

(8) Philip Snowden, *An Autobiography* (Ivor Nicholson & Watson, 1934), i. 41-2.

(9) ローマ・カトリック教会の礼拝参加者が一三〇万人、独立系のプロテスタント諸教会の礼拝参加者が一二〇万人であることと比較せよ。(Michael De-La-Noy,

The Church of England: A Portrait（Simon & Schuster, 1993）, 46; 及び *The Economist*, 26 Dec. 1992）.

（10） Dissenting memo. by Valerie Pitt, in *Church and State: The Report of the Archbishop's Commission*（The Chadwick Report）（Church Information Service, 1970）, para.8.

（11） Cited in Machin, *Politics and the Church*, 320.

（12） House of Commons, 6th ser., vol. ii, cols. 959 ff., 8 Apr. 1981, 及び House of Lords, vol. 419, cols. 612 ff., 8 Apr.1981.

（13） House of Lords, ibid., col. 628.

（14） Colin Buchanan, *Cut the Connection: Disestablishment and the Church of England*（Darton, Longman & Todd, 1994）, 46.

（15） John Cope, MP, House of Commons, vol. 882, col. 1604, 4 Dec. 1974.

（16） しかし、一八二九年のローマ・カトリック教徒解放法第一七条と、一八五八年のユダヤ教徒解放法第四条により、ローマ・カトリック教徒とユダヤ教徒は宗教問題に関して国王に助言することができない。もし、首相がローマ・カトリック教徒ないしユダヤ教徒である場合は、おそらくは大法官が助言を行うことになる。

（17） Peter Hinchliff, *The One-Sided Reciprocity: A Study in the Modification of the Establishment*（Darton, Longman & Todd, 1966）, 171.

（18） Andrew Chandler, 'The Church of England and the Obliteration Bombing of Germany in the Second World War' *English Historical Review*, 108（1993）, 946.

（19） Bernard Palmer, *High and Mitred*（SPCK, 1992）, 291, 293.

（20） *Ex parte Canon Selwyn*,［1872］ 36 JP 54.

（21） *Williamson v. The Archbishops of Canterbury and York and the Church Commissioners*（1994）.

（22） David Nicholls, *Church and State in Britain since 1820*（Routledge& Kegan Paul, 1967）, 100.

（23） Jonathan Dimbleby, *The Prince of Wales, A Biography*（Little Brown, 1994）, 528.

（24） Machin, *Politics and the Church*,327-8.

（25） Jonathan Sacks, *The Persistence of Faith: Religion, Morality and Society in a Secular Age*（Weidenfeld & Nicolson, 1991）, 97.

（26） Rabbi Dr Julian Jacobs, 'Keep Faith Central to National Life', *The Times*, 9 July 1994.

（27） George Carey, 'The Established Church', *The House Magazine*, 3 Apr. 1993.

（28） John Habgood, *Church and Nation in a Secular Age*（Darton, Longman & Todd, 1983）.

（29） 「宗教と国民教会 Religion and the National Church」

と題する、一九九四年五月一五日のケンブリジ、キングズ・カレッジにおける説教。

(30) 'Faith, Hope and Clarity', *Guardian*, 9 Dec. 1993.

(31) Habgood, *Church and Nation*, 96.

(32) (Church House Publishing, 1992).

(33) Ibid., paras. 5.27 ff.

(34) これらの指摘は、「教会の指導者の選出過程においてより大きな発言権を」教会に与えることになる新しい取り決めをカラハンが推賞するなかでなされた。(House of Commons, Written Answers, vol. 912, col. 613).

(35) A. Taylor Innes, *The Law of Creeds in Scotland* (Blackwood, 1902), 58.

(36) A. V. Dicey and R. S. Rait, *Thoughts on the Union between England and Scotland* (Macmillan, 1920), 252-3.

(37) *McCormick v. Lord Advocate*, 1953 SC 396 (Scotland).

(38) *Ex parte Canon Selwyn* (1872) 36 JP 54.

(39) Cited in T. M. Taylor, 'Church and State in Scotland', *Juridical Review* (1957),122.

(40) William Anson, *The Law and Custom of the Constitution*, ii. *The Crown*, 4th edn., ed. A. Berriedale Keith (Oxford University Press, 1935), pt. II, p. 271.

第一〇章　国王とコモンウェルス

(1) Nicholas Mansergh, *The Commonwealth Experience* (Weidenfeld & Nicolson, 1969), 19.

(2) J.R. Seeley, *The Expansion of England* (Macmillan, 1883), 8.

(3) Ibid. 25-6.

(4) Lord John Russell 1839. Cited in K. C. Wheare, *The Statute of Westminster and Dominion Status* (5th edn., Oxford University Press, 1953), 54.

(5) Cited in Mansergh, *The Commonwealth Experience*, 128.

(6) Cited in ibid. 22.

(7) Cited in ibid. 21.

(8) Cmd. 2768 (1926). バルフォア定式の文面は、*Speeches and Documents on the British Dominions, 1918-1931*, ed. A. Berriedale Keith (Oxford University Press, London, 1938), 151 ff において参照することができる。

(9) Harold Nicolson, *King George V: His Life and Reign* (Constable, 1952), 481.

(10) Sir Zelman Cowen, 'Crown and Representative in the Commonwealth', unpublished Smuts Lectures, Cambridge University, 1984, lecture 1, fo. 14.

(11) Joe Garner, *The Commonwealth Office, 1925-1968* (Heinemann, 1978), 118.

(12)　Nicholas Mansergh, *Documents and Speeches on British Commonwealth Affairs, 1931-1952* (Oxford University Press, 1953), 366-7.

(13)　MacDonald to Creech-Jones, 27 June 1947, cited in R. J. Moore, *Making the New Commonwealth* (Oxford University Press, 1987), 103-4. 同書は、どのようにしてインドの共和国としての地位がコモンウェルスと調和したかについて、一次史料に基づいて卓越した説明をしている。

(14)　Cited in Ronald Hyam and Ged Martin, *Reappraisals in British Imperial History* (Macmillan, 1975), 204.

(15)　John W. Wheeler-Bennett, *King George VI: His Life and Reign* (Macmillan, 1958), 697 and n.

(16)　House of Commons, vol.443, col. 1836.

(17)　Cited in K. C. Wheare, *The Constitutional Structure of the Commonwealth* (Oxford University Press, 1960), 155. コステロは、一九四八年九月にカナダ法律家協会において演説を行った。

(18)　MacDonald to Creech Jones, 27 June 1947, cited in Moore, *Making the New Commonwealth*, 104.

(19)　Sir Norman Brook to Sir William Murrie, 3 May 1949, PRO CAB 21/1840.

(20)　Cited in M. Rajan, *Transformation of the Commonwealth: Reflections on the Asian-African Contribution* (Asia Publishing House, London, 1963).

(21)　Cited in Moore, *Making the New Commonwealth*, 107.

(22)　Cited in ibid. 185.

(23)　Report by Patrick Gordon Walker, Under-Secretary of State for Commonwealth Relations, of conversation with Nehru, 30 Mar. 1949, PRO CAB 21/1821, fo. 142, para. 11.

(24)　Wheeler-Bennett, *King George VI*, 730.

(25)　ロンドン宣言の文面は、Wheeler-Bennett, *King George VI*, 730-1 において参照することができる。

(26)　Patrick Gordon Walker, diary entry, 10 Feb. 1949, cited in Moore, *Making the New Commonwealth*, 166.

(27)　'What is the Commonwealth?', *The Economist*, 9 Oct. 1948, p. 562.

(28)　H.D. Ziman, 'The Major Purpose of the Commonwealth', *The Times*, 12 Jan. 1951.

(29)　Julian Amery, *The Life of Joseph Chamberlain*, vi. *Joseph Chamberlain and the Tariff Reform Campaign* (Macmillan, 1969), 1046.

(30)　4 May 1949, PRO CAB 21/1828, fo. 9.

(31)　Moore, *Making the New Commonwealth*, 190.

(32)　Michael Brecher, 'India's Decision to Remain in the Commonwealth', *Journal of Commonwealth and*

Comparative Politics, 12 (1975), 77.

(33) Sarvepalli Gopal, *Nehru*, ii. *1947-1956* (Jonathan Cape, 1979), 53 n.

(34) Arnold Smith, *Stitches in Time: The Commonwealth in World Politics* (Andre Deutsch, 1981), 236, 268.

(35) Lester Pearson, *Memoirs*, ii. *1948-1957: The International Years* (Gollancz, 1974), 104.

(36) Cmd. 8748 (1952).

(37) William Dale, *The Modern Commonwealth* (Butterworths, 1983), 38. サー・ウィリアム・デイルは、コモンウェルス省の法律顧問であった。

(38) Cowen, 'Crown and Representative', lecture 1, fo. 22.

(39) House of Commons, 6th ser., vol. 52, col. 763, 24 Jan. 1984.

(40) Margaret Thatcher, *The Downing Street Years* (Harper Collins, 1993), 74.

(41) John Campbell, *Edward Heath* (Jonathan Cape, 1994), 494.

(42) *The Title of the Sovereign*, Cmd. 8748 (1953), 及び、同時代の分析として、S. A. de Smith, 'The Royal Style and Titles', *International and Comparative Law Quarterly*, 2 (1953), 263-74 参照。

(43) Wheare, *Constitutional Structure of the Commonwealth*, 167.

(44) Nicholas Mansergh, *Documents and Speeches on Commonwealth Affairs, 1952-1962* (Oxford University Press, 1963), 366.

(45) Wheare, *Constitutional Structure of the Commonwealth*, 119.

(46) この指摘は、一九九四年にウィンザーのカンバーランド・ロッジで開催された、「コモンウェルスにおける若き英国 Young Britain in the Commonwealth」と題する会議において行われた。

(47) Rajan, *Transformation of the Commonwealth*, 52.

(48) Cited in 'Crown and Representative', lecture 1, fo. 6.

(49) J. D. B. Miller, *Survey of Commonwealth Affairs: Problems of Expansion and Attrition, 1953-1969* (Oxford University Press, 1974), 156.

(50) Wheare, *Constitutional Structure of the Commonwealth*, 159.

(51) H. V. Hodson, 'Crown and Commonwealth', *Round Table* (Jan. 1995), 89-95 参照。

(52) David Adamson, *The Last Empire: Britain and her Commonwealth* (I. B. Tauris, 1989), 108.

(53) Ibid. 117.

(54) Cited in Elizabeth Longford, *Elizabeth R* (Weidenfeld & Nicolson, 1983), 127.

(55) Sir John Kerr, *Matters for Judgment* (Macmillan, 1979), 330.

(56) Robert Lacey, *Majesty* (Hutchinson, 1977), 300.

(57) Cited in Kerr, *Matters for Judgment*, 374-5.

(58) Cited in George Winterton, *Monarchy to Republic: Australian Republican Government* (Oxford University Press, Melbourne, 1986).

(59) Nicolson, *King George V*, 480.

(60) Robert Menzies, *Afternoon Light: Some Memories of Men and Events* (Cassell, Melbourne, 1967), 256-7.

(61) Ibid. 258.

(62) Fred Phillips, *West Indies Constitutions: Post-Independence Reform* (Oceana, New York, 1985), 319.

(63) Brian Galligan, 'Regularising the Australian Republic', *Australin Journal of Political Science*, 28 (1993), 59.

(64) Brendan Sexton, *Ireland and the Commonwealth 1922-1936: The Governor Generalship of the Irish Free State*, (Irish Academic Press, Dublin, 1989), 138.

(65) R. McGregor Dawson, *The Government of Canada* (5th edn., University of Toronto Press, 1970), 152.

(66) David Butler and D. A. Low (eds.), *Sovereigns and Surrogates: Constitutional Heads of State in the Commonwealth* (Macmillan, 1991), 352より表を作成。

(67) Kerr, *Matters for Judgment*, 378.

(68) Butler and Low (eds.) *Sovereigns and Surrogates*, 198, 301.

(69) W. P. M. Kennedy による, H. V. Evatt, *The King and His Dominion Governors* の書評。 *University of Toronto Law Journal* (1938), 408-9; cited in *Evatt and Forsey on the Reserve Powers* (Legal Books, Sydney, 1990), p. ix.

(70) D. P. O'Connell, cited in Cowen,'Crown and Representative', lecture 3, fo. 19.

(71) Nicolson, *King George V*, 480.

(72) Kerr, *Matters for Judgment*, 331-2.

(73) Deirdre McMahon, *Republicans and Imperialists: Anglo-Irish Relations in the 1930s* (Yale University Press, 1984), 95, 98; Geoffrey Marshall, *Constitutional Conventions* (Oxford University Press, 1984), 175.

(74) Sir John Kerr, *Bulletin*, 10 Sept. 1985, p. 78.

(75) Kerr, *Matters for Judgment*, 358-9; Bullentin, 10 Sept. 1985, p. 78.

(76) Transcript of evidence given to Advisory Committee, 1 Oct. 1986, p. 333.

(77) House of Commons, vol. 512, col.199.

(78) Patrick Gordon Walker, 'Crown Divisible', *Twentieth Century* (1953), 428. Patrick Gordon Walker, *Political Diaries 1932-1971*, ed. Robert Pearce (The Historians'

Press, London, 1991), 215も参照。サー・マイケル・アディーンとの会談は、一九五四年一一月二四日に行われた。

(79) Cited in the Report of the Republic Advisory Committee in Australia, *An Australian Republic, The Options-The Report* (Canberra, 1993), 33.

(80) Quoted in Malcolm Turnbull, *The reluctant Republic* (Heinemann, Port Melbourne, 1993), 61-2. インヴァカーギルは、ニュー・ジーランド南端の岬。

(81) Ibid. 63.

(82) 一九九四年にニュー・ジーランド国民党のジム・ボルジャー首相は、ニュー・ジーランドが共和制に移行する可能性について言及したが、この問題は、オーストラリアにおけるほど、重大な政治的争点にはなっていない。

(83) Turnbull, *The Reluctant Republic*, 68.

(84) Ibid. 86.

(85) Ibid. 221.

(86) *Sydney Morning Herald*, 13 July 1994.

(87) Turnbull, *The Reluctant Republic*, 9, 10.

(88) Cited in Mansergh, *The Commonwealth Experience*, 126.

(89) Cited in J. D. B. Miller, *Survey of Commonwealth Affairs* (Oxford University Press, 1974), 421.

(90) 一九八六年のある日の『サンデー・タイムズ』は、女王とマーガレット・サッチャーの意見の相違を断言して、「アフリカ女王」という見出しを掲げていた。

第一一章　立憲君主政の将来

(1) Harold Nicolson, *King George V: His Life and Reign* (Constable, 1952) 106.

(2) Winston S. Churchill, *The Second World War*, i. *The Gathering Storm* (Cassell, 1948), 9.

(3) この論拠は、Tom Nairn, *The Enchanted Glass: Britain and its Monarchy* (Radius (Century Hutchinson), 1988) のライトモチーフをなしている。見事な論法だ。同様の論拠は別の共和主義の小冊子 Stephen Haseler, *The End of the House of Winsor: Birth of a British Republic* (I. B. Tauris & Co. Ltd, 1993) にもみることができる。

(4) *Spectator*,16 Jul 1988 所掲の Ferdinand Mount による Nairn の本の書評 'This Sceptred Isle' 参照。

(5) House of Lords, Written Answers, vol. 542, col. 43, 10 Feb. 1993.

(6) Jonathan Dimbleby, *The Prince of Wales: A Biography* (Little Brown, 1994), 9.

(7) Frank Prochaska, 'But the Greatest of These-Civil Society and the "Welfare Monarchy"', *Times Literary*

Supplement, 15 Jan. 1993, p. 15.　Prochaska 博士の本 *Royal Bounty: The Rise of the Wefare Monarchy* は一九九五年に Yale University Press から出版された。

（8）　エドワード七世は、その友好的態度で、二〇世紀初めにユダヤ人に対する寛容を実際大いに促した。

（9）　Cited in J. D. B. Miller, *Survey of Commonwealth Affairs*（Oxford University Press, 1974）, 421.

訳者あとがき

本書の特色と意義

本書は英国の立憲君主政の制度枠組を、その具体的運用に焦点を当てながら論じた、近年の英国においてほとんど類書を見ないユニークな書物である。本書の原題は、*The Monarchy and the Constitution* であるが、本訳書では、内容を酌んで、『英国の立憲君主政』と題した。

わが国では、天皇と国政のかかわりについて論じられるとき、決まって英国の立憲君主政が引き合いに出される。しかしその割には、近現代の英国の立憲君主政の実態についてのわが国における紹介や研究はやや低調であったように思われる。ヴィクトリア女王治世中頃の立憲君主政の原像ともいうべきものについては、翻訳もあるバジョットの古典的著作（Walter Bagehot, *The English Constitution*）を通じて比較的よく知られているものの、同書は今から一三〇年以上も昔に書かれたものであるから（一八六七年初版刊行）、この著作だけで現代の英国の立憲君主政を語ることはできない。このバジョットの君主政論が著されて以降、英国の立憲君主政はどのような時代経験と試練を経てきたのであろうか。また英国の立憲君主政は現在どのような姿をとっているのであろうか。このような問題関心に応える現代の著作の紹介が望まれるところであった。本書を一つの手掛かりにしてこの分野の研究・紹介が一層活発になることを期待したい。

本書の特色の一つは、王室文書館収蔵資料などの第一次資料を用いて、立憲君主政の維持に苦心する歴代の国王とその側近たちの、いわば水面下での動きや思考を伝えている点にある。そうすることによって、英国の立憲君主政を支え、その有り様を示す憲政規範的諸原則（＝憲制）を如実に示すことに本書の眼目の一つがある。

ただし、著者の主観が本書の憲制理解にかなり強く反映しているように思われる点は注意を要する。本書に示されたものが英国の立憲君主政の唯一の描像であると考えるのは危険であろう。しかし、英国には著者のような憲制理解が強く支持される土壌があり、少なくともつい最近までは、立憲君主政がそうした土壌の上に根付いていたこともまた事実である。それ故、本書は、二〇世紀英国の立憲君主政についての一つの有力な描像を伝えるものとして、また、その描像からみて有意とされる資料を示している点で、専門研究者にも参考になる点があるに違いない。

なお、英国の君主政と憲制は現在、大変動期を迎えている。本書が取り上げている諸問題に関しても、その後、さまざまな注目すべき動きがあった。ことに、労働党のブレア政権が一九九九年に行った貴族院改革は、おおむね世襲貴族だけで構成されていた貴族院の近々の消滅(新たな上院の誕生)をほぼ確実なものにした。このことは、英国憲制の根本的枠組を間違いなく変化させるであろう。こうした最新の動向については、また、本書とは別の著作が求められることになろう。

著者が英国の君主政に強い愛着をもっていることは、日本語版への著者の序に明らかであるし、本書全体からもはっきりと読み取ることができる。本書が、一九九〇年代前半の、英国の君主政に対する批判が噴出する最中に、君主政と王室とを擁護する意図で書かれた「啓発」の書という側面をもっていることは否定し難い。本書の議論の中には、「象徴天皇制」とともに数十年を過ごしてきた日本人の目からみれば、ことによると、かなりナイーブに見えたり、違和感を覚えたりする点もあるかもしれない。

著者の示す英国の立憲君主政の描像と対比しながら、わが国の過去及び現在の天皇と国政との関係につき思いを巡らせることは、非常に刺激的なことであるように思われる。本書は実に様々なことを読者に考えさせる。

著者について

ここで著者から送られてきた業績目録を摘記して紹介しておこう。

著者のヴァーノン・ボグダナー Vernon Bogdanor 教授は、一九四三年七月生まれ。現在、オックスフォード大学の統治制度論の教授 Professor of Government 兼同大学ブレイズノーズ・カレッジのフェロー Fellow of Brasenose College を務めている。一九九七年には英国学士院の会員（FBA）に選出され、翌一九九八年には憲制史constitutional historyへの貢献が認められて名誉大英勲章第三順位にあたるCBEを贈られている。また、これまで国内外で憲法制定や選挙制度改革その他の政治制度改革などに関し専門的見地から様々な諮問にも応じている。テレビ、ラジオや新聞等のマスメディア（BBC、『タイムズ』等）にも専門アドヴァイザーとしてしばしば登場している。主な著作には次のものがある。

［単著］

Devolution, 1979.

The People and the Party system: The Referendum and Electoral Reform in British Politics, 1981.

Multi-Party Politics and the Constitution, 1983.

What is Proportional Representation ?, 1984.

The Monarchy and the Constitution, 1995. ［本書］

Politics and the Constitution: Essays in British Government, 1996.〔本書に関連のある専門的な論文が幾編か収められている〕

Power and the People: A Guide to Constitutional Reform, 1997.

Devolution in the United Kingdom, 1999.

The Governance of Britain, 2003.〔Allen Lane Penguinより刊行の予定〕

［共著］

（With S. E. Finer and B.Rudden）, *Comparing Constitutions*, 1995.

［編集］

Co-editor, *Democracy and Elections*, 1983.

Editor, *Coalition Government in Western Europe*, 1983.

Editor, *Representatives of the People ? Parliamentarians and Constituents in Western Democracies*, 1985.

Editor, *The Blackwell Encyclopedia of Political Institutions* （Paperback edition, 1991, entitled *The Blackwell Encyclopedia of Political Science*）. スペイン語と中国語の翻訳あり。後者は、「一九四九年以来初めて翻訳出版された中国語の政治学百科事典」とのことである。

Editor, *Constitutions in Democratic Politics*, 1988.

Editor, *The British Constitution in the 20th Century*, 2003.〔英国学士院創立百周年記念出版としてOxford University Pressより刊行の予定〕

なお、送られてきた業績目録には掲げられていないが、本書との関連で特記すべきものが一点あるので、訳者の責任で追記しておきたい。

それは、本書巻末の参考文献撰に掲げられている、『王室百科事典』"*Royal Encyclopedia*"(一九九一年刊)の憲制関係項目は著者が匿名で執筆している点である。それには、'Constitutional Monarchy', 'Convention', 'Parliament, Dissolution of', 'Royal Assent', 'Bagehot, Walter' など、本書にも直結する項目が多く挙がっている。これらの項目は明らかに著者の執筆である。ちなみに、この事典の編者たちは、その序で、この事典が女王の承認と宮廷の協力で出来たことに触れたのち、しかし、この事典は「公式のものでも決定的なものでもない」として、「例えば、英国の憲制は典範化されておらず、それについての諸項目は、著者――この場合はヴァーノン・ボグダナー氏――の見解を反映したものたらざるを得ない」と断わっている。なお、上記一九九六年の論文集に収録された序文と第一論文で、著者はダイシー(A. V. Dicey)の憲制論についてはかなり辛い評価を下しているので、興味ある方は一読されたい。

訳語について

英国の君主政のような伝統と風土の中で培われてきた文化的所産についての記述を英語から日本語に翻訳する際には、色々と困難な問題に直面するのは当然である。訳語一つを選ぶにあたっても様々な考慮が必要になる場合が少なくなかった。そのいちいちをここに記すわけにはいかないが、本書表題に関わる幾つかのキーワードについては簡単に触れておきたい。

まず、"constitution"について。本書において英国の"constitution"と言われているものは、英国の国政の制度枠組となる規範的諸原則(ルール)の総体のことである。この"constitution"の語をどう訳すかは困難な問題である。当然ながら、これまでは「憲法」と訳されることが多かった。しかし、このルールには、性質上、"legal"な"constitutional law"と、"non-legal"な"constitutional convention"の両方があると捉えられており(本書二三頁は後者につき明記している)、このような場合に、「憲法」と訳すのは混乱を招く。この語を「国制」と訳す例も近年では増えている。しかし、「国制」という訳語には、今度は、「憲法」との密接な関連（原語の同一性と観念の類縁性）を見えなくしてしまうという難点がある。「ベルギー国憲法」のような法令名の定訳は動かせぬところであるが、本書では、英国の“constitution”と、こうした「成文憲法」国の“constitution”とは共通の性質をもち、それ故比較可能であるとの前提で論じられているので、この共通性が見えにくい「国制」という第二の定訳も採用をためらった。本書では“constitutional”を「立憲（的）」と訳す場合もあるから、その点でも「国制」と訳すのは適当ではない。更に、コモンウェルスの“constitution”といった用法ともうまくなじまない。こうした考慮から、本訳書では、「憲制」という訳語を用いることにした。「国憲」という、かなり有力な対案も棄て難かったが、「憲制」ならば「憲」の字から、「憲法」との連関性も直感的に捉え易いように思われた。ちなみに、この「憲制」の語は漢和辞典などには挙げられており、（成文の）「法令」などの意味での「憲法」と同義であると説明されている（『新字源』など』）。だが、本書での「憲制」は、これとは別の意味で、あくまで“constitution”の訳語として造語されたものと理解されたい。翻訳でこのような大胆な造語をするのはできる限り避けるべきであるが、この語の訳については、この語に接してきた多くの者たちが同じような違和感を覚えつつ、「憲法」の定訳の引力圏から脱しきれずにいた。本書は、英国の君主政との関係に焦点をあてているため、英国の“constitution”が、いかに成文の「憲法」とは異質のものであるかを、極めて印象深く示しているように思われる。そこで、新造語を採用する好機と考えた次第である。

なお、例えば、国王の権限の根拠たる“constitution”などは、（権限を基礎付けるのは法であるから）、「憲法」と訳すべきではないかという議論もあり得ようが、本訳書では、そうした分別に基づく訳し分けはしなかった。英国に関する限り、一律に、“constitution”を「憲制」と訳している。

これに対して、いわゆる成文憲法国の“constitution”に関しては、原則として「憲法」と訳した。ただし、著者の理解によれば、成文憲法国にも「法」ならざるルールがあり、厳密にいえば、比較可能なのは、やはり「憲制」というべきものであるので、このように、英国も含めた比較可能性を示す文脈で使われている箇所では、「憲法・

憲制」と表記した。

なお、“codified constitution”は、「典範化された憲制〔＝憲法典〕」とした。ただし、著者は、それが「成文」であることに重きを置いてこの語を使っているように見受けられる。

“constitutional convention”は、「憲法上の習律」あるいは「憲法習律」がほぼ定訳のようになっているが、「憲制慣例」とした。“convention”は「慣例」と訳せば足り、「習律」の如き日常では使われない訳語を用いる必要はないと判断した。

これに対し、“constitutional law”は、単に「憲法」とした。「憲制の法」は、つまるところ勝義の「憲法」に他ならないからである。

次に、“monarchy”について。本書で示される英国の“constitutional monarchy”の描像には、「君主による政治」というニュアンスが強く見られる。その点を考慮し、本書では原則として「君主政」と訳した。「君主国」「君主政体」「王室」と訳した箇所もある。

“sovereign”は「国王」と訳した。これは、“throne”(「王位」)にある者、あるいは国王という国家機関そのものを指す意味で用いられていると解される。従って、この訳語としては「国王」は、両性を通じて、あるいは性別に関わりなく使われるものである“sovereign”を「君主」とするのも一案であったが、例えば、拒否権を行使するのは、「君主」とするよりも、「国王」であるとする方が妥当であるので、原則として採らなかった。「女王」“queen”と対をなす男王の意味の“king”は、単に「王」と訳した。チェスの場合と同じである。

“Britain”は「英国」と訳した。“Britain”の語は多義的かつ曖昧であるが、それ故に便利なこともある。この便利さを利用して、本訳書の表題には「英国の」という形容を入れた。

なお、各分野の専門用語等の定訳はできる限り踏まえたつもりであるが、その上で、その定訳を採用しなかったものもある。それぞれに理由はあるが、いちいち説明することは省略したい。

資料の中などで、王室等に関して身分関係を示唆する表現を使うことがあったが、訳者の基準からすれば、かなり控えめと思われる表現に抑えた。英日似たような制度を認めても、新旧の日本の皇室用語の類をそのまま使うことはあまりしていない。だが、「内帑金」「御用邸」「召集」等は用いた。

その他

本書は、まず一九九五年にハードカバー版がオックスフォード大学出版局から出され、一九九七年に同じ出版局からペーパーバック版が出版された。後者のどこにも断りはないが、その間のコモンウェルスの変化を取り入れて、第一〇章に若干加筆修正が見られる。その結果、第一〇章以降の頁付けに若干のずれが生じている。その他の箇所でも若干の字句の修正がなされている。本訳書では、ペーパーバック版を底本とした。なお、単純ミスと思われる若干の明白な誤記・誤植は、訳出にあたって特に断らずに修正した。

翻訳は、まず、第一、第二章及び第八章乃至第一〇章を小室が、第三章乃至第七章と第一一章を笹川が分担して行った上で、両名で訳語等の摺り合わせを行った。一応の訳が完成した後に、ハルバーシュタットを交え、全体の訳を見直した。しかし、なお、思わざる誤訳や不適切な訳もあろう。ご教示に与りたい。

最後に、木鐸社の能島豊社長には無理を言って翻訳権をとって戴いたのであるが、専門出版の厳冬の時代にこのような余り売れそうにもない訳書の出版を快くお引受け戴いたことはまことに有難いことであった。しかるに、訳書の完成はお約束の期限を大幅に超過してしまった。また、同社の坂口節子編集長にも大変お世話になりました。心からお礼を申し上げます。

人名索引

ア行

アスキス H. H. Asquith 79-80, 91, 111-112, 115, 125-128, 131, 133, 135, 141-144, 146-148, 165, 176, 218-220, 228, 319
アディーン，サー・マイケル Sir Michael Adeane 106-107
アトリー C. R. Attlee 99, 114, 154, 270, 281, 319
アバディーン卿 Lord Aberdeen 35
アミン，イディ Idi Amin 277, 290, 291
アラード，ヘンリ Henry Allard 189-190
アルバート，プリンス・コンソート Prince Consort Albert 28-30, 32-37, 47-48, 56, 61-62, 72, 214
アン女王 Queen Anne 17, 62, 126, 139
アンソン，サー・ウィリアム Sir William Anson 78-79, 138, 253
イーシャ卿 Lord Esher 82-83, 88, 142, 219, 227
イーデン，サー・アンソニー Sir Anthony Eden 68, 91, 98-100, 105-106, 113
イサクス，サー・イサク Sir Isaac Issacs 263, 297, 301
インスキップ，サー・トマス Sir Thomas Inskip 302
ヴァイツセカー，リカルド・フォン Richard von Weizsaecker 74
ヴィクトリア女王 Queen Victoria 25, 27-33, 35-37, 40-51, 56, 61, 72, 84, 89, 110, 181, 205, 214-215, 218-219, 226, 238, 286, 321, 323-324
ウィグラム，サー・クライヴ Sir Clive Wigram 118, 120, 215, 302
ヴィットゥム伯爵 Count Vitzthum 35
ウィットラム，ゴフ Gough Whitlam 82, 294-295, 300, 302-303, 309
ウィリアム征服王 William the Conqueror 13
ウィリアムとメアリ William and Mary 15-16, 61, 64, 198, 251
ウィリアム四世 William IV 27-28, 31, 33, 47, 56, 126, 139, 213-214
ウィルソン，ハロルド Harold Wilson 67, 92, 95, 97, 110, 165, 176, 178, 191, 319
ウィンザー公爵 Duke of Windsor →エドワード八世
ウィンザー公爵夫人 Duchess of Windsor →シンプソン夫人
ウェイヴァリー卿 Lord Waverley 92, 107
ウェスト，ハリー Harry West 164
ウェリントン公爵 Duke of Wellington 25, 30-31
ウォーカー，パトリック・ゴードン Patrick Gordon Walker →ゴードン・ウォーカー
エヴァット博士，ハーバート Dr Hervert Evatt 308
エグベルト，ウェセクス王 Egbert, King of Wessex 12
エディンバラ公爵 Duke of Edinburgh 58, 62, 65, 201, 207, 314, 328
エドワード証聖王 Edward the Confessor 13
エドワード一世 Edward I 14, 62
エドワード二世 Edward II 235
エドワード六世 Edward VI 55-56
エドワード七世 Edward VII 38, 46, 49, 63, 125-129, 133, 206, 218, 227-229
エドワード八世 Edward VIII 54-55, 63-64, 66, 80, 85, 114-115, 149-159, 215, 221-224, 226, 228-229
エリザベス一世 Elizabeth I 235
エリザベス王太后 Queen Elizabeth, the Queen Mother 58, 66, 207
エリザベス二世 Elizabeth II 51, 55, 57-59, 62-63, 80, 84-85, 106-107, 109-111, 201, 203, 280, 282-285, 321, 323-324

カ行

カー，サー・ジョン Sir John Kerr 82, 217,

294-295, 300-303, 309
カーゾン卿 Lord Curzon　88, 92, 102-105, 195
カーティン，ジョン John Curtin　98
カナダイン，デイヴィッド David Cannadine　48
カニング，ジョージ George Canning　25
カラハン，ジェイムズ　James　Callaghan　85, 91, 93, 97, 249, 290
カロライン王妃 Queen Caroline　61, 68
ガンディー夫人，インディラ Mrs Indira Gandhi　282
カンベル=バナマン，サー・ヘンリ Sir Henry Campbell-Bannerman　46, 91, 176
キルミュアー卿 Lord Kilmuir　105-106
キング，マッケンジー W. L. Mackenzie King →マッケンジー・キング
クーパー，ダフ Duff Cooper　154
クラウザー=ハント卿 Lord Crowther-Hunt　164
グラッドストン W. E. Gladstone　29, 33, 37, 40-43, 45, 163, 215, 238, 319
クラレンドン卿 Lord Clarendon　33
クランボーン子爵 Viscount Cranborne　241
クリプス，サー・スタフォード Sir Stafford Cripps　124
クルー卿 Lord Crewe　143, 229
グレイ，サー・エドワード Sir Edward Grey　136
クレイク，サー・ヘンリ Sir Henry Craik　137
グレイ大将 General Grey　215
グレイ伯爵 Earl Grey　25
グレヴィル，チャールズ Charles Greville　29, 33
グレンヴィル卿 Lord Grenville　22
クロージア W. P. Crozier　115
ケアリー，ジョージ George Carey　244, 247
ケイシ卿 Lord Casey　298
ゴートン，ジョン John Gorton　98, 298
ゴードン・ウォーカー，パトリック Patrick Gordon Walker　305-308
ゴードン大将，チャールズ General Charles Gordon　42
コール，ヘルムート Helmut Kohl　191
コステロ J. A. Costello　271
コルヴィル，サー・ジョン Sir John Colville　98-99

サ行

サッチャー，マーガレット Margaret Thatcher　84, 91, 95, 97, 202, 244, 282-284, 295, 324
サミュエル，サー・バーバート Sir Herbert Samuel　117-120, 123
サン・ローラン，ルイ Louis St Laurent　279, 286
シーリー J. R. Seeley　257
ジェイムズ，サー・ロバート・ローズ Sir Robert Rhodes James　95
ジェイムズ二世 James II　15-17, 149, 251
ジェニングズ，サー・アイヴァー Sir Ivor Jennings　80, 90, 94, 194
シャンドス卿 Lord Chandos　92, 107
ショー，バーナード Bernard Shaw　134
ジョージ一世 George I　17, 19, 23, 54, 69, 286
ジョージ二世 George II　17, 19-20, 54, 56, 66, 70
ジョージ三世 George III　17, 19-22, 24, 28, 31, 47, 56, 65-66, 199, 213, 321
ジョージ四世 George IV　25, 28, 47, 61, 68, 213
ジョージ五世 George V　28, 51, 56-57, 64, 77, 79, 82, 84, 86, 88, 90, 102-105, 112-113, 116-125, 128-149, 167, 169, 175-176, 206, 208, 210, 218, 227-230, 263, 270, 297, 299, 301-302, 317, 321, 324, 326
ジョージ六世 George VI　51, 55, 57, 59, 63, 71, 88, 99, 104, 158-159, 195, 206, 208, 215, 222, 225, 230, 266, 280-281, 284, 321, 324
ジョン王 King John　14
シンプソン夫人 Mrs Simpson　66, 150-158, 194, 221-224, 264
スカリン J. H. Scullin　297, 301
スクーン，サー・ポール Sir Paul Scoon　295
スタムフダム卿 Lord Stamfordam　102-104, 112-113, 118, 129, 140, 145, 147-148, 218-220, 227, 263
スタンリー卿 Lord Stanley　36

スチュアート，マイケル Michael Stewart　99
スティーヴン，サー・ニニアン Sir Ninian Stephen　299, 311
ストックマール男爵 Baron Stockmar　**33-34**, 47, 81
スノウデン，フィリップ Philip Snowden　238
スペンサー卿 Lord Spencer　43
スマッツ大将，ジャン General Jan Smuts　94, 177, 260, 265
スミス，アーノルド Arnold Smith　281, 283
スミス，ジョン John Smith　180
ゼットランド卿 Lord Zetland　156-157
ソープ，ジェレミ Jeremy Thorpe　164
ソールズバリ侯爵（第3代）Salisbury (3rd Marquess of)　41, 43, 47, 163, 259
ソールズバリ侯爵（第4代）Salisbury (4th Marquess of)　102
ソールズバリ侯爵（第5代）Salisbury (5th Marquess of)　68, 92, 99, 106
ソフィア，プリンセス（ハノーファ選帝侯妃）Princess Sophia (Electress of Hanover)　17, 54, 158

タ行

ターンブル，マルコム Malcolm Turnbull　310, 312
ダイシー A. V. Dicey　**75**, **146-147**, 240, 251
タウンゼント大佐，ピーター Group Captain Peter Townsend　67-68
ダルトン，ヒュー Hugh Dalton　114
ダンカン，サー・パトリック Sir Patrick Duncan　177
チェンバレン，サー・オースティン Sir Austen Chamberlain　64
チェンバレン，ジョゼフ Joseph Chamberlain　38-39, 44, 259, 273
チェンバレン，ネヴィル Neville Chamberlain　80, 104, 111, **113-115**, 152, 215
チフリ，ベン Ben Chifley　98
チャーチル，ウィンストン Winston Churchill　66-67, 79-80, 91-92, 98-99, 101, 104, 107, 111, **113-115**, 154, 156-157, 165, 175, 243-244
チャールズ一世 Charles I　64, 198
チャールズ二世 Charles II　17
チャールズ，プリンス Prince Charles →プリンス・オヴ・ウェイルズ
チャドウィック，オーウェン Owen Chadwick　231
チョーカー，バロネス Baroness Chalker　322
デ・ヴァレラ de Valera　155, 270, 174, 299, **301-302**
ディズレイリ，ベンジャミン Benjamin Disraeli　21, **36-37**, 40-42, **47-49**, 81, 124, 163, 215, 321, 323
テイラー A. J. P. Taylor　312
テイラー，サー・ハーバート Sir Herbert Taylor　214
ディルク，サー・チャールズ Sir Charles Dilke　38-39, 44, 49
ディンブルビ，ジョナサン Jonathan Dimbleby　63
テビット卿 Lord Tebbit　322
テンプル，ウィリアム William Temple　243
ド・ゴール，シャルル Charles de Gaulle　64, 72
トゥイーズミュア卿 Lord Tweedsmuir　222
ドーソン，ジェフリー Geoffrey Dawson　104, **223-224**
トレヴェリアン G. M. Trevelyan　213

ナ行

ナイトン，サー・ウィリアム Sir William Knighton　213
ニュートン，トニー Tony Newton　55
ネルー師 Pandit Nehru　274, 277, 280
ノウルズ卿 Lord Knollys　46, 126, **129-130**, 132, 134, 147, 215, **218-220**, 227-228
ノース卿 Lord North　20-21

ハ行

ハーヴィー，サー・アーネスト Sir Ernest Harvey　118
ハーウッド伯爵 Earl of Harewood　67
バーク，エドマンド Edmund Burke　22, 199, 236

ハーコート，サー・ウィリアム Sir William Harcourt 43
ハーディング，サー・アレクサンダー Sir Alexander Hardinge 215, **221-230**
ハーティントン卿 Lord Hartington 41, 43, 110
バーデット，サー・フランシス Sir Francis Burdett 216
ハード，ダグラス Douglas Hurd 97
パーマストン卿 Lord Palmerston 23, 32, 35
ハームズワース・エズモンド Esmond Harmsworth 155
ハウ，サー・ジェフリー Sir Geoffley Howe 99
ハウトン，ダグラス Douglas Houghton 203-204, 210
バジョット，ウォルター Walter Bagehot 35, **40**, **47-48**, 51, **73**, **81**, 85-86, 147, 216, 321, 323
ハスラック，サー・ポール Sir Paul Hasluck 217, 298
バックリー，ドナル Donal Buckley 299
バトラー R. A. Butler 99-102, **105-110**
ハブグッド，ジョン John Habgood 244, 247
ハリソン，フレデリック Frederic Harrison 39-40
ハリファックス子爵（初代）Halifax (1st Viscount) 40
ハリファックス子爵（第3代）Halifax (3rd Viscount) 88, 104, 111, 113-115
バルフォア（バルフォア卿）A. J. Balfour (Lord Balfour) **49-50**, 91, 102-103, 112, 129-130, 136, **139-140**, **218-220**, 262
ピアソン，レスター Lester Pearson 281
ビーヴァーブルック卿 Lord Beaverbrook 149, 153, 159
ヒース，エドワード Edward Heath 84, 91, 93, 107, **163-166**, 283
ヒーリー，ティム Tim Healey 263
ピール，サー・ロバート Sir Robert Peel 26-32, 34, 43, 47, 205
ビグ，サー・アーサー Sir Arthur Bigge → スタムフダム卿
ピット，ウィリアム（小ピット）William Pitt, the younger 21-22, 56
ピット，ウィリアム（大ピット）William Pitt, the elder 20
ヒトラー，アドルフ Adolf Hitler 76, 115, 318
ヒューム卿 Lord Home 96, 102, **107-110**
ビング卿 Lord Byng 171, 174-175, 177
ファブーアト，ヘンドリック Hendrik Verwoerd 289
フィシャ，ジェフリー Geoffley Fisher 243-244
フィッツハーバート夫人，マリア Mrs Maria Fitzherbert 66
フィリップ，プリンス Prince Philip →エディンバラ公爵
フィリップス，サー・フレッド Sir Fred Phillips 298
フェルディナント大公，フランツ Archduke Franz Ferdinand 67, 155
フォード F. M. Forde 98
フォード，サー・エドワード Sir Edward Ford 59
フォクス，チャールズ・ジェイムズ Charles James Fox 21, 32, 56
フォスター W. E. Forster 50
ブラウン，ジョージ George Brown 99
ブラッドリー A. W. Bladley 165, 167
ブラドロー，チャールズ Charles Bradlaugh 38
ブランド，ウィリ Willy Brandt 191
ブリジズ，サー・エドワード Sir Edward Bridges 111, 132
プリンス・オヴ・ウェイルズ（チャールズ王太子）Prince of Wales 51, 55, 58, 62-63, 65, **68-70**, **209-210**, **246**, **327**
プリンス・チャールズ Prince Charles →プリンス・オヴ・ウェイルズ
プリンス・フィリップ Prince Philip →エディンバラ公爵
プリンセス・エリザベス Princess Elizabeth →エリザベス二世
ブルース，スタンリー Stanley Bruce 223
ブルーム卿 Lord Brougham 31

ブルック，サー・ノーマン Sir Norman Brook 273
ブルムフィールド，サー・ベンジャミン Sir Benjamin Bloomfield 213
ブルワー＝リトン，エドワード Edward Bulwer-Lytton 149
ブレア，トニー Tony Blair 180
ブレイク卿 Lord Blake 106, 165
ペイジ，エール Earle Page 97-98
ヘイスティングス卿夫人，フローラ Lady Flora Hastings 214
ヘイドン，ビル Bill Hayden 298, 311
ヘイルシャム卿 Lord Hailsham 102, 107, 109, 241, 320
ヘセルタイン，サー・ウィリアム Sir William Heseltine 303
ベル，ジョージ George Bell 244
ヘルツォッグ大将 Gen. J. B. M. Hertzog 94-95, 177
ヘルネリウス，アラン Allan Hernelius 190
ベン，トニー Tony Benn 55, 133, 291
ヘンダーソン，アーサー Arther Henderson 112, 116
ベンツン，インゲムント Ingemund Bengtsson 190
ベンツン，トールステン Torsten Bengtson 189-190
ベンティンク卿，ジョージ Lord George Bentinck 32
ヘンリ一世 Henry I 13
ヘンリ八世 Henry VIII 56, 235, 253
ホアー，サー・サミュエル Sir Samuel Hoare 120
ホリオウク，サー・キース Sir Keith Holyoake 298
ホーテク女伯爵，ゾフィー Countess Sophie Chotek 67, 155
ホールデン卿 Lord Haldane 134
ボールドウィン，スタンリー Stanley Baldwin 88, 90, 92, 101-105, 117-120, 122, 150-152, 156, 163-164, 167, 169-170, 172, 176, 195, 215, 222, 224, 306
ホップウッド，サー・フランシス Sir Francis Hopwood 145, 148
ボナ・ロー，アンドリュー Andrew Bonar Law 91-92, 102, 112, 134-135, 137-138, 141, 148, 176
ホランド，シドニー Sidney Holland 308
ホルト，ハロルド Harold Holt 98
ポンソンビ，サー・フレデリック Sir Frederick Ponsonby 210
ポンソンビ，サー・ヘンリ Sir Henry Ponsonby 29, 40-41, 215, 218, 226-227

マ行

マーガレット，プリンセス Princess Margaret 58, 65, 67-68, 71
マージソン，デイヴィッド David Margesson 111, 113-115
マーシャル，ジェフリー Geoffrey Marshall 302
マイエン，アーサー Arthur Meighen 171, 174-175, 177
マイケル，プリンス・オヴ・ケント Prince Michael of Kent 65
マキュエン，ジョン John McEwen 98
マクドナルド，マルカム Malcom MacDonald 269-271
マクドナルド，ラムゼイ Ramsay MacDonald 101, 116-123, 156, 165, 167, 176, 178, 195, 302
マクニール，ジェイムズ James McNeill 299, 302
マクマーン，ウィリアム William Macmahon 98
マクマーン，サー・ジョン Sir John MacMahon 213
マクミラン，ハロルド Harold Macmillan 65, 96, 99-101, 105-110
マクラウド，イアン Iain Macleod 109
マコーリ T. B. Macaulay 11, 18
マッケンジー・キング W. L. Mackenzie King 174-175, 261, 265
マンクトン，サー・ウォルター Sir Walter Monckton 224, 229
ミッチェル，ロスリン Rosslyn Mitchell 241

メアリ一世 Mary I　235
メアリ二世 Mary II→ウィリアムとメアリ
メイジャー，ジョン John Major　68, 95, 97, 206
メノン，クリシュナ Krishna Menon　281
メルヴィル，アンドルー Andrew Melville　252
メルボーン卿 Lord Melbourne　10, 27, 29-32, 43, 139, 214
メンジーズ R. G. Menzies　98, 265, 290, 297, 308
モーズヘッド，サー・オーウェン Sir Owen Morshead　145
モードリン，レジナルド Reginald Maudling　99, 102, 107
モーリー卿 Lord Morley　143-144, 147
モラ，ダーモット Dermot Morrah　103
モリソン，ハーバート Herbert Morrison　99

ヤ行

ユイング K. D. Ewing　165, 167

ラ行

ライオンズ J. A. Lyons　97
ライトマン判事 Mr Justice Lightman　245
ラスキ，ハロルド Harold Laski　39, 61, 84, 124, 226-227
ラスルズ，サー・アラン Sir Allan Lascelles　111, 145, 173-175, 194, 230
ラッセル卿，ジョン Lord John Russell　27, 31-32
ラブシェア，ヘンリ Henry Labouchere　44
ラム，サー・グランヴィル Sir Granville Ram　146
ランボールド，サー・ホリス Sir Horace Rumbold　118
リーズ＝モッグ，ウィリアム William Rees-Mogg　110
リヴァープール卿 Lord Liverpool　213
レーゼン男爵夫人 Baroness Lehzen　214
レッドモンド，ジョン John Redmond　144, 146, 148
ロイド・ジョージ，デイヴィッド David Lloyd George　62, 64, 79, 101, 112-113, 117, 121, 125, 206-207, 237, 269, 319
ロウズバリ卿 Lord Rosebery　41, 43, 112, 148, 256
ローズ，ケネス Kenneth Rose　85
ロッキンガム侯爵 Marquess of Rockingham　21, 31
ロビンソン，メアリ Mary Robinson　74
ロンギ，デイヴィッド David Lange　292

ワ行

ワイトロー，ウィリアム William Whitelaw　99

事項索引

ア行

アイルランド Ireland　266, 269, **271**, 274, 287, 313
アイルランド共和国 Irish Republic　74-75
アイルランド国民党 Irish Nationalists　126-127, **134-149**, 163, 179
アイルランド自治 Irish Home Rule　42, 45, 77, 82, 87, 90, 127, **134-149**, 192
アイルランド自由国 Irish Free State　57, 155, 247, 267, 299
『アップル・カート』(1929年) *The Apple Cart*　134
アパルトヘイト apartheid　289-290
アルスター Ulster　135-149
アルスター統一党 Ulster Unionists　161, 164
アングロ=サクソンの君主政 Anglo-Saxon monarchy　13
一般評議会 commune concilium　13
イングランド教会 Church of England　17, 54, 69, 153, **231-255**, 264; →総会，至上支配者，ヴァン・ストローベンセー報告書
イングランド教会（礼拝及び教義）法（1974年）Church of England (Worship and Doctrine) Measure　241
イングランド教会全国会議（権限）法（1919年）Church of England Assembly (Powers) Act　239-241
インド India　49, 114, 267, 271-276, 282, 320
インド女帝 Empress of India　42, 49, 321
ヴァン・ストローベンセー報告書 van Straubenzee Report　248-249
ウェストミンスター法（1931年）Statute of Westminster　55, 158, **262**, 264, 272, 274, **285-286**, 297, 313
ウガンダ Uganda　277, 290
英国国籍法（1948年）British Nationality Act　267
王位継承宣言法（1910年）Accession Declaration Act　53
王位継承のルール rules of succession　15-18, **52-71**, 286
王位継承法（1701年）Act of Settlement　**16-18**, **54-55**, 65, 68, 133
王室婚姻法（1772年）Royal Marriages Act　55, 65-66
王室費 civil list　68, **198-203**, 205, 207-210, 215, 226, 306
王族に対する課税 tax arrangements of royal family　205-209
オーストラリア Australia　70, 82, **97-99**, 155, 217, 223, 263-266, **293-300**, **307-315**
オタワ協定（1932年）Ottawa Agreements　278
オランダ Netherlands　182-188

カ行

外交関係法（1936年）〔アイルランド〕External Relations Act　266-267, 269
ガット（関税と貿易に関する一般協定）(1947年）GATT(General Agreement on Tariffs and Trade)　261
カトリック解放 catholic emancipation　22, 24-25
カナダ Canada　49, 64, 70, 155, 171, 174, 177, 222, 258-259, 261, 264-267, 278-279
カンタベリ大主教 Archbishop of Canterbury　56, 69, 148, 219, 228, 232, 243-244, 247
議会の解散 dissolution of parliament　27, 30-31, 59, 89, **92-95**, 112, 123, 127, 131, 134, **173-178**, 184-197, 217
議会法（1911年），議会法案 Parliament Act, Parliamentary Bill　**127-137**, 218, 228-229
貴賤相婚 morganatic marriage　66-67, 150, **155-158**
貴族創出 creation of peers　125-134
北アイルランド Northern Ireland　161, 313
議長〔スウェーデン議会〕Speaker　188-189
共和主義 republicanism　37-41, 159, 309-315

挙国一致内閣(1931年)National Government 101, 116-124
グレナダ Grenada 295, 300
賢人会議 Witan 13
憲制慣例 constitutional convention **23**, 76, 94, 151, 169, 178-179, 181, 184, **193-197**
憲制の危機 constitutional crisis
(1909−11年) **125-134**, 193-197
(1914年) 89-90, 193-197
(1931年) 39, 101, **116-124**, 175, 193-197
(1936年) 54, 69, 149-159, 193-197, 215, **221-225**, 264, 286, 306-307
権利章典 (1689年) Bill of Rights **15-18**, 53, 251
公共政策研究所 Institute of Public Policy Research 184, **190-192**
公定教会 established church **231-233**, 235-237, 248-249
国王至上法(1559年) Act of Supremacy 235
国王称号法 Royal Titles Act
(1876年) 49
(1953年) 285-286, 307-308
国王の妃 queen consort 61
国際連盟 League of Nations 261
国民投票 referendum 141
国務評議会, 国務評議会員 Council of State, Councellor of State 56-51, 65
穀物法廃止 repeal of Corn Laws 31-32
『コニンズビー』(1844年) *Coningsby* 48
コモンウェルス Commonwealth 50, 55, 57, 60, 68, 70, 86, 93, 155, 204, 208, 217, 226, **256-315**, 322, 325
コモンウェルスからの離脱 secession from Commonwealth 270, 288-289
コモンウェルス構成国資格 rules of Commonwealth membership 287
コモンウェルス事務局 Commonwealth Secretariat 288
コモンウェルス首相会議 Commonwealth Prime Ministers Conference
(1947年) 267, 278
(1949年) 274, 280
(1952年) 285
コモンウェルス首長 Head of the Commonwealth 50, 60, 86, 200, 274, **280-284**, 287, 290-293, 314, 320, 325
コモンウェルス首脳会議 Commonwealth Heads of Government Meetings 279, 288, 290
コンウォール公爵領 Duchy of Cornwall 199, 206

サ行

〔国王の〕裁可 royal assent 59, 77, 87, 137, 142-145, 239, 250
サリカ法 Salic law 52
暫定政権 caretaker government **98-99**, 162
三年議会法 (1694年) Triennial Act 17
シヴィル・リスト civil list →王室費
シヴィル・リスト法 (1697年) Civil List Act 17, 198-199
至上支配者〔イングランド教会〕Supreme Governor 54, 69, 153, **231-233**, **235**, 238, 246, 249, 292, 325
施設補助費 grant-in-aid 200, **202**, 205
自治領 dominion 49, 259, 267, 269, 271, 286, 307, 321
『シビル』(1845年) *Sybil* 124
宗教改革 Reformation 234-235, 238, 252, 253
自由党 Liberals, Liberal Party, 40-43, 45, 80, 111-113, 115, 119, 125-137, 160-164, 180, 195
自由党=労働党協定 (1977−78年) Lib. -Lab. pact 180
自由民主党 Liberal Democrat Party →自由党
首相の解任 dismissal of prime minister 22, 27-28, 82, 139, 142, 146-147, 294-295, 300, 302-304
首相の任命 appointment of prime minister 20-21, **27**, 31, 41, **42-44**, 88, **91-92**, **96-124**, 167-173, 182-197
少数派政権 minority government 92, 112, 118, 160-161, 165-167, 176-179, 191, 195
情報伝達者 informateur 184-187
助言 advice 65, **77-83**, 87, 91, 150, 152, 157-158, 194, **216**, 243, 248-249

女性の按手〔イングランド教会〕ordination of women　242
庶民院議長　Speaker　47
寝所事件（1839年）Bedchamber Incident　29, 214
スウェーデン Sweden　52, 70, **188-190**
スコットランド教会 Church of Scotland　17, 54-57, 231-233, **249-255**
スコットランド教会法（1921年）Church of Scotland Act　233, 253
スコットランド合同条約（1707年）Treaty of Union with Scotland　17, **251**
スコットランド合同法（1707年）Act of Union with Scotland　54, 57, 231, 233
聖職者任命国王委員会 Crown Appointments Commission　243
聖職者の任命 church appointments　242-244, 248-249
責任統治制 responsible government　**23-24**, 50, 258-259
摂政 regent　58-60
摂政法 Regency Act（1811年）　56
（1937年）　57-58
（1943年）　58
（1953年）　58
選挙法改正法（1832年）Reform Act　20, **25-26**, 126, 214
総会〔イングランド教会〕general synod　**239-243**, 248, 250, 252, 255
総集会〔スコットランド教会〕general assembly　250, 254-255
総選挙 general election
（1784年）　22
（1835年）　27
（1841年）　30-32, 37
（1868年）　37, 163
（1880年）　41
（1906年）　237
（1910年1月）　125, 127, 160, 167
（1910年12月）　128, 160, 167
（1923年）　160, 163, 167-169
（1929年）　160, 167, 169
（1931年）　122-123
（1974年2月）　160-162, 167, 193
（1974年10月）　160, 179
総督 governor-general　97-98, 174-175, 217, 222, 262-263, **293-305**
総督の解任 dismissal of governor-general　60, 299-305
総督の任命 appointment of governor-general　60, 263, 297-305
組閣担当者 formateur　186-187

タ行

退位 abdication　54, 69-70, **149-159**, 193, 215, **221-225**, 264-265, 286, 306
退位宣言法（1936年）Declaration of Abdication Act　54, 158
戴冠式宣誓法（1689年）Coronation Oath Act　16, 54
大臣の任命 appointment of ministers　43-44
タムワース宣言（1834年）Tamworth Manifesto　26-27
ダラム報告書（1839年）Durham Report　258
チャーチスト運動 Chartism　30
チャナク危機（1922年）Chanak crisis　261
帝国 Empire　**256**, 273, 321-322
帝国会議 Imperial Conferences
（1887年）　259
（1923年）　261
（1926年）　262-278
（1930年）　58, 61
帝国主義 imperialism　41, 49
帝国戦時会議（1917年）Imperial War Conference　260
帝国連合 Imperial Federation　259-260
伝統の創造 invention of tradition　48, 321
典範化されていない憲制 uncodified constitution　11, 23, 75-76, 88, 123, 197
デンマーク Denmark　182-184
トーリ Tories　24-25, 29, 43, 214

ナ行

内帑金 privy purse　200, **202-203**
二大政党制 two-party system　32, 89, 91, **169**, 179, **182**

ニュー・ジーランド New Zealand　155, 254-265, 292, 307
農業党〔カナダ〕Agricultural Party　171, 174
ノルウェー Norway　182-184

ハ行

バッキンガム宮殿会議 Buckingham Palace Conferences
（1914年）　90, 148
（1916年）　111-112
（1931年）　111, 119-120
バルフォア定式（1926年）Balfour formula 262, 264, 267, 269, 272, 274, 298, 313
非国定（化）disestablishment of the Church 215, 221, 223, 244-245
ビルマ Burma　270, 287
比例代表制 proportional representation　178-197
フィジー Fiji　288, 304
フォクス・ノース連合 Fox-North Coalition　12
福祉的君主政 Welfare Monarchy　321
副首相 deputy prime minister　97-100
不思議な魅力を湛えた君主政 magical monarchy　323-328
プリンセス・オブ・ウェイルズ Princess of Wales　63
ベリーズ Belize　296
ベルギー Belgium　87, 183, 185-188
ホイッグ Whigs　24, 27-30, 43, 214
保守党 Conservatives, Conservative Party 26-27, 29, 31-32, 39-42, 45, 79, 95, 97, 100-119, 125-137, 160-164, 168-173

マ行

マーストリヒト条約（1992年）Maastricht Treaty　322
マグナ・カルタ Magna Carta　13-15, 18, 234
南アフリカ South Africa　94, 155, 177, 264-267, 276, 284, 287, 289-290, 313-314
ミュンヘン協定（1938年）Munich Agreement 80
名誉革命（1689年）Glorious Revolution　15, 18, 20

ヤ行

ヨーロッパ連合 European Union　323
ヨルダン Jordan　296, 307

ラ行

ラビ長 Chief Rabbi　247
ランカスター公爵領 Duchy of Lancaster 199, 202-203, 206
ランベス宮殿会議（1910年）Lambeth Palace Conference　128, 228
離婚 divorce　69, 151, 221
立法に対する拒否権の行使 veto of legislation 21-22, 24-25, 82
礼拝統一法（1662年）Act of Uniformity　235, 241
連立政権 coalition government　21, 35, 45, 101, 111-124, 160, 165-168, 171, 180
労働党 Labour Party　39, 80, 88, 92, 97, 100, 113, 116-124, 132-133, 154, 157, 161-163, 165-166, 168-172, 180, 226, 318
労働党〔オーストラリア〕Labor Party　98, 309
ローデシア（ジンバブエ）Rhodesia　85
ロンドン宣言（1949年）London Declaration 274-276, 280-281

資料と参考文献撰

私文書

バーミンガム大学図書館 Birmingham University Library
　　エイヴォン文書 Avon Papers
　　チェンバレン文書 Chamberlain Papers
ボドレー図書館 Bodleian Library
　　ドーソン文書 Dawson Papers
　　ランボウルド文書 Rumbold Papers
　　サイモン文書 Simon Papers
大英図書館 British Library
　　バルフォア文書 Balfour Papers
貴族院記録局 House of Lords Record Office
　　ビーヴァーブルック文書 Beaverbrook Papers
　　サミュエル文書 Samuel Papers
インド局図書室 India Office Library
　　ゼトランド文書 Zetland Papers
ランベス宮殿図書館 Lambeth Palace Library
　　デイヴィドソン文書 Davidson Papers
公記録局 Public Record Office
　　マクドナルド文書 MacDonald Papers
王室文書館 Royal Archives
　　ジョージ五世文書 George V Papers
　　ジョージ六世文書 George VI Papers
　　ノウルズ文書 Knollys Papers

公刊文献

君主政の研究への格好の手引きとなるものに，*The Oxford Illustrated History of the British Monarchy*, edited by John Cannon and Ralph Griffiths (Oxford University Press, 1988)，及び *The Royal Encyclopedia*, edited by Ronald Allison and Sarah Riddell (Macmillan,1991) の２冊がある。

歴史研究として最も有益かと思われるものに以下のものがある。Betty Kemp, *King and Commons, 1660-1832* (Macmillan, 1957), H. J. Hanham, *The Nineteenth Century Constitution: Documents and Commentary* (Cambridge University Press, 1969)，及び G. H. L. LeMay, *The Victorian Constitution:*

Conventions, Usages and Contingencies (Duckworth, 1979)。

ヴィクトリア女王の伝記には依然として完全に満足できるものはない。だが，数多くの伝記中最良なのは，おそらく，Monica Chariot, *Victoria, The Young Queen* (Blackwell, 1991) 2巻本の第1冊目であろう。だが，Dorothy Thompson, *Queen Victoria: Gender and Power* (Virago, 1990) も思考を刺激する。書簡集，*The Letters of Queen Victoria* ,1st ser., ed. A. C. Benson and Viscount Esher (3 vols.; John Murray, 1907); 2nd ser., ed. G. E. Buckle (3 vols.; John Murray,1926-8); 3rd ser., ed. G. E. Buckle (3 vols.; John Murray, 1930-2) は，不可欠の資料である。プリンス・コンソートについては，Robert Rhodes James, *Albert, Prince Consort* (Hamish Hamilton, 1983) がある。

Harold Nicolson, *King George V : His Life and Reign* (Constable, 1952) は，幾多の憲制上の危機に直面せざるを得なかった国王〔ジョージ五世〕についての素晴しい解説である。同書を補うものに，Kenneth Rose, *King George V* (Weidenfeld & Nicolson, 1983) がある。

ジョージ六世については，Sir John Wheeler-Bennett, *King George VI: His Life and Reign* (Macmillan, 1958) が公式の伝記である。Sarah Bradford, *George VI* (Fontana paperback edn., 1991) はずっと多くのことを教えてくれる。

エドワード八世については，Philip Ziegler による公伝(Collins, 1990)があるが，ヨリ洞察力に富むもの——間違いなく君主政につきこれまでに書かれた書物の中で最も洞察力に富むものの一つ——は，Frances Donaldson, *Edward VIII* (Weidenfeld & Nicolson, 1974) である。HRH the Duke of Windsor, *A King's Story* の書名で出されているエドワード八世の自伝 (Cassell, 1951) は，最近の英国国王が書いた唯一の自伝であるが，憲制上の諸問題についてはほとんど触れていない。

エリザベス二世については，数多くの伝記の中で最良なのは，Elizabeth Longford, *Elizabeth R.* (Weidenfeld & Nicolson, 1983)，Kenneth Harris, *The Queen* (Weidenfeld & Nicolson, 1994)，Sarah Bradford, *Elizabeth* (Heinemann 1996)，Ben Pimlott, *The Queen*, (HarperCollins 1996) である。Antony Jay, *Elizabeth R* (BBC Books, 1992) は，在位40周年を記念して作られた本であるが，たいへん洞察力に富んでいる。Jonathan Dimbleby, *The Prince of Wales: A Biography* (Little, Brown, 1994) は重要な著作であり，もっと真剣に検討するに値する。

君主政について書かれた膨大な書物で，憲制上の争点について多くを論じたものはほとんどない。君主政の役割については，Bagehot の *The English Constitution*〔邦訳あり・訳注1参照〕の第2章及び第3章が古典的叙述であるが，これに対し，Ivor Jennings, *Cabinet Government* (3rd edn., Cambridge University Press, 1959) は，その執筆当時までに存在した主要な先例を集めている。見掛けほど価値のない書物もある。Frank Hardie, *The Political Influence of*

the British Monarchy 1868-1952 (Batsford, 1970) は，この分野の唯一の本であるが，あまり深くは掘り下げていない。E. C. S. Wade and A. W. Bradley, *Constitutional and Administrative Law,* 11th edn., ed. A. W. Bradley and K. D. Ewing (Longman, 1993) や，S. A. de Smith and Rodney Brazier, *Constitutional and Administrative Law* (6th edn., Penguin, 1989) のような憲法の教科書は標準的な見解を複写するだけで，その背後にあるものを考えていない。ヨリ有益なのは，最近の著作である，Geoffrey Marshall, *Constitutional Conventions* (Oxford University Press, 1984)，及び Rodney Brazier, *Constitutional Practice* (Oxford University Press, 1988) である。

議会の解散についても，有益な書物が２冊ある。Eugene A. Forsey, *The Royal Power of Dissolution in the British Commonwealth* (Oxford University Press, Toronto, 1943）及び，B. S. Markesinis, *The Theory and Practice of Dissolution of Parliament* (Cambridge University Press, 1972) がそれである。H. V. Evatt, *The King and His Dominion Governors* (2nd edn., Frank Cass, 1967) も価値がある。このうち２冊は，*Evatt and Forsey on the Reserve Powers* (Legal Books, Sydney, 1990) として一冊にまとめられていて便利である。

だが，君主政についての最もよい研究方法の一つは，様々な憲制上の危機を見ることである。1909年から1914年の期間に関しては，4巻本の，*Journals and Letters of Reginald, Viscount Esher,* edited by Maurice V. Brett and Oliver, Viscount Esher (Ivor Nicholson & Watson, 1934-8) は断然不可欠であり，また，読んでも実に楽しい。LeMay, *The Victorian Constitution* (cited above) の最終章 'The Crisis of the Constitution' もその憲制の危機についての価値ある解説を含んでいる。Reginald Bassett, *1931 Political Crisis* (Macmillan, 1958) は基本書であるが，Graeme C. Moodie, 'The Monarch and the Selection of a Prime Minister: A Re-examination of the Crisis of 1931', *Political Studies*, 5 (1957), 1-20 中の解説も読むに値する。Vernon Bogdanor, '1931 Revisited: The Constitutional Aspects', *Twentieth Century British History,* 4 (1991), 1-25 も参照されたい。John D. Fair, *British Interparty Conferences: A Study of the Procedure of Conciliation in British Politics 1867-1921* (Oxford University Press, 1980) は，わけても，政党間会議での国王の仲介者としての役割について，価値ある解説である。

絶対多数党不在議会については，Vernon Bogdanor, *Multi-Party Politics and the Constitution* (Cambridge University Press, 1983)，及び David Butler, *Governing without a Majority* (2nd edn., Macmillan, 1987) がある。A. H. Birch による，'Britain's Impending Constitutional Dilemmas' と題する非常に洞察力に富む論文 (*Parliamentary Affairs*, 37 (1984),97-101) も一読に値する。

王室経費の手当てについては，E. A. Reitan, 'The Civil List in Eighteenth Century British Politics: Parliamentary Supremacy versus the Independence of

the Crown', *Historical Journal*, 9 (1966), 318-37が歴史的背景についての優れた案内になっている。Philip Hall, *Royal Fortune: Tax, Money and the Monarchy* (Bloomsbury, 1992) は，王室財政史に関する，敵意はあるとしても，学問的な解説である。これに対しては，'Should One Pay Tax?' と題する論説記事 (*The Economist*, 25 Jan. 1992, p. 36) に，事情に通じた者の視点からの批判がある。20世紀に設けられた様々な王室費に関する特別委員会が出した報告書も，詳細な歴史的情報を知る上で調べる価値がある。

国王の書記翰長については，上記，Wheeler-Bennettのジョージ六世伝のappendix Bが基本資料である。Paul H. Emden, *Behind the Throne* (Hodder & Stoughton, 1934) もこの役職の歴史につき裨益するところがある。Kenneth Rose, *Kings, Queens and Courtiers: Intimate Portraits of the Royal House of Windsor from its Foundation to the Present Day* (Weidenfeld & Nicolson, 1985) は，ゴシップ風の内部者の見方を提供する。これに対し，Arthur Ponsonbyの，父親についての話 *Henry Ponsonby, Queen Victoria's Private Secretary: His Life from his Letters* (Macmillan, 1943) は，これまで国王書記翰長について書かれた唯一の伝記である。だが，Helen Hardinge, *Loyal To Three Kings* (William Kimber, 1967) は，エドワード八世の国王書記翰長の生涯についてその妻が書き記した非常に鋭敏な観察である。Harold Laski も1942年の *the Fortnightly Review* 誌に，ポンソンビの伝記について興味深い書評を寄せている。女王の当時の国王書記翰長サー・マイケル・アディーンは，王室費についての特別委員会で証言したが，その報告書 (HC 29,1971-2) は，女王の日々の任務について，多くの情報を含んでいる。

イングランド教会についての基本資料は，E. Garth Moore and Timothy Briden, *Moore's Introduction to English Canon Law*, 3rd edn., ed. Timothy Briden and Brian Hanson (Mowbray, London, 1992)，及び St John A. Robilliard, *Religion and the Law: Religious Liberty in Modern English Law* (Manchester University Press, 1984) である。*Church and State: The Report of the Archbishop's Commission* (The Chadwick Report)(Church Information Service, 1970) も重要である。イングランド教会についての対照的な二様の見解は，John Habgood, *Church and Nation in a Secular Age*（Darton, Longman, & Todd, 1983）と，Colin Buchanan, *Cut the Connection: Disestablishment and the Church of England* (Darton, Longman, & Todd, 1994), で，前者は公定支持，後者は反対の論を張る。

スコットランド教会については，F. Lyall, *Of Kings and Presbyters* (Aberdeen University Press, 1980) と，T. M. Taylorの有益な論文 'Church and State in Scotland', *Juridical Review* (1957), 121-37 がある。

コモンウェルスについては，Nicholas Mansergh, *The Commonwealth Experience*（最初1969年にWeidenfeld & Nicolsonから出版され，次いで２巻本が1982年にMacmillanから出版された）は，不可欠で素晴しい歴史解説である。K. C.

Wheare が2冊の価値ある憲制のコンメンタリーを著している。*The Statute of Westminster and Dominion Status* (5th edn., Oxford University Press, 1953)，及び，*The Constitutional Structure of the Commonwealth* (Oxford University Press, 1960) がそれである。Sir William Dale, *The Modern Commonwealth* (Butterworth, 1983) は，法領域の基本書である。総督の役割については，Sir John Kerr, *Matters for Judgment* (Macmillan, 1979) は，彼が1975年に誤った選択をしたと信じる者たちにとっても価値がある。

総督及びコモンウェルスの憲制上の長については，価値ある書物が2冊ある。D. A. Low (ed.), *Constitutional Heads and Political Crises: Commonwealth Episodes, 1945-1985* (Macmillan, 1988)，及び David Butler and D. A. Low (eds.), *Sovereigns and Surrogates: Constitutional Heads of State in the Commonwealth* (Macmillan, 1991) である。Sir Paul Hasluck の Queale Lecture である，*The Office of Governor-General* (2nd edn., Melbourne University Press, 1979) は，この役職についての彼の考えを述べている。それぞれが扱う地域に関し，Sir Fred Phillips, *West Indies Constitutions: Post Independence Reform* (Oceana, New York, 1985)，及び Yash Ghai and Jill Cottrell, *Heads of State in the Pacific: A Constitutional and Legal Analysis* (Institute of Pacific Studies, USP, Suva, 1990) も価値がある。Vernon Bogdanor and Geoffrey Marshall, 'Dismissing Governor-Generals', *Public Law*, (1996), 205-213 も参照されたい。

オーストラリアの共和制をめぐる議論についての最良の手引きは，George Winterton, *Monarchy to Republic: Australian Republican Government* (Oxford University Press, Melbourne, 1986) である。*The Australian Journal of Political Science* の特別号（1993）もこの問題についてのものである。Malcolm Turnbull, *The Reluctant Republic* (Heinemann, Port Melbourne, 1993) は，共和制を支持するが，これに対し，ターンブル報告書 (the Turnbull Report)，すなわち the Report of the Republican Advisory Committee in Australia, *An Australian Republic* (2 vols.; Canberra, 1993) は，どうしたらそれが達成できる可能性があるかを示している。

君主政に対する非難攻撃は，William Hamilton, *My Queen and I* (Quartet Books, 1975)〔邦訳あり・訳注2参照〕と，Tom Nairn, *The Enchanted Glass: Britain and its Monarchy* (Radius (Century Hutchinson), 1988)，及び Stephen Haseler, *The End of the House of Windsor: Birth of a British Republic* (I. B. Tauris & Co. Ltd, 1993) に見られる。

〔訳者注〕

(1) Walter Bagehot, *The English Constitution* の邦訳として，深瀬基寛訳『英国の国家構造』（清水弘文堂書房，1946年），小松春雄「バジョット　イギリス

憲政論」辻清明責任編集『世界の名著60』（中央公論社，1970年）などがある。前者は，The World's Classics と称される文庫版の1933年版，後者は同文庫版の1963年版を底本にしている。前者には，後者に所収の「第２版への序文」が省略されている一方で，バルフォア Balfour による「緒言」が収められている。

(2) ウィリー・ハミルトン（北畠霞訳）『女王陛下と私　エリザベスII世』(勁文社，1975年)。

付録

1　ヘンリ八世以降の国王

	国王名	在位年
Henry VIII	ヘンリ八世	1509－1547
Edward VI	エドワード六世	1547－1553
Mary I	メアリ一世	1553－1558
Elizabeth I	エリザベス一世	1558－1603
James I	ジェイムズ一世 (スコットランド王ジェイムズ六世)	1603－1625
Charles I	チャールズ一世	1625－1649
Commonwealth	共和制期	(1649－1660)
Charles II	チャールズ二世	1660－1685
James II	ジェイムズ二世	1685－1688
William III	ウィリアム三世	1689－1702
Mary II	メアリ二世 (ウィリアム三世と共同統治)	1689－1694
Anne	アン	1702－1714
George I	ジョージ一世	1714－1727
George II	ジョージ二世	1727－1760
George III	ジョージ三世	1760－1820
George IV	ジョージ四世	1820－1830
William IV	ウィリアム四世	1830－1837
Victoria	ヴィクトリア	1837－1901
Edward VII	エドワード七世	1901－1910
George V	ジョージ五世	1910－1936
Edward VIII	エドワード八世	1936
George VI	ジョージ六世	1936－1952
Elizabeth II	エリザベス二世	1952－

2　1782年以降の英国首相

首相名		在職年
Marquess of Rockingham	ロッキンガム侯爵	1782
Earl of Shelburne	シェルバーン伯爵	1782－1783
Duke of Portland	ポートランド公爵	1783
William Pitt	ウィリアム・ピット	1783－1801
Henry Addington	ヘンリ・アディントン	1801－1804
William Pitt	ウィリアム・ピット	1804－1806
Lord Grenville	グレンヴィル卿	1806－1807
Duke of Portland	ポートランド公爵	1807－1809
Spencer Perceval	スペンサー・パーシヴァル	1809－1812
Earl of Liverpool	リバプール伯爵	1812－1827
George Canning	ジョージ・カニング	1827
Viscount Goderich	ゴドリッジ子爵	1827－1828
Duke of Wellington	ウェリントン公爵	1828－1830
Earl Grey	グレイ伯爵	1830－1834
Viscount Melbourne	メルボーン子爵	1834
Sir Robert Peel	サー・ロバート・ピール	1834－1835
Viscount Melbourne	メルボーン子爵	1835－1841
Sir Robert Peel	サー・ロバート・ピール	1841－1846
Lord John Russell	ジョン・ラッセル卿	1846－1852
Earl of Derby	ダービー伯爵	1852
Earl of Aberdeen	アバディーン伯爵	1852－1855
Viscount Palmerstone	パーマストン子爵	1855－1858
Earl of Derby	ダービー伯爵	1858－1859
Viscount Palmerstone	パーマストン子爵	1859－1865
Earl Russell	ラッセル伯爵	1865－1866
Earl of Derby	ダービー伯爵	1866－1868
Benjamin Disraeli	ベンジャミン・ディズレイリ	1868
W.E.Gladstone	W・E・グラッドストン	1868－1874
Benjamin Disraeli	ベンジャミン・ディズレイリ	1874－1880
W.E.Gladstone	W・E・グラッドストン	1880－1885
Marquess of Salisbury	ソールズバリ侯爵	1885－1886
W.E.Gladstone	W・E・グラッドストン	1886
Marquess of Salisbury	ソールズバリ侯爵	1886－1892
W.E.Gladstone	W・E・グラッドストン	1892－1894
Earl of Rosebery	ロウズバリ伯爵	1894－1895

首相名		在職年
Marquess of Salisbury	ソールズバリ侯爵	1895－1902
A.J.balfour	A・J・バルフォア	1902－1905
Sir Henry Campbell-Bannerman	サー・ヘンリ・カンベル＝バナマン	1905－1908
H.H.Asquith	H・H・アスキス	1908－1916
David Lloyd George	デイヴィッド・ロイド・ジョージ	1916－1922
A.Bonar Law	A・ボナ・ロー	1922－1923
Stanley Baldwin	スタンリー・ボールドウィン	1923－1924
Ramsey MacDonald	ラムゼイ・マクドナルド	1924
Stanley Baldwin	スタンリー・ボールドウィン	1924－1929
Ramsey MacDonald	ラムゼイ・マクドナルド	1929－1935（1931年から挙国内閣）
Stanley Baldwin	スタンリー・ボールドウィン	1935－1937
Neville Chamberlain	ネヴィル・チェンバレン	1937－1940
Winston Churchill	ウィンストン・チャーチル	1940－1945
C.R.Attlee	G・R・アトリー	1945－1951
Winstion Churchill	ウィンストン・チャーチル	1951－1955
Sir Anthony Eden	サー・アンソニー・イーデン	1955－1957
Harold Macmillan	ハロルド・マクミラン	1957－1963
Sir Alec Douglas-Home	サー・アレック・ダグラス＝ヒューム	1963－1964
Harold Wilson	ハロルド・ウィルソン	1964－1970
Edward Heath	エドワード・ヒース	1970－1974
Harold Wilson	ハロルド・ウィルソン	1974－1976
James Callaghan	ジェイムズ・カラハン	1976－1979
Margaret Thatcher	マーガレット・サッチャー	1979－1990
Johm Major	ジョン・メイジャー	1990－1997
Tony Blair	トニー・ブレア	1997－

3　1870年以降の国王書記翰長

国王書記翰長名		在職年
Colonel(later Sir)Henry Ponsonby	ヘンリ・ポンソンビ大佐（後にサー・ヘンリ・ポンソンビ）	1870－1895
Sir Arthur Bigge	サー・アーサー・ビグ	1895－1901
Sir Francis(later Viscount)Knollys	サー・フランシス・ノウルズ（後にノウルズ子爵）	1901－1910
Viscount Knollys and Sir Arthur (later Lord Stamfordham)	ノウルズ子爵及びサー・アーサー・ビグ（後にスタムフダム卿）（共同で就任）	1910－1913
Lord Stamfordham	スタムフダム卿	1913－1931
Sir Clive(later Lord)Wigram	サー・クライヴ・ウィグラム（後にウィグラム卿）	1931－1936
Sir Alexander Hardinge	サー・アレクサンダー・ハーディング	1936－1943
Sir Alan Lascelles	サー・アラン・ラスルズ	1943－1953
Sir Michael Adeane	サー・マイケル・アディーン	1953－1972
Sir Martin Charteris	サー・マーティン・チャルテリス	1972－1977
Sir Philip Moore	サー・フィリップ・ムーア	1977－1986
Sir William Haseltine	サー・ウィリアム・ヘセルタイン	1986－1990
Sir Robert Fellows	サー・ロバート・フェロウズ	1990－1999
Sir Robin Janvrin	サー・ロビン・ジャンヴリン	1999－

4　コモンウェルス構成国

（1）エリザベス二世女王を君主とする君主国

	国名	独立年
Antigua and Barbuda	アンティグア・バーブーダ	1981
Australia	オーストラリア	(注1)
The Bahamas	バハマ	1973
Barbados	バルバドス	1966
Belize	ベリーズ	1981
Canada	カナダ	(注1)
Grenada	グレナダ	1974
Jamaica	ジャマイカ	1962
New Zealand	ニュー・ジーランド	(注1)
Papua New Guinea	パプア・ニュー・ギニア	1975
St Chiristopher and Navis	セント・クリストファー・ネイヴィース	1983
St Lucia	セント・ルシア	1979
St Vincent and Grenadines	セント・ヴィンセント及びグレナディーン諸島	1979
Solomon Islands	ソロモン諸島	1978
Tuvalu	トゥヴァル	1978
United Kingdom	連合王国	

（2）独自の国王を君主とする君主国

	国名	独立年
Brunei	ブルネイ（スルタン制）	1984
Lesotho	レソト	1966
Malaysia	マレイシア	1957 (注2)
Samoa	サモア (訳注1)	1962
Swaziland	スワジランド	1968
Tonga	トンガ	1970

(3) 共和国

	国名	独立年・共和制施行年
Bangladesh	バングラデシュ	1971
Botswana	ボツワナ	1965, 1966
Cameroon	カメルーン	1995
Cyprus	キプロス	1960
Dominica	ドミニカ	1978
Fiji Islands	フィジー諸島	1970, 1987 (訳注2)
The Gambia	ガンビア	1965, 1970
Ghana	ガーナ	1957, 1960
Guyana	ガイアナ	1960, 1970
India	インド	1947, 1950
Kenya	ケニア	1963, 1964
Kiribati	キリバス	1979
Malawi	マラウイ	1964, 1966
Maldives	モルディヴ	1965
Malta	マルタ	1964, 1966
Mauritius	モーリシャス	1965
Mozambique	モザンビーク	1995
Namibia	ナミビア	1990
Nauru	ナウル	1968
Nigeria	ナイジェリア	1960, 1963
Pakistan	パキスタン	1947, 1956 (注3)
Seychelles	セイシェル	1961, 1966
Sierra Leone	シエラ・レオネ	1961, 1970
Singapore	シンガポール	1965
South Africa	南アフリカ	1910, 1961 (注3)
Sri Lanka	スリランカ	1948, 1972
Tanzania	タンザニア	1964 (注4)
Trinidad and Tobago	トリニダッド・トバゴ	1962, 1976
Uganda	ウガンダ	1962, 1967
Vanuatu	ヴァヌアツ	1980
Zambia	ザンビア	1964
Zimbabwe	ジンバブエ	1980

（注1）カナダ，オーストラリア，ニュー・ジーランドが独立国となった年については，複数の見解がある。
（注2）マラヤ連邦（The Federation of Malaya）は，1957年にコモンウェルスに属する独立国となり，1963年にマレイシアの国名を採用した。
（注3）パキスタンは1972年にコモンウェルスを脱退したが，1989年に復帰した。南アフリカは1961年に共和制を施行し，コモンウェルスを脱退したが，1994年に選挙により多人種の政権を樹立し，コモンウェルスに復帰した。
（注4）タンザニア国は，1964年にタンガニーカ（Tanganyika）とザンジバル（Zanzibar）が合同して発足した。タンガニーカは1961年に独立してコモンウェルス構成国となり，1962年にコモンウェルスに属する共和国となった。ザンジバルは1963年に独立してコモンウェルスに加盟した。
（訳注1）1970年までは西サモア Western Samoa。

（訳注2）フィジー諸島 Fiji Islands は1970年に独立してコモンウェルスに加盟し，1987年に共和制を施行してコモンウェルス構成国資格を失ったが，1997年に復帰した。

5　1900年以後の，国王権限の行使を含む，主要な憲制上の出来事

年	出来事
1909	12月，エドワード七世，2度目の総選挙後まで，新貴族創設の確約を拒絶する。
1910	11月，ジョージ五世，議会法案の可決のために必要ならば，新貴族創設の密約を与えることに同意する。
1914	ジョージ五世，アイルランド自治法案への拒否権行使か，大臣たちの解任を示唆する。
1916	H・H・アスキスの辞任に伴い，バッキンガム宮殿会議が新首相を選任する。
1922	アイルランド自由国において，初めて現地出身の総督ティム・ヒーリーが任命される。
1924	1月，ジョージ五世，第2党である労働党内閣の組閣を，ラムゼイ・マクドナルドに対して初めて要請する。
1926	カナダ総督ビング卿，マッケンジー・キング首相に対する解散の認許を拒絶する。キングは辞任し，野党党首のアーサー・マイエンが首相に就任。マイエン内閣は解散の認許を得る。マッケンジー・キングは続く総選挙において勝利する。

年	出来事
1926	バルフォア定式。これにより，国王に対する忠誠が，自治領間の憲制上の紐帯となる。
1930	オーストラリアにおいて，初めて現地出身の総督サー・イサク・イサクスが任命される。
1931	８月，ジョージ五世，ラムゼイ・マクドナルドを招き，挙国内閣の組閣を要請する。
1931	ウェストミンスター法制定。
1932	初めて総督が解任される。アイルランド自由国首相デ・ヴァレラ，総督ジェイムズ・マクニールを解任。
1936	エドワード八世退位。
1939	南アフリカ総督サー・パトリック・ダンカン，スマッツ大将による組閣が可能であることを確認した上で，議会で敗北し閣内で少数派となったヘルツォッグ大将に対する解散の認許を拒絶する。
1949	ロンドン宣言。これにより王はコモンウェルス首長となる。
1957	エリザベス二世は，Ｒ・Ａ・バトラーを拒絶し，ハロルド・マクミランを首相に任命する。
1963	エリザベス二世は，Ｒ・Ａ・バトラー，ヘイルシャム卿，レジナルド・モードリンを拒絶し，ヒューム卿を首相に任命する。
1975	オーストラリア総督サー・ジョン・カー，歳出予算なしに政権運営しようとしたことを理由に，ゴフ・ウィットラム首相を解任する。
1983	グレナダ総督サー・ポール・スクーン，非常権限を行使する。
1987	エリザベス二世，フィジー女王としての資格で，助言なしに行為し，２つの声明を発する。

著・訳者紹介

Vernon Bogdanor（ヴァーノン・ボグダナー）
1943年　生まれ
1997年　英国学士院会員
現在　オックスフォード大学教授，同ブレイズノーズ・カレッジ・フェロー

小室　輝久（こむろ・てるひさ）
1968年　東京生まれ
1994年　東北大学大学院法学研究科博士前期課程修了（基礎法学専攻）
現在　明治大学法学部専任講師

笹川　隆太郎（ささがわ・りゅうたろう）
1950年　新潟生まれ
1985年　東北大学大学院法学研究科博士後期課程単位取得退学（公法学専攻）
現在　石巻専修大学経営学部教授

Richard Halberstadt（リチャード・ハルバーシュタット）
1965年　イングランド・レディング市生まれ
1988年　ロンドン大学アジア・アフリカ学院東アジア言語文化学科卒業（日本語学専攻）
1992年　レディング大学大学院言語学・応用言語学研究科修士課程修了（応用言語学専攻）
現在　石巻専修大学理工学部助教授

英国の立憲君主政

2003年 6 月10日第一版第一刷印刷発行　©

訳者との了解により検印省略

著　者　ヴァーノン・ボグダナー
訳者代表　小　室　輝　久
発行者　坂　口　節　子
発行所　㈲　木《ぼく》　鐸《たく》　社《しゃ》

印　刷　アテネ社　製　本　関山製本社

〒112-0002　東京都文京区小石川 5　11-15-302
電話（03）3814-4195番　ファクス（03）3814-4196番
郵便振替　00100- 5 -126746　http://www.bokutakusha.com

乱丁・落丁本はお取替致します

ISBN4-8332-2335-X　C3022